자유로운 아이들

서머힐
Summerhill

Summerhill School: A New View of Childhood
by A.S. Neill

Copyright ⓒ The Estate of A.S. Neill, 1926, 1932, 1937, 1953, 1961, 2004
All rights reserved.
Korean Translation Copyright ⓒ 2004 by Arumdri Media Publishing Co.
Korean edition is published by arrangement with Zoe Readhead through Duran Kim Agency.

이 책의 한국어판 저작권은 듀란 킴 에이전시를 통한 저작권자와의 독점 계약으로 '아름드리미디어'에 있습니다.
저작권법에 의해 한국 내에서 보호를 받는 저작물이므로 무단 전재와 무단 복제를 금합니다.

자유로운 아이들
서머힐

Summerhill

이런 학교를 상상해보라 모든 아이들이 있는 그대로의 자신이 될 자유를 누리는 곳 성적이 아니라 스스로의 판단으로 성공을 결정하는 곳 불행한 아이들이 치유되는 곳 원한다면 며칠, 몇 달, 몇 년이라도 놀 수 있는 곳 그리고 앉아 꿈꿀 시간과 공간이 있는 곳

A. S. 닐 지음 | 한승오 옮김

아름드리미디어

| **차례** |

한국어판 서문 6

편집자 서문 8

닐과 서머힐 12

1부
서머힐

들어가는 말 25 서머힐의 사상 34 전체회의 47 자치 59 놀이와 자율 74 일과 정직 88 문제아들 100 또 다른 문제들 114 개인 상담 128 건강 144 성과 남녀공학 160 극장과 음악 172 교사들과 가르침 189 서머힐의 교직원 203 종교적 자유 216 서머힐의 졸업생들 230 우리의 장학관들 246 서머힐의 미래 259

2부

A. S. 닐

스코틀랜드 소년 시절 279 일하던 청년 시절 293 대학 생활 306 직업 319 군대 329 교장 341 나의 영웅들과 책들 354 호머 레인 365 빌헬름 라이히 380 사랑과 연인들 391 다른 학교들 405 최근의 변화들 422 세계 속에서 438 끝맺는 말 455

역자 후기 470

한국어판 서문

서머힐 학교는 1921년에 세워졌다. 그 이래로 전 세계에 걸쳐 교육 체계에 많은 변화들이 있었다.

오랜 세월 동안, 서머힐을 위한 힘겨운 노력이 있어왔다. 불신과 적의에 시달릴 때도 있었고, 때로는 찬사와 존중을 받기도 했다. 심지어 영국 정부와 법정 투쟁을 벌이기까지 했다. 왕립재판소에서 열린 재판에서 교육과 아동 양육에 대한 서머힐의 방식이 인정됨으로써, 싸움은 결국 서머힐의 승리로 끝났다.

세워진 지 80년을 훌쩍 넘긴 지금, 서머힐은 이전보다 더 많은 학생들을 받아들이며 잘 운영되고 있다. 자신들의 삶에서 가장 중요한 한 시기를 보내기 위해 전 세계에서 학생들이 찾아온다. 비록 살아온 배경과 환경은 각각 다르지만, 아이들에게 심오한 변화를 가져다준다는 점에서 마지막 결과는 언제나 똑같다. 아이들은 본모습 그대로의 자신이 되는 자유를 깨닫고, 자신이 어떤 존재인지 또 무엇이 되고자 원하는지를 알게 된다.

오늘날 그 어느 때보다도 대안교육에 대한 관심이 드높아 보인다. 많은 나라의 교육 체계가 아이들로 하여금 학교 생활에 참여하고 이바지하도록 허용하는 쪽으로 나아가고 있다. 서머힐의 민주주의만큼 혁신적이지는 않지만, 올바른 방향으로 가고 있는 것은 마찬가지다. 또 전 세계에는 서머힐과 비슷한 체계에 근거하여 세워진 많은 학교들이 있다. 그리고 이들 학교 대부분은, 자신들이 A. S. 닐과 그가 세운 서머힐 학교에 신세를 지고 있다는 사실을 잘 알고 있다.

이 책이 한국의 독자들을 만난다니 정말 반갑다. 닐의 딸이자 서머힐 학교의 교장으로서 여러분을 진심으로 환영한다.

조이 레드헤드

편집자 서문

『자유로운 아이들 서머힐』은 A. S. 닐이 선구적인 자치 자유학교인 서머힐을 설립하고 운영해온 50년의 세월을 되돌아본 책이다. 이 책에서는 이미 출간된 닐의 저서 스무 권과 다른 자료들에서 발췌한 내용을 이야기 형식으로 엮었는데, 이것은 그가 즐겨 이야기해온 주제들에 대한 최종 발언이라는 인상을 주기 위해서다. 우리는 이 책을 통해 1971년 여든여덟 살에 이른 닐이 자신의 유명한 학교에 관해 들려주는 이야기를 들을 수 있다. 2부에서는 닐 자신에 관한 이야기를 하고 있으며, 또 그가 살아오면서 목격했던 많은 변화들도 기술되어 있다.

지난 봄 서머힐에서 걸려온 전화를 받고 처음으로 이 책을 엮을 생각을 했다. 전화를 건 여성은 미국인이었는데, 그녀는 미국에서 『서머힐』이 절판되어 걱정이라고 했다. 『서머힐』을 구할 수 없기 때문에 미국의 모든 대학에서 서머힐에 대한 논의가 교육과정에서 사라지고 있는 실정이었다.

다음날 나는 닐의 딸 조이와 이 문제를 놓고 이야기를 나누었다. 우리는 닐의 책이 재출간된다면 새로 편집해야 한다는 점에 동의했다. 그리고 닐의 글들을 새롭게 편집하는 일에 내가 여름 학기 동안 전력을 다해야 한다고 결정 내렸다. 닐은 처음 출간되었던 『서머힐』을 좋아하지 않았다. 왜냐하면 미국의 출판업자이자 편집자인 해럴드 하트가, 1920년대와 30년대 초반의 아동심리학 즉 프로이트 학설에 근거한 시대에 뒤진 닐의 견해를 책에 포함시켰기 때문이었다. 미국 시장에 맞추려고 닐의 글에 손을 댄 것도 또 다른 원인이었다. 또한 하트는 닐의 친구이자 조언자인 빌헬름 라이히Wilhelm Reich에 대한 언급들을 모두 빼버렸다. 하트 생각에 1960년대 미국 사회에서 라이히는 감당하기 어려운 뜨거운 감자로 여겨졌기 때문이었다.

완전히 새로 편집된 책이 닐을 위해 더 큰 이바지를 하리라 믿는 데는 우리 나름의 이유가 있었다. 기왕의 『서머힐』은 우리가 알고 있었고 사랑했던 학교를 충분히 드러내지 못했다. 미국 학생들이 떼를 지어 몰려들던 1961년, 나도 그 가운데 섞여 처음으로 서머힐이란 곳에 갔다. 그해는 『서머힐』이 출간된 해이기도 했다. 당시 서머힐은 벌써 40년의 역사를 가진 학교였다. 나는 그때 서머힐의 모습이 책에서 묘사된 것과는 상당히 다르다는 사실을 깨달았다. 『서머힐』에서 그려진 학교의 모습은 대부분 1930년대 중반에 출간된 『나쁜 학교That Dreadful School』에서 가져온 것이었다. 내가 입학하던 무렵 닐은 이미 노인이었고, 더 이상 모든 훌륭한 이야기의 중심에 서 있는 인자한 인물이 아니었다. 더 적절하게 말하자면, '자유'와 공존한다는 것은 내가 상상한 것보다 훨씬 힘든 일이었다. 그리고 '자치'는 내가 예상했던 것보다 훨씬 더 생생하게 학교 안에서 살아 움직이고 있었다. 그때 나는 책보다는 현실의 모습에 더 귀를 기울여야 함을 확실하게 깨달았다.

닐의 책을 편집하면서 나는, 학교 운영에 관한 닐의 글을 내가 개인적으로 목격한 것이나 혹은 닐이 특별히 자세하게 언급한 것에 국한시키려고 애썼다. 서머힐의 '자유'란 많은 일들이 매번 다른 방법으로 이루어져

왔다는 것을 의미했다. 서머힐의 자치 또한 공동체가 변화함에 따라 많은 측면에서 변화에 열려 있다는 사실을 독자들은 명심해야 한다.

18년 만에 다시 서머힐에 갔을 때, 학교 생활의 많은 부분이 내가 소년이던 때와 똑같이 운영되고 있다는 점에 놀랐다. 하지만 그 18년 동안 서머힐의 자치는 많은 측면에서 변화가 있었고 최근에야 다시 원상태로 돌아왔다는 사실을 나는 나중에야 알았다. 서머힐의 가장 중요한 측면은 학교를 아이들에게 맞출 수 있는 구조를 갖추려고 했다는 점이다.

매년 여름 학기 마지막 주가 되면 학교는 서머힐재단 후원자Friends of Summerhill Trust 총회를 개최한다. 서머힐재단은 닐의 딸인 조이 레드헤드 Zoë Readhead가 학교 운영을 맡은 직후에 서머힐의 후원자들과 학부모들 그리고 졸업생들이 힘을 합쳐 설립했는데, 학교 지원금을 모금하고 서머힐의 사상을 세상에 알리는 일을 하는 자선단체다. 이 책을 준비하는 동안 격려와 충고를 아끼지 않은 서머힐재단의 구성원들과 프리어 스프레클리 회장에게 감사의 뜻을 전하고 싶다. 서머힐재단 후원자로 가입하고 싶은 사람은 서머힐로 편지를 보내면 된다.

이번 여름 회의의 주제는 '집과 학교에서의 자치'였다. 120명의 참석자 가운데 절반이 독일에서 왔는데, 아마 민주 교육에 관심을 기울이게 될 다음 지역으로는 동부 유럽이 되지 않을까 싶다.

미국에 있는 동안 나는 교육재단에 관계하고 있거나 특히 자유학교에 관계하고 있는 몇몇 사람들에게 이 책을 보여주었다. 그들은 내용 수정과 관련하여 많은 사려 깊은 제안을 했다. 그들이 했던 비판들 중 몇 가지는 미국에 국한된 것이었다. 예를 들면 충치 예방을 위해 수돗물에 불소를 첨가하는 문제에 대해 이야기하는 단락이나, (미국에서는 라이히가 논란의 대상이라는 이유로) 라이히에 관한 장 전체를 빼라고 제안했다. 또한 그들은 일반 통학학교에 관계하고 있는 사람들이어서, 기숙학교를 옹호하는 주장이 실린 '다른 학교들'이라는 장을 빼고 싶어했다. 미국인들에게는 나이 어린 아이들을 위한 기숙학교의 전통이나 그런 형태의 학교에 대한 믿음이 없었기 때문이다. 그들이 한 비판 중에 가장 가혹했던 것은, 닐이 1990년대의 성차별주의자처럼 비칠 수 있는 방식으로 이야기한다는 것이었다.

많은 고민 끝에 나는 책을 바꾸지 않기로 결심했다. 닐은 늘 다른 사람들에게 표현의 자유를 주었다. 그러니 우리도 마땅히 똑같은 자유를 그에게 주어야 한다. 지난 20년 동안 세상 사람들은 작가들이 편견을 드러내는 일을 신중하게 피하는 것이 당연하다고 기대하게 되었다. 닐은 그가 살아온 시대의 사람이었지만, 오늘날의 기준으로 볼 때도 그의 말은 격의가 없어 보인다. 그는 편견을 늘어놓을 의도가 없었기 때문에, 만약 그런 혐의를 받는다면 충격을 받을 것이다. 그는 모든 사람에게 자결권이 있다고 굳게 믿었다.

평생 동안 닐은 세상에 자신의 뜻을 전하려고 애썼다. 『서머힐』이 처음 출간된 지 30년이 지난 지금, 세상 사람들이 닐을 그의 시대 속에서 바라보고, 단점과 한계에도 불구하고 그를 좋아할 정도로 도량이 넓었으면 좋겠다는 게 나의 바람이다. 아동기의 본질과 의미에 관한 그의 메시지는 지금도 여전히 독특하며, 그의 민주적 운영 모델은 그 메시지를 뒷받침하는 증거로 여전히 살아 움직이고 있다.

1990년 11월
앨버트 램

닐과 서머힐

알렉산더 서덜랜드 닐Alexander Sutherland Neill은 1921년 서른여덟 살이 되던 해에 서머힐 학교를 시작했다. 그는 이미 이전에 출간한 교육 관련 책들로 인해 영국에서는 급진 교육 이론가로 이름이 알려져 있었다.

닐은 시골 학교 교장의 아들로 스코틀랜드에서 태어나 자랐다. 그의 부모는 그를 다른 일곱 형제들과 달리 공부에는 재능이 없다고 보고 지역 중등학교에 보내지 않았다. 그래서 닐은 열네 살 때부터 직업 전선에 뛰어들었다. 몇 년 뒤 그는 아버지가 근무하는 학교에서 교생으로 일했다. 그리고 스물다섯의 나이에 에든버러 대학에 입학해 정규 교육을 받았다. 그는 교육에 관한 글을 쓰기 시작했고, 대학을 졸업하고 나서는 스코틀랜드 시골 학교의 임시 교장으로 일했다. 그러면서 첫 책인 『교사 일지A Dominie's Log』를 썼다.

내가 그를 알게 된 무렵에 그는 이미 노인이었다. 악동 패거리와 어울려 온실 유리창에 돌을 던졌을 법한 시절은 지나가버린 뒤였다. 늙었지만 건장한 닐의 모습을 보고 나는 적잖이 위안을 받았다. 그렇지만 그는 조용하고 신중하게 처신하는 스코틀랜드인의 면모를 끝까지 유지했다. 그는 머뭇거리는 성향과 다소 성급한 기질을 둘 다 가지고 있었는데, 그의 글

속에서는 찾아볼 수 없는 점이다. 아이들은 늘 그를 다가가기 편한 사람으로 여겼다. 힘 있는 성인들에게서 흔히 볼 수 있는 어른으로서의 우월감이 그에게는 하나도 없었다. 그는 전혀 권위적이지 않은 인물이었지만 개인적으로는 대단히 권위 있는 풍모를 유지했다.

나이 들어서도 아주 좋아보였지만 그가 정말로 노년을 즐겼다고는 생각하지 않는다. 그렇지만 뒤늦게 피어난 자신의 명성은 한껏 즐겼다. 비록 그 명성 때문에 엄청난 편지 더미가 쌓이고 수많은 방문객들이 밀려드는 어려움이 닥치기는 했지만 말이다.

서머힐은 1930년대에 들어서야 처음으로 영국에서 널리 알려졌다. 한동안 그는 많은 강연을 다녔고, 그 기간 동안 영국의 수많은 교사들과 부모들에게 깊은 영향을 미쳤다. 그 뒤로 서머힐은 외국에 많이 알려졌고 다른 나라의 학교와 부모들에게 큰 영향을 미쳤다. 1960년대 미국에서 『서머힐』은 2백만 부가 팔렸다. 영국에서도 많이 팔렸다. 1970년대 독일에서는 백만 부 이상 팔렸다. 1980년대 일본에서는 서머힐에 관한 책들의 인기가 대단했다. 늘 그랬듯이 서머힐이 현대 교육에 미친 영향은 서머힐을 다닌 학생들의 숫자에 비례하지 않았다. 학생 수는 지금까지 통틀어 겨우 6백여 명에 불과하다. 아마도 닐의 작업에 가장 깊은 영향을 받은 쪽은 바로 부모들과 아이들을 대하는 그들의 태도일 것이다.

'교육학' 보다는 '심리학'에 더 관심을 기울였다는 점에서 볼 때, 닐은 교육 선구자들 가운데서 유별난 사람이었다. 그는 아이들에게 수업을 강요하지 않는 이 세상에서 가장 오래된 자치 학교를 만들어냈다. 초기에는 적응에 문제가 있는 아이들을 많이 받아들였지만, 1930년대 들어서는 방침을 바꾸어 심리적으로 문제가 없는 아이들을 주로 받아들였다.

이 시기에 이르러 닐은, 서머힐을 평범한 아이들을 위한 치유 학교로 여기게 되었다. 목표는 유년기와 청소년기 동안에 완전하고 건강한 감정과 개인의 역량을 키워내는 것이었다. 닐은 아이들이 이런 완전함을 성취하기만 하면, 학문에 필요한 것들을 배우려는 동기는 저절로 가지게 될 거라고 생각했다. 이와 같은 성장으로 이끄는 열쇠는 아이들을 인정하고 사랑하는 분위기 속에서 아이들에게 맘껏 놀 수 있는 자유를 주는 것이었다. 그런데 아이들에게 준 것은 자유지 방종이 아니었다. 즉 다른 사람들에게 폐를 끼치지 않는 한 아이들은 자기가 하고 싶은 대로 할 수 있었다.

1973년 닐이 죽고 나자 오랫동안 짐을 나누어 져왔던 아내 에나Ena가 학교를 이어받아 혼자 힘으로 12년 동안 운영했다. 1985년부터는 서머힐의 학생으로 자랐던 딸 조이 레드헤드가 교장이 되었다.

살아 움직이는 서머힐의 실체는 참으로 강력하고 더할 나위 없이 정당해 보이는데, 놀랍게도 세상은 이 학교에서 실제로 어떤 일이 일어나고 있는지에 대해 거의 관심을 기울이지 않는다. 1991년은 이 세상에서 가장 진보적인 학교가 문을 연 지 70주년이 되는 해다. 하지만 서머힐의 실제 운영 형태나 방법, 학생들에게 주는 영향, 그리고 전 세계라는 맥락 속에서 교육 이론과 실천 양면에서 지니는 중요성이나 영향력 등에 대한 체계적인 연구는 지금껏 전무하다.

예를 들면 서머힐의 나이 어린 아이들은 거의 언제나 수업에 열성적으로 참여한다. 나이 든 아이들 역시 공부에 관심이 많아 보인다. 그리고 다른 학교 아이들보다 훨씬 즐겁게 공부한다. 그런데 열 살에서 열두 살 사이의 서머힐 아이들은 수업에 거의 들어오지 않는다. 그 나이 때의 아이들은 어른의 기대치에서 오는 중압감을 벗어나려는 욕구가 강하지 않나 싶다. 이 아이들이 왜 그렇게 하는지를 이해한다면, 아이들의 본성을 거스르지 않고 그에 맞는 학교를 꾸리려는 교육자들에게는 큰 도움이 될 것이다.

서머힐에서 사회적 통제는 늘 전체회의를 통해 전체 공동체에 관철되어왔다. 그리고 이러한 통제는 '자유'라는 단어가 내포하고 있는 듯한 의미보다 항상 훨씬 더 컸다. 아이들은 규칙을 좋아하고 스스로에게 많은 규칙들을 부여한다. 서머힐의 역사에서는 언제나 수백 가지의 '법률들'이 성문율로 존재해왔다. 지난 69년 동안 서머힐의 아이들은 학기 중 매주 토요일 밤이면 자기네 생활의 모든 면들을 관장하는 법률을 만들고 고치는 일을 해왔다. 전체회의에서는 공동체에 알리는 사항, 전체의 관심사, 그리고 새로운 법률의 제안 등을 다룬다. 비록 회의 출석은 의무가 아니지만, 아이든 교직원이든 누구나 회의에 참석해서 자신의 투표권을 행사할 수 있다.

매주 회의 때마다 다음 회의를 진행할 의장을 선출한다(서머힐에서는 언제나 남성 의장 또는 여성 의장이라고 부른다). 회의 내용, 제안, 새 법률 등을 기록하는 서기는 흔히 한 번 선출되면 여러 주 동안 일을 맡아본다. 전체회의는 (다음 단락에서 설명할) 재판 보고로 시작한다. 이어서 의장은 의사일정에 올라와 있는 사람들을 부른다. 물론 그들은 스스로 의사일정에 넣어줄 것을 요청한 사람들이다. 각각의 의제는 따로따로 다루어지고, 의장은 다른 사람을 의장석에 앉히지 않고서는 어떤 주제에 대해서도 발언할 수 없다. 의장에게는 투표권이 없지만, 대신에 회의를 관장하는 권한이 있다. 만약 회의를 방해하는 사람이 있다면, 의장은 벌금형을 내리거나 회의장에서 쫓아낼 수 있다. 손을 들어 발언을 요청한 사람들 중에서 발언자를 선택하는 일, 그리고 제안을 받아서 개별 사안을 투표에 부치는 일이 의장의 직무다.

우리는 금요일 오후 2시에 재판을 연다. 재판정은 법정의 형태를 갖추고 있으며, 자신이 부당한 취급을 받았다고 느끼는 사람이면 누구나 그 문제를 재판에 회부할 수 있다. 개개인의 불만을 들은 후, 공동체는 적절한 벌금형을 결정한다. 정기적인 재판과 전체회의 외에도 특별회의를 소집할 수 있다. 이 회의를 소집하려면 서기와 의장을 찾아가서 공동체 전체가 긴급하게 대응할 필요가 있다는 점을 납득시켜야 한다. 좀 더 전체적으로 논의되어야 할 문제라거나 새로운 법률을 만드는 문제가 아닌 한, 특별회의는 재판과 똑같은 방식으로 진행된다.

서머힐의 회의는 아이들이 본능적으로 이해하고 신뢰하는 방식 내에서 형식성과 유연성을 겸비하고 있다. 서머힐의 새로운 아이들은 자기네 자치의 세세하고 미묘한 부분들을 금방 배운다. 매주 전체회의와 재판을 하는 데 들이는 시간은 얼마 안 되지만, 그것들의 존재감은 학교 구석구석에서 끊임없이 느껴진다. 어떤 법을 바꾸는 일이나 '누군가를 고발하는' 일을 두고 말들이 오가는 시간과 비교해볼 때, 실제로 회의에 올라오는 사안들의 수는 그리 많지 않다.

회의에서 조이가 하는 역할은 아버지가 했던 역할과 상당히 다르다. 닐은 회의 때 일부러 대부분 유치한 제안들을 내놓았고, 그 제안들은 투표로 부결되었다. 교장이자 치유사로서 닐은 인신공격과 연관된 문제들에는 편들지 않는 것이 중요하다고 생각했다. 닐은 도덕 문제에서 개인적인 판단을 피하는 심오한 능력을 가진 사람이었다. 그의 목표는 자신은 전면에 나서지 않고 아이들로 하여금 스스로 자신들의 학교를 운영해나가도록 하는 것이었다.

반면에 조이는 나이 많은 아이들과 더 비슷하게 행동한다. 공동체의 다른 구성원들과 더불어 자신의 의견을 말하고 자신의 신념에 따라 투표한다. 회의에서 발언을 하고 싶을 때 손을 들어 재빨리 흔드는 조이를 보면, 나는 조이와 내가 십대이던 30여 년 전으로 돌아간다. 조이는 평생 서머힐과 관계를 맺어왔기에, 아이들의 공동체 속에서도 자연스럽게 민주주의자가 된다. 조이는 어떻게 해야 아이들에게 자신들의 학교를 관리해나갈 능력을 갖추게 해줄 수 있는지에 대해 확실한 감각을 지니고 있다.

학교는 전체회의뿐만 아니라 전체 투표와 옴부즈맨들에 의해 선출된 위원회를 통해 운영된다. 매 학기 초에는 여러 위원회가 구성되거나 새로운 구성원을 충원한다. 취침시간위원회, 도서위원회, 사회위원회 같은 상설위원회 구성원들과 옴부즈맨들도 이때 모두 투표로 뽑는다.

매주 세 명의 옴부즈맨이 소동에 휘말려 외부의 도움이 필요한 아이들을 돕는 일을 맡는다. 옴부즈맨들은 가끔 현장에서 문제를 해결하기도 하지만, 대부분의 경우에는 그 사안이 회의에 부쳐졌을 때 대리인이나 증인으로 나선다. 심지어 교직원들조차 자신들이 법을 언도하는 권위적인 인물로 보이고 싶지 않을 때 옴부즈맨들을 자주 활용한다.

옴부즈맨들이 학교 안에서 차지하는 위치를 보면, 서머힐이 구조 면에서 얼마나 발전해왔는지를 알 수 있다. 나이 든 아이들은 나이 어린 아이들의 논쟁을 중재하는 데 늘 애써왔지만, 이 역할에 공식 직함이 주어진 것은 1960년대 중반에 이르러서다. 그때 나는 열일곱 살이었고 나머지 아이들은 다 나보다 어렸다. 내 기억으로는, 스웨덴에서 개인과 지방정부 간의 마찰을 해소하기 위해 옴부즈맨을 고용했다는 사실을 책에서 처음 읽은 아이는 에나의 아들 피터 우드였다. 이 문제가 회의에서 토의되었고 그 결과 우리 학교에도 옴부즈맨을 두자는 안이 채택되었다. 나는 학기의 나머지 기간 동안 옴부즈맨이 되었다. 그 생각은 서머힐에 자연스럽게 잘 어울리는 듯했다. 서로에게 불만을 가진 어린아이들이 끊임없이 줄을 지어 내 방으로 찾아왔다.

이처럼 서머힐은 독특한 공동체다. 따라서 거기서 일어나는 일을 기술하는 데는 여러 가지 방법이 있을 수 있다. 닐의 글도 그 중 하나일 뿐이다. 내가 서머힐에서 지낼 때 어린아이들 중 한 명이었던 다니 구스만은 인류학적인 방법으로 학교에 관한 글을 썼다. 그는 나이 많은 아이들을 서머힐의 사회 구조에서 진정한 연장자로 간주한다. 다니는 이렇게 말한다.

나이 많은 아이는 학교 문화의 관리자라고 볼 수 있다. 나이가 많은 축에 들면 높은 지위의 역할을 하게 되는 것을 알 수 있다. 이것이 학교의 사회 구조에 미치는 영향은 대단히 흥미롭다. 이는 사실상 아이들이 어른들의 보살핌이 아니라 다른 아이들의 보살핌을 받게 된다는 의미다.

전통적인 확대가족*과 비슷한 규모인 백 명 이하로 구성된 서머힐 공동체에서 나타나는 연령과 관심사의 범위는 분명 중요한 측면이다. 조이의 어머니 에나는 최근 여든 번째 생일을 맞이했는데, 그녀는 공동체에서 가장 나이 많은 구성원이다. 학생들의 나이는 다섯 살부터 열일곱 살에 걸쳐 있다. 서머힐의 구조는 자치라는 민주적 형태와 나이에 따른 사회적 기대라는 계층 구조 둘 다를 포함한다. 이처럼 구성원의 연령과 성 그리고 관심사의 다양성은, 언젠가 문화인류학자인 마거릿 미드가 주장했던 개인에 대한 '공동체의 폭정'을 서머힐이 피해나가는 데 도움을 준다.

나는 서머힐을 아테네식 모델에 근거한 민주주의로 보고 싶다. 자유로운 시민들 위에 여자 교장이라는 중심인물이 있다. 아이들에게 정말로 중요하지 않은 문제거나 지나친 책임감으로 아이들을 짓누를 수 있는 문제들은 교직원들과 조이의 몫이다. 예를 들면 아이들은 새로운 교직원을 채용하거나 아이를 내보내는 문제에서 최종 결정권을 갖지 않는다. 자유로운 시민들의 입장에서 보자면, 고대 아테네의 '노예 계급' 비슷한 일종의 숨은 도우미가 있는 셈이다. 공동체에 불화를 일으킬 수도 있는 많은 문제들이 서머힐에서는 발생하지 않는다. 왜냐하면 아이들이 그에 대해 말 한마디 하지 않아도 음식은 조리되고 마룻바닥은 깨끗이 청소되며 옷들은 세탁되기 때문이다. 이런 점들은 서머힐과 다른 자유학교들 사이의 중요한 차이이며, 아울러 우리네 아이들의 공동체가 왜 그토록 강건한지를 설명하는 한 이유이기도 하다. 우리 아이들은 자신들의 생활에 대해 커다란 책임을 지지만, 그들의 능력을 넘어서는 사회적 관심사들에 방해받지 않고 어린 시절을 즐겁게 보내며 커갈 수 있는 여건 역시 제공받는다.

다른 학교에서는 교육과정의 한 부분으로 가르치는 많은 것들을 서머힐에서는 일상생활의 과정 속에서 다루어나간다. 여러 인종들이 섞여 있는 일종의 확대가족 속에서 생활하는 아이들은 인종간 평등에 대해 따로 배울 필요가 없다. 여성의 권리를 존중하는 문제도 마찬가지다. 학교는 사실상 제일 나이 많은 아이들에 의해 운영된다. 학교에 나이 많은 여자 아이들의 무리가 있는 경우, 보통 그 아이들은 학교 운영에서 지도적 역할을 맡는다. 왜냐하면 여자 아이들은 빨리 성숙하기 때문이다. 교사 없이 또 다른 수업이 이루지는 셈이다.

조이와 내가 『서머힐』의 새로운 판을 편집하기로 결정하자마자, 장학검열단에서 연락이 왔다. 장학관들이 학교에 와서 머물고자 하며, 이번 방문은 지금까지의 어떤 방문보다 긴 기간이 될 거라고 했다. 과거의 경험에 비추어볼 때, 이런 경우 학교에서는 여러 날 동안 밤을 지새워야 하고 학교 시설들을 고치는 데 많은 비용을 들여야 했다. 장학관들은 여름 학기 첫 주말에 학교에 들이닥쳤다.

---

* 부부와 미혼 자녀에다 직계 존속 및 비속, 방계 친족 등이 포함된 전근대의 가족 형태.

그들이 떠난 직후, 조이는 이렇게 썼다. "장학관들이 5일 동안 학교를 방문한 것은 마치 꼬치꼬치 캐묻기 좋아하고 또 약간은 잠점을 떠는 먼 친척이 집을 찾아온 것 같았다. 그 친척은 집안 이곳저곳을 돌아다니며 오븐 안을 들여다보고 냉장고 문을 열어 냄새를 맡아보고 심지어 속옷을 넣어 두는 서랍을 뒤지기도 했다. 벌로 내준 숙제 같다고밖에 표현할 길이 없다." 장학관들의 구두 보고는 호의적이었고 정중했다. 마침내 서머힐이 유서 깊고 기품 있는 영국의 한 학교가 되어가고 있는 듯하다고 말이다. 하지만 그들은 서머힐을 계속 주시할 거라는 인상을 주었다. 장차 관료주의가 서머힐의 목을 옥죄어올지도 모른다.

장학관들이 떠나고 나자 여름 학기가 제대로 시작됐다. 나이 많은 아이들은 여름 학기 전반기에 일반교육자격시험General Certificate of Education*을 치렀다. 그 시험이 끝난 후 학교는 긴장을 풀고 편안한 여름 학기의 일상으로 돌아갔다. 분위기는 미국의 여름 캠프처럼 느슨하고 자유로웠다. 많은 아이들이 야외에서 뛰어다니거나 스케이트보드를 타고 돌아다녔다. 풀장에서 수영을 하는 아이들도 많았다. 여느 때처럼 학기말준비위원회는 학기말 파티를 준비하기 위해 마지막 주 동안 라운지를 폐쇄했다. 도화지로 온통 도배된 라운지 벽에는 그림이 그려졌고 색색의 테이프와 풍선이 매달렸다. 배우들은 계속 극장에 머물며 학기말 연극을 준비했다(연극 제목은 시의 적절하게 '장학관들이 오고 있다'였다).

여름 학기 마지막 토요일, 연극 공연이 끝나고 나자 모두들 라운지로 모여들었고, 전통적인 학기말 파티가 시작되었다. 저녁에는 학교의 로큰롤 블루스 밴드가 긴 공연 무대를 선보였다. 한밤중이 되자 학교를 떠나는 아이들은 사람들이 손에 손을 맞잡고 만든 둥그런 띠 안으로 들어가고, 학교에 남아 있는 사람들은 모두 '올드 랭 사인'을 불렀다.

한편 서머힐에서는 전통적인 학과 교육 또한 제공하고 있으며, 학생들의 학업 성취도에 자부심을 가진다. 그런데 서머힐 교육 프로그램의 진정한 성과는 그보다 더 심오하다. 많은 아이들이 정서에 문제를 안고 서머힐에 오지만, 나중에는 온전하고 건강한 아이가 되어 나간다. 현재 아이들 가운데 삼분의 일 이상이 일본 아이들이고, 그 밖의 다른 나라에서 온 아이들도 꽤 된다. 하지만 그들 모두 서머힐 사람들이다. 따뜻한 마음, 낙관주의, 독립심 그리고 자립성은 서머힐에서는 전염병처럼 쉽게 옮아가는 자질이다. 서머힐의 구조는 아이들을 자립적으로 만드는 동시에, 가장 훌륭한 가족이 그러하듯이 서로에 대한 책임감을 받아들이게 만든다.

서머힐 교육의 많은 성과들은 살면서 늦게까지도 겉으로 분명하게 드러나지 않는다. 이 '눈에 보이지 않는' 측면은, 서머힐을 방문하는 사람들이나 새로 들어온 교직원에게 가장 설명하기 힘든 점 가운데 하나다. 닐 자신이 대기만성의 사람이었다. 어떤 점에서 서머힐은 그런 대기만성형의 사람들에게 아주 좋은 환경이다. 어린 시절을 행복하게 보내면, 미래의 발전은 거의 확실하게 보장된다. 급변하는 과학기술의 시대인 오늘날, 서머힐은 장차 우리에게 필요해질 사람들을 길러내는 데 도움이 되는 방안을 가지고 있다고 우리는 믿는다.

---

* 영국의 교육 자격 검정 시험으로, 대학 입학 기초 자격과 취직 자격 시험을 겸한다. 중등 의무교육이 끝나는 16세가 되면 누구나 치르는 보통 수준Ordinary Level과 2년 뒤 대학 진학을 위해 치르는 상급 수준Advanced Level으로 나뉜다.

part one

1
서머힐

들어가는 말

지금(1971년)의 서머힐은 본질에서 1921년 처음 세워졌을 때 그대로다. 학생들과 교직원들의 자치, 수업에 들어오거나 들어오지 않을 자유, 필요하다면 며칠, 몇 달, 몇 년이라도 놀 수 있는 자유, 종교나 도덕이나 정치를 막론하고 모든 교화로부터의 자유, 성격 틀에 맞춰 찍어내기 character moulding로부터의 자유.

다른 학교들에도 진취적이고 훌륭한 교사들은 많다. 숨 막히는 환경, 병영과 같은 분위기의 학교에서도 창의적으로 일하는 그런 교사들은 존경받아 마땅하다. 하지만 그들이 나에게 줄 것은 아무것도 없다. 그 까닭은 우리가 똑같은 길을 가고 있지 않기 때문이다. 아마 우리는 평행선을 달리며 서로 마주치지 않을 것이다. 왜냐하면 그들은 학교에 속해 있고 나는 자치 공동체에 속해 있기 때문이다.

또한 나는 다른 학교들에서 진보의 징후를 본다. 오늘날 초등학교들은 훌륭할 수 있다. 레스터 시에서 본 한 초등학교는 40년 전의 초등학교와 커다란 대비를 이루었다. 행복한 얼굴들, 와글와글 떠들며 자연스럽게 대화를 나누는 모습들, 각자 자기 일을 하느라 바쁜 아이들. 다음 단계는 그런 자유로운 방식을 중등학교에 적용하는 일이다. 하지만 그것은 입시제도 안에서는 거의 불가능한 일이다.

서머힐은 학교가 교사들에 대한 두려움, 더 깊게는 삶에 대한 두려움을 없앨 수 있다는 사실을 세상에 보여주었다. 서머힐의 교직원은 자신들의 위엄을 세우려 들지 않는다. 또 어른이라는 이유로 존경받기를 기대하지도 않는다. 서머힐 사회에서 교사가 가진 유일한 특권은 취침 시간 규칙에서 자유롭다는 것이다. 그들이 먹는 음식은 학교 공동체가 함께 먹는 음식이다. 교사들은 자기네 이름 그대로 불리며 별명으로 불리는 경우는 거의 없다. 별명이 있다면 그것은 친근함과 동등함의 표시다. 우리의 과학 교사인 조지 코크힐은 30년 동안 조지나 콕스 혹은 코키로 불렸다. 모든 학생들이 그를 좋아했다.

학생들과 교사들 사이를 나누는 장벽은 필요 없다. 그런 장벽은 아이들이 만드는 게 아니라 어른들이 만든다. 교사들은 위엄으로 보호받는 작은 신이 되기를 바란다. 만약 자신들이 인간으로 행동한다면 자신들의 권위는 사라지고 교실은 혼란에 빠질 거라고 두려워한다. 그들은 두려움이 사라지는 것을 두려워한다. 수많은 아이들이 자기네 교사를 두려워한다. 두려움을 만들어내는 것은 바로 규율discipline이다. 아무 병사나 붙잡고 자신의 주임상사를 두려워하는지 어떤지 물어보라. 두려워하지 않는다는 병사를 나는 한 번도 만나보지 못했다.

우리네 학교들에서 가장 크게 개혁할 부분은 가부장주의를 영속시키는 어른들과 아이들 사이의 틈을 없애는 것이다. 그런 독단적인 권위는 아이에게 평생토록 지속될 열등감을 심어준다. 그런 아이가 커서 어른이 되면, 그는 그저 교사의 권위를 상사의 권위로 대체할 뿐이다.

군대는 불가피한 것인지 모른다. 하지만 어리석은 보수주의자를 빼고는 군대 생활이 삶의 모델이라고 주장하는 사람은 없다. 그런데 우리의 학교들은 군대와 똑같거나 혹은 그보다 못하다. 적어도 군인들은 많이 움직이기라도 하는데, 아이들은 본능적으로 뛰어놀아야 할 시기에 대부분의 시간을 의자에 앉아서 보낸다.

　이 책에서 나는 교육 당국이 왜 그토록 아이들을 무기력하게 만들려고 애쓰는지 설명할 것이다. 하지만 교사들 대부분은 자신들이 하고 있는 규율 잡기와 '성격 틀에 맞춰 찍어내기'의 배후에 무엇이 있는지 알지 못한다. 대다수는 그것을 알고 싶어하지도 않는다. 규율을 잡는 방법은 간단하다. "차려!" "쉬어!" 이런 명령들이 병영과 교실에서 들리는 소리들이다.

　미국 학생들은 나쁜 평점, 그러니까 보잘것없음을 뜻하는 바보 평점을 두려워하거나, 시험에 통과하지 못하는 것을 두려워한다. 어떤 나라 학생들은 여전히 회초리나 구타를 두려워하고, 어리석은 교사들에게 업신여김을 당하거나 조롱받는 것을 두려워한다.

　교사에게도 역시 두려움이 있다는 게 비극이다. 인간으로 여겨지는 것에 대한 두려움, 아이들의 불가사의한 직관에 의해 자신들이 간파되는 것에 대한 두려움이 그것이다. 나는 이것을 '안다.' 공립학교에서 보냈던 10년 간의 교사 생활은 내게서 교사에 대한 어떠한 환상도 남겨놓지 않았다. 그때는 나 역시 위엄을 갖추려 들고, 아이들을 냉담하게 대하고, 엄격한 규율을 강요하는 교사였다. 나는 '채찍'에 의존하는 체계 안에서 아이들을 가르쳤다. 스코틀랜드에서는 구타를 그렇게 부른다. 우리 아버지도 그 방법을 이용했고 나도 옳고 그름을 생각해보지 않고 선례를 따랐다. 그런 나의 태도는 학교 교장으로서 건방지다는 이유로 한 남자 아이를 직접 때렸을 때까지 계속되었다. 갑자기 새로운 생각이 들었다. 내가 지금 무슨 짓을 하고 있는가? 이 아이는 작고 나는 크다. 왜 나는 나보다 작은 아이를 때리고 있는가? 나는 채찍을 불 속에 던져버리고 다시는 아이를 때리지 않았다.

그 아이의 무례함은 나를 그 아이의 수준으로 내려버렸다. 그것은 궁극적인 권위로서의 나의 위엄과 지위를 훼손했다. 그 아이는 나를 마치 자신과 동등한 사람인 양 대했다. 그것은 용서할 수 없는 모욕이었다. 그런데 60년이 지난 오늘날, 수많은 교사들이 그때의 나와 한 치도 다르지 않은 자리에 서 있다. 터무니없는 소리처럼 들릴지도 모르겠다. 하지만 대부분의 교사들이 자신도 피와 살로 이루어진 사람이라는 점을 거부한다는 것은 있는 그대로의 진실이다.

바로 어제 어떤 젊은 교사가 내게 이런 말을 했다. 교장이 자기를 해고시키겠다고 으름장을 놓았는데, 한 아이가 자기를 보고 '밥'이라고 불렀기 때문이라고 했다. "그렇게 친근하게 굴도록 내버려둔다면 어떻게 규율이 서겠습니까?" 하고 그가 물었다. "사병이 대령을 '짐'이라고 부른다면 대체 어떻게 되겠습니까?"

왜 나는 아이들로부터 수백 통의 편지를 받을까? 내 아름다운 눈 때문일까? 아니다. 그들의 마음 깊숙한 곳, 자유를 향한 그들의 갈망, 집이나 학교에 존재하는 권위에 대한 그들의 증오, 형제 같은 사람들과 사귀고 싶은 그들의 바람 등에 서머힐의 사상이 영향을 미쳤기 때문이다. 서머힐에는 세대 간에 차이가 없다. 만약 그런 것이 있었다면 전체회의General Meeting에 회부된 나의 제안들 중 태반은 통과되지 않았을 것이다. 그리고 열두 살짜리 여자 아이가 교사에게 그의 수업이 따분하다고 말할 수도 없었을 것이다. 서둘러 한마디 덧붙이자면, 교사 역시 어떤 아이에게 '넌 형편없는 말썽꾸러기야'라고 말할 수 있다는 점이다. 자유는 양쪽에 다 적용되어야만 한다.

교육은 개인적이기도 하고 사회적이기도 한 아이들을 길러내야 한다.

자치는 분명히 그것을 해낸다. 보통의 학교에서 복종은 미덕이다. 그렇기 때문에 나중에 커서 무언가에 도전할 수 있는 사람들이 극히 드물다. 교사를 양성하는 대학에서 공부하는 많은 학생들은 자신들의 장래 직업에 대해 굉장한 열의를 가지고 있다. 그런데 대학을 졸업하고 나서 1년만 지나면, 그들은 교무실에 앉아서 교육이란 학과 공부와 규율 잡기가 다라고 생각한다. 정말 그들은 감히 그 체계에 도전하려고 들지 않는다. 안 그러면 해고될 테니까. 몇몇은 도전을 해보지만 그것도 마음속으로만 그렇게 할 뿐이다. 틀지어진 인생은 부수기 어렵다.

그런 사회가 병들어 있다는 사실은 아무도 부정할 수 없다. 그런 사회가 병에서 벗어나기를 원치 않는다는 사실 또한 부정할 수 없다. 그런 사회는 사회를 개선하려는 모든 인간적인 노력에 저항한다. 그 사회는 여성의 참정권, 사형제 폐지에 반대하여 싸운다. 그 사회는 무자비한 이혼법이나 잔인한 동성애 반대 법률을 개혁하려는 움직임에 반대하여 싸운다. 어떤 면에서 보면, 교사로서 우리의 과제는 군중심리학, 양¥의 심리학에 맞서 싸우는 것이다. 그 심리학에서는 검은 양과 몇몇 도전자들을 빼면, 모든 동물은 똑같은 복장에 똑같은 울음소리를 낸다. 우리네 학교들에는 양치기들이 있는데, 그들이 반드시 다정한 것만은 아니다. 그리고 우리 학생 양들의 몸에는 품위 있어 보이라고 제복이 입혀져 있다.

심리학의 차원에서 볼 때, 사람들이 아는 것은 별로 없다. 인간 삶의 내적인 힘은 대체로 아직 감추어져 있다.

프로이트의 천재성이 활력을 불어넣은 이후, 심리학은 상당한 발전을 이룩했다. 하지만 심리학은 여전히 새로운 과학이며 겨우 미지 대륙의 해안선 지도를 그리고 있을 뿐이다. 지금으로부터 50년 후의 심리학자들은 오늘날 우리의 무지를 보고 웃을 것이다.

교육학을 벗어나서 아동심리학을 접한 이후로 나는 수많은 종류의 아이들을 상대했다. 어린 방화범들, 도둑들, 거짓말쟁이들, 오줌싸개들, 심술쟁이들. 여러 해 동안 이 아이들을 상대하는 일을 집중적으로 하면서 나는, 삶에 동기를 부여하는 힘에 대해 내가 잘 모른다는 사실을 분명히 깨달았다. 그리고 자기 아이들만 대하는 부모들은 그에 대해 나보다 더 모른다는 것도 분명한 사실이다.

내가 감히 교사들뿐만 아니라 부모들을 향해서도 말하는 이유는, 까다롭고 다루기 힘든 아이는 언제나 학교뿐만 아니라 집에서도 잘못 대하기 때문에 그렇게 된 것이라고 믿기 때문이다.

심리학이 다루는 분야는 무엇인가? 나는 '치유하기'라는 말을 제안한다. 그렇다면 어떤 종류의 치유인가? 나는 오렌지색이나 검은색을 선호하는 내 습관을 치유받고 싶지는 않다. 흡연 습관을 치유받고 싶지도 않고, 맥주를 즐기는 취향을 치유받고 싶지도 않다. 어떤 교사도 북을 시끄럽게 두드리는 아이를 치유할 권리는 없다. 꼭 이루어져야 할 유일한 치유는 바로 불행을 치유하는 것이다.

내가 여러 해에 걸쳐 입장을 바꿔간 한 가지가 있는데, 그것은 바로 심리학에 대한 나의 태도였다. 내가 세운 학교가 독일에 이어 오스트리아에 터를 잡고 있던 당시(1921년부터 1924년까지)에는, 새로운 정신분석 운동이 한창이었다. 많은 어리석은 젊은이들처럼 나 역시 유토피아가 눈앞에 닥쳤다고 생각했다. 무의식을 자각하게 만들자. 그러면 세상에서 증오와 범죄와 전쟁이 사라질 것이다. 그러므로 정답은 정신분석이었다.

영국 라임레지스에 있는 서머힐이라 불리는 집으로 돌아왔을 때 학생은 다섯 명뿐이었다. 그로부터 3년 후 학생 수는 스물일곱 명이 되었다.* 대부분의 학생은 부모나 학교에서 절망하여 보낸 문제아들이었다. 도둑질을 하고, 물건을 부수고, 남녀 불문하고 약한 아이를 괴롭히는 그런 아이들이었다. 나는 정신분석으로 그들을 '치유했다'고 생각했다. 그런데 내 정신분석 과정을 거부한 아이들도 치유되었다는 사실을 발견했다. 그래서 나는 정신분석이 아니라 바로 자유가 치유 작용의 실제 동인이었다는 결론을 내려야만 했다. 다행스럽게도 정신분석은 인간의 병에 대한 해답이 아니었던 것이다.

심리요법이 잘못이라고 말하는 게 아니다. 하지만 교사가 치유사가 되려는 것은 잘못이다. 치유사는 중립적이어야 하고 국외자여야 한다. 전체 회의에서 나는 이렇게 묻곤 했다. "도대체 누가 내 스패너를 빌려가서는 아직 갖다 놓지 않는 거야?" 윌리가 그랬다. 그 아이에게 내 말은 바로 자기 아버지의 투덜대는 목소리였다. 아이는 나를 경찰관과 동일시했다. 다음 정신분석 시간에 아이는 조개처럼 입을 꽉 다물어버렸다.

문제아는 불행한 아이다. 그 아이는 자신과 전쟁 중에 있다. 그 결과 그 아이는 세상과 전쟁을 벌인다.

문제 어른도 같은 배를 타고 있다. 행복한 사람은 절대 모임을 방해하지 않으며, 전쟁을 주창하지도 않고, 흑인에게 린치를 가하지도 않는다. 행복한 여성은 남편이나 아이들에게 잔소리를 하지 않는다. 행복한 사람은 살인이나 도둑질을 하지 않는다. 행복한 고용주는 고용인들을 위협하지 않는다.

모든 범죄, 모든 증오, 모든 전쟁은 불행에서 배태된다. 이 책은 어떻게

---

* 1921년 닐은 몇 사람과 함께 독일 드레스덴 근교 헬레라우에 국제학교를 세우고, 외국인학생부를 맡아 가르쳤다. 이어서 잠시 오스트리아로 옮겼다가, 1924년 자신이 가르치던 학생들 중 일부를 데리고 영국으로 돌아와 도싯 주의 라임레지스에서 서머힐 학교를 시작했다. 그리고 1927년 오늘날의 위치인 서퍽 주 레이스턴으로 학교 터를 옮겼다.

불행이 생기는지, 불행이 어떻게 인간의 삶을 망쳐놓는지, 어떻게 아이를 키워야 이러한 불행이 생기지 않는지를 보여주려는 시도다.

 나아가 이 책은, 아이들의 불행이 치유되는 곳, 더 중요하게는 아이들이 행복 속에서 자라는 곳인 서머힐 학교의 이야기를 담고 있다.

서머힐의 사상

이 글은 서머힐이라는 한 학교에 대한 이야기다.

서머힐은 1921년에 세워졌다. 현재 서머힐은 서퍽 주의 레이스턴이란 마을에 자리 잡고 있는데, 런던에서 160킬로미터쯤 떨어진 곳이다.

서머힐의 학생들에 관해 간단히 이야기해보겠다. 어떤 아이들은 다섯 살에 서머힐에 들어오는가 하면 다른 아이들은 뒤늦게 열두 살에 들어오기도 한다. 아이들은 일반적으로 열여섯 살까지 학교에서 지낸다. 학생 수는 보통 남학생이 35명이고 여학생이 30명이며 그 가운데에는 외국에서 온 아이들도 꽤 있다.

아이들은 나이별로 기숙을 하는데, 각 연령대마다 보모* 한 사람이 함께 지낸다. 중간 나이에 해당하는 아이들은 석조 건물에서 잠을 자고, 나이가 많은 축에 드는 아이들은 작은 오두막집들에서 잔다. 학생들은 방 검사를 받을 필요가 없고, 뒤를 따라다니며 치워주는 사람도 없다. 그냥 자유롭게 내버려둔다. 누구도 어떤 옷을 입으라고 말하지 않으며, 아무 때든 자기가 입고 싶은 대로 입는다.

신문들은 서머힐을 '제 멋대로 학교'라고 부르는데, 그 말에는 법도 모르고 예의범절도 없는 야만스런 원시인들의 무리라는 암시가 담겨 있다.

그러므로 가능한 한 정직하게 서머힐의 이야기를 쓸 필요가 있겠다. 내 글에 편견이 들어가는 것은 당연한 일이다. 그럼에도 나는 서머힐의 장점뿐만 아니라 단점까지도 보여주려고 노력할 것이다. 두려움이나 증오로 인해 자신의 삶을 망치지 않고 건강하고 자유롭게 자라는 아이들, 바로 이것이 서머힐의 장점일 것이다.

활동적인 아이들을 책상 앞에 붙들어 앉혀놓고 대개는 쓸데없는 과목들을 공부하게 만드는 학교는 분명 나쁜 학교다. 그런 학교를 신뢰하는 사람들에게만 그 학교는 좋은 학교다. 그리고 돈을 성공의 기준으로 삼는 문명에 잘 어울리는 유순하고 창조성 없는 아이들을 바라는 창조성 없는 시민들에게도 그 학교는 좋은 학교다.

애초에 서머힐은 실험학교로 시작했다. 하지만 이제는 더 이상 그렇지가 않다. 지금 서머힐은 자유가 어떻게 실현되는지를 실제로 증명해 보여주고 있는, 일종의 '증명학교'다.

첫 번째 아내와 내가 서머힐을 시작했을 때 가졌던 가장 중요한 생각은 아이들을 학교에 맞추려 하지 말고 '학교를 아이들에게 맞추자'는 것이었다. 그 전에 나는 오랫동안 일반 학교들에서 아이들을 가르쳤다. 그래서 다른 교육 방법에 대해 익히 알고 있었다. 나는 그것이 잘못된 것임을 알았다. 왜냐하면 그것은, 아이들이 어떠해야 하고 어떻게 배워야 하는가 하는 문제에서 어른들의 생각에만 기초하고 있었기 때문이다. 그런 방법은 심리학이 아직 미지의 학문이던 시대에나 통용되는 방법이었다.

우리는 아이들이 있는 그대로의 자신을 누리는 자유로운 학교를 만들

---

*houseparent는 기숙사 '사감'이란 뜻이지만 여기서는 서머힐의 특성을 고려하여 '보모'로 번역한다.

어나갔다. 이를 위해 모든 규율과 명령, 간섭, 도덕 교육, 그리고 종교 교육을 없애야 했다. 우리는 용감하다는 말을 들었지만, 그 일에 용기가 필요한 것은 아니었다. 정말 필요한 것은 아이들이 악한 존재가 아니라 선한 존재라는 사실에 대한 완전한 믿음이었다. 이런 믿음은 지난 50년 동안 전혀 변치 않았고 오히려 궁극적인 확신으로까지 나아갔다.

내 생각에 아이들은 천부적으로 지혜롭고 실제적이다. 어른들이 일절 간섭하지 않고 아이들 스스로에게 맡겨둔다면, 아이들은 자신들이 발전할 수 있는 최대한으로 발전할 것이다. 그러니 마땅히 서머힐에서는, 학자가 될 소질을 타고난 아이가 학자가 되기를 원한다면 학자가 될 것이고, 거리 청소부에 적합한 아이는 거리 청소부가 될 것이다. 하지만 지금껏 우리가 거리 청소부를 길러낸 적은 없다. 물론 이 말은 사회의 지위 여하에 따라 사람을 판별하는 속물근성으로 하는 말이 아니다. 오히려 나는 학교가 신경증에 걸린 학자보다는 행복한 거리 청소부를 길러내야 한다고 생각한다.

서머힐은 어떤 곳인가? 먼저, 수업은 아이들의 선택 사항이다. 아이들은 수업에 들어올 수도 있고 그렇지 않을 수도 있다. 원한다면 몇 년 동안 계속 수업에 들어오지 않아도 된다. 시간표는 있지만 그것은 교사들의 시간표다.

보통은 나이에 따라 학급을 편성하지만, 경우에 따라서는 아이들의 관심사에 따라서 학급이 편성되기도 한다. 우리에게 아이들을 가르치는 새로운 방법이 있는 것은 아니다. 왜냐하면 아이들을 가르치는 방법 그 자체가 중요하다고 생각하지 않기 때문이다. 다항식의 나눗셈을 가르치는 특별한 방법이 있느냐 없느냐는 중요한 문제가 아니다. 왜냐하면 그것을 배우려고 하는 아이들을 제외한 나머지 아이들에게 그런 나눗셈은 전혀 중요하지 않기 때문이다. 그리고 그 나눗셈을 배우고 싶어하는 아이는 어떤 식으로 가르치든 간에 그 나눗셈을 꼭 배우고 말 것이기 때문이다.

　유치원에 갈 나이에 서머힐에 온 아이들은 처음부터 수업에 잘 들어온다. 그런데 다른 학교에 다니다가 온 아이들은 맹세코 그 지긋지긋한 수업에는 들어가지 않겠노라고 한다. 그 아이들은 놀거나 자전거를 타거나 다른 사람들의 일을 방해하거나 한다. 그런데 수업은 지독히 싫어한다. 이런 상태가 경우에 따라서는 몇 달을 가기도 하고, 혹 길어지면 몇 년을 가기도 한다. 그 상태에서 회복하는 기간은 이전에 마지막으로 다닌 학교의 수업에 대해 아이들이 어느 정도의 혐오감을 가지고 있는가와 비례한다. 언젠가 수녀원에서 온 여자 아이가 있었는데, 그 아이는 3년 동안 놀고 지냈다. 하지만 수업 혐오증에서 회복하는 기간은 보통 그보다는 훨씬 짧다.

　이러한 자유에 대해 듣도 보도 못한 사람들은, 그런 곳은 원하기만 하면 아이들이 하루 종일 놀 수 있는 정신없는 곳이 아닐까 의심한다. 많은 어른들이 말한다. "내가 만일 그런 학교에 다녔다면 난 지금 아무 일도 못 할 거야." 또 다른 사람들은 말한다. "억지로라도 공부를 해야만 하는 아이들과 경쟁을 할 경우, 그런 학교에 다니는 아이들은 엄청 불리할 거야."

　열일곱 살의 나이에 서머힐을 떠나 기계 공장에 들어간 잭이 생각난다. 하루는 그 회사의 전무이사가 그를 사무실로 불렀다.

　"자네 서머힐을 졸업했지." 전무이사가 말했다. "일반 학교를 나온 사람들과 회사에서 어울려 지내면서 자네가 서머힐에서 받은 교육에 대해 어떤 생각을 하는지 알고 싶군. 만약 다시 학교를 선택한다면 자네는 이튼을 가겠나 아니면 서머힐을 가겠나?"

　"물론 서머힐이죠." 잭이 대답했다.

　"서머힐에는 다른 학교에서는 얻을 수 없는 뭔가가 있는 건가?"

　잭은 난처한 듯 머리를 긁적이며 천천히 말했다. "글쎄요, 서머힐은 저한테 완벽한 자신감을 심어줬다고 생각합니다."

"그래 맞아. 자네가 이 방에 들어올 때 나는 그걸 알아보았네." 전무이사는 진지하게 말했다.

"아, 제가 그렇게 보였다면 죄송합니다." 잭이 웃으며 말했다.

"아냐, 나는 그런 태도가 좋네." 전무이사가 말했다. "내 사무실에 불려 들어오는 사람들은 대부분 안절부절못하고 불안해하지. 그런데 자네는 당당한 자세로 들어왔네."

이 이야기로 볼 때, 공부 그 자체는 한 개인의 성품과 성격만큼 중요하지 않다는 것을 알 수 있다. 잭은 대학 시험에 떨어졌다. 책상물림 식 공부를 싫어했기 때문이다. 잭은 찰스 램의 『엘리아의 수필』이나 프랑스어에 대한 지식이 부족했지만, 그것 때문에 살아가며 곤란을 겪지는 않았다. 잭은 기술자로 성공했다.

서머힐에서도 배우는 것은 많다. 서머힐의 열두 살 난 아이들은 글씨 쓰기나 철자법, 분수에서 다른 학교의 또래 아이들에게 뒤질지도 모른다. 하지만 창의력을 요구하는 시험에서는 우리 아이들이 다른 학교 아이들보다 훨씬 앞설 것이다.

서머힐에는 학과 시험이 없다. 하지만 나는 가끔 재미 삼아 시험을 치른다. 질문은 다음과 같은 것들이다.

다음에 열거한 것들은 각각 어디에 있는가? :
마드리드, 목요섬 Thursday Island, 어제, 사랑, 민주주의, 증오, 내 휴대용 드라이버〔안타깝게도 마지막 물음에 도움이 되는 답은 없었다.〕

다음 낱말의 뜻을 써라. (괄호 안의 수는 각 낱말이 가진 뜻의 가짓수다.)

hand(3) 〔말馬의 키를 재는 단위라는 뜻까지 쓴 학생은 단 두 명뿐이었다.〕
　　brass(4) 〔놋쇠, 철면피, 군대의 고급 장교, 관현악단의 금관악기〕

　　햄릿에 나오는 "사느냐 죽느냐"를 서머힐 식으로 바꿔 써라.

　이런 질문들은 진짜로 시험을 볼 생각이 아니라는 게 뻔히 드러나서, 아이들은 완전히 즐기는 분위기다. 서머힐에 새로 들어온 아이들이 쓴 답은 이미 서머힐의 분위기에 적응한 아이들의 답 수준에 미치지 못한다. 그것은 지능이 떨어져서가 아니라, 심각하고 어려운 문제에 너무 길들여져 있어서 저처럼 가볍고 쉬운 문제에는 당황하기 때문이다.
　이런 점이 우리가 하는 교육의 재미있는 측면이다. 서머힐의 모든 학급에서는 공부를 많이 한다. 어떤 이유로 교사가 정해진 수업 시간에 들어오지 못하면 학생들은 크게 실망한다.
　아홉 살 난 데이비드는 백일해에 걸려 다른 아이들로부터 격리되어야 했다. 데이비드는 심하게 울며 격리 조치에 항의했다. "로저의 지리 수업 시간에 빠지기 싫어." 데이비드는 실제로 태어나면서부터 학교에서 지냈다. 그 아이는 자기에게 주어진 수업의 필요성에 대해 분명하고 확고한 생각을 가지고 있었다. 현재 데이비드는 런던 대학의 수학 교수다.
　몇 년 전 전체회의(학교의 모든 규칙은 이 회의에서 전체 투표로 결정된다. 투표에서는 모든 교직원과 학생들이 각 한 표씩 행사한다)에서 어떤 아이가 규칙을 어긴 아이에게 일주일 동안 수업에 들어오지 못하게 하는 벌을 주자고 제안했다. 그런데 다른 아이들은 너무 가혹한 벌이라면서 반대했다.
　우리 교직원들과 나는 시험을 정말 싫어한다. 우리에게 대학 입시는 저주의 대상이다. 하지만 우리는 입시 필수 과목을 아이들에게 가르치는 것을 거부하지는 않는다. 분명 시험이 존재하는 한 우리는 거기에서 자유롭지 못하다. 그러므로 서머힐의 교직원들은 늘 입시 기준에 맞게 가르칠 자질을 갖추고 있다.

물론 모든 아이들이 입시를 치르기를 원하는 건 아니다. 대학을 가려는 아이들만 그렇게 한다. 그리고 그런 아이들도 입시를 치르는 것을 특별히 어렵게 여기지 않는 듯하다. 아이들은 보통 열세 살 때부터 진지하게 입시를 준비하는데, 대략 삼 년 동안 공부를 한다. 물론 첫 시험에 다 합격하는 것은 아니다. 더욱 중요한 점은 시험에 떨어진 아이들이 다시 도전한다는 것이다.

서머힐의 전형적인 일과에 대해 말해보겠다. 아침 식사 시간은 8시 15분부터 8시 45분까지다. 교직원과 학생들은 부엌문 옆에 난 배식 창구에서 음식을 받아 식당으로 가서 식사를 한다. 9시 30분까지 잠자리를 정돈하고 수업을 시작한다.

매 학기 초에 시간표를 게시한다. 데릭은 실험실에서 월요일에 1반 수업, 화요일에 2반 수업을 함 등등. 영어와 수학을 담당하는 내 시간표도 그와 비슷하다. 그리고 지리와 역사를 담당하는 모리스 선생의 시간표도 그렇게 짜여 있다. 나이가 어린 아이들(여섯 살부터 열 살까지)은 보통 오전 시간 대부분을 담임과 함께 보내지만, 그 아이들 역시 목공을 하러 가거나 미술실에 간다.

어떤 학생도 수업 출석을 강요받지 않는다. 하지만 만약 지미가 월요일 영어 수업에 들어왔다가 다음 주 금요일까지 다시 수업에 들어오지 않는다면, 당연히 다른 학생들은 지미가 공부를 그르치고 있는 걸 마땅찮아 할 것이다. 그리고 진도에 방해가 된다며 지미를 수업에 못 들어오게 할지도 모른다.

수업은 오후 1시까지 계속되지만 유치원생들과 하급생들은 12시 30분에 점심을 먹는다. 이 아이들의 식사가 끝나면 오후 1시 15분에 교직원들과 상급생들이 점심 식사를 한다.

오후 시간은 누구에게나 완전한 자유 시간이다. 다들 이 시간에 무엇을 하는지 나는 잘 모른다. 난 텃밭을 돌보거나 사무실에서 일을 한다. 가끔 주변에서 아이들이 눈에 띈다. 하급생들은 갱 놀이를 한다. 어떤 상급생들은 자동차 놀이를 하거나 음악을 듣거나 혹은 스케치를 하거나 그림을 그리느라 여념이 없다. 날씨가 좋으면 상급생들은 운동 경기를 한다. 뭔가를 만지작거리길 좋아하는 아이들은 공작실에서 자기 자전거를 수리하거나 보트나 권총을 만든다.

오후 4시에 차를 마시고 나면 수업이 다시 시작된다. 하급생들의 수업은 오후 5시 30분에 끝나고 그때 저녁 식사를 한다. 교직원들과 상급생들은 오후 6시 15분에 저녁을 먹는다.

오후 7시에는 여러 가지 활동이 시작된다. 하급생들은 책 읽어주는 것을 즐겨 듣고, 중급생들은 미술실에서 그림을 그리거나 리놀륨 판화를 조각하고 가죽 공작을 하거나 바구니를 만든다. 도예실에는 언제나 아이들로 북적인다. 사실 도예실은 아이들이 아침저녁으로 즐겨 드나드는 곳이다. 목공실과 금속공예실은 매일 밤 찾아오는 아이들로 만원이다.

수공을 위한 시간표는 따로 없다. 아이들은 자기가 만들고 싶은 것을 만든다. 아이들이 주로 만들고 싶어하는 것은 권총이나 보트, 연이다. 아이들은 두 개의 목재를 직각으로 이어 붙이는 열장이음의 정교한 결합에 대해서는 별로 관심이 없다. 심지어 나이가 많은 남자 아이들도 까다로운 목공일은 좋아하지 않는다. 놋쇠를 망치로 두드려 공예품을 만드는 내 취미에도 관심을 기울이지 않는다. 아마 놋그릇은 '공상fantasy'을 불러일으키지 못하기 때문이리라!

　날씨가 좋은 날에는 서머힐의 소년 악동들을 찾아보기 어려울 것이다. 그 아이들은 학교 어느 구석에서 대담한 행동을 하는 데 정신이 팔려 있다. 하지만 여자 아이들은 볼 수 있는데, 다들 집 안이나 집 근처에 있다.

　흔히 미술실은 그림을 그리는 여자 아이들로 꽉 차 있다. 그 아이들은 바느질을 하거나 천 조각으로 뭔가를 만들거나 다른 창조적인 활동을 하느라 분주하다.

　어쩌면 서머힐은 세상에서 가장 행복한 학교일지 모른다. 여기서는 조롱거리가 되는 아이도 없고 향수병에 걸리는 아이도 거의 없다. 싸움도 거의 없다. 물론 말다툼은 있지만, 우리가 어렸을 때 했던 것처럼 주먹으로 치고받는 싸움은 좀체 볼 수 없다. 아이들의 울음소리도 거의 듣지 못하는데, 자유로운 아이들은 억압된 아이들보다 증오심을 훨씬 적게 드러내기 때문이다. 증오는 증오를 낳고 사랑은 사랑을 낳는다. 사랑이란 아이들을 인정하는 것을 의미한다. 이는 어느 학교에서나 가장 중요한 덕목이다. 아이들에게 벌을 주고 호통을 치면서 아이들 편이 될 수는 없다. 자신이 인정받고 있다는 사실을 아이들 스스로가 알고 있는 학교가 서머힐이다.

　인간은 결점이 있을 수밖에 없는 존재라는 점을 명심해야 한다. 어느 해 봄 나는 몇 주에 걸쳐 감자를 심었다. 그런데 6월 들어서 그 감자들 중 여덟 포기가 뽑혀 있는 것을 발견했다. 나는 야단법석을 떨었다. 하지만 나의 그런 행동은 권위주의에 젖은 사람의 행동과는 다르다. 나는 단지 감자를 문제 삼았지만 권위주의에 빠진 사람은 선과 악이라는 도덕 문제까지 끄집어낼 것이다. 감자를 훔치는 건 나쁜 짓이라고 나는 말하지 않았다. 선과 악의 문제가 아니라 단지 '내 감자'의 문제로만 삼았다. 그건 내 감자이므로 다른 사람은 그 감자에 손대지 말아야 한다고 말이다. 나는 그 차이를 분명히 하고 싶다.

이 점을 다른 식으로 설명해보겠다. 나는 아이들에게 두려움의 대상이 될 만큼 권위 있는 존재가 아니다. 나는 아이들과 동등한 사람이다. 어떤 아이가 자기 자전거 바퀴가 펑크 났다고 야단법석을 떠는 게 다른 아이들에게는 별로 중요하지 않듯이, 내가 감자 문제로 야단법석을 떠는 것도 마찬가지다. 아이들과 동등한 입장에서 언쟁을 벌이는 것은 정말 아무 문제가 없다.

그러면 누군가는 이렇게 말할지 모른다. "그건 전부 터무니없는 소리야. 서로가 동등할 수는 없어. 닐은 학교의 교장이고 아이들보다 더 능력 있고 더 현명하잖아." 그 말은 분명 사실이다. 나는 교장이다. 만약 기숙사에 불이 나면 아이들은 나에게 달려올 것이다. 아이들은 내가 자신들보다 더 능력 있고 아는 것이 많다는 것을 잘 알고 있다. 하지만 예를 들어 감자밭의 경우처럼, 아이들 자신의 영역에서 서로가 대면할 때는 그런 것은 전혀 중요하지 않다.

다섯 살 난 빌리의 생일잔치가 있던 날, 빌리는 나더러 잔치 자리에서 나가라고 말했다. 나를 초대한 적이 없다는 이유에서였다. 나는 지체 없이 그곳에서 나왔다. 그것은 내가 빌리와 상대하고 싶지 않을 때 빌리가 내 방에서 나가는 것과 같은 경우다. 아이와 교사 사이의 이런 관계를 설명하기는 어렵다. 하지만 서머힐을 방문한 사람은 누구나 그런 관계가 이상적이라는 내 말의 의미를 잘 안다. 교직원들에 대한 태도에서도 그런 관계를 살펴볼 수 있다. 교직원들은 해리, 울라, 대프니처럼 자기 이름으로 불린다. 나는 닐로 불리고 요리사는 에스더라고 불린다.

서머힐에서는 모든 사람들이 동등한 권리를 갖는다. 어느 누구도 내 피아노 위를 걸어 다닐 수 없다. 나 또한 허락 없이 어떤 아이의 자전거를 탈 수 없다. 전체회의에서 내가 행사하는 표나 여섯 살짜리 아이가 행사하는 표는 모두 똑같이 한 표로 계산된다.

그런데 알은체하는 사람들은 말한다. 실제로는 어른들의 의견이 더 강하게 작용할 거라고. 여섯 살 난 아이는 손을 들기 전에 당신이 어느 쪽에 찬성하는지 살펴보지 않겠느냐고. 나는 그 아이가 가끔이라도 그렇게 해 주었으면 하고 바란다. 왜냐하면 내 제안은 너무도 많이 부결되었기 때문이다. 자유로운 아이들은 쉽게 남의 영향을 받지 않는다. 두려움이 없다는 것은 아이들에게 일어날 수 있는 가장 좋은 일이다.

우리 학교 아이들은 교직원들을 두려워하지 않는다. 밤 10시 이후에 위층 복도에서는 조용히 해야 한다는 학교 규칙이 있다. 어느 날 밤 11시경 아이들이 베개 던지기 놀이를 했다. 나는 책상에서 글을 쓰다 말고 자리에서 일어나 그 소동에 항의하러 갔다. 내가 2층으로 올라가자 종종걸음으로 달아나는 소리가 들리더니 복도는 텅 비고 조용해졌다. 그러다 갑자기 한 아이의 실망한 듯한 목소리가 들려왔다. "에이, 닐이잖아." 그리고 장난은 다시 시작되었다. 내가 아래층에서 글을 쓰느라 애쓰고 있다고 설명하자 아이들은 내 얘기에 관심을 보이고 당장 소동을 멈췄다. 아이들은 취침 시간 당번(같은 또래의 아이)이 올라오는 것으로 착각하고 종종걸음으로 달아났던 것이다.

강조할 것은 아이들이 어른들에 대해 두려움을 갖지 않는 것이 얼마나 중요한가 하는 점이다. 아홉 살 난 아이가 공놀이를 하다 유리창을 깨면 나한테 와서 그 사실을 말할 것이다. 그 일로 내가 호통을 치거나 혹은 부도덕한 짓이라고 분개할 거라는 걱정을 하지 않기 때문에, 아이는 사실대로 말한다. 그 아이는 유리창 값은 물어야 할지 모른다. 하지만 훈계를 들거나 벌 받을까봐 겁낼 일은 없다.

두려움이 없을 때 아이들은 낯선 사람들과 더 쉽게 친해진다. 일반적으로 영국인들은 말이 적고 신중한데, 사실 그 밑바닥에는 두려움이 깔려 있다. 부유한 사람일수록 더욱 말이 없고 신중한 것은 바로 그 두려움 때문이다. 서머힐의 아이들이 학교를 찾아온 사람들이나 낯선 사람들을 아주 친근하게 대하는 것은 나와 우리 교직원들의 자랑거리다.

서머힐을 방문한 사람들이 가장 많이 묻는 말은 이런 것이다. "산수나 음악을 안 가르쳤다고 나중에 아이들이 학교를 원망하지 않을까요?" 그런데 베토벤 같은 사람이 되고 싶은 프레디나 아인슈타인 같은 사람이 되고 싶은 토미는 자신들의 관심 영역에서 멀어지기를 거부할 것이다. 바로 이것이 그 질문에 대한 대답이다.

아이가 할 일은 자기 자신의 삶을 사는 것이다. 그 삶은 걱정 많은 부모가 그렇게 살았으면 하고 바라는 그런 삶이 아니다. 또 그것은 가장 훌륭한 삶이 어떤 것인지 잘 안다고 생각하는 교육자의 목표에 따르는 삶도 아니다. 어른들 편에서 나오는 이러한 간섭과 지도는 오로지 로봇 세대만 양산할 뿐이다.

아이들을 의지박약한 어른들로 개조하지 않고서는, 음악이나 그 밖의 다른 것들을 억지로 배우게 만들기란 불가능하다. 여러분은 지금 아이들을 현 상황을 그대로 받아들이는 사람들로 만들고 있다. 따분하기 그지없는 사무실 책상 앞에 고분고분하게 앉아 있는 사람들, 가게 안에 우두커니 서 있는 사람들, 그리고 8시 30분 교외선 열차를 기계적으로 잡아타는 사람들을 필요로 하는 사회를 위해서라면 그것도 나쁠 것 없다. 겁에 질린 왜소한 사람들, 두려움에 떨며 체제에 순응하는 사람들의 초라한 어깨로 유지되는 그런 사회를 위해서라면 말이다.

전체회의

서머힐은 민주적 형태를 갖춘 자치학교다. 규칙 위반에 대한 처벌 문제를 포함하여 사회 생활 혹은 단체 생활에 관련된 모든 문제들은 매주 토요일 밤에 열리는 전체회의의 투표를 통해서 결정된다.

모든 교직원(기숙사 보모들을 포함해서)과 아이들은 나이에 관계없이 각 한 표의 투표권을 갖는다. 나의 한 표는 일곱 살 난 아이의 한 표와 똑같은 효력을 지닌다.

어떤 이는 이렇게 말할지도 모른다. "하지만 당신의 의견은 더 큰 영향력이 있겠지요, 그렇지 않아요?" 글쎄, 과연 그러한지 한번 살펴보자. 당시는 학교 안에서 흡연이 허용될 때였는데, 나는 전체회의에서 열여섯 살 미만의 아이들에게는 흡연을 허용하지 말자는 제안을 했다. 물론 아이들의 흡연 문제는 논쟁거리다. 하지만 여기서는 그에 관해 논하지 않겠다. 결국 그 문제는 대개 저절로 해결된다.

제2차 세계대전 기간 동안에는 사탕조차 배급제여서 용돈을 쓸 데가 없어 문제였다. 돈을 주고 살 수 있는 것은 담배뿐이었기 때문에 특히 연령이 낮은 남녀 아이들의 흡연율이 크게 증가하였다. 나는 그런 사실이 걱정스러웠다. 열 살 때 담배를 피웠던 나이 든 학생들 중에서 절반만이 담배를 끊게 된다는 점을 떠올리자 더욱 걱정스러웠다. 나는 이런 주장을 폈다. 아이들이 정말로 좋아서 마약 같은 중독성 물질을 찾는 게 아니라, 단지 어른처럼 되고픈 기분에서 손을 대는 것이라고. 그러자 여기저기서 반론이 터져 나왔다. 투표 결과 내 제안은 큰 표 차로 부결되었다.

그 이후의 결과는 기록될 만한 가치가 있다. 나의 제안이 부결된 후, 열여섯 살 난 남자 아이가 열두 살 이하의 아이들에게는 흡연을 금하자는 제안을 했다. 그 아이의 안은 통과되었다. 그런데 그 다음 주 회의에서 열두 살 난 남자 아이가 새로운 흡연 규칙을 폐기하자고 제안하면서 이렇게 말했다. "규율이 엄한 학교에 다니는 애들처럼 다들 야외 변소에 가서 몰래 담배를 피우고 앉아 있는데, 이건 서머힐 전체의 생각과는 맞지 않는다고 생각해." 그 아이의 연설은 갈채를 받았고, 그 규칙은 폐기되었다. 이제 내 의견이 아이들의 의견보다 더 영향력이 있는 게 아니라는 사실이 분명해졌기를 바란다.

언젠가 나는 취침 시간을 어기는 일에 대해 강하게 문제 제기를 했다. 밤늦도록 자지 않고 떠들고 그래서 다음날 아침에도 졸려서 어슬렁거린다고. 그리고 그런 아이들에게는 규칙을 위반할 때마다 자기 용돈을 몽땅 벌금으로 내게 하자는 안을 냈다. 그런데 열네 살 난 남자 아이가 취침 시간에도 자지 않는 아이들한테 한 시간에 1페니씩 상을 주자는 안을 냈다. 내 안은 불과 몇 표밖에 못 얻었고 그 아이의 안은 많은 표를 얻었다. 상금은 내 주머니가 아니라 공동체의 금고나 모아둔 벌금에서 나왔다. 그 규칙이 잘 집행되는지 아닌지는 부차적인 문제다. 중요한 것은 아이들이 함께 공동체를 지켜나가기 위해, 더불어 살아가는 공동체를 가꾸기 위해, 여러 가지 방향과 방식으로 계속 노력하고 있다는 점이다.

서머힐의 자치제도에는 관료주의가 없다. 전체회의 때마다 매번 의장이 바뀌고 서기는 자원한 사람이 맡는다.

우리의 민주주의는 좋은 법들을 만든다. 예를 들면 인명구조원의 감독 없이는 바다에서 수영을 할 수 없고, 그 인명구조원 일은 언제나 교직원이 맡아서 한다. 그리고 지붕에 올라가는 일은 금지 사항이다. 취침 시간은 꼭 지켜야 하며, 그 시간을 어기면 자동으로 벌금을 내야 한다. 그 다음날이 공휴일인 목요일이나 금요일의 수업을 휴강할지 어떨지 여부는 전체회의에서 거수 투표로 결정한다.

의장의 능력이 어떠한가에 따라 전체회의의 성패가 좌우된다. 왜냐하면 65명의 활기찬 아이들을 상대로 질서를 유지하기는 쉬운 일이 아니기 때문이다. 의장은 떠드는 아이들에게 벌금을 부과할 권한을 가지고 있다. 의장의 힘이 약한 경우에는 너무 많은 벌금이 부과된다.

교직원들도 당연히 토론에 참여한다. 나도 마찬가지다. 비록 내가 중립을 지켜야 하는 경우가 꽤 있기는 하지만 말이다. 실제로, 전체회의에서 규칙을 위반했다고 지적을 받은 남자 아이가 완벽한 알리바이를 대며 그 혐의를 벗어나는 것을 본 적이 있었다. 그런데 그 아이는 개인적으로 나를 찾아와서 규칙을 위반했노라고 이미 실토했던 아이였다. 이런 경우에 나는 늘 개인의 편에 서야 한다.

물론 투표권을 행사하는 때라든가 어떤 제안을 할 때는 나도 다른 사람들처럼 참여한다. 여기 한 가지 전형적인 예가 있다. 언젠가 나는 휴게실에서 축구를 해도 좋은지 여부에 대해 문제를 제기했다. 휴게실은 내 사무실 바로 밑에 있다. 내가 일하고 있는 동안에는 축구를 하느라 떠드는 소리를 듣기 싫다고 설명하면서, 실내에서는 축구를 금하자고 제안했다. 여자 아이들 몇 명과 나이 많은 남자 아이들 몇 명, 그리고 대다수 교직원들이 나의 제안에 찬성했다. 하지만 나의 제안은 통과되지 않았다. 그것은 내가 사무실 밑에서 들려오는 시끄러운 소음을 계속 참아야 한다는 의미였다. 여러 번의 회의에서 공개 토론을 거친 뒤, 마침내 휴게실에서 축구를 금한다는 안이 다수의 동의를 얻어 통과되었다. 우리 학교의 민주주의에서 소수가 자기의 권리를 찾는 방법은 바로 자신의 요구를 계속 주장하는 것이다. 이는 아이들이나 어른들 모두에게 마찬가지로 적용된다.

한편 학교 생활 가운데 자치의 영역에 들어가지 않는 부분이 있다. 우리의 목표는 아이들에게 어떠한 것도 강요하지 않는 것이지만, 실제로는 자유가 제한되는 측면이 있다. 누가 음식을 조리하고 어떤 음식을 조리할 것인가에 대해서는 전체회의의 투표로 결정하지 않는다. 새로운 교직원의 채용 문제는 아이들과 공식 협의를 거치지 않는다. 나의 아내 에나Ena는 침실을 배정하는 계획을 세우고, 식사 메뉴를 짜며, 청구서를 보내고, 청구서에 대해 지불을 한다. 나는 교사들을 임용하고, 그들이 부적합하다는 생각이 들면 그들에게 학교를 떠나달라고 요청한다. 나는 화재 대피 시설에 대해 결정하고, 에나는 건강 규칙을 결정한다. 우리 두 사람은 가구를 사고 수리하며, 어떤 교과서를 구입할지를 결정한다.

이러한 요소들은 자치의 영역이 아니다. 학생들도 그런 일들을 자치의 영역으로 끌어들이는 것을 원치 않는다. 학생들에게 자치는 그들의 공동생활에서 일어나는 문제와 상황을 처리하는 것을 의미한다. 전체회의에서 학생들은 자신들이 좋아하는 것을 말할 수 있고 그 의사를 투표를 통해 나타낼 수 있다. 교직원들이 어떤 의견에 표를 던지는가에 대해서는 전혀 눈치를 보지 않는다. 사실 교직원의 제안이 가끔 통과되기도 하지만, 제안은 오직 그것이 가진 장점만으로 판단될 뿐이다. 우리는 아이들에게 자신의 이해 능력을 넘어서는 문제들에 대해 어떤 결정을 내리라고 요구하지는 않는다.

공산당원인 런던의 한 교사는 우리의 민주주의를 무정부주의라고 묘사했는데, 나는 그가 의미하는 바를 잘 모르겠다. 정말 그가 그런 말을 했는지 의아스럽기까지 하다. 만약 무정부주의가 문자 그대로 법률이 없는 상태를 의미한다면, 서머힐의 자치는 그것과 너무나 거리가 멀다. 한편 무정부주의가 권위에 의해 만들어진 법률을 반대하는 것이라면 나는 무정부주의자다.

우리가 민주주의 놀이를 하고 있고, 자본가(너무나 자주 손해를 보는 자본가)인 내가 그 학교를 운영하고 있으며, 아이들과 교직원들에게 민주주의라는 그늘을 드리워주고 있다는 뜻으로, 그 사람이 그런 말을 했으리라 믿고 싶다. 완전한 공동체 생활을 이룩하려고 노력하는 다른 학교들에서도 새로운 교직원을 채용하는 문제나 가구를 사는 문제 등은 교직원들이 결정한다. 그런데 학생들이 회의를 통해 교직원을 선택하는 문제에 조언을 하고, 부엌에서 일하는 아주머니가 새로 필요한지 여부를 결정하는 학교가 있다는 말은 한 번도 들어본 적이 없다.

자치에서 어른들이 하는 역할은 무엇일까? 어른들은 이끌려고 해서는 안 된다. 어느 정도 바깥으로 물러나 있는 재주가 필요하다. 한 아이가 규칙 위반 혐의를 받았을 때, 으레 나는 벌금을 물릴 것인지에 대해 찬성이나 반대 어느 쪽으로도 의사 표시를 하지 않는다.

서머힐의 자치 기능은 법을 만들 뿐만 아니라 공동체의 중요한 사회적 요소에 대해서도 논의한다. 취침 시간과 관련된 규칙은 매 학기 초에 투표로 결정된다. 나이에 따라 취침 시간은 다르다. 스포츠위원회, 학기 말의 댄스위원회, 연극위원회의 위원들, 취침 시간 당번들, 그리고 학교 밖의 불명예스러운 행동을 보고하는 당번들은 반드시 선출되어야 한다.

지금껏 제기된 문제들 중에서 아이들을 가장 흥분시킨 주제는 음식과 관련한 것이다. 나는 음식을 두 그릇씩 타 먹는 일을 금하자는 제안을 해서 활기 없는 회의 시간을 들썩이게 만든 적이 한두 번이 아니었다. 부엌에서 음식을 탐하는 행동은 엄하게 다루어진다. 그런데 조리실에서 음식을 낭비하는 문제를 제기하자 회의에 참석한 아이들의 반응은 시큰둥했다. 음식에 대한 아이들의 태도는 이처럼 지극히 개인적이고 자기중심적이다.

전체회의에서는 학문적인 토론을 피한다. 아이들은 대단히 실제적이고 이론에는 싫증을 낸다. 구체적인 것을 좋아하고 추상적인 것을 싫어한다. 언젠가 나는 욕설을 법으로 금하자는 제안을 했다. 그러면서 이런 이유를 댔다. 장차 서머힐의 학생이 될 아이를 데려온 부인에게 학교 이곳저곳을 보여주고 있는데, 갑자기 위층에서 상스러운 욕이 들려왔다. 그 어머니는 황급히 아이를 끌어당기더니 서둘러 학교를 나가버렸다. 나는 전체회의에서 아이들에게 물었다. "장차 이 학교의 학부모가 될 사람 앞에서 어떤 얼간이가 욕을 했다는 사실 때문에 왜 내 수입에 손실을 입어야 하지? 이건 도덕적인 문제가 전혀 아냐. 순전히 재정적인 문제야. 너희가 욕을 하면 난 학생을 잃는단 말이야."

열네 살 난 남자 아이가 대답했다. "닐은 말도 안 되는 소리를 하고 있어. 만약 그 부인이 충격을 받았다면 그 사람은 애초부터 서머힐을 신뢰하지 않았던 거야. 또 자기 아이를 서머힐에 입학시켰다고 해도, 그 아이가 집에 돌아와서 욕을 해대면 아이를 도로 데려가버릴 거라구." 전체회의는 그 아이의 말에 동의했고 내 안은 부결되었다.

전체회의는 약한 아이를 괴롭히는 문제와 가끔 맞닥뜨리게 된다. 우리 공동체는 약한 아이를 괴롭히는 아이들에 대해서는 꽤 엄격하다. 약한 아이를 괴롭히는 짓에 대한 학교 당국의 규칙은 게시판에 다음처럼 명시되어 있다. "약한 아이를 괴롭히는 일은 어떤 경우에나 엄격히 다루어질 것이다." 그런데 서머힐에서는 규율 엄한 학교에서처럼 그런 일이 자주 일어나지는 않는다. 그 이유는 분명하다. 어른들의 규율 밑에서 자란 아이들은 남을 증오할 수 있다. 이 아이들은 어른들에게 증오심을 표현하면 벌을 받기 때문에, 자기보다 작거나 힘이 약한 아이들을 향해 증오심을 발산한다. 하지만 서머힐에서 이런 일은 좀처럼 일어나지 않는다. 아주 가끔 약한 아이를 괴롭혔다는 혐의를 조사해보면 제니가 페기를 '미친놈'이라고 불렀다는 정도다.

전체회의는 어떻게 운영되는가? 매 학기 초에 첫 회의를 맡을 의장이 선출된다. 그리고 주말에 열리는 첫 회의에서 다음 회의의 의장이 선출된다. 학기 내내 이런 절차에 따라 의장이 선출된다. 불만 사항이나 고발거리 혹은 안건이나 새로운 법을 제시할 사람은 누구나 전체회의에 상정할 수 있다.

전형적인 예를 들어보겠다. 짐은 자기 자전거가 망가져서 잭의 자전거에서 페달을 빼왔다. 다른 아이들과 함께 주말에 여행을 가고 싶었기 때문이다. 증거를 충분히 살펴본 후 전체회의에서는, 짐은 페달을 돌려주어야 하며 주말 여행을 갈 수 없다는 결정을 내렸다.

의장이 물었다. "이의 있는 사람?"

짐이 일어나서 소리쳤다. "그럼, 있고말고!" 짐의 목소리에는 불쾌한 기색이 역력했다. "이건 불공평해!" 그가 소리쳤다. "잭이 그 고물 같은 자전거를 탄다는 걸 몰랐단 말이야. 그 자전거는 며칠 동안 덤불 속에 뒹굴고 있었어. 페달을 돌려주는 건 상관없지만 그 벌은 불공평하다고 생각해. 내가 여행에 빠질 이유가 없어."

활발한 토론이 이어졌다. 토론 중에, 짐에게는 일주일에 한 번 집에서 용돈이 오는데 지금까지 6주 동안 용돈이 오지 않아서 빈털터리 상태라는 사실이 밝혀졌다. 짐에 대한 판결을 취소하는 문제가 투표에 부쳐졌고, 판결은 정식으로 취소되었다.

그러면 짐에게는 어떤 일을 해주었는가? 최종적으로, 짐의 자전거를 수리하기 위해 기부금을 모으기로 결정했다. 아이들은 페달을 사기 위해 기부를 했고 짐은 기분 좋게 여행을 떠났다.

보통 피고인들은 전체회의의 판결을 잘 받아들인다. 판결에 불복하는 피고인은 항소할 수 있는데, 그런 경우 의장은 회의 마지막에 그 문제를 다시 상정한다. 그때는 문제가 더욱 신중하게 다루어지며, 대개 피고인의 불만을 고려하여 원래의 판결보다는 조금 누그러진 판결을 내린다. 그런 과정을 통해서 아이들은 피고인이 불공평한 판결을 받았다고 느낄 경우 실제로 다시 판결을 받을 수 있는 충분한 기회가 있다는 것을 알게 된다.

여담이지만, 최근에 화가 잔뜩 난 어떤 여성이 나에게 편지를 보냈다. 왜 '그녀'라는 대명사는 쓰지 않고 '그'라는 대명사만 사용하느냐면서, 나를 보고 여성을 열등하다고 생각하며 가부장제를 맹신하는 사람이라고 비난했다. 내 대답은 이렇다. 만약 내가 항상 '그 혹은 그녀'라고 써야 한다면, 문법은 너무 복잡해지고 이상해질 것이다. "그 혹은 그녀는 그 혹은 그녀의 저녁을 먹어야 한다"라는 문장처럼 말이다. 내가 '그'라고 말할 때는 양쪽 성 모두를 지칭하는 것이다.

서머힐에서는 규칙을 위반한 아이들이 공동체의 권위에 반항하거나 증오심을 내보인 적이 없다. 우리 학생들이 벌이 내려졌을 때 순순히 받아들이는 모습을 보고 나는 늘 놀란다.

어떤 학기에 가장 나이가 많은 남자 아이들 넷이 법에 어긋나는 일을 했다고 전체회의에서 고발되었다. 그 아이들이 자기네 옷장에서 이런저런 옷들을 내다 팔았다는 것이다. 이런 행위를 금하는 법이 통과된 이유는 다음과 같았다. 먼저 그런 행위는 옷을 사준 부모님께 공명정대하지 못한 처사이기 때문이었다. 다음으로는 옷이 부족한 채로 집으로 돌아가면 이를 본 부모들이 학교가 아이들을 잘 돌보지 않는다고 화를 낼 것이므로, 그런 행위는 우리 학교에 대해서도 부당한 처사라는 이유에서였다. 네 명의 아이들에게는 이틀 동안 학교 구내에서만 지내고 매일 밤 여덟 시에 취침을 해야 한다는 벌이 내려졌다. 아이들은 투덜대지 않고 그 판결을 받아들였다. 월요일 밤, 모두가 읍내의 영화관에 가고 없을 때, 네 아이들 중 하나인 딕이 침대에 누워 책을 보고 있었다.

"너, 참 바보구나." 내가 말했다. "모두들 영화 보러 가고 아무도 없어. 침대에서 일어나는 게 어때?"

"웃기지 마." 그 아이가 말했다.

민주주의란 완벽한 제도가 아님을 나는 인정한다. 다수결의 원리가 그렇게 만족스러운 것은 아니지만, 독재가 아닌 다음에야 다른 대안을 찾기는 어렵다. 여러 해 동안 내가 놀란 것은 우리 학교의 소수자들이 다수의 판결을 잘 받아들인다는 점이다. 만일 판결을 거부하는 아이들이 있다면, 그 아이들은 이제 막 서머힐로 전학 온 혈기 왕성한 열다섯 살 난 남자 아이들일 텐데, 그들은 '머리에 피도 안 마른 어린애들이 투표한 결과'에 자기들이 승복해야 하는 이유를 잘 모를 수 있다.

소수자에게는 불리하기 때문에 민주주의는 잘못된 것이라는 주장이 있다. 말하자면 열두 살 난 아이들이 투표를 하여 취침 시간을 열시로 정했는데, 그 중에서 두 아이는 아홉시에 자고 싶어한다. 그러면 두 아이는 당연히 다른 아이들이 열시에 자러 가면서 자기네 잠을 깨운다고 불평한다.

그럴 때는 침실을 나누는 게 이상적인 해결책이지만, 우리 학교에는 그럴 공간이 없다. 그렇다고 공산주의 식으로 그건 잘못된 것이니 다수자의 견해를 좇아 생각을 바꾸라고 소수자를 설득할 수도 없다. 즉 우리에게는 복종해야 할 당의 노선이 없다. 대개 우리 학교의 소수자는 다수결로 나온 결과에 대해 그리 강한 반감을 갖지 않는다. 그러기로 결정 나면 마음에 들지 않아도 그냥 참고 지낸다.

우리 학교에는 위험한 무기 소지를 금하는 법이 있다. 거기에는 공기총도 포함된다. 학교에서 공기총을 소지하고 싶어하는 몇몇 남자 아이들은 그 법을 싫어한다. 하지만 대개는 법을 따른다. 소수에 속하는 아이들은 어른들처럼 그렇게 강한 반감을 가지는 것 같지는 않다.

자치제도의 가치를 평가하는 시금석은 바로 학생들이 그 제도를 유지하겠다고 결심하느냐의 여부에 달려 있다. 자치제도를 없애자는 제안이나 그 권한을 줄이자는 제안은 강한 반대에 부딪힌다. 나는 두 차례에 걸쳐 자치제도의 폐지를 제안했는데, 앞으로 다시는 감히 그런 제안을 하지 않을 것이다.

아이들은 법들을 가끔 어기는데, 특히 취침 시간 규칙이 그렇다. 하지만 확신하건대, 내가 그 법들을 만들었다면 아이들은 더 많이 어겼을 것이다. 왜냐하면 그럴 경우 아버지에 대한 반항이 저절로 발동할 테니까. "법이 죄를 만든다"는 유명한 말이 있다.

대체로 서머힐의 법은 꽤 잘 지켜지는 편이다. 그것은 아이들이 서로에게 너무나 자비롭고 너그럽기 때문이다. 나는 아이들이 보여주는 정의감에 50년 동안 놀라고 있다. 한 남자 아이가 약한 아이를 괴롭혔다고 고발되어 전체회의에서 비난을 받았다. 다음 회의 때 그 아이는 자기가 괴롭힌 아이를 상대로 허튼 고발을 했다. 전체회의는 그것이 보복성 고발임을 밝혀내고 그 사실을 그 아이에게 분명히 했다.

어떤 사람은 우리의 자치가 속임수라고 썼다. 실제로는 교직원들이 규칙을 만들어놓고는, 마치 아이들이 거수 투표를 해서 만든 체한다는 것이었다. 졸업생이든 재학생이든 다들 잘 알겠지만, 그 말은 정말 모욕이다. 내가 거듭 말했듯이, 아이들은 누가 제안했건 상관없이 오직 그 법이 가진 장점 때문에 표를 던진다. 시끄러운 음악은 저녁에만 틀자는 제안을 나는 여러 번 했다. 나의 제안은 늘 부결되었다. 교직원 중 한 사람이 음식물을 낭비하는 문제를 제기했다. 몇 년 동안 학교 바로 바깥에 작은 가게가 하나 있었는데, 가끔 아이들이 거기서 아이스캔디를 잔뜩 사 먹고서는 점심을 남기곤 했다. 그 교직원은 음식을 남기는 사람은 누구든 다음날 점심 식사를 못하게 해야 한다고 제안했다. 하지만 그 안은 절대 통과되지 않았다. 나는 각자 집에서 오는 돈을 모아 모든 학생들이 똑같이 나누자는 제안을 여러 번 했다. 이 안도 늘 부결되었다. 집에서 부쳐주는 용돈이 적은 학생들이 오히려 그 안에 반대했다. 이만하면 우리의 민주주의가 절대 속임수가 아니라는 사실을 충분히 보여준 셈이다.

자치

우리 같은 기숙학교의 이점 중 하나는 수업 시간이 다 끝나더라도 하루 일과가 끝나지 않는다는 점이다. 우리에게는 공동체의 자치제도가 있어서 아이들은 거기서 자신들의 법률을 만든다. 다른 학교에서는 아이들 스스로가 다스려나갈 것이 아무것도 없다. 왜냐하면 학교란 수업을 의미하기 때문이다. 서머힐의 전체회의에서 수업에 관련된 문제가 언급되는 경우는 거의 없다. 대부분의 주제는 교실 밖의 것들이다. 취침 시간 규칙, 약한 아이를 괴롭히는 문제, 다른 사람의 자전거를 타는 행위, 음식을 던지는 행동, 조용히 해야 할 때 떠드는 일 등이 주로 다루어진다. 나에게는 이런 공동체 생활이 아이들 교육에서 세상의 어떤 교과서보다 훨씬 더 중요하다.

민주주의는 아이들이 투표권을 가지는 나이인 스물한 살이 될 때까지 기다릴 필요가 없다. 그런 민주주의는 민주주의가 아니다. 선거인 명부에 등록되는 수많은 사람들 중 하나가 되는 것은 민주주의가 아니다. 서머힐에서는 일종의 주민총회처럼 모두가 한 곳에 모여, 모두가 말하고, 모두가 투표한다.

아마 우리 민주주의가 민주 정치보다 더 공정할 것이다. 왜냐하면 아이들은 서로에 대해 대단히 너그럽고, 아무런 기득권이 없기 때문이다. 게다가 공개 회의를 통해 법이 만들어지고, 통제 불가능한 대의원들 때문에 일어나는 문제도 없기 때문에, 우리 민주주의는 훨씬 더 진정한 민주주의다.

서머힐 학생들이 자신들의 민주주의에 대해서 보이는 충성심은 놀랍다. 거기에는 아무런 두려움도 적대감도 없다. 한 남자 아이가 반사회적인 행동을 했다는 이유로 아주 긴 시간 동안 진행된 특별회의에 부쳐져 벌을 받는 것을 본 적이 있었다. 그런데 그렇게 처벌을 받은 아이가 흔히 바로 다음 전체회의의 의장으로 선출된다.

아이들의 공정함에 나는 늘 놀란다. 행정 능력도 뛰어나다. 교육에서 자치는 무한한 가치를 지닌다.

어떤 종류의 규칙 위반들은 자동으로 벌금형에 처해진다. 허락 없이 다른 사람의 자전거를 타면 자동으로 6펜스의 벌금을 내야 한다. 마을에서 욕설을 하는 행위(그런데 학교 안에서는 마음껏 욕설을 할 수 있다), 영화관에서 나쁜 행동을 하는 경우, 지붕에 올라가는 일, 식당에서 음식을 던지는 행위 같은 규칙 위반들은 자동으로 벌금형이다.

처벌은 주로 벌금이다. 일주일 분의 용돈을 벌금으로 내거나 영화 구경에서 제외되는 벌이 그런 예다.

아이들 스스로 재판하는 일을 두고 흔히 듣는 반대 의견 중 하나는, 아이들이 매우 가혹한 처벌을 내린다는 것이다. 그런데 그렇지 않다. 반대로 아이들은 아주 너그럽다. 서머힐에서 가혹한 판결이 이루어진 경우는 없었다. 벌은 반드시 저지른 죄와 관계가 있다.

나이 어린 세 명의 여자 아이들이 다른 아이들의 잠을 방해했다. 그 아이들에게 내려진 벌은 삼 일 동안 한 시간 일찍 잠자리에 들어야 한다는 것이었다. 두 명의 남자 아이가 다른 아이들에게 흙덩이를 던진 혐의로 고발되었다. 그 아이들에게 내려진 벌은 수레에 흙을 싣고 가서 하키 구장을 평평하게 골라야 한다는 것이었다.

전체회의 의장은 때때로 이렇게 말한다. "이번 건은 너무 시시해 이야기할 가치가 없어." 그러면서 더 이상 논의하지 말자고 결정한다. 또 가끔은 누군가가 이제 그만 하자고 제안한다.

우리의 서기가 진저의 자전거를 허락도 없이 탔다고 재판에 회부되었다. 서기를 비롯하여 진저의 자전거를 탄 다른 두 명의 교직원은 번갈아 진저의 자전거를 밀어주며 학교 앞 잔디밭을 열 바퀴 돌라는 벌을 받았다.

나이 어린 네 명의 남자 아이들이 새로운 작업장을 만들고 있던 일꾼들의 사다리를 올라갔다. 그 아이들은 10분 동안 계속 그 사다리를 오르내리는 벌을 받았다.

전체회의는 좀처럼 어른들에게 조언을 구하지 않는다. 내 기억으로는 딱 한 번 그런 경우가 있었다. 세 명의 여자 아이들이 부엌의 식료품 창고를 털었다. 전체회의는 그 아이들에게 용돈을 벌금으로 내게 했다. 그런데 그 아이들은 그날 밤 또 그 짓을 했다. 전체회의는 그 아이들을 영화 구경에서 제외했다. 그 아이들은 한 번 더 똑같은 짓을 했다. 전체회의는 어찌할 바를 모르고 당황했다. 의장이 나에게 조언을 구했다. "그 아이들에게 상으로 2펜스씩 줘"라고 나는 제안했다.

"뭐라고? 그러면 부엌을 터는 아이들로 학교가 난리가 날 텐데."

"그렇지 않을 거야. 한번 해봐." 내가 말했다.

의장은 그렇게 했다. 여자 아이들 중 두 명은 그 돈을 받기를 거부했다. 세 아이들 모두 다시는 식료품 창고를 털지 않겠다고 맹세했다는 말을 나는 들었다. 그 아이들은 그 짓을 하지 않았다. 약 두 달 동안은.

전체회의에서 잘난 체하는 아이들은 극히 드물다. 그런 짓에는 공동체 전체가 눈살을 찌푸린다. 회의 중에 자기 과시욕이 강한 남자 아이가 일어서더니 전혀 쓸데없는 문제에 대해 길고 복잡하게 이야기를 하며 주의를 끌려고 했다. 그 아이는 어떻게 해서든 시선을 끌려고 했지만, 다른 아이들이 자리에 앉으라고 소리쳤다. 아이들에게는 위선을 예리하게 감지해내는 능력이 있다.

자치가 잘 이루어질 수 있다는 사실을 서머힐이 증명했다고 생각한다. 사실 자치를 하지 않는 학교는 진보학교라고 불리면 안 된다. 그건 일종의 절충 학교다. 아이들이 자기네 사회 생활에서 자치를 이루어나가는 데 완전한 자유를 느끼지 못한다면, 아이들은 자유로운 게 아니다. 우두머리가 있을 때는 진정한 자유가 없다. 이것은 엄격한 우두머리보다는 자비로운 우두머리에게 더 해당되는 말이다. 활기찬 아이는 모진 우두머리에게는 반항을 하지만, 부드러운 우두머리 밑에서는 오히려 유약해지고 자신의 진실한 감정을 분명하게 느끼지 못한다.

학교에서 자치가 잘 이뤄지려면 나이 든 학생 몇몇이 필요하다. 그들은 평온한 삶을 좋아하며, 악동기 아이들의 무관심이나 반감에 맞서 싸운다. 그들은 표결에서는 지는 경우도 종종 있지만 자치제도를 진정으로 믿고 원하는 아이들이다. 한편 열두 살 이하의 아이들은 자치제도를 잘 운영하지 못한다. 왜냐하면 그 아이들은 아직 사회 생활을 영위할 나이에 이르지 않았기 때문이다. 하지만 서머힐에서는 일곱 살짜리 애도 전체회의에 거의 빠지지 않는다. 그리고 유치원생들까지 투표권을 가지며 종종 훌륭한 발언을 한다.

어느 해 봄, 우리는 많은 어려움을 겪었다. 공동체 의식을 가진 상급생들이 일반교육자격시험에 합격하여 학교를 떠났다. 그래서 학교에는 그 또래의 학생들이 거의 없었다. 대다수 학생들은 악동기의 아이들이었다.

전체회의 때 나오는 그 아이들의 발언은 사회적이었지만, 공동체를 잘 운영하기에는 아직 나이가 어렸다. 회의에서는 여러 법들을 통과시켰지만, 돌아서면 까맣게 잊어버리고 법을 어겼다. 그나마 학교에 남아 있던 나이 든 학생들은 오히려 개인주의적이 되어서 자기들끼리만 어울려 지내고자 했다. 그래서 교직원들이 나서서 학교 규칙을 위반하는 행위를 지적하는 일이 빈번했다. 전체회의 때 나는 반사회적이라고까지 말할 수는 없지만 비사회적이라 할 만한 행동을 하는 상급생들을 어쩔 수 없이 비판해야 했다. 그 학생들은 늦도록 자지 않으면서 취침 시간 규칙을 어겼고, 하급생들이 반사회적인 행동을 해도 그에 대해 일절 관심을 보이지 않았다.

솔직히 말해, 나이 어린 아이들은 공동체의 운영에 별 관심이 없다. 그들에게만 맡겨놓으면 운영 기구를 구성할 수 있을지도 의문이다. 그 아이들이 중요하다고 생각하는 것은 우리가 생각하는 바와 다르다. 그리고 그 아이들의 방법 또한 우리의 방법과 다르다.

공산주의자들은 사회의 계급 투쟁에 대해 이야기한다. 그 문제를 연구해보지 않은 나로서는 그에 대해 아무 견해도 펼 수 없다. 그런데 자유학교 안에도, 엄밀히 말해 그것을 투쟁이라고 표현할 수는 없지만, 일종의 계급 투쟁이 있다는 사실을 나는 잘 안다. 그렇지만 거기에는 교직원들이나 상급생들에 대한 증오도, 조직적인 공격도 없다. 거기에는 늘 이해 관계의 차이만 있을 뿐이다. 이번 주말이 가이포크스데이Guy Fawkes's Day* 라면 학교 안은 분명 화약이 폭발하는 시끄러운 소리로 가득할 것이다. 나

---

* 1605년 영국에서 가톨릭교도들이 의사당을 폭파하고 제임스 1세와 일가족을 시해하려 한 화약 음모 사건이 일어났는데, 가이포크스데이는 이것이 잘 무마된 것을 기념하는 날이다. 매년 11월 5일에 열리며, 아이들은 지나가는 사람들에게 받은 돈으로 폭약을 사서 당시 사건 주동자인 가이 포크스의 인형을 불태운다.

는 벌써부터 짜증이 나고 화가 치민다. 하지만 하급생들은 그 폭발음 하나하나에 더 없는 기쁨을 느낄 것이다.

모든 교육이 안고 있는 가장 큰 문제 중 하나는 아이들을 나이와 분리해서 대하는 태도다. 나는 50년 동안 아이들의 소음 속에서 살아왔다. 대체로 나는 그것을 의식하여 듣지 않는다. 비유하자면 놋쇠 그릇을 만드는 공장에서 사는 셈이다. 그곳 사람들은 끊임없는 망치질 소리에 익숙해진다. 혼잡한 거리에서 지내는 사람들은 교통 소음을 의식하지 않는다. 하나 차이점이 있다면, 교통 소음이나 망치질 소리는 어느 정도 일정하지만, 아이들이 떠드는 소리는 변화가 많고 귀에 거슬린다는 것이다. 그 소리는 신경을 건드리기까지 한다.

하나 고백할 것이 있다. 여러 해 전 나는 본관 건물에서 나와 작은 별채로 거처를 옮긴 적이 있는데, 그 집에서 얻은 저녁의 평화는 정말 기분 좋은 것이었다. 나는 60명도 더 되는 아이들의 소음을 들어야 한다. 반면에 보통 부모는 두세 명의 아이들의 소음만 들으면 된다. 내 직업상 어쩔 수 없는 일이다. 사무실이나 가게에서 일하다가 저녁에 집으로 돌아온 사람이라면 자식들의 소란에 화가 날지도 모른다. 만약 아이들이 자신들 내면의 본성에 따라 살도록 하려면 어른들의 희생이 어느 정도 필요하다.

자치제도를 잘 운영해 나가려면 그 속에서 자라온 학생들이 필요하다. 열다섯 살이 넘어 우리 학교에 들어온 아이들은 자치제도에 잘 적응하지 못한다. 그 아이들에게는 떨쳐버려야 할 억압이 너무 많다. 칠팔 년간 학교를 다닌 청소년들이 그러하듯 그 아이들은 자유를 체득하지 못한다. 이는 우리의 공동체 운영에 때때로 교직원들이 관여해야 할 부분이 많다는 것을 의미한다. 만약 누군가가 식당 벽에 음식물을 던진다면 나이 든 학생이 전체회의에서 그 문제를 제기할 것이다. 그런데 언젠가 음식물을 던지는 행위에 대한 사회적인 정서가 없는 십대 아이들이 한꺼번에 학교에 들어온 적이 있었다. 그때는 교직원들 중 한 사람이 그 문제를 제기했다. 그런 식으로 개입하면 나쁘지만, 어떤 조건 아래서는 불가피하기도 하다는 것을 우리 모두는 잘 알고 있다.

어른들이 평화와 고요를 얻는 가장 쉬운 방법은 엄격하게 아이들의 규율을 잡는 것이다. 누구나 아이들을 훈련시키는 조교가 될 수 있다. 조용한 생활을 확보할 수 있는 이상적인 대안이 무엇인지 나는 잘 모른다. 서머힐에서 이루어진 시행착오들은 어른들에게 평온한 생활을 가져다주는데 분명 실패했다. 다른 한편 그런 시행착오가 아이들에게 극단적으로 소란스런 생활을 선사해준 것도 아니다. 아마도 궁극의 시금석은 행복일 것이다. 이런 기준에서 볼 때 서머힐은 자치제도를 통해 훌륭한 타협점을 찾아왔다.

서머힐에는 풀리지 않는 영원한 숙제가 있다. 바로 '개인 대 공동체'라는 문제다. 한 문제아가 이끄는 여자 아이들 패거리가 다른 사람들을 괴롭히자 교직원들과 학생들은 몹시 화가 났다. 그 아이들은 아래층에 있는 사람들에게 물을 뿌렸고 취침 시간 규칙을 어겼고 끊임없이 말썽을 일으켰다. 그 패거리의 두목인 진은 전체회의에서 비난을 받았다. 자유를 방종으로 오용하는 행위를 두고 강력한 비난이 쏟아졌다.

학교를 방문한 한 심리학자가 나에게 말했다. "저런 식으로 한 건 잘못입니다. 그 아이의 얼굴은 불행해 보입니다. 지금껏 한 번도 사랑받아본 적이 없는 얼굴이에요. 이렇게 공개적으로 비난을 받으면 그 아이는 이전보다 더 사랑을 못 받는다고 느끼게 될 겁니다. 그 아이에게 필요한 것은 반대가 아니라 사랑입니다."

"친애하는 부인." 내가 대답했다. "우리는 사랑으로 그 아이를 변화시키려고 노력해왔습니다. 여러 달 동안 그 아이에게 애정과 관용을 보였습니다. 하지만 그 아이는 반응을 보이지 않았습니다. 오히려 우리를 바보로 여기고 손쉬운 공격 대상으로 삼았습니다. 한 사람 때문에 온 공동체를 희생할 수는 없습니다."

나는 완전한 해답이 무엇인지 모른다. 하지만 열다섯 살이 되면 진도 사회적인 아이가 될 거고 더 이상 패거리의 두목이 되지는 않을 것이다. 나는 다수의 여론을 신뢰한다. 남들이 싫어하고 비난하는 행위를 여러 해 동안 계속할 아이는 아무도 없다. 전체회의에서 이루어지는 비난에 관해 말하자면, 문제 있는 한 아이를 위해 다른 여러 아이들을 희생할 수는 없다는 것이다.

언젠가 서머힐에 들어오기 전에 불행하게 지냈던 한 남자 아이가 있었다. 그 아이는 폭력적이고 파괴적이었으며 증오로 가득 차 있었다. 나이 어린 아이들이 괴롭힘을 당하고 울었다. 공동체는 아이들을 보호하기 위해 뭔가를 해야 했다. 그렇게 하려면 다른 아이들을 괴롭히는 그 아이와 맞서야 했다. 그 아이 부모의 잘못으로 인해 부모의 사랑과 보살핌 속에서 자란 다른 아이들이 피해를 입어서는 안 되는 일이었다.

내가 아이를 학교에서 내보는 경우는 극히 드물다. 언젠가 한 아이 때문에 다른 아이들이 학교를 지옥처럼 여긴 적이 있었는데, 그때 나는 그 아이를 학교에서 내보냈다. 지금 그 일을 생각하면 유감스럽고 낭패스런 기분도 들지만, 달리 방도가 없었다.

공동체에는 스스로를 보호하는 방법들이 있게 마련이다. 학교 초창기에 작업장은 아이들에게 늘 개방되었다. 그 결과 모든 연장들이 없어지거나 망가졌다. 아홉 살 난 아이는 좋은 끌을 드라이버로 사용했다. 또 자기 자전거를 수리하느라 펜치를 쓰고는 길가에 그냥 버려두기도 했다.

내 개인 작업장을 원래의 작업장과 분리하기로 결심하고 칸막이를 치고 문을 달았다. 하지만 양심상 꺼림칙했다. 내가 너무 이기적이고 반사회적이지 않은가 하는 생각이 들었다. 결국 나는 칸막이를 부수었다. 그 후 여섯 달 만에 예전의 내 개인 작업장에 있던 좋은 공구들은 하나도 남아 있지 않았다. 한 남자 아이는 자기 오토바이에 쐐기 고정 못으로 사용하려고 내 U자 못을 다 써버렸다. 다른 아이는 작동 중인 내 선반旋盤에다 나사 깎기 공구를 끼우려고 들었다. 놋쇠나 은을 평평하게 두드려 펴는 데 쓰이는 망치는 벽돌을 부수는 데 사용되었다. 사라진 공구는 절대 찾을 수 없었다. 무엇보다도 아이들 사이에서 작업에 대한 흥미가 완전히 사라진 것이 가장 나쁜 일이었다. 나이 든 학생들은 말했다. "작업장에 가봐야 무슨 소용 있어? 공구들이 다 망가졌는데." 정말 공구들은 망가졌다. 대팻날은 이빨이 빠졌고 톱날은 아예 뭉그러져 없어져버렸다.

나는 전체회의에서 내 작업실을 다시 잠그겠다고 제안했다. 그 안은 통과되었다. 그런데 방문객들에게 학교 이곳저곳을 보여주다가 내 작업실 문을 따야 할 때마다 부끄러운 기분이 들었다. '이게 뭔가? 자유와 잠긴 문?' 그건 정말 나빠 보였다. 나는 언제나 열려 있는 별도의 작업장을 세워주기로 결심했다. 그리하여 나는 작업대, 바이스, 톱, 끌, 대패, 망치, 펜치, 자 세트 등등 필요한 공구들을 모두 갖춘 작업장을 가질 수 있었다.

그로부터 넉 달 후 어느 날이었다. 방문객들에게 학교를 보여주다가 내 작업장 문을 열었다. 그러자 한 사람이 이렇게 말했다. "여기는 자유로워 보이지 않는데요, 그렇죠?"

"아, 그런가요." 나는 서둘러 말했다. "아이들에게 온종일 개방되는 다른 작업장이 있습니다. 함께 가시지요. 그곳을 보여드리겠습니다." 거기에는 작업대말고는 남아 있는 게 아무것도 없었다. 심지어 바이스조차 없어졌다. 15,000평 가까운 학교 어느 구석에 끌과 망치가 있을지 알 도리가 없었다.

작업장 문제는 교직원들에게 늘 고민거리였다. 그 중에서 내가 가장 속이 썩었다. 왜냐하면 나에게 공구들은 정말 대단한 것이었기 때문이다. 나는 작업 공구를 공동으로 사용하는 것이 문제라고 결론 내렸다. '자, 소유권을 도입해보자고. 공구를 진정으로 원하는 아이들은 자기 공구 세트를 가지는 거야. 그러면 상황은 달라질 거야.' 나는 속으로 생각했다.

나는 전체회의에서 그 안을 제안했다. 아이들은 그 생각을 흔쾌히 받아들였다. 다음 학기가 되자, 몇몇 나이 든 학생들이 집에서 자기 공구 세트를 가지고 왔다. 그 아이들은 공구들을 아주 잘 보관했고 이전보다 훨씬 더 주의해서 사용했다.

서머힐에서 벌어지는 대부분의 문제는, 아마도 학생들의 나이 폭이 크다는 점에 원인이 있을 것이다. 분명 나이 어린 아이들에게 공구는 그리 중요한 것이 아니다. 나는 몇몇 나이 든 학생들이 내 작업장을 사용하고 싶어할 때는 너그럽게 허락한다. 그들은 작업장을 함부로 사용하지 않는다. 왜냐하면 그 아이들은 만족스럽게 작업을 하려면 공구를 조심해서 다루어야 한다는 것을 알 만한 수준에 이르렀기 때문이다.

그렇지만 최근 서머힐에서는 문을 잠그는 곳이 늘어났다. 어느 토요일 밤, 나는 전체회의에서 그 문제를 제기했다. "난 그렇게 문을 잠그는 게 싫어. 오늘 아침에도 방문객들에게 학교를 안내하면서 작업장, 실험실, 도예실, 극장의 문을 일일이 열어야 했어. 공공 장소는 하루 종일 개방할 것을 제안해."

반대 의견이 빗발쳤다. "실험실 문은 꼭 잠가야 해. 그 안에는 독극물이 있으니까." 몇몇 아이들이 말했다. "도예실도 실험실에 붙어 있으니까 마찬가지로 문을 잠가야 해."

"작업장은 개방할 수 없어. 지난번에 작업장의 공구들이 어떻게 됐나 한번 생각해보라고." 다른 아이들이 말했다.

"그러면 극장만이라도 공개하자. 누가 무대를 훔쳐 달아나겠어?" 나는 간청했다.

극작가들, 배우들, 무대 감독, 조명 기사가 한꺼번에 일어섰다. "오늘 아침 닐 당신이 극장 문을 열어두었잖아. 그런데 오후에 어떤 멍청이가 조명을 다 켜놓았어. 일 킬로와트에 육 펜스의 전기 요금이 나오는데 3킬로와트나 허비했다구!"

다른 아이가 말했다. "꼬맹이들이 무대 의상을 막 꺼내 입고 놀아."

결국 문을 열어두자는 나의 제안은 두 사람의 지지를 얻는 데 그쳤다. 나말고 다른 한 사람은 일곱 살 난 여자 아이였다. 나중에 안 사실이지만, 그 아이는 바로 직전에 나온 안건에 대해 투표를 하는 것으로 착각하고 그랬다는 것이다. 사유 재산은 존중되어야 한다는 사실을 아이들은 자신들의 경험을 통해서 배우고 있었다.

긴 세월을 지나오면서 자치제도에 대한 내 견해에는 변화가 있었을까? 대체로 볼 때, 변화는 없었다. 나는 자치제도가 없는 서머힐을 상상할 수 없다. 자치제도는 서머힐을 방문하는 사람들에게 보여주는 우리의 전시품이다. 하지만 거기에도 곤란한 점들은 있다. 언젠가 전체회의에서 열네 살 난 여자 아이가 나에게 귓속말로 속삭였다. "여자 아이들이 생리대를 버려서 변기가 막히는 문제에 대해 말하고 싶어. 그런데 여기 온 손님들 좀 봐." 나는 손님들한테 개의치 말고 그 문제를 말하라고 했다. 그 아이는 그렇게 했다.

시민 윤리를 실천으로 습득해나가는 일의 교육적 가치는 아무리 강조

해도 지나치지 않다. 서머힐에서 학생들은 자치를 위한 자신들의 권리를 위해 끝까지 싸우곤 한다. 내 생각으로는, 일주일에 한 번 열리는 전체회의가 일주일 치의 교과과정 전체보다 더 가치 있다. 전체회의는 여러 사람들 앞에서 말하는 법을 실제로 연습하는 아주 훌륭한 무대다. 그리고 대부분의 아이들은 자의식 없이 잘 말한다. 아직 읽지도 쓰지도 못하는 아이들이 조리 있게 연설하는 것을 나는 종종 듣는다.

결국 자치제도를 그토록 중요하게 만드는 것은 자유로운 아이들이 습득한 넓은 시야다. 이 아이들이 만든 법들은 겉모습이 아니라 본질을 다룬다. 읍내에 나가서 하는 행동들을 규제하는 법은 서머힐보다는 덜 자유로운 바깥 문명과의 타협이다. 바깥 세상은 하찮은 일을 걱정하느라 소중한 에너지를 낭비한다. 마치 맵시 나게 옷을 입어야 할지 어떨지, 혹은 '빌어먹을'이라는 말을 할지 어떨지가 정말 삶의 중요한 문제인 듯이 말이다.

자치제도를 통해 우리 학생들은 바깥 세상에 대해서 건강한 태도를 보인다. 학교 안에서는 욕설을 할 수 있지만, 읍내의 영화관이나 카페에서는 그렇게 할 수 없다. 읍내에 나갈 때는 말끔한 차림으로 나가야 한다. 그 법을 준수해야 한다. 자전거의 앞브레이크와 뒷브레이크는 모두 잘 작동해야 한다. 그래서 정지 신호 앞에서는 멈추어 서야 한다. 예의범절이라는 차원에서 우리는 일부 사소한 문제에는 대개 타협한다. 한 급진적인 교사가 극장에서 국가가 나올 때 자리에서 일어나지 않곤 했다. 아이들은 전체회의에서 그를 비난했다. 그래도 그는 계속 그랬다. 아이들은 그 때문에 바깥에서 학교 흠을 잡는 사람들에게 어떤 빌미를 제공하지는 않을까 걱정했다.

서머힐은 바깥 세상의 삶에서 도피하지 않는다. 그래서 서머힐은 시대에 앞선 공동체 정신을 가질 수 있고 또 가지고 있다. 삽을 보고 땅도 잘

파지 못하는 형편없는 삽이라고 말하기는 쉽다. 하지만 실제로 그 삽을 가지고 도랑을 파는 사람만이 형편없는 삽이라고 진정으로 말할 수 있을 것이다.

학교 초창기에는 여러 위원회의 위원들을 선출하는 선거에 어느 누구도 입후보하지 않았다. 나는 다음과 같은 내용을 게시할 기회를 얻었다. "통치 기구가 없으므로 나의 독재를 선포한다. 닐 만세!" 곧 불만의 소리가 나왔다. 그날 오후 여섯 살 난 비비안이 나에게 와서 말했다. "닐, 체육관 유리창을 깼어."

나는 손을 내저으며 아이를 쫓아버렸다. "그런 시시한 문제로 날 괴롭히지 마." 아이는 방에서 나갔다.

얼마 후, 아이가 되돌아와서는 두 장의 유리창을 깼다고 말했다. 그제야 이상한 생각이 든 나는 무슨 맘을 먹고 그랬냐고 물었다.

"난 독재자가 싫어." 아이가 말했다. "그리고 먹을 게 없는 것도 싫어." (나중에 알았지만, 요리사가 정시에 부엌문을 닫고 집으로 가버리자, 독재에 대한 반감이 그 요리사한테 가 폭발한 것이었다.)

"그래, 그러면 어떻게 할 건데?" 내가 물었다.

"유리창을 몇 장 더 깰 거야." 아이는 고집스럽게 말했다.

"그러렴." 나는 이렇게 말했고, 아이는 실제로 그렇게 했다.

아이가 돌아오더니 열일곱 장을 깼다고 했다. "하지만 돈은 내가 물어낼 테니까 걱정하지 마." 아이는 진지하게 말했다.

"어떻게?"

"내 용돈에서. 다 갚으려면 얼마나 걸릴까?"

나는 재빨리 계산했다. "십 년은 걸리겠는데."

아이는 잠시 침울한 표정을 짓더니 이내 얼굴이 밝아졌다. "아, 맞다.

내가 갚을 필요가 없잖아." 아이가 소리쳤다.

"하지만 사유 재산 규칙은 어떡하고?" 내가 말했다. "그 유리창은 내 사유 재산이라고."

"알아. 그런데 아직은 사유 재산에 대한 규칙이 없어. 아무 통치 기구도 없잖아. 통치 기구가 있어야 규칙을 만들지."

아이가 다음 말을 덧붙인 것은 아마도 내 표정 때문이었을 것이다. "그래도 돈은 내가 물어낼게."

아이는 비용을 물 필요가 없었다. 얼마 후 런던에서 강연을 하다가 나는 그 이야기를 했다. 강연이 끝난 후 어떤 젊은이가 다가오더니 1파운드를 건네주었다. 그 악동이 깨뜨린 유리창 값이라면서. 그로부터 2년 뒤, 비비안은 여전히 유리창 사건이랑 유리창 값을 내준 사람에 대한 이야기를 하고 다녔다. "그 사람 진짜 바보가 확실해. 나를 본 적도 없잖아."

놀이와 자율

서머힐은 놀이를 가장 중요하게 생각하는 학교라고 말할 수 있다. 아이들과 새끼고양이들이 왜 뛰어노는지 나는 잘 모른다. 생각건대 그건 아마도 몸속의 에너지 때문이 아닐까 싶다.

놀이에 대한 이론은 많다. 그 중에서 일반적으로 받아들여지고 있는 이론은, 어린아이들이 나중의 삶을 위한 연습 행위로 놀이를 한다는 것이다. 즉 새끼고양이가 털실을 쫓아다니는 것은 미래의 쥐잡기를 준비하는 행위라는 것이다. 이것은 새끼고양이가 발로 얼굴을 닦고 몸단장을 하는 데도 어떤 목적이 있음을 전제한다. 또는 그와 달리 동물의 행동에는 장차 신성한 목적을 달성하려는 신의 힘이 작용한다고 전제하기도 한다. 이런 두 가지 가정에 모두 반대하는 사람이라면, 새끼고양이나 강아지가 놀이를 하는 것은 그렇게 하도록 만들어졌기 때문이라고 단순하게 믿어야 할 것이다. 아이들의 경우에 그 에너지는 타고난 육체적 에너지인 듯하다.

아동기는 성인기가 아니다. 어린 시절은 노는 시기다. 그런데 어떤 아이든 충분하게 놀지 못한다. 아이 때는 충분히 놀아야 앞으로 일을 시작해 나갈 수 있고 또 닥쳐오는 어려움에도 맞설 수 있다는 것이 서머힐의 이론이다. 설사 별로 즐겁지 않은 업무가 많다 하더라도 그 일을 훌륭하게 해내는 서머힐의 졸업생들을 볼 때, 우리 이론의 정당성이 입증되었다는 것이 내 주장이다.

나는 지금 운동 경기나 조직된 게임과 관련된 놀이를 생각하고 있는 것이 아니다. 내가 생각하는 놀이는 바로 공상과 관련된 놀이다. 조직된 게임은 기술과 경쟁 그리고 팀워크를 필요로 한다. 하지만 보통 아이들의 놀이에는 기술이 필요 없으며 경쟁이나 팀워크도 거의 요구되지 않는다. 어린아이들은 총을 쏘거나 칼을 휘두르면 갱 놀이를 한다. 영화가 나오기 훨씬 전부터 아이들은 갱 놀이를 했다. 이야기나 영화가 아이들의 놀이에 어떤 방향을 주기는 하지만, 놀이의 근본 원리는 인종을 불문하고 모든 아이들의 가슴속에 깃들어 있다.

서머힐에서 여섯 살짜리 아이들은 하루 종일 논다. 공상의 날개를 펴고서. 어린아이들에게 공상과 실재는 아주 가깝게 붙어 있다. 열 살 난 남자 아이가 유령 모습을 하고 나타나면 어린아이들은 좋아라고 비명을 질러댄다. 하얀 침대보를 뒤집어쓴 유령이 토미라는 것을 알고 있지만, 유령이 다가오면 아이들은 너나 할 것 없이 무서워하며 비명을 질러댄다.

어린아이들은 공상 속에서 살면서 그 공상을 실제 행동으로 옮긴다. 여덟 살에서 열네 살까지의 남자 아이들은 갱 놀이나 인디언 놀이를 하는데, 늘 사람을 죽이거나 나무 비행기를 타고 하늘 여기저기를 날아다닌다. 어린 여자 아이들 역시 갱 놀이를 하는데, 총이나 칼을 쓰지 않는 대신 인신 공격 성향이 강하다. 메리의 패거리와 넬리의 패거리는 서로를 싫어한다. 그래서 서로 간에 말다툼과 거친 말이 오간다. 남자 아이들의 경우 상대 패거리는 오직 놀이에서 적일 뿐이다. 그래서 어린 여자 아이들보다는 어린 남자 아이들과 함께 지내는 편이 훨씬 더 수월하다.

공상이 시작되고 끝나는 경계가 어디인지 나는 알 수 없다. 어린아이들에게 실재와 공상은 아주 밀접하다. 한 여자 아이가 장난감 접시에 음식을 담아 인형에게 줄 때 그 아이는 잠시라도 인형이 살아 있다고 믿는 걸까? 흔들목마를 아이들은 진짜 말로 생각하는 걸까? 어떤 남자 아이가 "손들어!" 하고 외치며 총을 쏠 때 그 아이는 자기 총을 진짜 총으로 생각하는 걸까? 나는 아이들이 자기 장난감을 진짜라고 상상한다고 여기고 싶다. 어떤 감수성 둔한 어른이 끼어들어 그것이 공상임을 일깨울 때 비로소 아이들은 현실 세계로 풍덩 떨어진다.

남자 아이들과 여자 아이들은 놀이에 대한 생각이 분명히 다른 것 같다. 남자 아이들은 여자 아이들보다 훨씬 많이 논다. 여자 아이들은 놀이 자체보다는 공상 세계에 더 깊이 빠져드는 듯이 보인다. 하지만 남자 아이들은 거의 그렇지 않다.

일반적으로 남자 아이들은 여자 아이들과 놀지 않는다. 남자 아이들은 갱 놀이를 하고 술래잡기를 한다. 나무 위에 오두막을 짓고 구멍과 참호를 파며 논다. 남자 아이들은 어린아이들이 보통 하는 그런 일을 다 한다.

여자 아이들은 어떤 놀이를 애써 체계를 갖추어서 하는 법이 없다. 자유로운 아이들에게, 유구한 전통의 선생님 놀이나 의사 놀이는 듣도 보도 못한 것이다. 왜냐하면 이 아이들은 권위를 흉내 낼 필요가 없기 때문이다. 어린 여자 아이들은 인형과 논다. 하지만 나이 든 여자 아이들은 사물보다는 사람과의 접촉에서 더 많은 재미를 얻는 듯하다.

우리는 흔히 남녀 혼성 축구팀을 만든다. 카드 놀이나 체스, 탁구도 보통 혼성으로 한다. 그리고 교직원이나 나이 든 학생이 준비하는 실내 게임도 늘 혼성으로 한다. '깡통 차기'와 같은 많은 실외 게임들도 혼성으로 한다. 여름철 학교 수영장은 모든 나이의 아이들에게 인기 만점이다.

더 어린 아이들에게는 얕은 수영장, 모래 놀이터, 시소, 그네가 있다. 따뜻한 날이면 모래 놀이터에는 지저분한 아이들로 북적댄다. 어린 아이들은 형과 누나들이 자기네 모래 놀이터를 사용한다고 늘 불평이다. 나이 많은 아이들을 위한 모래 놀이터를 따로 준비해야 하지 싶다. 모래와 진흙으로 파이를 빚으며 노는 일은 우리가 생각하는 것보다 더 오래 살아남아 있다.

우리 학교에는 따로 정해놓은 체육 시간이 없다. 나 또한 그것이 필요하다고 생각지 않는다. 아이들은 게임이나 수영, 춤, 자전거 타기를 하면서 필요한 운동을 한다. 자유로운 아이들이 과연 체육 수업에 들어가려 할지 의문이다.

서머힐에서는 게임을 장려하는지 사람들은 묻곤 한다. 우리는 정말 어떤 것도 장려하지 않는다. 우리는 아이들이 모험과 공상으로 가득 찬 게임을 하면서 노는 모습을 보는 것이 좋다. 우리 아이들도 하고자 하면 팀을 짜서 게임을 할 수 있다. 하지만 아마도 우리 아이들은 조직화된 아이들과 달리 팀을 만들어서 이기려고 들지 않을 것이다. 왜냐하면 우리 학교의 수업이나 게임에는 경쟁이 없기 때문이다. 당연히 테니스를 칠 때는 이기려고 하겠지만, 져도 별로 상관하지 않는다. 골프를 치는 사람들이라면 3번 아이언으로 친 공이 핀 가까이 바짝 붙었을 때 얻는 기쁨이 그 라운드를 이겼을 때의 기쁨보다 훨씬 더 크다는 점에 아마 동의할 것이다.

나는 게임과 놀이를 구별한다. 나에게 축구, 하키, 럭비, 야구 등은 진정한 놀이가 아니다. 그런 게임에는 놀이의 상상력이 없다. 자유로운 아이들은 공상 놀이(더 좋은 이름이 없어 이렇게 부르겠다)를 좋아하기 때문에 팀을 이루어서 하는 게임을 피하려 든다.

팀을 이루어서 하는 게임은 학생들의 나이에 많이 좌우된다. 다섯 살에서 열일곱 살까지 나이의 아이들로 지역 중등학교와 시합할 축구팀을 구성하기는 쉬운 일이 아니다. 65명의 남녀 학생들 중에서 11명을 선발하다 보면 일곱 살 난 아이가 골키퍼를 보아야 한다. 대략 30년 전쯤에 우리 학교에는 덩치가 큰 아이들이 꽤 있었는데, 그때는 젊은 교직원이 그 아이들과 함께 하키 팀을 만들어서, 다른 학교와 상대하는 대신 온 서퍽 주의 마을 팀들과 시합을 했다.

팀 게임을 장려하는 숨은 동기는 협동 정신을 배양하고자 하는 바람에서다. 혹은 어떤 경우에는 성 충동을 순화하고자 하는 동기에서 그렇게 한다.(그런데 후자는 절대 아니라고 나는 기꺼이 말할 수 있다.) 하지만 서머힐에서 협동 정신은 공동체 생활의 자치에서 솟아 나온다.

게임은 아이들 건강에 좋다고들 한다. 아마 그럴 것이다. 그런데 10년 동안 게임을 한 번도 하지 않는 우리 학생들을 나는 흔히 보았다. 이제 중년이 된 그들은 이웃들만큼이나 건강해 보인다. 물론 그들 대부분은 자전거 타기와 수영을 많이 했다.

'놀이'라는 제목이 들어간 장에서 아이들의 책에 관해 거론해서는 안 되겠지만, 어딘가에서는 한 번 언급되어야 할 이야기일 것이다. 많은 부모들처럼 나도 몇 년 동안 잠자리에 든 아이의 머리맡에서 이야기를 들려주어야 했다. 나는 딸을 대단히 사랑했지만, 고백할 것은 그렇게 이야기를 들려주는 일이 나에게는 고역이었다는 사실이다. 정말 끔찍하다는 느낌이 들던 무서운 이야기가 하나 있었는데, 내 딸 조이는 그 이야기를 몹시 좋아했다. 나는 그 이야기를 쉰 번이나 들려주어야 했다.

그나마 다행스러운 것은, 그런 책들 중 몇 권만이 대놓고 교훈을 강조한다는 것이다. 대부분의 책들은 에둘러서 그렇게 한다. 그런 책들에 나오는 아이들은 대개 아주 착하고 순수하다. 그림 속 아이들의 얼굴은 얼마나 천사 같은지, 아이들은 또 얼마나 예의 바르고 순종적인지! 나는 그런 책들을 보면 울화가 치민다.

아이들이 읽는 책을 대체 얼마나 검열해야 할까? 잔인한 이야기가 아이들에게 미치는 영향에 대해서는 과장하는 경향이 있다고 생각한다. 대부분의 아이들은 가학적인 이야기도 즐겁게 읽을 수 있다. 어느 일요일 밤, 나는 학생들에게 모험 이야기를 해주었다. 식인종의 가마솥에서 마지막 순간에 구조되는 장면에 이르자 아이들은 기뻐서 어쩔 줄 몰라 하며 펄쩍펄쩍 뛰었다.

영화관에 가서 영화를 보는 것과 책을 읽는 것은 서로 다른 범주다. 글로 씌어진 것은 눈으로 보거나 귀로 듣는 것만큼 무섭지 않다. 어떤 영화는 아이들을 공포로 몰아넣는다. 영화에서는 무서운 장면이 언제 어디서 나올지 아무도 모른다. 심지어 『피터 팬』 영화에 나오는 악어나 해적들조차 무서워하는 아이들을 본 적이 있다.

몇 년 전 『피터 팬』 연극을 보러 가서는, 그것이 얼마나 시대에 뒤떨어져 있는가를 흥미롭게 관찰한 적이 있었다. 연극 속에서 팅커 벨의 목숨을 구하려면, 요정을 믿느냐는 질문을 받았을 때 어린 관객들이 큰소리로 "예"라고 답해야 했다. 그런데 그 대답 소리가 작자, 어리석은 부모들이 자식들 옆구리를 쿡쿡 찔러 소리를 지르게 만들었다. 『피터 팬』은 어른들을 위한 연극이다. 아이들은 어른이 되고 싶어한다. 오히려 어린 시절이라는 이상향을 그리워하는 사람은 꿈을 이루지 못한 부모들인 경우가 훨씬 많다.

최근에 우리는 악마에게 자기 영혼을 판 사람에 관한 영화를 보았다. 아이들은 거기 나오는 악마가 나와 정말 비슷하다고 이구동성으로 말했다. 성적인 범죄는 성령에 대한 범죄라고 교육받아온 남자 아이들에게 나는 항상 악마가 된다. 육체와 관련해 죄가 될 것은 아무것도 없다고 말하면, 아이들은 나를 유혹하는 악마로 여긴다. 신경증에 걸린 아이들에게 나는 신과 악마 둘 다의 모습으로 비친다. 몇 년 전에는 어떤 꼬마 녀석이 그 악마를 죽이겠다고 망치를 집어 들기도 했다. 신경증에 걸린 아이들을 돌보는 일은 위험한 생활일지도 모른다.

어렸을 적, 성서에 나오는 곰에게 잡아먹힌 아이들 이야기에 무서워했던 기억이 난다. 하지만 성서를 검열하자고 주창하는 사람은 아무도 없다. 내가 어렸을 때는 많은 아이들이 성서에서 외설적인 구절들을 찾아 읽었다. 소년이던 나도 그 구절들이 어느 장과 어느 절에 있는지를 훤히 알고 있었다.

아이들의 마음은 어른들의 마음보다 훨씬 더 깨끗해 보인다. 어떤 남자아이는 헨리 필딩의 『톰 존스Tom Jones』를 읽고도 외설적인 구절을 발견하지 못한다. 만일 우리가 아이들을 성에 대한 무지로부터 벗어나게 한다면, 어떤 책에나 있을 수 있는 위험 요소를 제거하는 셈이다. 나는 어떤 연령층의 책들에 대한 검열도 단호히 반대한다.

언젠가 학교에 새로 들어온 열네 살짜리 여자 아이가 내 서가에서 『어느 소녀의 일기A Young Girl's Diary』라는 책을 뽑아 들었다. 그 아이는 앉더니 킥킥 웃어대며 그 책을 읽었다. 여섯 달 후 아이는 다시 그 책을 읽었다. 그러더니 책이 이전보다 재미없다고 내게 말했다. 모르고 읽었을 때는 짜릿했던 것도, 알고 나서 읽으면 시시해지는 법이다.

프로이트가 어린아이들에게도 성욕이 있다는 사실을 밝힌 후에, 충분하지는 않지만 그에 대한 연구가 어느 정도 이루어졌다. 그런데 성욕에 관한 책은 여러 권 나왔지만, 내가 아는 바로는 자율적으로 자란 아이들에 관한 책을 쓴 사람은 아무도 없다.

내 친구인 빌헬름 라이히Wilhelm Reich가 자율self-regulation이라는 용어를 사용했는데, 나는 그때 처음 그 말을 들었다. 설사 그가 그 용어를 창안하지 않았다 하더라도, 그는 다른 어떤 사람들보다 조리 있게 그 방식을 이해하고 사용했다. 호머 레인Homer Lane은 그것을 자결self-determination이라고 말했고 다른 사람들은 자치self-government라고 했다. 하지만 그 용어들은 자율과 똑같은 것이 아니었다. 왜냐하면 그것들은 아이들 개개인의 자기 결정이라는 측면보다는 아이들이 공동으로 스스로를 다스린다는 측면과 더 관련 깊었기 때문이다.

자율은 인간성에 대한 믿음, 즉 원죄는 과거에도 없었고 지금도 없다는 믿음을 내포한다. 자율은 어린 아기가 외부 권위의 강제 없이 자유롭게 사는 권리를 의미한다. 이는 배고프면 밥을 먹고, 그렇게 하고 싶을 때만 깨끗한 옷을 입고, 혼이 나거나 볼기를 맞지 않으며, 늘 사랑받고 보호받는다는 의미다. 물론 자율도 다른 이론적인 생각들처럼 일반 상식과 결합하지 않으면 위험하다.

탁아소에서 어린아이들을 맡고 있는 사람이라면 바보가 아닌 다음에야 어느 누가 침실 창문을 열어놓겠으며 또 무방비 상태로 방안에다 불을 피워놓겠는가. 그런데 자율이라는 문제에 광적으로 빠져 있는 젊은이들이 너무 자주 학교를 찾아온다. 그들은 실험실 찬장에 독극물을 넣고 자물쇠를 채워둔 것이나 화재 대피 장치를 가지고 노는 일을 금지한 것을 보고는 자유가 부족하다고 흥분해서 소리를 질러댄다. 그렇게 자유를 주창하는 많은 사람들이 현실에 뿌리를 두지 않고 있기 때문에 자유를 위한 운동 전체가 훼손되고 경멸의 대상이 된다.

자율은 외부의 강요에 의해서가 아니라 자기 속에서 우러나오는 행동을 의미한다. 자율적으로 아이를 키우기 위해서 따로 교육을 받거나 성품을 계발할 필요는 없다. 지금은 노인이 된 스코틀랜드의 한 마을에 살고 있는 메리가 생각난다. 메리는 놀랍도록 차분하고 평온한 사람이었다. 결코 안달하지 않았고 호통도 치지 않았다. 메리는 본능적으로 자기 아이들 편에 섰다. 아이들은 무엇을 하든지 간에 엄마가 자신들을 인정하리라는 것을 알았다. 병아리들을 돌보는 푸근하고 온화한 암탉과 같은 엄마였다. 메리는 남을 소유하려는 사랑이 아니라, 그 사랑을 남에게 베풀 줄 아는 천부적인 재능을 가지고 있었다. 지금 와서 돌이켜보면, 어렸을 적 우리 소년들은 도움의 손길을 늘 준비해두고 있던 그런 메리의 성향을 너무 이용해 먹었던 게 아닌가 싶어 미안한 생각이 든다.

이처럼 심리학이나 자율에 대해서는 들어본 적도 없었던 한 천진한 여성이 거의 칠십 년 전에 자율을 실행에 옮겼다. 나는 메리와 같은 농부의 아내를 자주 보았다. 그들은 아이를 양육하는 어떤 규칙에 따라 행동하는 게 아니라 자신들의 감정에 따라 가족들을 대했다. 염두에 두어야 할 것은, 이 여성들의 주변 환경이 런던의 어떤 어머니보다 더 좋았다는 점이다. 아이들은 많은 시간을 바깥에서 보냈다. 그리고 집 안에는 아이들의 손이 닿지 말아야 할 값비싼 기계 장치들도 없었다. 아이들은 정말이지 부엌이나 응접실에 있어서는 안 된다. 아이들은 마을의 대장장이가 만들어준 자기네 공간을 가져야만 한다. 자율을 위한 이상적인 가정은 시골에 있을 거라는 상상을 해본다.

하지만 우리는 사실을 직시해야 한다. 그 사실 중 하나는 우리에게는 그런 공간들이 없다는 점이다. 하지만 만약 어떤 어머니가 자식들과 참된 교감을 나눈다면, 그리고 아이들이 어머니를 무서워하지 않는다면, 어머니는 자식들에게 위해를 가하지 않으면서도 '아니야'라고 단호히 말할 수 있을 것이다. 부모들이 가장 먼저 해야 할 일은 스스로가 자율적이 되는 것이다. 청결, 단정치 못함, 소란, 욕설, 성적인 장난, 무의식적인 장난감 부수기 등에 대한 모든 관습적인 생각을 버려라. 사실 건강한 아이는 많은 장난감을 의식적으로 부수게 마련이다.

갖고 있는 장난감 중에서 내 딸 조이가 한동안 좋아했던 유일한 장난감은 베치 웨치라는 인형이었다. 조이가 18개월 되었을 때 사준 것으로, 오줌을 누는 인형이었다. 그런데 인형의 오줌 누는 장치는 조이의 흥미를 조금도 끌지 못했다. 오줌 나오는 구멍이 인형의 등에 조그맣게 나 있었는데, 아마 그것이 근엄한 금욕주의적 속임수였기 때문일 것이다. 네 살 반이 된 어느 날 아침 조이는 이렇게 말했다. "이제 베치 웨치가 지겨워. 다른 애한테 줘버릴래."

한번은 조이가 나이 든 어떤 학생한테서 걷고 말하는 멋진 인형을 선물로 받았다. 정말 비싼 인형이었다. 그 비슷한 시기에 조이는 학교에 새로 들어온 학생으로부터 값싼 작은 토끼를 선물로 받았다. 조이는 그 크고 비싼 인형을 한 시간 반 동안 가지고 놀았다. 그런데 값싸고 작은 토끼와는 몇 주 동안 함께 놀았다. 조이는 매일 밤 자기 침대에 토끼를 데려갔다.

몇 년 전, 나는 나이 든 아이들에게 설문 조사를 해보았다. "자기 남동생이나 여동생한테 가장 화가 나는 때는?" 거의 모든 대답이 똑같았다. "내 장난감을 부수었을 때."

아이에게 장난감이 어떻게 작동하는지 보여주어서는 안 된다. 아이가 혼자 힘으로 도저히 문제를 풀 수 없을 때까지는 어떤 식으로든 아이를 도와주어서는 안 된다.

아이들이 요구하는 대로 모두 주지 말라. 이 문제에서 나는 조금 주관적일지 모르겠다. 왜냐하면 나에게 꽤 많은 돈을 빚진 어떤 아버지가 자기 아들에게 값비싼 '최고급' 새 경주용 자전거를 보내왔기 때문인데, 나는 그것이 싫다. 일반적으로 말해, 오늘날 아이들은 너무 많은 것을 받아서 그만큼 선물의 진가를 알지 못한다. 나는 지난밤 빗속에서 그 '최고급' 자전거에 발이 걸려 넘어질 뻔했다.

조이가 아직 어렸을 때, 런던에 갔다 올 때마다 매번 조이에게 줄 선물을 사오지는 않겠다는 규칙을 세웠다. 그 결과 조이는 선물을 기대하지 않게 되었다. 다른 한편으로 아이들에게 너무 인색해서도 안 된다. 아이들이 의지할 수 있는 유일한 사람이 여러분이기 때문이다.

아이들에게 지나치게 많은 선물을 하는 부모는 흔히 자기 아이들을 충분하게 사랑하지 않는 사람들이다. 그래서 그에 대한 보상 심리로 아이들에게 값비싼 선물을 퍼부어 자신들의 사랑을 보여주고자 한다. 『피터 팬』의 작가 제임스 배리의 『친애하는 브루투스_Dear Brutus_』의 등장 인물 중 하나는 자기 아내에게 이렇게 말한다. "당신이 나에게 친절할 때마다 당신한테 모피 코트를 선물하겠소."

나는 또 주제에서 벗어나고 말았다. 사람들은 그것이 나의 매력 중 하나라고 한다. 우둔한 작가란 주제에만 매달려 있어, 너무 자주 재미없어지는 사람이다.

놀이라는 주제로 돌아가자. 어린 시절이 노는 시기라는 점을 인정할 경우, 일반적으로 우리 어른들은 이 사실에 어떻게 반응할까? 우리 어른들은 그것을 '무시한다.' 기억에서 말끔히 지워버린다. 왜냐하면 우리에게 놀이는 시간 낭비기 때문이다. 그래서 어른들은 많은 교실과 값비싼 교재를 갖춘 커다란 도시 학교를 세운다. 우리 어른들이 아이들의 놀이 본능에 제공하는 것은 자그마한 콘크리트 공간이 전부다.

아이들은 음악과 진흙을 좋아한다. 아이들은 계단을 쿵쾅거리며 오르내리고, 시골뜨기처럼 소리를 질러대고, 가구에는 신경도 쓰지 않는다. 술래잡기를 하다가 지나다니는 중에 고대 로마시대의 골동품인 포틀랜드 꽃병이 놓여 있으면 아이들은 그냥 뛰어넘어갈 것이다. 그것이 뭔지 쳐다보지도 않고.

문명의 폐해는 어떤 아이도 충분히 놀아본 적이 없다는 사실에서 기인한다고 주장하는 사람들이 있는데, 그 말은 어느 정도 진실이다. 이를 달리 말하자면, 모든 아이들이 어른의 나이에 이르기 전에 이미 어른이 되도록 온실 재배되고 있다는 것이다.

놀이에 대한 어른들의 태도는 지극히 독단적이다. 우리처럼 나이 든 사람들이 아이들의 시간표를 짠다. 9시부터 11시까지 수업하고, 그 후 1시간 반 동안 점심 식사 하고, 다시 오후 3시까지 수업한다. 만약 자유로운 아이가 손수 자기 시간표를 짠다면, 그 아이는 분명히 노는 시간을 길게 잡고 수업 시간을 짧게 할 것이다.

아이들의 놀이에 대해 어른들이 가지는 반감의 근원은 두려움이다. 나는 다음과 같은 근심 어린 질문을 골백번도 더 들어왔다. "그런데 우리 아이가 하루 종일 놀기만 하면, 도대체 공부는 어떻게 하는 건가요? 시험에는 합격할까요?" 다음의 내 대답에 수긍하는 부모는 많지 않을 것이다. "당신 아이가 놀고 싶은 만큼 실컷 놀더라도, 이 년만 바짝 공부하면 대학 입학시험에 합격할 수 있을 겁니다. 그런데 삶의 요소로서 놀이가 지닌 가치를 무시하는 학교에서는 보통 입시 준비로 오 년, 육 년, 혹은 칠 년을 공부하지요."

그 말 다음에 나는 꼭 이렇게 덧붙인다. "물론 그것은 그 아이가 시험에 합격하고 싶어할 때만 그렇습니다!" 어쩌면 그 아이는 발레리나나 엔지니어가 되고 싶을지도 모른다. 혹은 의상 디자이너나 목수가 되고 싶을지도.

그렇다, 아이의 미래를 두려워하는 마음 때문에 어른들은 아이에게서 놀 권리를 빼앗는다. 아니, 거기에는 그 이상의 것이 있다. 놀이를 허용하지 않는 태도의 배후에는 모호한 도덕관념이 자리 잡고 있다. 아이라는 존재는 별로 좋은 게 아니라는 암시, 청소년들에게 "어린애처럼 굴지 마"라고 훈계하는 목소리에 담긴 암시가 그것이다.

자신들이 어린 시절에 가졌던 동경과 열망을 잊어버린 부모들, 어떻게 놀고 어떻게 공상하는지를 잊어버린 부모들이 불쌍한 부모들을 만들어낸다. 노는 능력을 상실한 아이는 신체적으로 죽은 것과 다름없다. 그리고 그 아이는 자기와 사귀려고 다가오는 다른 아이에게 위험한 존재가 된다. 아이들이 원하는 만큼 놀지 못했을 때 어떤 손상을 입는지를 평가하는 것은 흥미로운 일이다. 다른 한편으로 그것은 매우 어려운 일이기도 하다.

서머힐에서는 특히 햇볕이 쨍쨍한 날이면 하루 종일 노는 아이들이 있다. 그리고 대개 그 아이들이 노는 소리는 시끄럽다. 그런데 대부분의 학교에서는 놀이가 금지되는 것처럼 시끄러운 소리도 금지된다. 스코틀랜드의 대학에 들어간 우리 졸업생 중 한 명은 이렇게 말했다. "학생들이 수업 시간에 언쟁을 많이 벌여요. 이제는 그게 지겨워요. 서머힐에서는 열 살 때 벌써 그렇게 했으니까요."

스코틀랜드 소설가 조지 더글러스 브라운의 유명한 소설 『녹색 덧문들의 집 The House with the Green Shutters』에 나오는 한 사건이 기억난다. 에든버러 대학교의 학생들이 서투른 강사를 골려주려고 발을 구르며 '존 브라운의 유해 John Brown's Body'* 놀이를 하는 장면이 그것이다. 소음과 놀이는 함께 간다. 그런데 그런 행동은 일곱 살에서 열네 살 사이의 나이에 하는 것이 가장 좋다.

---

* 노예제도 폐지론자였던 존 브라운을 기리는 노래로, 미국 남북전쟁 시기 북부군의 행진곡이었다.

일과 정직

한때 서머힐에는 열두 살 이상의 아이들과 모든 교직원들이 매주 두 시간씩 밭에서 일해야 한다는 공동체 법이 있었다. 일에 대한 보수는 시간당 6펜스였다. 일을 하지 않으면 1실링의 벌금을 물어야 했다. 교사들을 포함하여 몇몇은 오히려 기꺼이 벌금을 냈다. 일을 하는 사람들도 대부분 자꾸 시계만 쳐다보았다. 그 일에는 재미있는 놀이의 요소가 없어서 다들 지겨워했다. 법은 재검토되었고, 아이들은 거의 만장일치로 그 법을 폐기했다.

초창기에 학교에는 양호실이 필요했다. 벽돌과 시멘트로 된 적당한 건물을 우리 힘으로 짓기로 결정했다. 벽돌을 쌓아본 사람이 한 명도 없었지만, 우리는 일에 착수했다. 몇몇 학생들이 땅을 파서 기초를 다지는 일과 벽돌을 구하려고 낡은 벽돌담을 부수는 일을 도왔다. 그런데 아이들이 일에 대한 보수를 요구해왔다. 우리는 그 요구를 거절했다. 결국 교사들과 방문객들의 손으로 양호실을 지었다. 아이들에게 그건 너무 재미없는 일이었고, 양호실의 필요성 또한 요원한 것이었다. 아이들은 그 일에 개인적으로 아무런 이해관계도 못 느꼈던 것이다. 그런데 얼마 후 자전거를 보관할 창고가 필요하자, 아이들은 교직원들의 도움 없이 자기네 손으로 창고를 지었다.

　나는 우리 어른들이 이러저러해야 한다고 생각하는 아이들이 아니라 실제 있는 그대로의 아이들에 관해 쓰고 있다. 아이들의 공동체 의식, 즉 사회적 책임감은 적어도 열여덟 살은 지나야 충분히 발달한다. 아이들의 관심사는 당장 눈앞의 것에 있다. 아이들에게 미래는 아직 존재하지 않는다.

　나는 지금까지 게으른 아이를 본 적이 없다. 게으르다는 것은 관심이 부족하거나 아니면 건강이 나쁜 상태를 말한다. 건강한 아이는 게으를 수가 없다. 그 아이는 하루 종일 뭔가를 하고 있기 때문이다. 언젠가 나는 게으른 녀석이라고 치부되던 매우 건강한 아이를 보았다. 수학은 그 아이의 흥미를 끌지 못했다. 하지만 교과과정에 따라 아이는 수학을 배워야 했다. 물론 그 아이는 수학 공부를 싫어했고 그래서 교사는 그 아이를 게으르다고 생각했다.

　최근 어떤 기사에 따르면, 저녁 파티에 간 부부가 곡이 바뀔 때마다 매번 함께 춤을 추어도 전혀 피곤함을 느끼지 않거나 거의 느끼지 않는다면, 그것은 두 사람의 스텝이 아주 잘 맞아서 저녁 시간 내내 즐거웠기 때문이라 한다. 그것은 아이들에게도 마찬가지다. 게으르다고 치부되던 아이가 축구 경기에서는 몇 킬로미터도 너끈히 달릴 것이다.

　나는 열두 살 전에 서머힐에 온 아이들 중에서 게으른 아이를 결코 본 적이 없다. 내 견해로는, 게으른 아이는 육체적으로 건강하지 않거나 혹은 어른들이 마땅히 해야 한다고 생각하는 일에 전혀 관심을 기울이지 않는 아이다. 많은 '게으른' 아이들이 엄격한 학교에서 서머힐로 전학을 온다. 그런 아이는 꽤 오랫동안 '게으른' 상태를 유지한다. 그것은 이전의 교육에서 입은 상처로부터 그 아이가 회복하는 기간이다. 나는 그 아이가 싫어하는 것은 시키지 않는다. 왜냐하면 아이는 그것을 할 의향이 없기 때문이다. 여러분이나 나처럼 그 아이도 나중에는 자신이 싫어하는 일을 많이 할 것이다. 만약 그 아이가 지금 놀아야 하는 시기에 자유롭게 지낸다면 나중에 어른이 되어서는 어떤 어려움에도 맞서 나갈 수 있을 것이다.

여하튼 인생관이 바로 정립된다면 직업이 어떤 것인가는 그렇게 중요하지 않다. 우리 졸업생들 중 한 사람은 버스 안내원인데, 건강이 나빠져서 그 일을 포기해야 했을 때 굉장히 슬퍼했다. 그는 많은 사람들을 만나는 일이 즐겁다고 말했다. 다른 졸업생은 벽돌 쌓는 게 직업인데, 자신의 일에 만족한다. 농부인 몇몇 졸업생은 정작 농장주이면서도 허드렛일들을 많이 한다.

우리의 졸업생들이 책임감 있게 열심히 일한다는 좋은 소식을 계속 듣는 이유는, 그들이 자기중심적인 공상의 시기를 서머힐에서 잘 보냈다는 데 있다. 그들은 어린 시절의 놀이에 대한 무의식적인 그리움 없이 젊은이로서 인생의 현실을 마주할 수 있다.

열일곱 살 난 아이들에게 감자를 심거나 양파밭의 잡초 뽑는 일을 도와달라고 하기가 불가능하다는 것을 나는 잘 안다. 하지만 그들은 엔진의 마력 수를 높이고 세차를 하고 라디오를 조립하는 일에는 몇 시간씩 매달린다. 내가 이 현상을 받아들이는 데는 오랜 시일이 걸렸다. 어느 날 스코틀랜드에 있는 형의 밭을 일구고 있을 때 비로소 그 진상이 이해되었다. 나는 그 일이 싫었다. 형의 밭은 나에게는 아무 의미도 없었는데, 그 밭을 내가 파고 있는 것은 잘못되었다는 생각이 갑자기 들었다. 내 밭도 아이들에게는 아무 의미가 없다. 그런데 자전거나 라디오는 아이들에게 큰 의미가 있다. 진정한 애타심이 생기는 데는 오랜 시간이 걸린다. 그리고 이기적인 요소는 완전히 없어지는 것이 아니다.

나이가 어린 아이들과 십대의 아이들은 일을 대하는 태도에서 차이가 난다. 세 살부터 여덟 살까지의 어린아이들은 시멘트를 개고 수레로 모래를 나르고 벽돌 가장자리를 갈아 다듬는 일을 마치 트로이 사람들처럼 열심히 한다. 그리고 보상에 대해서는 전혀 생각하지 않고 일을 한다. 이 아이들은 스스로를 어른과 동일시한다. 그리고 그들이 하는 일은 현실에서 이루어지는 공상과 같다.

하지만 여덟이나 아홉 살부터 열아홉이나 스무 살까지에게는 지루한 육체 노동을 하려는 욕구가 없다. 대부분의 아이들이 그렇다. 물론 어릴 때부터 시작해서 평생을 일하는 독특한 아이들도 있다.

사실 우리 어른들은 아이들을 너무 자주 부려먹는다. "메리언, 달려가서 이 편지를 우체통에 넣고 와." 어느 아이든 이렇게 이용당하는 것을 싫어한다. 보통의 아이라면 자기는 아무 노력도 하지 않으면서 부모에 의해 양육되고 있다는 사실을 어렴풋이 깨닫는다. 아이는 그런 보살핌을 받는 것을 자신의 타고난 권리라고 느낀다. 하지만 다른 한편으로는, 부모 스스로도 하기 싫어하는 수많은 하찮은 일들과 내키지 않는 일들을 하도록 요구받고 있으며 또 그렇게 해야 한다는 것을 알고 있다.

어느 시골 학교에서 근무할 때, 나는 날씨 좋은 오후면 학생들을 밭으로 데려가곤 했다. 우리는 모두 함께 땅을 일구고 작물을 심었다. 그래서 나는 아이들이 밭일을 좋아한다고 생각했다. 밭일이 단지 칠판을 바라보고 앉아 있는 고역에서 아이들을 구원해주는 수단일 뿐임을 나는 알지 못했다.

서머힐에서 나는 커다란 텃밭을 가꾸고 있다. 텃밭의 풀을 뽑을 때 어린아이들은 큰 도움이 될 것이다. 물론 아이들에게 내 일을 도와달라고 주문할 수야 있다. 하지만 여덟 살, 아홉 살, 열 살짜리 아이들은 김매기의 필요성에 대해 나름대로 생각해본 적이 없다. 그들은 풀 뽑기에 아무 관심이 없다.

언젠가 어린 남자 아이들에게 다가가서 물었다. "풀 뽑는 일 도와줄 사람 없어?" 아이들은 모두 거절했다.

나는 이유를 물었다. 대답은 이랬다. "너무 지루해!" "그냥 풀이 자라게 내버려두라고." "십자낱말풀이를 하느라 시간이 없거든." "밭일은 싫어."

나 역시 김매는 일이 지루하다는 걸 안다. 그리고 나 역시 십자낱말풀이를 좋아한다. 아이들의 입장에서 정말 공정하게 생각해본다면, 풀 뽑기는 아이들에게 얼마나 중요할까? 텃밭은 '나의' 텃밭이다. 흙에서 움터 나오는 완두콩 싹을 보면 나는 자랑스럽다. 나는 채소 구입에 드는 비용을 절약한다. 간단히 말해 텃밭은 나의 이해관계에서 중요하다. 아이들 스스로 관심이 일지 않는데, 억지로 관심을 가지게 할 수는 없는 법이다. 유일하게 가능한 방법은 시간당 얼마씩 주기로 하고 아이들을 고용하는 것이다. 그러면 아이들과 나는 같은 토대 위에 서게 된다. 즉 나는 내 텃밭에 관심이 있고, 아이들은 가욋돈을 버는 데 관심이 있다.

열네 살 난 여자 아이 모드는 가끔 나를 도와 밭일을 하는데, 실제로는 밭일을 싫어한다고 분명하게 말한다. 하지만 그 아이는 나를 싫어하지는 않는다. 그 아이는 나와 함께 있고 싶어서 풀을 뽑는다. 당장은 그것이 그 아이의 관심을 끄는 것이다.

데릭도 밭일을 싫어하는데 자진해서 나를 돕는다. 탐내던 내 주머니칼을 달라고 그 아이가 다시 요구해오리란 것을 안다. 그것이 데릭의 유일한 관심사다.

대개 보상은 주관적이다. 즉 그 일에서 얻는 자기만족이 그것이다. 그러면 세상에 널려 있는 만족스럽지 못한 여러 일들이 생각날 것이다. 석탄을 캐는 일, 50번 너트를 51번 볼트에 끼워 맞추는 일, 하수구를 치우는 일, 수를 더하는 일 등등. 세상은 본질에서 흥미나 즐거움이 없는 일들로 가득하다. 우리는 이러한 생활의 지루함에 학교들을 순응시키고 있는 듯하다. 우리는 학생들로 하여금 흥미 없는 주제에 억지로 주의를 기울이게 함으로써, 사실상 장차 그들이 즐거이 하지 않을 일들에 길들여지도록 만든다.

사람들은 늘 나에게 말한다. "그런데 당신의 자유로운 아이들이 어떻게 저 고역 같은 생활에 스스로를 적응시켜 나갈까요?" 나는 이 자유로운 아이들이 그 고역 같은 생활을 없애나가는 선구자가 될 수 있기를 바란다.

아이들에게 우리 일을 하게 만드는 문제에서도 나는 똑같은 생각을 가지고 있다. 한 아이에게 우리 일을 해주기를 바란다면, 우리는 그 아이에게 능력만큼 보수를 지불해야 한다. 내가 부서진 담을 새로 짓기로 결정 내렸다는 이유만으로 나를 위해 벽돌을 모아주고 싶어할 아이는 아무도 없다. 그런데 한 수레의 벽돌을 옮기는 데 3펜스를 준다고 하면 어떤 아이는 기꺼이 그 일을 도와줄지 모른다. 왜냐하면 내가 그 아이의 관심을 얻었으니까. 하지만 집안의 잡일을 하는 데에 따라 아이의 일주일 치 용돈을 준다는 그 생각이 나는 싫다. 부모라면 어떤 대가도 바라지 않고 주어야 한다.

미국의 어느 학교에서 학생들 스스로 학교 건물을 지었다는 기사를 언젠가 신문에서 읽었다. 나는 그것이 이상적인 방법이라고 생각했다. 하지만 그렇지 않다. 만약 아이들이 스스로 자기네 학교를 짓는다면, 분명 거기에는 활달하고 인자한 권위를 가진 신사가 한 사람 있어서 큰소리로 아이들을 독려했을 것이다. 그런 권위가 없을 경우, '아이들은 절대 학교를 짓지 않는다.'

건전한 문명이라면 최소한 열여덟 살이 되기 전까지는 아이들에게 일을 시키지 않으리라는 게 내 의견이다. 대부분의 아이들은 열여덟 살이 되기 전에 벌써 많은 일을 한다. 하지만 그런 일은 아이들에게 놀이와 같은 것이며 아마 부모의 입장에서는 비경제적인 일일 것이다. 학생들이 입학시험을 대비해 해야 하는 엄청난 양의 공부를 생각하면 기분이 우울해진다. 전쟁 전에 부다페스트의 50%에 가까운 학생들이 대학입시 후에 육체적으로나 정신적으로 쇠약해졌다는 사실을 나는 익히 알고 있다.

이스라엘에서 온 교사들이 자기네 나라의 훌륭한 공동체 센터들에 관해 이야기해준 적이 있었다. 거기 학교는 공동체의 한 부분인데, 그 공동체에서는 열심히 일하는 것이 가장 중요한 의무라고 했다. 한 교사가 나에게 말하기를, 밭일을 하지 말라는 벌을 받으면 열 살 난 아이들이 운다고 했다. 만약에 열 살 난 아이가 감자를 캐지 못하는 것 때문에 운다고 하면, 나는 혹 그 아이가 정신적으로 결함이 있지 않나 걱정할 것이다. 어린 시절은 노는 시기다. 그런 진실을 외면하는 어떤 공동체든 잘못된 방법으로 아이들을 교육하고 있는 것이다. 나에게 이스라엘과 같은 방식은 경제적 필요를 위해 아이들의 삶을 희생하는 것이다. 그런 방식이 불가피할지 모르겠지만, 그런 체계를 감히 이상적인 공동체 생활이라고는 못 부르겠다.

아이들은 주지는 않고 받기만 하는 이기적인 존재, 어린 시절 내내 자신들의 어린아이다운 요구를 따르는 자유로운 존재라는 사실을 인정해야 한다. 아이 개인의 이해와 사회의 이해가 서로 충돌할 경우, 개인의 이해가 우선해야만 한다. 서머힐의 온전한 취지는 해방하는 것, 다시 말해 아이들로 하여금 자신들의 자연스러운 요구에 따라 살게 하는 것이다.

학교는 아이의 생활을 게임처럼 만들어야 한다. 이 말은 아이가 호사스럽고 안락한 생활을 누려야 한다는 뜻이 아니다. 아이에게 모든 것을 쉽게 만들어주는 것은 아이의 성격에 치명적인 영향을 미친다. 하지만 인생 자체에는 너무나 많은 어려움이 존재하기에, 부러 아이에게 어려움을 만들어서 줄 필요는 없다.

권위로 뭔가를 강제하는 것은 잘못이다. 스스로 그렇게 해야겠다는 생각을 갖기 전까지는, 아이들은 어떤 것도 해서는 안 된다. 교황이나 국가, 교사, 부모를 불문하고 그 누구에게서 나온 것이든 간에, 외부의 강요는 인간성에 대한 저주다. 그것은 모두 파시즘이다.

대부분의 사람들은 신을 필요로 한다. 부모라는 별것 아닌 양성兩性의 신들이 완벽한 진실과 도덕적 행동을 요구하며 가정을 지배하고 있는 한, 그것은 당연하지 않겠는가? 자유란 다른 사람의 자유를 침해하지 않는 한 자기가 좋아하는 바를 하는 것을 의미한다. 결국 답은 자기절제다.

수많은 사람들이 성에 대한 증오와 두려움 속에서 자랐음에도 불구하고 이 세상이 이 정도로밖에 신경증 증상을 보이지 않는 것은 놀라운 일이다. 나는 이를, 타고난 인간성은 외부에서 강요된 악한 것들을 궁극적으로 극복하는 고유한 힘을 가지고 있다는 의미로 이해한다. 성의 면에서나 다른 면에서 자유의 흐름이 서서히 일어나고 있다. 내가 어렸을 때, 여자들은 스타킹과 긴 옷을 입고 해수욕을 했다. 오늘날 여자들은 다리와 몸을 드러낸다. 세대가 흐를수록 아이들은 더욱 자유로워지고 있다. 오늘날 오직 몇몇 정신이상자들만이 아기가 손가락 빠는 것을 멈추게 하려고 엄지손가락에 고춧가루를 바른다. 오늘날 아주 몇몇 나라들에서만 여전히 학교에서 아이들을 때린다.

인간성에는 엄청난 우정과 사랑의 감정이 내재해 있다. 어린 시절에 왜곡되게 자라지 않은 신세대들은 서로 평화롭게 살 것이라는 게 나의 굳은 신념이다. 그러니까, 새로운 세대가 세상을 지배할 때가 오기 전에 증오에 사로잡힌 오늘날의 사람들이 이 세상을 파괴하지 않는다면 말이다.

이 싸움은 불공평하다. 왜냐하면 증오에 사로잡힌 사람들이 교육, 종교, 법, 군대 그리고 저 끔찍한 감옥을 지배하고 있기 때문이다. 겨우 한 줌의 교육자들만이 모든 아이들의 내면에서 선善이 자유롭게 자랄 수 있도록 애쓰고 있을 뿐이다. 생명에 반하는 일을 지지하는 자들이 자신들의 가증스러운 처벌제도를 이용해 대다수 아이들을 틀에다 끼워 맞춰 찍어내고 있다.

아직까지도 어떤 수녀원의 여자 아이들은 목욕할 때 자기 몸을 보지 않도록 전신을 가려야 한다. 아직도 남자 아이들은 교사나 부모한테서 자위 행위는 정신이상을 유발하는 죄라는 말을 종종 듣는다. 읍내나 도시에 나갈 때마다 거의 매번 나는 비틀거리다가 넘어지는 아이를 본다. 그리고 넘어졌다고 그 아이를 때리는 엄마를 보고는 몸을 움츠리게 된다. 기차 여행 중에는 이런 소리가 들려온다. "윌리, 너 한 번만 더 통로에 나가면 차장 아저씨가 잡아갈 거야." 대부분의 아이들은 거짓말투성이와 무지몽매한 금지 사항들 속에서 자란다. 이것은 죽음을 신봉하는 자들과 생명을 신봉하는 자들 사이의 경주다.

예전에 한 엄마가 세 살 난 남자 아이를 뜰에 데려다 놓는 것을 보았다. 그 아이의 옷은 얼룩 하나 없이 깨끗했다. 아이가 흙을 가지고 놀기 시작하자 옷이 조금 더러워졌다. 아이 엄마가 급히 뛰어나오더니 아이를 때리고 집 안으로 데려갔다. 잠시 후 새 옷으로 갈아입은 아이가 울면서 밖으로 나왔다. 그로부터 10분 만에 아이는 자기 옷을 더럽혔다. 그리고 앞서의 과정이 반복되었다. 나는 그 아이 엄마에게 아이가 당신을 평생 증오할 거라고, 그리고 더 나쁘게는 인생 자체를 증오하게 될 거라고 말해주려고 했다. 하지만 내가 어떤 말을 해도 먹혀들지 않으리란 것을 깨달았다.

사람의 성격이 개처럼 길들여질 수 있다는 점은 인간의 비극이다. 그런데 고양이의 성격은 길들일 수 없다. 개에게는 그릇된 양심을 주입할 수 있지만, 고양이에게는 바른 양심이라도 주입할 수 없다. 대부분의 사람들은 개를 좋아한다. 왜냐하면 개가 주인에게 꼬리를 치며 따르고 복종하는 것은 주인의 우월함과 가치를 보여주는 뚜렷한 증거이기 때문이다.

좋은 버릇은 일찍이 어린 시절에 몸에 배지 않으면 나중에는 평생 발달하지 않을 거라는 일반적인 전제가 있다. 우리가 그 전제에 길들여져왔고 또 그 생각이 도전을 받은 적이 한 번도 없었다는 단순한 이유 때문에, 우리는 그 전제를 아무 문제의식 없이 받아들인다. 나는 그 전제를 부정한다.

아이들은 자유 속에서만 자기가 타고난 방식, 즉 좋은 방식으로 자랄 수 있기 때문에 아이들에게는 자유가 꼭 필요하다. 다른 학교에서 전학을 온 학생들에게서는 억압의 결과물들을 볼 수 있다. 거짓 공손함과 가식적인 예의를 드러내 보이는 그 아이들은 정직하지 못하다.

그 아이들이 자유에 대해 보이는 반응은 빠르고 또 넌더리 난다. 처음 일이 주 동안 그 아이들은 교사들에게 문을 열어주고, 내 이름에 '선생님'이라는 존칭을 붙여 부르고, 손과 얼굴을 꼼꼼하게 씻는다. 그리고 나를 '존경'의 눈초리로 쳐다보는데, 그것이 두려움의 눈초리임은 쉽게 알아볼 수 있다. 몇 주 동안 자유로운 생활을 하고 나면 아이들은 자신들의 진면목을 내보인다. 이제는 건방지고 무례하며 잘 씻지도 않는다. 과거에 금지당했던 일이라면 뭐든지 다 한다. 욕하고, 담배 피우고, 이것저것 부순다. 그러는 동안 내내 그 아이들은 공손하지만 거짓된 눈빛과 목소리를 드러내 보인다.

그 아이들이 자신들의 정직하지 못한 태도를 버리는 데는 적어도 여섯 달이 걸린다. 그러고 나면 자신들이 권위라고 여겼던 것에 대해서 무조건 복종하지는 않게 된다. 일 년이 지나면 그 아이들은 초조함이나 증오 없이 자신의 생각을 말하는 자연스럽고 건강한 아이들로 스스로를 꽃피우기 시작한다. 아주 어려서부터 자유롭게 자란 아이는 거짓된 태도를 취하거나 가식적인 행동을 하는 단계를 거칠 필요가 없다. 서머힐의 가장 두드러진 점은 학생들이 절대적으로 정직하다는 사실이다.

인생에서 그리고 인생에 대해 정직해지는 일은 대단히 중요하다. 정말이지 그것은 이 세상에서 가장 중요한 것이다. 만약 여러분이 정직하다면 다른 모든 것이 여러분에게 더해질 것이다. 말과 행동에서 정직의 중요성은 누구나 잘 알고 있다. 우리는 정치가들, 판사들, 행정관료들, 교사들 그리고 의사들로부터 정직함을 기대한다(인류에 대한 낙관주의 같은 것이다). 하지만 그럼에도 우리는 감히 정직하다고 할 수 없는 방법으로 우리의 아이들을 교육한다.

아이들이 어떤 존재인가를 알아보기 위해 우리는 아이들을 그냥 내버려두어야 한다. 오직 그것만이 아이들을 대할 수 있는 유일한 방법이다. 선구적인 학교가 아이들의 지식, 그리고 더욱 중요하게는 아이들의 행복에 공헌하려 한다면 반드시 이 방법을 따라야 한다. 아마도 서머힐에서 우리가 이룩한 가장 위대한 발견은, 아이들이 정직한 존재로 태어난다는 사실일 것이다.

문제아들

많은 심리학자들의 견해에 따르면, 아이는 선하지도 악하지도 않게 태어나며 선을 행하거나 범죄를 저지를 성향을 모두 가지고 있다고 한다. 내 생각으로는, 아이에게는 범죄 본능이나 악행을 저지를 타고난 성향 모두 없다. 아이에게서 범죄는 사랑의 왜곡된 형태로서 나타난다.

어느 날, 우리 학교 학생인 아홉 살 난 남자 아이가 게임을 하고 놀면서 즐거운 기분으로 흥얼거렸다. "나는 엄마를 죽이고 싶어." 보트를 만들고 있던 그 아이는 정신을 온통 그 일에 쏟고 있었기 때문에, 무의식적으로 그렇게 흥얼거렸을 것이다. 사실 그 아이의 엄마는 자신의 생활에만 빠져 있어서 아이를 거의 돌보지 않았다. 그 엄마는 아이를 사랑하지 않았고, 아이는 그것을 무의식적으로 알고 있었던 것이다.

가장 사랑스러운 아이들 중 하나인 이 남자 아이는 범죄를 저지르겠다는 의도를 가지고 인생을 시작하지 않았다. 이런 옛말이 있다. "사랑받지 못할 바에야 차라리 미움이라도 받겠다." 아이의 범죄는 모든 경우에 사랑의 부족에서 연유한다.

범죄는 분명 증오의 표현이다. 아이들의 범죄를 연구하다 보면 왜 그 아이가 증오를 품게 되었는가 하는 문제를 연구하게 된다. 그것은 바로 상처받은 에고ego의 문제다.

아이는 본래 이기주의자라는 사실을 우리는 잊어서는 안 된다. 이것은 어떤 다른 것보다 중요한 사실이다. 에고가 충족될 때, 우리는 선이라고 불리는 것을 행한다. 에고가 굶주릴 때, 우리는 범죄라고 불리는 것을 행한다. 자기에게 사랑을 베풀어서 자기 에고의 진가를 인정해주어야 할 사회가 그렇지 못하기 때문에, 범죄자는 사회에 대해서 복수한다.

세상의 모든 청소년 범죄자들은 행복을 찾아 헤맨다. 그들이 반사회적인 존재가 되는 근본 원인은 학교나 집에서 불행하기 때문이다. 그들이 어린 시절에 누렸어야 했을 행복은 이제 물건에 손상을 입히고, 훔치고, 사람들을 때리는 행위를 통해서 얻는 거짓 행복에 자리를 물려주었다. 기쁨이었어야 할 것이 욕구불만 때문에 증오가 되어버렸다. 청소년들의 비행을 치유하는 방법은 어린 시절에 행복을 주는 것임을 나는 확신한다. 청소년 범죄를 줄이려고 애쓰는 선한 사람들은 모두 아이들의 어린 시절에 주의를 집중해야 할 때다. 처벌과 두려움과 사랑의 부족으로 뒤틀린 어린 시절 말이다. 이것은 그저 이론만이 아니다. 초창기에 서머힐에는 많은 문제아들이 있었는데, 그들은 거의 대부분 올곧은 사람이 되어 세상으로 나갔다. 그렇게 될 수 있었던 이유는 오직 하나, 그들이 사랑을 받았기 때문이다. 자유가 그들을 행복하게 만들어주었기 때문이다.

증오와 처벌로는 어떤 것도 치유할 수 없다. 오직 사랑만이 치유할 수 있다. 호머 레인은 50년 전에 이를 입증했다. 서머힐은 '문제아'를 위한 학교가 아니었지만, 학교가 문을 열었을 때 일반 학교에서 쫓겨난 아이들을 받아들였다. 35년 전 서머힐에는 도둑들, 거짓말쟁이들, 망나니들이 상당수 있었다. 적어도 3년 이상 서머힐에 다닌 학생들 중에서 나중에 감옥에 간 사람은 딱 한 명뿐이다. 전쟁 중에 휘발유를 암거래하다가 붙잡혔다. 불행히도 그의 주유소는 내가 사는 데서 300킬로미터나 떨어져 있었다. 그때 나는 정말 휘발유가 부족했는데.

당시 서머힐에는 문제아들이 꽤 많았다. 앞에서도 말한 적이 있지만, 이 이야기는 다시 언급할 만한 가치가 있다. 나는 정신분석으로 문제아들을 치유했다고 생각했다. 그런데 정신분석을 받지 않은 아이들 역시 치유되었다. 그래서 문제아들을 치유한 것은 심리학이 아니라 바로 자유, 아이들로 하여금 본래의 자기를 찾게 만든 자유였다는 결론을 내렸다.

만약 사람이 범죄 본능을 가지고 태어난다면, 빈민층 출신의 범죄자 수나 중산층 출신의 범죄자 수가 같아야 할 것이다. 그런데 부유한 사람들은 에고를 표출할 기회를 훨씬 더 많이 가지고 있다. 돈으로 물건을 사는 즐거움, 세련된 주변 환경, 문화, 출신 성분에 대한 긍지 등등이 모두 에고를 충족시킨다. 가난 속에서는 에고가 굶주린다.

초라한 거리에서 태어난 한 아이가 있다. 그 아이의 집에는 문화도 책도 진지한 대화도 없다. 아이의 부모는 무지하고 아이를 때리고 아이에게 고함을 질러댄다. 아이는 학교에 가지만, 학교는 엄격한 규율과 지겨운 학과목으로 아이 나름의 방식을 옥죈다. 아이의 놀이터는 길거리 한구석이다. 아이의 성 관념은 외설적이고 음란하다. 아이가 보는 텔레비전에서는 차를 비롯해 온갖 사치품을 가진 부자들이 나온다. 청소년기에 그 아이는 범죄 조직에 들어간다. 이들의 목표는 무슨 수를 써서라도 빨리 부자가 되는 것이다. 이런 배경을 가진 아이를 어떻게 치유할 수 있는가?

호머 레인은 자유가 문제아를 치유할 수 있음을 줄곧 보여주었다. 하지만 주변에는 호머 레인 같은 사람이 드물다. 그가 죽은 지 40년도 더 지났는데, 아직도 청소년 비행 문제를 다루는 공공 단체는 레인의 경험으로부터 뭔가를 얻으려 하지 않는다. 여전히 권위에 의존해서, 그리고 너무나 흔히 두려움에 의존하여 아이들을 치유하려고 든다. 끔찍하게도 그 결과 청소년 범죄는 매년 증가하고 있다.

나는 소년원이나 청소년 교화학교를 직접 본 적이 없기 때문에 그 시설들에 대해 공정하게 평가할 수가 없다. 일부는 좋을지 모른다. 하지만 내가 읽어서 아는 바로는 거기서 사용하고 있는 방법들은 피수용자들을 악인으로 만든다는 것이다. 상명하달식 규율, 힘든 작업, 무조건적인 복종, 자유 시간의 부족 등등. 처벌은 개인적인 병이든 사회적인 병이든 어떤 것도 치유할 수 없다.

호머 레인은 런던의 법원들에서 거친 남녀 아이들을 데려왔다. 반사회적이고 비정한 이 아이들은 자기들에게 붙여진 악당, 도둑놈, 깡패라는 평판을 자랑으로 여겼다. 이 '구제 불능의' 아이들이 레인의 리틀코먼웰스 Little Commonwealth*라는 감화원으로 왔다. 거기서 아이들은 자치로 운영되고 사랑으로 자기들을 인정해주는 공동체를 만들었다. 이 비행 청소년들은 사랑으로, 다시 말해 아이들 편에 선 권위에 의해서 치유되었다. 이들은 서서히 의젓하고 정직한 시민이 되어갔다. 그리고 이 중 많은 이들이 내 친구가 되었다.

레인은 비행 청소년들을 이해하고 대하는 일에서 천재였다. 끊임없이

---

* '작은 공화국'이란 뜻의 리틀코먼웰스는 잉글랜드 도싯 주 에버숏에 세워진 교육 공동체로, 호머 레인은 1913년부터 1918년까지 관리자로서 그곳을 운영했다. 태어난 지 몇 달밖에 안 된 아기들부터 열아홉 살짜리까지 모두 40여 명이 함께 생활했는데, 이 중 열세 살 이상의 아이들은 모두 비행 청소년들이었다. 강요된 권위가 아닌 자유, 지식의 주입이 아닌 자기표현, 따분한 사실들의 지겨운 되풀이가 아닌 아이들의 타고난 호기심과 경이감 일깨우고 개발하기, 또 오늘날 '집단 치유'와 '책임 공유'로 알려진 방식의 개척 등은 시대를 앞서 간 혁신이었다. 그러나 리틀코먼웰스는 그곳 출신의 두 여학생이 레인과 부도덕한 관계를 맺었다고 주장함으로써 1918년 갑작스레 문을 닫고 말았다.

사랑을 베풀고 이해했기 때문에 그는 아이들을 치유했다. 그는 늘 아이들의 비행 속에 숨어 있는 동기를 찾았다. 그리고 모든 범죄의 배후에는 원래 선한 소망이 있다고 확신했다. 그는 아이들에게 말은 아무 쓸데없고 오직 행동이 중요하다는 것을 알았다. 그는 아이에게서 나쁜 사회적 기질을 없애려면 자신의 욕구대로 살도록 아이를 내버려두어야 한다고 생각했다.

언젠가 레인이 맡고 있던 자베즈라는 아이가 화가 나 탁자 위에 있는 찻잔과 접시를 박살내고 싶어했다. 그러자 레인은 아이에게 쇠부지깽이를 건네주며 그렇게 하라고 했다. 자베즈는 그렇게 했다. 바로 다음날 자베즈가 레인에게 오더니, 지금 자기가 하고 있는 일보다 더 책임이 크고 보수가 많은 일을 달라고 했다. 레인은 왜 보수가 많은 일을 원하느냐고 물었다. 자베즈는 "깨진 찻잔과 접시 비용을 갚고 싶어서요"라고 말했다. 레인의 설명에 따르면, 찻잔과 접시를 박살낸 행동은 그동안 자베즈가 받아온 심리적 억압과 갈등을 땅바닥에다 내동댕이친 것이었다. 난생처음으로 권위를 가진 어떤 사람한테서 뭔가를 박살내 화를 풀라는 권유를 받았다는 사실은 분명 자베즈의 정서에 유익한 영향을 미쳤음이 틀림없다.

호머 레인의 리틀코먼웰스에 있던 비행 청소년들은 모두 도시 빈민가 출신이었다. 하지만 나는 아직 그들 중에 다시 범죄 사회로 돌아간 사람이 있다는 소식을 듣지 못했다. 이와 같은 레인의 방식을 나는 사랑의 방식이라고 부른다. 아이들을 혼내주는 방식은 증오의 방식이라고 부른다. 증오로는 어떤 사람도 고칠 수 없기 때문에, 증오의 방식은 아이들을 사회적으로 만드는 데 결코 도움이 되지 않으리라 단언한다.

하지만 만약 내가 판사가 되어 거칠고 무뚝뚝한 어떤 비행 청소년을 상대해야 한다면, 그 아이를 어떻게 해야 할지 몰라서 당황할 것이다. 왜냐하면 오늘날 영국에는 그 아이를 보낼 만한 리틀코먼웰스 같은 데가 없기 때문이다. 이렇게 말할 수밖에 없는 게 참 부끄럽다. 레인은 1925년에 죽었는데, 영국의 당국자들은 이 범상치 않은 사람에게서 아직까지 아무것도 배우려 들지 않았다.

그런데 최근에 훌륭한 보호관찰관 단체가 비행 청소년들을 이해하려고 애쓰는 진지한 모습을 보여주었다. 정신과 의사들 역시 법률 전문가들의 반대에도 불구하고 청소년의 비행은 사악한 짓이 아니라 동정과 이해가 필요한 병의 일종임을 일반인들에게 알리는 데 크게 공헌했다. 증오가 아니라 사랑을 향한, 그리고 편협한 도덕적 분개가 아니라 이해를 향한 흐름이 생기고 있다. 그 흐름은 느리다. 하지만 느릴지라도 불순물들을 조금씩 치우고 있다. 그리고 때가 되면 분명히 거대한 흐름으로 자라날 것이다.

어떤 사람이 폭력이나 잔인한 행위 혹은 증오에 의해 교화되었다는 증거는 없다. 오랫동안 교육에 종사하면서 나는 많은 문제아들과 비행 청소년들을 접해왔다. 그들이 얼마나 불행하고, 얼마나 증오심에 차 있으며, 얼마나 열등감에 사로잡혀 있는지, 얼마나 정서적으로 혼란스러운지를 나는 보았다. 그 아이들은 내게 오만하고 무례하다. 그들에게는 내가 교사이자 아버지를 대신하는 사람이고 적이기 때문이다. 이렇듯 나는 증오와 의심으로 팽팽히 긴장된 아이들과 더불어 지내왔다. 그런데 이곳 서머힐에서는 이 잠재적인 비행 청소년들이 자치 공동체 속에서 스스로를 다스려냈다. 자유롭게 배우고 마음대로 뛰어놀면서 말이다.

심리학이 무의식의 중요성을 발견하기 전까지는, 아이를 선이나 악을 행할 의지력을 가진 이성적인 존재라고 생각했다. 그리고 아이의 마음은 백지 상태와 같아서, 양심적인 교사가 거기에 글만 써넣으면 된다고 생각했다. 이제 우리는 아이를 정적靜的인 존재로 생각하지 않는다. 아이는 역동적인 충동을 가지고 있다. 아이는 행동으로 자신의 바람을 표출하려고 한다. 선천적으로 아이는 이기적이며, 늘 자신의 힘을 시험해보려 든다.

모든 것에 성욕이 있다면, 힘에 대한 욕구 역시 모든 것에 있다. 자신의 바람이 꺾여버렸을 때 아이는 증오한다. 명랑한 세 살짜리 아이한테서 내가 인형을 뺏는다면, 그 아이는 할 수 있다면 나를 죽이려 들 것이다.

어느 날, 나는 빌리와 함께 앉아 있었다. 내 의자에는 검은색과 오렌지색 줄무늬가 있었다. 물론 나는 빌리에게 아버지를 대신하는 사람이다.

"이야기 하나 해줘." 빌리가 말했다.

"네가 나한테 해주렴." 내가 말했다.

빌리는 자기는 못 한다면서, 내게 이야기를 해달라고 고집했다.

"그러면 함께 이야기를 해볼까." 내가 말했다. "내가 이야기를 하면 이어서 네가 이야기를 하는 거야. 자, 옛날에……"

빌리는 줄무늬가 있는 내 의자를 쳐다보았다. "호랑이." 빌리가 말했다. 나는 그 줄무늬가 있는 동물이 바로 나라는 것을 알아차렸다.

"그 호랑이가 학교 바깥 길가에 누워 있었어. 어느 날, 한 아이가 그 길로 내려갔는데 그 애 이름은……" 내가 말했다.

"도널드." 빌리가 말했다. 도널드는 빌리의 친구였다.

"그러자 호랑이가 벌떡 일어나더니……"

"도널드를 잡아먹었어." 빌리가 냉큼 말했다.

"그걸 안 데릭이 말했어. '내 동생을 잡아먹은 그놈을 가만 두지 않을 거야.' 데릭은 쌍권총을 허리에 차고 밖으로 나갔어. 그러자 호랑이가 펄쩍 뛰어오르더니……"

"데릭마저 잡아먹었어."

"그런데 빌리가 이럴 순 없다면서, 쌍권총과 칼과 단검과 기관총을 차고는 길로 나갔어. 그러자 그 호랑이가 펄쩍 뛰어올랐는데……"

"빌리가 호랑이를 죽였어." 빌리가 겸손한 목소리로 말했다.

"야, 대단한데!" 내가 소리쳤다. "빌리는 호랑이를 죽여서 교문 앞까지 끌고 왔어. 그리고 학교로 들어와 특별회의를 소집했어. 그 회의에서 교직원 한 사람이 이런 제안을 했지. '이제 닐은 호랑이 뱃속에 들어갔으니 학교에는 새 교장이 필요해. 그래서 제안하는데……'"

빌리는 아래를 내려다보며 말이 없었다.

"그래서 제안하는데……"

"그게 바로 나라는 걸 잘 알잖아." 빌리는 짜증스레 말했다.

"그래서 빌리는 서머힐의 교장이 되었어." 내가 말했다. "새 교장이 제일 먼저 한 일이 뭘 거라고 생각하니?"

"닐의 방으로 올라가서 선반旋盤과 타자기를 가져왔겠지." 빌리는 아무런 망설임이나 당황하는 기색 없이 말했다.

빌리는 힘을 추구하는 경우였다. 빌리의 공상은 힘과 관련된 공상이었다. 빌리가 다른 아이들에게 자기는 한꺼번에 여러 대의 비행기를 조종할 수 있다고 허풍을 떠는 것을 나는 들었다. 모든 것에는 에고가 있다.

좌절된 소망은 공상의 시작이다. 모든 아이들은 몸이 커지기를 원한다. 주변의 모든 요소들이 아이에게 자신이 작다는 사실을 일깨운다. 아이는 환경으로부터 달아남으로써 환경을 극복한다. 아이는 날개를 펴고 날아올라 공상 속에서 자신의 꿈을 펼치며 살아간다. 기관사가 되고 싶다는 꿈은 힘을 추구하는 동기에서 비롯한다. 빠른 속도로 달리는 기차를 조종하는 것은 자기 힘을 보여주는 가장 좋은 실례 중 하나다.

피터 팬은 아이들에게 인기가 좋다. 왜냐하면 피터 팬이 언제까지나 크지 않아서가 아니라 날아다니며 해적을 무찌르기 때문이다. 피터 팬은 어른들에게도 인기가 좋다. 왜냐하면 어른들은 아무런 책임도 없고 고단한 싸움도 없는 아이가 되고 싶기 때문이다. 하지만 어떤 사람도 정말 아이의 상태로 머물기를 원치 않는다. 힘에 대한 욕구가 아이들을 몰아댄다.

비행 청소년이라 불리는 아이들은 억압된 힘을 표출하려 애쓴다. 유리창을 깨부수는 패거리의 대장 노릇을 하는 반사회적인 아이가 자유로운 분위기에서는 벌과 질서를 강력하게 지지하는 것을 나는 흔히 보아왔다.

서머힐 초창기에 앤시라는 여자 아이가 학교에 들어왔다. 앤시는 이전에 다니던 학교에서 문제아들의 대장이었다. 그 학교는 앤시를 더 이상 그냥 둘 수 없었다. 서머힐에 온 지 이틀 후, 앤시는 장난삼아 나와 싸우기 시작했다. 그러다 곧 장난기를 거두고 정말로 달려들었다. 앤시는 나를 화나게 만들겠다면서 한동안 나를 발로 차고 물어뜯었다. 나는 화를 내지 않고 계속 미소를 지었다. 그것은 의식적인 노력이었다. 결국 나중에 교사 한 사람이 부드럽고 잔잔한 음악을 연주하기 시작했고, 그제야 앤시는 진정되었다. 앤시의 공격성은 부분적으로 성적인 측면에서 나온 것이지만, 다른 한편으로는 힘의 측면에서 연유한 것이기도 했다. 왜냐하면 나는 학교의 교장으로서 법과 질서를 상징하는 사람이었기 때문이다.

앤시에게는 서머힐의 생활이 오히려 혼란스러웠다. 서머힐에는 어른들이 만들어놓은 법들이 없어서 뭔가 어길 게 없었다. 앤시는 물 밖에 나온 고기와 같은 느낌을 가졌다. 앤시는 다른 학생들 사이에서 분란을 일으키려고 시도했다. 하지만 그 시도는 아주 어린 아이들에게만 통했다. 앤시는 권위에 대항하는 패거리를 이끌며 발휘했던 자신의 힘을 다시 한번 구사해보려고 애썼다. 사실 앤시는 법과 질서를 사랑했다. 그런데 어른들이 지배하고 있는 법과 질서의 영역에서는 자신의 힘을 표출할 여지가 없었다. 그래서 앤시는 차선책으로 법과 질서에 반항하는 쪽을 선택했던 것이다.

일주일 후, 전체회의에서 앤시가 일어서더니 빈정대며 조롱을 퍼부었다. "나는 법들을 정하는 데 찬성표를 던질 거야. 하지만 그건 단지 법을 어기는 재미 때문이야."

앤시의 보모가 일어서서 말했다. "앤시는 다들 지키는 법이 싫다는 거야. 모든 법을 없앨 것을 제안해. 무질서를 누려보자고."

앤시가 소리쳤다. "만세!" 그러더니 아이들을 회의장에서 데려나갔다. 앤시가 쉽게 그렇게 할 수 있었던 것은 아이들이 아직 어려서 사회의식을 갖출 만한 나이가 안 되었기 때문이다. 앤시는 아이들을 작업장으로 데려갔다. 아이들은 손에 톱을 하나씩 들고 나오더니 모든 과일나무를 잘라버리겠다고 공언했다. 나는 평소처럼 밭일을 하러 갔다.

10분 후, 앤시가 나를 찾아왔다. "무질서 상태를 중단하고 다시 법을 세우려면 어떻게 해야 하지?" 앤시가 온순한 말투로 물었다.

"나로서는 해줄 말이 없구나." 내가 대답했다.

"다시 전체회의를 소집할 수 있어?" 앤시가 물었다.

"물론 할 수 있지. 그런데 난 거기 가지 않을 거야. 우리는 이미 무질서 상태로 지내기로 결정했으니까." 앤시는 갔고 나는 밭일을 계속했다.

잠시 후 앤시가 다시 오더니 말했다. "아이들끼리 회의를 했는데, 서머힐의 모든 사람이 참여하는 전체회의를 열기로 결정했어. 참석할 거야?"

"전원 출석 전체회의라고?" 내가 말했다. "그렇다면 참석해야지."

그 회의에서 앤시는 진지했다. 우리는 순조롭게 법들을 통과시켰다. 그 무질서 기간 동안에 입은 손실은 빨랫줄을 거는 장대가 두 동강 난 것이 전부였다.

이전에 다니던 학교에서 여러 해 동안 앤시는 권위에 대항하는 패거리를 이끌며 거기에서 즐거움을 얻었다. 그렇게 반항을 부추기면서 정작 앤시는 자기가 싫어하는 어떤 것을 하고 있었다. 앤시는 무질서를 싫어했다.

속으로는 법을 준수하는 시민이었던 것이다. 그런데 앤시는 힘을 표출하려는 욕구가 컸다. 앤시는 남에게 지시를 내릴 때만 행복감을 느꼈다. 교사에게 반항하면서 앤시는 그 교사보다 자신을 더 중요한 존재로 만들려고 했다. 앤시는 법을 만들어낸 힘을 싫어했기 때문에 법을 싫어했다.

이처럼 힘의 측면에서 유래한 경우를 치유하는 일이 성의 측면에서 유래한 경우보다 훨씬 더 어렵다. 아이에게 성에 대한 잘못된 인식을 심어준 사건들이나 가르침들은 좀 더 쉽게 추적할 수 있다. 하지만 아이로 하여금 가학적인 힘을 휘두르게 만든 수많은 사건들이나 가르침들을 추적하는 일은 정말 어렵다.

어른이 되고 싶다는 아이의 욕망은 힘에 대한 소망이다. 단순히 어른들의 큰 몸집에서 아이들은 열등감을 느낀다. 왜 어른들은 밤늦도록 자지 않아도 되는가? 왜 어른들은 타자기, 자동차, 좋은 공구들, 시계 같은 제일 좋은 물건들을 가지는가?

내가 면도를 할 때면, 우리 남학생들은 얼굴에 비누칠을 하면서 즐거워한다. 담배를 피우고자 하는 욕구 역시 어른이 되고자 하는 바람이다. 대체로 그런 힘에 대한 욕구가 가장 많이 좌절되는 아이들은 외동아들이나 외동딸인 경우가 많다. 그래서 학교에서 다루기가 제일 힘든 아이들도 그런 아이들이다.

한번은 다른 아이들이 방학을 끝내고 학교로 돌아오기 열흘 전에 어린 남자 아이를 학교로 데려오는 실수를 범했다. 그 아이는 교무실에 앉아서 교사들과 어울려 지내고 혼자 침실을 쓰며 즐거워했다. 그런데 다른 아이들이 오자, 그 아이는 반사회적으로 변했다. 혼자 있었을 때는 물건들을 만들고 수선하는 일을 도와주던 아이가 다른 아이들이 오자 물건들을 부수기 시작했다. 아이는 자존심에 상처를 입었다. 아이는 갑자기 어른이기를 멈추어야 했던 것이다. 다른 네 아이들과 함께 침실을 써야 했고 일찍 잠자리에 들어야 했다. 그 아이의 격렬한 저항을 겪고 나서, 나는 다시는 아이에게 스스로를 어른과 동일시하는 기회를 주지 않으리라 결심했다.

아이가 나쁜 짓을 하는 것은 힘에 대한 욕구가 좌절되었기 때문이다. 사람은 선하다. 사람은 선행을 하기를 원한다. 사람은 사랑하고 사랑받기를 원한다. 증오와 반항은 오로지 좌절된 사랑이요 좌절된 힘이다.

언젠가 새로 들어온 반사회적인 남자 아이에게 이런 말을 해주었다. "넌 단지 내가 널 때리게 만들려고 이런 어리석은 속임수를 쓰고 있는 거야. 오랫동안 매를 맞으며 살아왔을 테니까 말이야. 하지만 그래 봐야 시간 낭비야. 난 네가 무슨 짓을 해도 벌주지 않을 거야." 아이는 난폭한 행동을 그만두었다. 아이는 더 이상 증오를 느낄 필요가 없었다.

오래 전 내가 아직 젊었을 때, 조그마한 남자 아이가 서머힐로 왔다. 그 아이는 전에 다니던 학교에서 물건을 집어던지고 심지어 죽여버리겠다고 위협을 하여 모두를 공포에 떨게 만들었다. 그 아이는 나에게도 똑같은 짓을 했다. 나는 곧 그 아이가 사람들을 놀라게 만들어서 관심을 끌려고 성질을 부린다는 결론을 내렸다.

어느 날 놀이방에 들어갔더니 아이들이 전부 한쪽 구석에 몰려 가 있었다. 다른 쪽 끝에는 손에 망치를 든 그 조그마한 골칫거리가 서 있었다. 그 아이는 자기한테 다가오면 누구든 때려버리겠다고 위협하고 있었다.

"야, 그만 둬." 나는 엄하게 말했다. "우린 널 무서워하지 않아."

아이는 망치를 내려놓더니 나에게 달려들었다. 그리고는 나를 발로 차고 물어뜯었다.

나는 조용히 말했다. "네가 나를 차거나 물어뜯을 때마다 나도 너한테 똑같이 할 거야." 그리고 나는 그렇게 했다. 곧 그 아이는 싸움을 포기하고 놀이방에서 나갔다. 내 입장에서 볼 때 그건 벌이 아니었다. 그건 공부였다. 자기 만족을 위해 남에게 해를 입혀서는 안 된다는 것을 배우는 공부.

무엇이 처벌이고 무엇이 처벌이 아닌지를 결정하기는 정말 어렵다. 어느 날 한 남자 아이가 나한테서 가장 좋은 톱을 빌려갔다. 다음날 나는 그 톱이 빗속에 그대로 방치되어 있는 것을 발견했다. 나는 그 아이에게 다시는 그 톱을 빌려주지 않겠다고 말했다. 그것은 처벌이 아니었다. 왜냐하면 처벌은 늘 도덕관념을 포함하고 있기 때문이다. 톱을 빗속에 방치한 것은 톱에는 좋지 않은 일이지만, 그 행동이 부도덕한 것은 아니었다. 아이들이 남의 공구를 빌려 망가뜨려서는 안 되고, 남의 재산이나 신체에 손상을 가해서는 안 된다는 사실을 배우는 것은 중요하다. 아이들이 자기 마음대로 하게 내버려두거나, 남에게 폐를 끼치면서 자기 하고 싶은 걸 하게 두는 것은 아이들에게 좋지 않다. 그렇게 하면 버릇없는 아이가 되고, 버릇없는 아이는 나쁜 시민이 된다.

언젠가 반사회적인 태도 때문에 여러 학교에서 퇴학을 당한 열두 살 난 남자 아이가 서머힐에 들어왔다. 이런 아이도 우리 학교에서는 행복하고 창조적이고 사회적인 아이가 되었다. 교화학교의 권위는 그 아이를 망쳐놓을 것이다. 만약 자유가 심각한 문제아를 구할 수 있다면, 강압적인 권위 때문에 빗나가버린 수많은 이른바 '평범한' 아이들에게는 자유가 어떤 일을 할 수 있을까?

사랑은 다른 사람의 편에 서는 것이다. 사랑은 상대방을 있는 그대로 인정하는 것이다. 아이들이 자유란 방종과는 전혀 다른 어떤 것이라는 사실을 서서히 배워나가리란 것을 나는 안다. 아이들은 그 사실을 배울 수 있고 또 배워낼 것이다. 결국, 거의 언제나 그렇게 된다.

또 다른 문제들

　레이스턴에 터를 잡은 이후 처음 몇 해 동안을 나는 문제의 시기라고 부른다. 그때는 학교의 적자를 면하기 위해 평범한 아이들을 넉넉히 받아들일 수가 없었다. 그래서 도둑들, 거짓말쟁이들, 망나니들, 증오에 찬 꼬맹이들 등 온갖 종류의 아이들을 학교에 받아들이기 시작했다. 그 시기는 흥미진진하기도 했지만 엄청난 희생의 시기이기도 했다. 스코틀랜드에서는 다음 결혼식에 쓰기 위해 비가 오는 경우를 대비해서, 아니 비가 오지 않는다 해도 땅에 떨어진 색종이 조각을 쓸어 모은다. 그런 지방 출신인 나로서는 책이나 옷과 시계를 도둑맞는 게 고통스러웠다. 1960년대 초 이후로 재정 사정이 나빠져서 나는 최근 어쩔 수 없이 다시 문제아들을 받아들여야 했다. 나는 그게 싫다.
　나는 아이들을 치유하고 싶지 않다. 나는 문제아들을 받아들이는 게 싫다. 새로운 발견의 기쁨은 거의 사라졌다. 이제 나는 문제아가 어떻게 반응하는지를 훤히 묘사할 수 있다. 입에 욕을 달고 다니고, 몇 주씩 씻지도 않고 지내며, 건방지기 짝이 없고, 간식을 훔쳐 먹고, 작업장의 공구를 내다 팔기도 한다. 이런 일들은 되풀이해서 듣는 이야기처럼 지겹다. 그런 아이들이 흔히 너무 늦게 서머힐로 오는 것 역시 지긋지긋하다. 나는 도둑질을 한 아이들에게 상을 주어서 성공을 거두곤 했다. 하지만 오늘날에도 그런 방법이 통할지는 의문이다. 오늘날의 아이들은 더 의식적이고 덜 순진하다.

한 가지 다행스러운 점은, 자유로워지면 아이들이 거짓말을 별로 안 한다는 것이다. 어느 날 학교를 방문한 마을 경찰관은 한 아이가 내 사무실에 들어와서 하는 말을 듣고 깜짝 놀랐다. "안녕, 닐. 내가 휴게실 유리창을 깼어." 아이들은 대개 스스로를 보호하기 위해 거짓말을 한다. 두려움으로 가득한 가정일수록 아이들의 거짓말은 번성한다. 두려움을 없애면 거짓말도 사라진다.

지금까지 우리 학생들 가운데 고질적이고 상습적인 거짓말쟁이는 거의 없었다. 아이들은 처음 서머힐에 오면 가끔 거짓말을 한다. 왜냐하면 진실을 말하는 게 두렵기 때문이다. 하지만 어른 우두머리가 없는 학교라는 것을 알고 나면 아이들은 거짓말을 할 필요를 느끼지 못한다. 물론 거짓말이 완전히 사라졌다고 말할 수는 없다. 유리창을 깼다는 말은 하겠지만, 냉장고를 털었다거나 공구를 훔쳤다는 이야기는 하지 않으려 들 것이다. 거짓말이 완전히 사라지기를 기대하는 것은 무리다.

자유는 공상에서 나오는 아이들의 거짓말까지 없애려 하지는 않는다. 부모들은 이런 사소한 문제를 너무 자주 침소봉대한다. 지미가 나한테 와서 자기 아빠가 진짜 롤스로이스 자동차를 자기에게 보냈다고 말했다. 나는 이렇게 대꾸했다. "나도 알아. 현관 입구에 그 차가 서 있는 걸 봤어. 죽이던데."

"그러지 마. 내가 농담하는 줄 알잖아." 지미가 말했다.

모순되고 논리적이지 않아 보일 수도 있겠지만, 나는 거짓말하는 것과 부정직한 것을 구별한다. 여러분은 정직하더라도 거짓말을 할 수 있다. 다시 말해, 여러분은 인생의 큰 문제에서는 정직하지만 사소한 문제에서는 가끔 부정직하다. 우리는 다른 사람의 고통을 덜어주려는 의도에서 거짓말을 한다. 정직하게 말한다고 해서 다음과 같은 편지를 써야 한다면 그것은 오히려 악을 행하는 것이다. "친애하는 선생님께, 당신의 편지가 너무 길고 지루해서 끝까지 읽을 수가 없었습니다." 음악가가 되려는 이에게 이렇게 말하는 것도 마찬가지다. "연주 잘 들었습니다. 그런데 당신의 연주가 곡을 망쳐버렸군요." 대개 어른들의 거짓말은 이타적이다. 하지만 아이들의 거짓말은 늘 편협하고 개인적이다. 아이에게 오직 진실만을 말하라고 요구하는 것은 아이를 평생 거짓말쟁이로 만드는 지름길이다.

오랫동안 서머힐이 비판받고 있는 한 가지는 아이들이 욕설을 한다는 것이다. 아이들이 욕설을 한다는 것은 사실이다. 만약 옛날 옛적의 영어 단어를 쓰는 게 욕설이라고 한다면 말이다. 새로 들어온 어떤 학생이 필요 이상의 욕설을 한다는 것도 사실이다.

몇 년 전 수녀원에서 온 열세 살 난 여자 아이가 전체회의에서 고발을 당했다. 그 아이는 바닷가에 해수욕을 하러 가서 낯선 사람들 사이에서 큰 소리로 '개새끼'란 말을 했고 그럼으로써 자기 과시를 했다는 것이었다. 한 남자 아이가 그 아이에게 말했다. "넌 정말 바보야. 넌 사람들 앞에서 잘난 체하고 싶어서 욕을 하는 거야. 그래서 서머힐이 자유로운 학교라고 자랑하고 싶은 거지. 하지만 넌 완전히 반대로 하고 있어. 사람들이 서머힐을 깔보게 만들고 있다고."

학교를 싫어하기 때문에 정말로 학교에 해를 끼치려 들고 있다고 나는 그 아이에게 설명했다. "난 서머힐을 싫어하지 않아." 그 아이가 소리쳤다. "서머힐은 정말 굉장한 곳이야."

"그래." 내가 말했다. "네 말대로 서머힐은 굉장한 곳이지. 하지만 넌 지금 서머힐에 있는 게 아니야. 넌 아직 수녀원에 살고 있어. 수녀원이나 수녀들에 대해 가졌던 미움을 그대로 가지고 왔어. 넌 그토록 미워했던 수녀원과 서머힐을 똑같이 보는 거야. 네가 정말로 해를 끼치고 싶은 곳은 서머힐이 아니라 수녀원이야." 하지만 서머힐이 일종의 상징이 아니라 현실에 실재하는 곳이 될 때까지 그 아이는 욕설을 계속 해댔다. 그런 뒤, 아이는 욕설을 멈추었다.

욕설에는 세 가지 종류가 있다. 성과 관련한 욕설, 종교와 관련한 욕설, 배설물과 관련한 욕설. 서머힐과 예비학교preparatory school*의 차이점은 이렇다. 전자에서는 아이들이 대놓고 욕설을 하고 후자에서는 숨어서 욕설을 한다는 것이다.

서머힐의 나이 어린 아이들은 대변을 지칭하는 옛날 영어 단어에 흥미로워하며, 그 단어를 많이 사용한다. 아이들은 앵글로색슨계의 단어들을 좋아한다. 왜 사람들 앞에서는 '똥shit'이라고 말하면 잘못이고 '대변'이나 '배설물'이라고 말해야 옳으냐고 묻는 아이들이 한둘이 아니다. 나도 그 이유를 잘 모르겠다.

아이들은 욕설을 자연스러운 언어로 받아들인다. 반면에 어른들은 외설스러움에 대한 감각이 아이들보다 훨씬 더 강하기 때문에 욕설을 비난한다. 만일 어떤 부모가 코는 더럽고 나쁜 것이라고 믿도록 아이를 기른다면, 그 아이는 '코'라는 말을 어두컴컴한 구석에 숨어서 속삭이게 될 거라고 나는 생각한다.

---

* 이튼칼리지Eaton College나 해로스쿨Harrow School 같은 명문 사립학교에 입학하려는 6~14세 정도의 아이들을 위한 예비교육 학교.

다른 많은 것들과 마찬가지로 욕설을 하는 문제에서도 범죄를 만들어 내는 법이 존재한다. 아버지의 금지 명령으로 선언된 집안의 법률은 아이의 에고를 억압하고, 억압된 에고는 아이를 비뚤어지게 만든다. 억압은 반항을 일깨우고, 반항은 자연스럽게 복수를 추구한다. 많은 범죄는 복수다. 범죄를 없애려면 아이로 하여금 복수를 꿈꾸도록 만드는 것들을 없애야 한다. 우리는 그런 아이에게 사랑과 존중을 보여줘야만 한다.

도둑질도 두 가지로 구별되어야 한다. 정상인 아이의 도둑질과 신경증에 걸린 아이의 도둑질이 그것이다. 자연스럽고 정상인 아이도 도둑질을 한다. 그 아이는 단지 뭔가를 가지려는 충동을 만족시키고 싶을 뿐이다. 또는 친구들과 함께 모험을 하고 싶은 마음에서 그렇게 한다. 그 아이는 아직 내 것과 네 것을 구분하지 못한다. 서머힐의 많은 아이들도 어떤 나이에는 이런 종류의 도둑질을 한다. 그 아이들은 이 단계를 자유롭게 살아 나간다.

학교에서 도둑질은 대개 집단으로 벌어지는 사건이다. 집단 도둑질에서는 모험심이 중요한 역할을 한다. 뿐만 아니라 자기 과시, 진취성, 지도력 등도 중요한 역할을 한다.

아주 가끔 혼자서 도둑질을 하는 아이를 보기도 한다. 그런 아이는 천사와 같은 순진한 표정을 지녔지만 교활하다. 표정만 봐서는 도둑질을 할 아이라고는 절대 생각할 수 없다. 하지만 나는 열세 살 무렵에 도둑질을 하곤 했던 많은 아이들이 나중에는 정직한 시민으로 성장하는 것을 보아 왔다. 아이들이 성장하는 데는 우리가 익히 생각하는 것보다 훨씬 더 오랜 시간이 걸리는 듯하다.

서머힐에서는 냉장고나 금고 문을 열어둘 수가 없다. 우리의 법정에서는 다른 아이의 트렁크를 억지로 연 아이들이 고발된다. 한 사람의 도둑만 있어도 공동체는 자물쇠를 걸고 열쇠를 잠글 수밖에 없다.

두 번째 종류의 도둑질, 즉 상습적이고 강박관념에 사로잡혀 하는 도둑질은 그 아이에게 신경증이 있다는 증거다. 신경증에 걸린 아이의 도둑질은 대개 사랑의 결핍에서 연유한다. 그 동기는 무의식적이다. 만성이 된 도둑질을 살펴보면, 거의 대부분 도둑질을 한 아이는 자기가 사랑받지 못하고 있다고 느낀다. 그 아이의 도둑질은 뭔가 가치 있는 것을 가지려는 상징적인 시도다. 무엇을 훔치든 간에 무의식적인 바람은 사랑을 훔치고자 하는 것이다. 이런 종류의 도둑질은 그 아이에게 직접 사랑을 주는 방법으로만 치유될 수 있다.

상습적으로 부정직하게 행동하는 아이를 둔 부모에게는, 자신들의 어떤 행동이 아이를 그렇게 만들었는지 생각하면서 먼저 스스로를 살펴보라고 분명하게 말하고 싶다. 학교 초창기에 열여섯 살 난 남자 아이가 나쁜 손버릇 때문에 우리 학교로 오게 되었다. 기차역에 도착했을 때 그 아이는 자기 아버지가 런던에서 사준 기차표를 나한테 주었다. 그 표는 아이의 나이를 속이고 산 반표였다.

몇 년 전, 아주 솜씨 좋은 진짜 도둑 한 명이 우리 학교로 왔다. 그 아이가 온 지 일주일 뒤에 리버풀에서 걸려온 전화를 받았다. "저는 X(영국에서 유명한 사람이다)라고 합니다. 제 조카가 그 학교에 다니고 있습니다. 그런데 그 아이가 며칠 동안 리버풀에 와서 지낼 수 없냐고 저한테 편지를 보냈습니다. 그렇게 해도 괜찮겠습니까?"

"예, 괜찮습니다." 내가 대답했다. "그런데 그 아이한테는 지금 돈이 없는데, 누가 차비를 내실 건가요? 아이 부모님과 연락을 해보시는 게 좋겠습니다."

다음날 오후, 그 아이의 어머니가 나에게 전화를 했다. 그 어머니는 아이 삼촌한테서 연락을 받았다면서, 부모 입장에서는 아서가 리버풀에 갈 수 있었으면 한다고 했다. 그리고 차비를 알아보니 28실링이던데, 내가 아서한테 2파운드 10실링을 먼저 주었으면 한다고 했다.

나중에 알았지만, 두 전화 모두 아서가 읍내의 공중전화로 한 것이었다. 아서는 삼촌과 어머니의 목소리를 완벽하게 흉내 냈다. 감쪽같이 속은 나는 그것도 모르고 아이에게 돈을 주었다.

나는 아내와 의논을 했다. 돈을 다시 돌려달라고 하는 것은 잘못이라는 데 우리 두 사람의 의견은 일치했다. 왜냐하면 아이는 여러 해 동안 그런 방식의 조치를 당해왔기 때문이었다. 아내가 그 아이에게 상을 주자고 제안했다. 나도 동의했다. 나는 밤늦게 아이의 침실로 올라갔다. "오늘 너 참 운이 좋구나." 나는 쾌활한 목소리로 말했다.

"정말 그래." 그 아이가 말했다.

"그런데 네가 생각하는 것보다 더 운이 좋아." 내가 말했다.

"무슨 말이야?"

"아, 네 어머니께서 다시 전화를 하셨는데," 나는 느긋하게 말했다. "차비를 잘못 계산하셨다는 거야. 28실링이 아니라 38실링이라고 하시더군. 그래서 너한테 10실링을 더 주라고 하셨어." 나는 태연하게 10실링짜리 지폐 한 장을 꺼내 아이의 침대 위에다 던졌다. 그리고 아이가 말을 꺼내기 전에 방을 나왔다.

다음날 아침 아이는 리버풀로 떠났다. 리버풀 행 기차가 떠난 뒤 내가 받아볼 수 있도록 부친 아이의 편지가 왔다. 그 편지는 이렇게 시작하고 있었다. "닐, 당신은 나보다 한 수 위의 연기자야." 그 후 몇 주 동안 아이는 왜 10실링을 더 주었는지 계속 나한테 물었다.

지난날 비행 청소년들을 훨씬 더 많이 상대하던 시절에, 나는 그들이 도둑질을 할 때마다 상을 주었다. 도둑질하던 아이는 그 버릇이 치유되고 몇 년이 지나서야 비로소, 내가 자신을 있는 그대로 인정해준 방법이 도움이 되었다는 사실을 깨달았다.

내가 돈이 많았다면 학교를 두 개 세웠을 것이다. 하나는 다루기 쉬운 보통 아이들을 위한 학교고, 다른 하나는 그곳과 조금 떨어져 세워진 증오로 가득 차 있고 반사회적인 습관에 물든 아이들이 지내는 일종의 예비학교다. 지금 우리가 하고 있는 것처럼 두 부류의 아이들을 섞어서 지내게 하는 것도 약간의 이점이 있다. 예컨대 정상인 아이들은 더욱 너그러워지고 세상 물정에 밝아진다. 이에 반해 문제아들이 다른 아이들, 특히 나이 어린 아이들에게 훼방을 놓는 것도 사실이다. 어린아이들이 수업에 들어가려 하거나 보트를 만들려고 하거나 어떤 창의적인 일을 하려고 할 때, 열세 살짜리 '깡패들' 중 하나가 그 아이들을 꾀어 데려가서는 도둑질을 시키거나 물건을 부수게 하거나 아무것도 하는 일 없이 빈둥거리게 만든다.

자유 아래서 아이들을 치유하는 데는 어떤 지름길도 없다. 문제아가 고비를 넘기기까지는 길고 지루한 시간이 걸린다. 우리의 성격은 아주 이른 시기에 형성된다고 나는 확신한다. 그리고 비록 주변 환경이나 치료에 의해 성격이 변하기도 하지만, 거기에는 변하지 않는 요소들이 있다고 확신한다. 예를 들어 내게는 칼뱅주의Calvinism의 흔적이, 어린 시절에 뿌리를 두고 있는 불합리한 두려움들이 남아 있다.

솔직히 지금 서머힐의 자치제도는 타락해 있다. 부분적으로는 나이 많은 아이들이 모두 새로 들어온 학생들이어서 아직 서머힐 사람이 되지 못했기 때문이다. 그리고 다른 한편으로는 다루기 어렵고 자기중심적이며 좋은 시민이 되는 데 장애를 가진 나이 든 아이들이 많기 때문이다. 거의 일주일에 한 번씩 우리는 공동체 정신의 결핍에 대해 특별 토의를 한다.

거기서 한두 학생이 나의 나이를 문제 삼는다. "이제 닐은 너무 나이가 많아. 닐은 우리를 이해하지 못하고, 우리가 법을 준수하지 않는다고 불평해." 이 말에는 일말의 진실이 있다. 서머힐이 누리고 있는 뜻밖의 명성은 내 나이의 사람에게는 어쩌면 너무 버거운 것일 수도 있다. 문제아들과 함께 50년을 보내고 나니 그들한테서 벗어나 쉬고 싶은 생각이 드는 게 아닌가 싶기도 하다.

내가 어떤 책에 『문제아The Problem Child』라는 제목을 붙인 이유는 무엇일까? 그 제목은 다루기 힘든 자기 자식들을 어떻게 해야 할지 몰라 하는 많은 부모들에게 만병통치약 같은 호소력을 발휘했다. 실제로, 서머힐은 아무 문제가 없는 학생들에게는 어떠한 역량도 보여주지 못할 것이라는 악담을 듣곤 했다. 우리는 다른 아이들의 자유를 방해하는 반사회적인 녀석들을 늘 몇 명씩 데리고 있었다. 그런데 거기에는 정말 긍정적인 면도 있었다. 문제아들을 늘 다루다보니, 다른 아이들에게는 보통의 학교에서 생활했다면 결코 얻을 수 없었을 자비심과 이해심을 길러줄 수 있었다. 열 살 나이에 배심원석에 앉아 규칙 위반자를 상대로 심리를 진행한다. 이것은 서머힐에서는 일상의 풍경이다. 이를 통해 아이는 다른 학교 체제에서는 결코 얻을 수 없는 대단히 가치 있는 뭔가를 얻는다.

서머힐의 성공 사례에 대해 나는 자주 글을 쓰고 이야기도 했다. 이제 실패담을 말해보겠다. 우리는 호머 레인의 지침, 즉 '아이들 편에 서기'라는 가치를 그대로 따라왔다고 생각한다. 우리는 다른 형태의 학교에 보내졌어야 할 아이들도 제 발로 떠나기 전까지는 몇 년이고 계속 학교에 데리고 있었다. 가장 나쁜 경우는 약자를 괴롭히는 아이다. 나이 어린 아이들을 두려움에 떨게 만들던 한 남자 아이를 우리는 몇 년 동안 지켜보았다. 그 아이는 전체회의에서 계속 재판에 회부되었지만 전혀 좋아지지 않았다. 다른 여자 아이들로 하여금 증오심을 갖게 만들고 심술을 부리도록 부추기는 한 여자 아이도 우리는 계속 데리고 있었다.

우리가 아이들 편에만 선 것은 아니었다. 종종 부모들의 요구도 들어주려고 애썼다. "아이를 집으로 돌려보내면 우리는 어떻게 하나요? 글도 못 읽는 열네 살짜리 아이를 받아줄 공립학교는 없을 겁니다." 혹은 "이사를 하는 중이라 아이를 집으로 오게 할 수 없습니다." 그래도 부모나 아이에게서 감사의 말을 듣지 못하리란 것을 우리는 언제나 잘 알고 있었다. 오히려 우리에게 등을 돌리고 학교를 비난할 것이라 짐작했다. 그런 태도를 보였던 두 학생이 생각난다. "괜찮은 학교에 갔으면 공부를 배울 수 있었을 건데……" 우리는 엄격한 규칙을 가졌어야만 했다. 예를 들면 세 학기가 지났는데도 남을 괴롭히는 버릇을 고치지 못하면 퇴학시킨다는 학칙 같은 것 말이다. 하지만 그런 규칙을 도입하기에는 너무 늦었다는 생각이 든다.

우리가 되풀이해서 저지른 실수가 있는데, 그것은 사랑 없는 가정에서 온 아이를 문제가 개선될 여지가 거의 없었음에도 계속 학교에 데리고 있었다는 점이다. 그런 아이를 학교에서 내보내기는 어려웠다. 왜냐하면 학기 중이어서 서머힐에 있을 때가 그 아이에게는 진정한 가정에 있는 시간이었으니까! 그 아이에게 집으로 돌아가야 하는 방학은 죽도록 싫은 지옥 같은 시간이었을 것이다. 사랑 없는 가정의 문제는 종종 지능 부족이라는 문제와 결합되어 나타났다. 거기서 우리는 다시 실수를 저질렀다. 수업 참석을 강요받지 않는다면 지능이 낮은 아이들은 수업에 참석할 의욕도 흥미도 없다. 그 아이들은 자꾸 뒤로 처지다가, 나중에는 배우고자 하는 욕구가 어렴풋하게나마 있어도 글을 읽을 수 없기 때문에 수업에 들어가기를 부끄러워하게 된다. 실제로 그 아이들은 자치제도나 공동체 생활의 의미를 제대로 이해하지 못한다. 자유는 그것을 받아들이기에 부족함이 없는 정서와 지능을 겸비한 아이들에게서 가장 잘 작동한다.

오랫동안 우리가 저질러온 실수 한 가지가 있는데, 그것을 피하기는 쉽지 않은 일이었다. 나는 그 점에 대해 여러 차례 언급했다. 내게 돈이 많았다면 나는 일곱 살 이상의 아이들을 받지 않았을 것이다. 돈이 없었기 때문에 자유로운 생활을 하기에는 나이가 너무 들어버린 아이들을 너무 많이 받아들여야 했다. 모든 아이들이 자유로운 생활에 들어서면 어떤 식으로든 문제를 드러내게 마련이다. 열세 살이 넘은 보통의 아이들은 어김없이 물건들을 낭비하고, 부수고, 진흙으로 파이를 만들려는 의욕도 없이 빈둥대는 반사회적인 시기를 거친다. 이때 아이들은 부모/교사에게 콤플렉스를 품은 채 증오심을 드러내며 교직원에게 반항한다. 에나는 음식을 차려 내놓는 어머니로서, 식당에서 음식물을 던지는 반사회적 행동에 반대하는 어머니로서, 이런 반항의 대부분을 겪는다. 두려움의 대상인 아버지, 가끔 자기를 때리기도 하는 아버지를 둔 나이 많은 남자 아이들은 나를 대단히 미워한다. 그런 아버지들은 왜 자기 자식을 서머힐로 보내서 나를 골치 아프게 만드는가.

뒤늦게 서머힐에 온 아이들은 뭐가 어떻게 돌아가는지를 파악하는 데 여러 해가 걸린다. 벌써 나는 세 명의 나이 많은 아이들을 미국으로 돌려보냈다. 그 아이들은 서머힐에서 얻을 것이 아무것도 없다고 부모들에게 말했다. 그 아이들은 반사회적이라기보다는 오히려 비사회적이었고, 하루 종일 빈둥거리거나 흔히 밤늦게 읍내에 가 거기 친구들과 어울리는 것말고는 학교에서는 먹고 잠만 잤다. 말이 나온 김에 한마디 덧붙이자면, 어떤 학생이 읍내에서 친구를 찾아야 할 경우, 대개 그것은 열등감의 표현이다. "학교에서는 별것 아니지만, 읍내에서는 잘 나가는 몸이거든." 그러면서 그 아이는 몇 푼의 돈을 쓰며 그것을 증명하려 든다.

『서머힐』이 미국에서 출간되자 그곳에서 많은 학생들이 서머힐로 왔다. 대부분은 더할 나위 없는 아이들이었다. 한 가지 장애물은 그 아이들이 도착하기 전까지는 면담을 할 수 없다는 점이었다. 외국인이건 내국인이건 나이가 많은 아이들 대부분은 6월에 서머힐을 떠날 것이다. 에나와 나는 십대 아이들을 학교에 받아들이지 않는 문제에 대찬성이다. 그렇게 해야 자유 속에서 마음껏 자라는 아이들의 학교를 만들 수 있다. 지금 있는 아홉 살부터 열한 살까지의 아이들은 밝고 이해심이 많다. 몇 년 안에 이 아이들은 자치제도의 확실한 기초를 세울 것이다. 이 아이들은 지금도 꽤 사회적이다.

우리가 저지른 실수, 아니 실패는 두려움을 없애지 못했다는 것이다. 과거에 한두 번의 예외는 있었지만, 교직원들은 두려움을 불러일으키지 않았다. 그런 점에서 교직원들과는 성공했지만 아이들과는 실패했다. 한 명의 가학적인 아이가 여러 명의 나이 어린 아이들을 불행하게 만들고 공포에 떨게 만들 수 있다. 어떤 특별한 경우에는 결정을 내리기가 참 힘들다. 증오에 찬 행동들 대부분은 유아기 때 겪은 사랑의 결핍에서 기인한다. 학교에서 하는 어떤 치료도 그런 초기의 상처를 중화할 수 없다. 그리고 학교가 쉬는 동안에는 어머니나 의붓어머니 혹은 아버지가 아이에게 증오를 드러내는 사태에 대해서 별 도움을 줄 수 없다.

다른 기숙학교에서는 사랑을 받지 못한 학생들에 대해 어떻게 하는지 나는 잘 모른다. 내가 듣기로는, 몇몇 학교는 그 아이들을 퇴학시키면서 '서머힐에 가보라'고 추천한다고 한다. 나도 기꺼이 아이들을 퇴학시켜야 할 단계에 왔다. 내보낼 아이들은 단순히 사랑을 받지 못해 물건을 훔치는 아이들이 아니라, 증오와 공격성으로 가득 찬 아이들이다. 남을 괴롭히는 한 명의 아이 때문에 여러 명의 어린아이들이 희생되어서는 안 된다는 점을 나는 길게 설명해왔다. 그런데 비겁하게도 나는 그 설명대로 실행하지 못했다. 지금이라도 그렇게 하고 싶다. 만일 내가 그렇게 하는 데 조금이라도 주저한다면, 그것은 단지 내가 그 아이를 보낼 곳을 마땅히 찾지 못했다는 뜻이다.

개인 상담

학교 초기에 나의 중요한 업무는 가르치는 일이 아니라 '개인 상담 private lesson'을 진행하는 일이었다. 대부분의 아이들에게는 심리학적인 배려가 필요하다. 그런데 서머힐에는 다른 학교를 다니다가 온 아이들이 늘 몇 명 있었다. 개인 상담은 그런 아이들이 자유에 빨리 적응하도록 해 주려는 의도로 이루어졌다.

개인 상담은 난롯가에서 격의 없는 이야기를 나누는 것이었다. 나는 파이프를 입에 물고 앉았고 아이들도 원한다면 담배를 피울 수 있었다. 담배는 종종 딱딱한 분위기를 누그러뜨리는 수단이었다.

한번은 내 방으로 와서 이야기를 나누자고 열네 살짜리 남자 아이를 불렀다. 전형적인 퍼블릭스쿨 public school*에서 서머힐로 막 전학 온 아이였다. 나는 그 아이의 손가락이 니코틴에 절어 누런 것을 눈치챘다. 담뱃갑을 꺼내 담배를 권했다. "고맙습니다만," 아이는 더듬거리며 말했다. "저는 담배를 피우지 않습니다, 선생님."

"어서 집어. 이 새빨간 거짓말쟁이 녀석아." 나는 웃으며 말했다. 그러자 아이는 담배를 집었다. 나는 일석이조를 노리고 있었다. 그 아이에게 교장은 매번 자기에게 속아 넘어가면서도 엄격한 도덕 규율을 강요하는 사람들이었다. 나는 담배를 권함으로써 그 아이의 흡연을 인정한다는 것을 보여주었고, 새빨간 거짓말쟁이라고 부름으로써 그 아이의 수준으로 내려가 그 아이를 만났다. 동시에 교장도 유쾌하게, 또 서슴없이 욕할 수 있음을 보여줌으로써 그 아이의 권위에 대한 콤플렉스를 공격했다. 이 첫 면담 때 지었던 아이의 표정을 사진으로 찍어두었다면 좋았을 텐데.

아이는 전에 다니던 학교에서 도둑질 때문에 퇴학 당했다. "너 대단한 사기꾼이라고 하던데, 철도 회사를 속이는 너의 주특기는 뭐지?"

"저는 그렇게 속이려고 한 적이 한 번도 없습니다. 선생님."

"오, 그래." 내가 말했다. "그거 안됐군. 꼭 한번 해봐라. 나는 여러 가지 방법을 알고 있어." 나는 그 아이에게 몇 가지 방법을 알려주었다. 그 아이는 입을 딱 벌리고 쳐다보았다. 그 아이가 온 곳은 분명 정신병원이었다. 학교의 교장이란 사람이 더 좋은 사기꾼이 되는 방법을 알려주니 말이다. 몇 년 후, 그 아이는 그날 면담이 자기 일생에서 가장 큰 충격이었다고 내게 말했다.

어떤 아이들에게 개인 상담이 필요한가? 몇 가지 실례를 드는 게 가장 좋은 대답이 될 것이다.

유치원생들을 담당하는 교사인 루시가 나한테 와서, 페기가 몹시 기분이 좋지 않고 반사회적인 것 같다고 말한다. 나는 "알겠어요. 페기에게 개인 상담을 받으러 오라고 해요"라고 말한다. 페기가 내 거실로 온다.

"개인 상담이 싫어." 페기가 자리에 앉으며 말한다. "이건 정말 바보 같

---

* 영국에서 주로 상류층 아이들이 다니는 중등 과정의 사립 기숙학교를 말한다. 이튼칼리지나 해로스쿨, 럭비스쿨 Rugby School 등이 대표적이다.

은 짓이야." "물론 그렇지." 나는 그 말에 동의한다. "시간 낭비지. 그럼 하지 말자고."

페기가 잠시 생각하더니 천천히 말한다. "하지만 아주 잠깐이라면 상관없어." 아이는 어느 새 내 무릎 위에 앉아 있다. 나는 아이에게 아빠와 엄마 그리고 남동생에 대해서 묻는다. 남동생은 바보 멍청이라고 페기가 말한다.

"그럴 거야." 나는 그 말에 동의한다. "엄마가 너보다 동생을 더 좋아한다고 생각하니?"

"엄마는 우리 둘 다 똑같이 좋아해." 페기가 재빨리 말하곤 이렇게 덧붙인다. "아무튼 엄마는 그렇다고 말해."

때때로 아이의 불행은 다른 아이와의 다툼으로 인해 불거진다. 그리고 가끔은 집에서 온 편지가 문제를 일으킨다. 아마 그 편지에는 동생에게 새 장난감이나 자전거가 생겼다는 소식이 들어 있을 것이다. 개인 상담이 끝나자 페기는 기분 좋게 방을 나간다.

학교에 새로 들어온 아이들에게 개인 상담을 하기는 쉬운 일이 아니다. 열한 살 난 어떤 아이는, 아기는 의사가 데려오는 것이라는 말을 듣고 자랐다. 그런 아이를 거짓말과 두려움에서 벗어나게 하는 데는 힘든 노력이 뒤따라야 한다.

대부분의 나이 어린 아이들은 정기적인 개인 상담을 받을 필요가 없었다. 정기적으로 개인 상담을 진행할 수 있는 가장 좋은 조건은 아이 스스로 개인 상담을 요청할 때다. 몇몇 나이 든 아이들이 개인 상담을 요청했다. 아주 드물기는 하지만 나이 어린 아이들도 개인 상담을 자청했.

열여섯 살 난 찰리는 같은 또래 아이들에게 심한 열등감을 느꼈다. 나는 그 아이에게 언제 가장 심한 열등감을 느끼냐고 물었다. 아이들과 목욕을 할 때라고 대답했다. 자기의 성기가 다른 아이들 것보다 훨씬 작기 때문이라고 했다. 나는 그런 두려움이 어떻게 생겨났는지를 아이에게 설명했다. 찰리는 집에서 막내였고 위로 누나만 여섯이 있었다. 큰누나와는 열 살 차이가 났다. 집안은 여성적인 분위기였다. 아버지는 죽었고 나이 많은 누나들이 집안을 이끌었다. 따라서 찰리는 생활 속에서 여성스러운 것과 자신을 동일시했다. 그래야만 자신도 힘을 가질 수 있었다.

대략 열 차례의 개인 상담을 한 후 찰리는 더 이상 오지 않았다. 나는 이유를 물었다. "이제 개인 상담은 필요 없어." 아이는 명랑하게 말했다. "이젠 내 것도 버트 것만큼 크거든."

하지만 짧은 심리 치료 과정에는 그보다 더 많은 것이 포함되어 있다. 찰리는 자위 행위를 하면 어른이 되었을 때 발기 불능이 된다는 말을 듣고 자랐다. 발기 불능에 대한 두려움이 그 아이의 신체에 영향을 미쳤다. 죄의식을 없애주고 발기 불능에 대한 거짓말에서 벗어나게 해주자 찰리는 치유되었다. 찰리는 일이 년쯤 뒤 서머힐을 떠났다. 지금 찰리는 멋지고 건강하고 행복한 사람이 되었다. 그는 앞으로도 잘 살아갈 것이다.

실비아의 아버지는 자기 딸을 절대 칭찬하는 법이 없는 무서운 사람이었다. 그는 실비아에게 온종일 야단치고 잔소리했다. 실비아의 한 가지 바람은 아버지의 사랑을 받아보는 것이었다. 실비아는 내 방에서 지나온 이야기를 하면서 비통하게 울었다. 이런 경우는 참 치유하기 어렵다. 딸의 상태를 분석한다고 해서 그 아버지를 변화시킬 수는 없었다. 실비아가 나이가 들어 집을 나오기 전에는 뾰족한 방책이 없었다. 나는 실비아에게, 단순히 아버지로부터 벗어나겠다는 생각에서 나쁜 남자와 결혼할 위험이 있다고 경고했다.

"어떤 남자가 나쁜 남잔데?" 실비아가 물었다.

"네 아버지처럼 너를 가학적으로 대하는 사람이야." 내가 말했다.

실비아는 슬픈 경우였다. 서머힐에서 실비아는 어느 누구의 기분도 상하게 하지 않는 붙임성 있고 상냥한 아이였다. 그런데 집에서는 악마라는 소리를 들었다. 분명 정신분석을 받아야 할 사람은 딸이 아니라 그 아버지였다.

플로렌스의 경우도 해결하기 어려운 예였다. 플로렌스는 사생아였는데, 본인은 그것을 모르고 있었다. 내 경험으로 볼 때, 모든 사생아는 무의식적으로 자신이 사생아임을 안다. 분명히 플로렌스도 자기한테 뭔가 비밀이 있다는 것을 알았다. 나는 아이의 엄마에게 딸의 증오와 불행을 치유하는 유일한 길은 그 아이에게 진실을 말하는 것이라고 말했다.

"하지만, 닐, 저는 감히 그렇게 할 수가 없습니다. 그건 저에게는 별 문제가 아니지만, 만약 실비아가 그 사실을 알게 되면 그 아이는 그것을 가슴속에 담아두지 못할 겁니다. 그 애 할머니는 실비아를 호적에서 지우려 들 겁니다."

그렇다면 우리가 플로렌스를 도울 수 있는 길은 유감스럽게도 할머니가 돌아가실 때까지 기다리는 수밖에 없다. 출생에 관한 진실을 숨기고서는 아무 일도 할 수 없다.

이전에 서머힐을 다녔던 스무 살 난 청년이 잠시 우리와 함께 지내기 위해 서머힐에 왔다. 그는 나에게 개인 상담을 청했다.

"자네가 여기 다녔을 적에 벌써 여러 차례 개인 상담을 했잖은가." 내가 말했다.

"예 맞습니다." 그는 슬프게 말했다. "그때는 별 신경을 쓰지 않았죠. 하지만 지금은 정말 개인 상담이 필요합니다."

열다섯 살 난 남자 아이를 도와주려고 애썼던 기억이 난다. 그 아이는 몇 주 동안이나 개인 상담을 받으면서 맞다 아니다로만 대답하면서 거의 입을 다물고 앉아 있었다. 나는 조금 더 과감하게 접근하기로 마음먹었다. 다음 개인 상담 때 나는 아이에게 말했다. "오늘 아침에는 내가 너에 대해 어떻게 생각하고 있는지 말하겠다. 너는 게으르고 어리석고 건방지고 심술궂은 바보야."

"내가?" 아이는 화가 나 얼굴이 벌게지며 말했다. "그럼 넌 너 자신에 대해 어떻게 생각하니?" 그때부터 아이는 편안한 마음으로 조리 있게 말했다.

그 무렵 학교에는 열한 살 난 남자 아이인 조지가 있었다. 아이의 아버지는 글래스고 근처 마을에서 소매상을 했다. 그 마을 의사가 조지를 나에게 보냈다. 조지의 문제는 극도의 공포심이었다. 조지는 집을 떠나는 것을 두려워했다. 심지어 마을의 학교에 가는 것도 두려워했다. 집을 떠나야만 할 때는 공포에 떨며 비명을 질렀다. 아버지는 조지를 겨우겨우 서머힐까지 데려왔다. 조지는 울며 아버지에게 달라붙었다. 아버지는 집으로 돌아갈 수 없었다. 나는 조지의 아버지에게 며칠 동안 서머힐에 머무르라고 말했다.

나에게는 마을 의사가 보내준 조지의 병력病歷이 있었는데, 내 생각으로는 그의 의견이 옳았고 매우 유용했다. 조지의 아버지가 집으로 돌아갈 수 있을지가 큰 문제였다. 조지에게 말해보았지만, 흐느끼며 집으로 돌아가고 싶다고만 했다. "여기는 감옥이에요." 나는 아이가 우는 것을 무시하고 말을 계속했다.

"네가 네 살 때 동생이 병원으로 갔지. 그런데 동생은 죽어서 관에 싸여 돌아왔어." (조지의 흐느끼는 소리가 커졌다.) "집을 떠나면 너한테도 똑같은 일이 일어날까봐 두려운 거야. 죽어서 관에 싸여 돌아올까봐 말이야."

(조지는 더 크게 흐느꼈다.) "하지만 그건 중요한 게 아니야. 조지, 네가 동생을 죽인 거야!"

그러자 조지는 격렬하게 반항하며, 나를 발로 걷어차려 들었다.

"조지, 네가 '정말' 동생을 죽인 건 아냐. 넌 엄마가 너보다 동생을 더 사랑한다고 생각했어. 가끔 동생이 죽었으면 하고 바랐지. 그런데 동생이 '정말' 죽자 넌 끔찍한 죄의식에 사로잡히게 되었어. 네가 그렇게 되길 바라서 동생이 죽었다는 생각이 들었기 때문이지. 그리고 네가 집 밖으로 나가면 하나님이 벌로 널 죽일 거라는 생각도 들었지."

조지의 울음은 그쳤다. 다음날, 비록 기차역에서 조지가 한바탕 소동을 피웠지만, 아버지는 집으로 돌아갈 수 있었다.

조지는 한동안 집이 그리워 못 견뎌했다. 하지만 18개월이 지난 뒤, 방학이 되자 조지는 혼자서 기차를 타고 이 역 저 역을 지나 런던을 거쳐 집으로 가겠다고 고집했다. 방학이 끝나 서머힐로 돌아올 때도 조지는 똑같은 길을 거쳐서 왔다.

요즘 나는 정기 심리 치료를 하지 않는다. 신경증에 걸린 아이를 치유하는 것은 그 아이의 억눌린 감정을 풀어주는 일이다. 아이에게 정신의학 이론을 자세하게 설명한다거나 콤플렉스를 가지고 있다는 사실을 알려주는 방법으로는 아이를 조금도 치유할 수 없을 것이다. 점점 더 나는, 아이들이 자유 속에서 자신의 콤플렉스를 풀고 마음껏 지낼 때는 심리요법이 불필요하다는 결론에 도달한다. 하지만 조지의 경우에는 아마 자유만으로는 불충분했을 것이다.

과거에 나는 도둑질을 하는 아이들에게 개인 상담을 했다. 그 결과 아이들이 치유되는 것을 보았다. 물론 그 중에는 개인 상담에 오지 않는 아이들도 있었다. 그런 아이들도 3년 동안 자유로운 생활을 한 뒤에는 치유되었다.

서머힐에서는 사랑으로 아이들을 치유한다. 그것은 바로 아이들을 있는 그대로 인정하는 것이며, 자유를 통해 아이들로 하여금 진정한 자신의 모습으로 돌아가게 하는 것이다. 우리 학교의 마흔다섯 명 아이들 중 극히 일부만 개인 상담을 받는다. 아이들로 하여금 창조적인 일을 하게 하는 것이 치유 효과가 크다는 사실을 나는 더욱 믿게 된다. 앞으로 아이들이 손으로 하는 작업이나 연극, 그리고 춤추기를 더 많이 하게 할 생각이다.

서머힐 같은 자유학교는 개인 상담을 하지 않고는 운영될 수 없다. 개인 상담은, 마치 자유의 여름을 맞기 위해 하는 봄날 대청소처럼, 재교육 과정의 능률을 한층 촉진시켜준다.

장차 치유사가 되려고 준비하는 사람들에게 경고할 것이 있다. 친구들에게는 심리요법을 사용하지 말라. 특히 가족들에게는 더더욱 위험하다. 미술 교사들은 잘못을 저지르는 일이 잦다. "네 그림을 보니까 너는 엄마를 증오하고 죽이고 싶어하는구나." 그 그림에는 한 아이가 도끼를 들고 나무를 자르려 하고 있다.

상징을 해석하는 일은 십자낱말풀이처럼 재미있는 게임이다. 그것은 환자에게 절대 도움이 되지 않는다고 나는 확신한다. 많은 정신분석가들은 이제 그 방법을 사용하지 않는다. 프로이트는 꿈을 해석하는 것이 무의식으로 들어가는 왕도라고 했지만, 프로이트 이론을 추종하는 정신분석가들도 더 이상 꿈을 해석하지 않는다고 한다. 여하튼 교사는 상징을 다루어서는 안 된다. 만약 그가 심리학을 사용하려 한다면, 말이 아니라 행동으로 해야 한다. 아이의 꿈을 해석하는 것보다는 아이를 직접 껴안아주는 일이 훨씬 큰 도움이 된다.

그렇다고 교사는 심리학을 연구해서는 안 된다는 말을 하는 게 아니다.

너무 지나치게 하지 말라는 말이다. 내가 어떤 교육 잡지에 도발적인 글을 기고할 경우, 그에 대한 반응은 거의 없다. 그런데 어떤 사람이 교육의 역사에 관한 글을 쓰면 그에 대해서는 수많은 반응이 나온다. 교사들은 정서와 관련된 문제에 대해서는 자동으로 꽁무니를 빼는 듯하다.

내 경험에 비추어 볼 때, 젊은 교사는 자신이 알고 있는 얼마 되지 않는 지식을 가지고 실험을 하고자 하는 유혹을 느낀다. 50년 전 나는 최면술에 관한 어떤 책을 읽고 나서 한번 시험해봐야겠다는 생각이 들었다. 나는 한 젊은 여성에게 최면을 걸었다. 그 여성이 최면 상태에 빠지자 나는 이렇게 말했다. "당신은 2분 안에 깨어나 나에게 장화 값이 얼마냐고 물을 겁니다." 2분 뒤 그 여성은 혼란스러운 표정을 지으며 깨어났다. 최면당한 일을 까맣게 잊어버린 것이 분명했다. "죄송합니다." 그녀가 말했다. "제가 잠이 들었지요." 그녀는 잠시 말없이 앉아 있었다.

"이를 어째!" 그 여성이 갑자기 소리쳤다. "오늘 아침 읍내에 갔을 때 어머니 아스피린 사오는 걸 깜박 잊어버렸어요. 부츠Boots에 들렀거든요." 부츠Boots는 약국 이름이었다. 그때 그녀의 눈이 내 발을 맴돌았다.

"발끝이 넓은 그 장화를 당신이 어디서 구했을까 가끔 궁금했어요. 그 장화 얼마 주고 사셨어요?"

나는 최면이 성공했다는 감이 들었다. 다시 그 여성에게 최면을 걸고는 이렇게 말했다. "3,576,856 곱하기 568은?"

그 여성은 일그러진 표정으로 깨어났다.

"이런, 머리가 너무 아파요."

나는 다시는 최면술을 사용하지 않았다. 젊은이들만이 감히 불장난을 한다.

박사 학위가 상식까지 가르쳐주는 것은 아니다. 한번은 문제가 많은 아이를 할리 가에 있는 정신과 의사에게 데려갔다. 나는 의사에게 그 아이의 행동을 기록한 자료를 주었다. 의사는 아이를 안으로 불렀다.

"닐 선생님이 넌 아주 나쁜 아이라고 하더구나." 의사는 가차없이 말했다. 상식이란 말을 심리학에서는 다른 용어로 바꿔 불러야 할지 모르겠다.

아마추어 심리학자는 해를 끼치지 않는다고 어떤 사람은 주장한다. 내 생각으로는 그런 사람도 해를 끼치는 경우가 많다. 청소년들은 형이나 오빠뻘 되는 사람이 자신들이나 자신들의 행동 동기에 관해 이야기를 하면 너무 쉽게 그 말을 믿는다. 우리 학교의 한 여학생이 펜과 연필을 훔쳤다. 스무 살 난 남자가 그 여학생에게 남자로 태어나지 못해 남근을 가지지 못한 것에 대한 보상 심리로 도둑질을 한 것이라고 말했다. 가엾은 여학생은 그 문제를 두고 몇 주 동안이나 속으로 끙끙 앓았다. 나는 작가가 되고 싶어서 그랬을 거라는 그럴듯한 설명도 있다고 그 여학생에게 말해주었다.

모든 심리학 학파들의 견해를 다 연구해야 한다. 그렇지만 한 가지 장애물이 있다. 교육과 심리학에 관한 책들은 문체가 너무 딱딱하고 어려우며 또 말이 장황하다. 왜 학문은 그렇게 평이하고 단순한 길에서 멀어지는 것일까? 교육을 받지 못한 사람이 지역 신문에다 편지를 써 보내는 경우, 고양이 울음소리 때문에 밤에 잠을 못 자겠다고 쓴다. 반면 현학적인 교사는, 한밤중에 배회하는 고양이과 동물로부터 발산되는 귀에 거슬리는 연쇄음에 항의한다고 써 보낸다. 쉽고 분명한 문제는 반드시 쉽게 이야기해야 한다.

심리요법에서 한 가지 당황스러운 점은, 여러 학파들 사이에 선전포고 없는 전쟁이 끊임없이 계속되고 있다는 것이다. 프로이트 추종자들은 대개 라이히를 사기꾼 취급하며 거들떠보지도 않았다. 클라인 추종자들은 아들러 추종자들이 하는 말에서 어떤 진실도 보려고 하지 않을 것이다. 그들은 스스로에게 라벨을 붙여 분류한다. 스스로에게 라벨을 붙일 때 그들은 발전하지 못한다. 오늘날 라이히를 추종하는 사람들 사이에서 많은 논쟁이 벌어지고 있다. "우리만이 선생님의 말을 이해하고 있다." 나는 일생 동안 여러 번 누군가의 제자가 되었지만, 우상 숭배에서 벗어나려고 애썼다는 점을 자랑스럽게 말할 수 있다. '각각으로부터 필요한 것을 취하고 나머지는 버려라. 그리고 절대 스스로에게 어떤 학파의 이름으로 라벨을 붙이지 말라.' 이것이 나의 모토다. 내가 죽은 후에 교사들이 스스로를 서머힐주의자라고 부르는 일은 상상도 하기 싫다.

20세기 초 비엔나의 정신분석학 분위기로 돌아가 보면, 그때 나는 정신분석이 문제아를 치유하는 해답이라고 생각했다. 나는 그런 아이들의 꿈을 분석하는 데 여러 해를 보냈다. 어떤 아이가 도둑질했다는 이유로 이튼에서 퇴학당하고 서머힐로 왔는데, 그 아이가 서머힐에서 치유되었을 때 나는 자부심을 느꼈다. 그런데 마찬가지로 도둑질했다는 이유로 이전 학교에서 퇴학당한 빌과 메리는 나의 정신분석 치료를 거부했지만 결국 그들도 치유되었다는 점을 내가 깨닫는 데는 꽤 오랜 시간이 걸렸다. 나의 심리요법이 그들을 치유한 게 아니라는 사실을 나는 받아들여야 했다. 그들로 하여금 본연의 모습이 되도록 만든 것은 바로 자유였다. 비록 심리요법이 문제아를 치유하는 해답이라 할지라도 세상의 수많은 아이들 모두가 그 요법을 받을 수는 없다. 나는 그 점을 확실히 깨달았다.

나는 교과서에는 없는 심리학적 방법으로 많은 성공을 거두었다고 생각한다. 내가 도둑질을 하는 아이에게 매번 1실링의 상을 준 것은 이론에 따른 행동이 아니었다. 그 이론은 훨씬 뒤에 나왔는데, 잘못된 것은 아니었겠지만 불충분한 것이었는지 모른다. 도둑질을 하는 아이는 사랑을 받지 못한 아이다. 그 아이는 상징적으로 사랑을 훔치는 것이다. 나는 그런 아이에게 동전이란 형태로 사랑의 표시를 보여주었다. 요점은 그 방법을 계속 되풀이했다는 것이다. 하지만 상황이 간단치만은 않았다는 것을 나는 안다. 서머힐에서 그 아이에게 주어진 자유가 그 아이를 치유하는 데 얼마나 많은 도움을 주었을까? 다른 친구들에게 자기가 좋은 녀석으로 받아들여지기를 그 아이는 얼마나 갈망했을까?

 내가 사용한 방법을 간단히 설명하면, 아이들을 대하는 잘못된 방법과 정반대로 했다는 것이다. 보통 학교에서 도둑질을 하면 그 아이는 회초리로 맞거나 적어도 도덕적 훈계를 들어야 한다. 나는 도둑질을 도덕과는 무관한 문제로 만들었다. 세 학교에서 도망친 전력이 있는 남자 아이가 있었다. 그 아이가 서머힐에 도착했을 때 나는 이렇게 말했다. "여기 집에 갈 차비가 있다. 벽난로 위에다 놔둘 테니까, 여기서 나가고 싶으면 이 돈을 달라고 해라." 그 아이는 서머힐에서 절대 도망치지 않았다. 왜 그랬을까? 내 태도 때문이었을까? 혹은 난생처음으로 자유를 맛본 즐거움 때문이었을까?

 성공만 한 것이 아니라 실패도 했다. 드레스덴에 있을 때였다. 유고슬라비아에서 온 여자 아이에게 상자를 만드는 데 너무 많은 못을 쓴다고 말했더니, 그 아이는 이렇게 쏘아붙였다. "당신도 전에 만난 잘난 체하는 선생들이랑 똑같아." 나는 그 아이와 다시는 진정한 만남을 가질 수 없었다. 아홉 살 난 레이먼드에게 용돈을 주며 나는 이렇게 말했다. "현관문을 훔친 벌로 6펜스의 벌금형이야." 그러자 레이먼드는 울음을 터뜨렸다. 그 사건 전에 나는 레이먼드에게 정신병 증세가 있다는 점을 알았어야 했다. 아홉 살 난 아이들에게 모험담을 들려주던 중, 우리가 발견한 금을 마틴이 훔쳐갔다는 이야기를 했다. 나중에 마틴이 울면서 나에게 왔다. "난 절대 금을 훔치지 않았어." 그 이후로는 나는 아이들을 악당으로 만들어서 이야기하는 법이 없다.

정말이지 나는 아주 불리한 조건 속에서 일했다. 왜냐하면 나는 치유사이자 교장이었기 때문이다. 언젠가 전체회의에서 내가 말했다. "대체 어떤 녀석이 내 천공드릴을 가져가 빗속에서 녹슬게 만들었어?" 빌리가 한 짓이었다. 다음 개인 상담에서 빌리는 조개처럼 입을 다물었다. 그 아이에게 나는 간악하고 역겨운 경찰관이었다. 치유사는 환자와 사회적 관계를 가져서는 안 된다. 그렇지만 어떤 프로이트주의자나 클라인주의자가 환자가 거기 참석했다는 이유만으로 칵테일파티 자리에서 나가버린다면, 그런 사람은 속 좁은 심리학적 속물에 불과하다.

사기꾼 아이들이 많았던 서머힐 초창기에, 나는 늘 승리자가 되지는 못했다. 어떤 아이가 내게 서명을 해달라고 했다. 상점 주인이 꺼내 보여주기 전까지 나는 그 종이가 접혀 있다는 사실을 몰랐다. 내 서명이 들어 있는 종이의 내용은 이랬다. "이 종이를 가져온 아이에게 담배 55개비를 주십시오-A. S. 닐." 여러 주 동안 딕이 나에게 우표를 팔았다. 우연히 내 우표에 초록색 잉크가 묻어 얼룩이 생긴 후에야 딕이 내 서랍을 털어왔다는 사실을 알게 되었다. 나는 딕에게 그 교묘한 솜씨에 대한 상이라며 5실링을 주었다. 그러면서 늙은 사람을 속일 수 없다는 점을 딕에게 유치하게 증명하였다. 늙었다고? 그때 나는 사십대였다.

오늘날에도 도둑질한 학생에게 그런 보상 술책을 사용할 수 있을지는 의문이다. 막연한 말이기는 하지만, 새로운 세대는 훨씬 세상 물정에 밝다. 어쩌면 청소년들의 이러한 새로운 경향과 태도는 심리학에 관한 지식이 널리 유포된 데서 기인하는지도 모른다. 나이 많은 학생들 중 일부, 특히 미국 아이들은 열등감이나 모성고착 같은 용어들을 가지고 놀듯이 다룬다. 오늘날 우리의 자치 회의에서 한 아이가 도서관에서 책을 훔쳤다고 고발당했을 때, 내가 그 아이를 도서관장으로 임명하자고 제안한다면, 분명 누군가 큰소리로 이렇게 말할 것이다. "그건 널의 심리적인 술책 중 하나야." 45년 전에는 어떤 아이도 그렇게 말하지 않았다.

심리학자들 대다수가 개인 환자들을 다루고 있고, 그 환자들 대부분이 침대에 누워 있는 신경증에 걸린 어른들이라는 사실은 슬픈 일이다. 얼마나 많은 프로이트주의자들이 이렇게 말해왔는가. "신경증의 뿌리는 어린 시절에 있다. 나는 어린아이들을 다룰 것이다. 그리고 그 부모들에게 아이들을 정서적으로 망치지 않는 방법을 일러줄 것이다." 내가 알기로는 안나 프로이트와 수잔 아이작스 같은 극히 일부의 사람들만이 그렇게 했다.

어떤 점에서 나와 교직원들은 줄곧 심리요법을 하고 있는 셈이다. 왜냐하면 아이의 편에 선다는 것은 심리요법에서 가장 훌륭한 자산이기 때문이다. 고백컨대 나는 놀이요법이 실제로 아이들에게 효과가 있는지 잘 모른다. 하지만 모든 아이들은 네 살 때 정신분석을 받아야 한다는 멜라니 클라인의 주장은 도무지 이해할 수 없다. 자유롭게 자란 아이는 어떤 정신분석도 필요하지 않다.

오늘날 심리요법이라는 말을 들으면 나는 나치 정권의 대원수 헤르만 괴링이 한 다음과 같은 말이 생각난다. "문화Kultur라는 말을 들으면 절로 총에 손이 간다." 각종 심리학 학파들에게서 치료를 받은 수십 명의 사람들을 나는 만나보았다. 그런데 그 온갖 심리요법들은 그들을 활동적이고 창조적이며 행복한 사람으로 확실하게 바꿔놓지 못했다.

나는 종종 정신분석이 나에게 얼마나 많은 도움이 되었는지 생각해보았다. 거기에는 빌헬름 라이히의 방법도 포함되어 있었다(당시 라이히는 자신의 분석법을 생장요법vegetotherapy이라 불렀다). 그 결과들을 충분히 평가할 수는 없다. 하지만 정신분석을 통해 나는 다른 사람들의 태도를 파악하는 능력을 가지게 되었다고 생각한다. 그건 나의 너그러움이 커졌다는 뜻이다. 예를 들어 어떤 사람을 퇴짜 놓아야 할 경우, 만약 내 자신이 그런 경우를 당한다면 어떤 느낌일까 하고 자문하면 괴롭다. 하지만 정신분석을 받지 않은 사람도 이와 비슷한 감정을 느낄 수 있을 것이다.

그렇다면 이제 노인이 된 나는 심리요법에 대해 어떤 입장인가? 나는 심리요법에 반대한다. 왜냐하면 그것은 잘못된 결과로 가는 출발점이기 때문이다. 심리요법도 나름의 장점이 있다는 사실을 나는 부정하지 않는다. 어떤 치유사가 이런 말을 했다. "내 환자들은 자신의 아이들을 더욱 분별 있게 다루는 법을 배웁니다." 만약에 그 치유사가 자유를 지지한다면 그렇게 될 수 있다. 기성 체제에 속한 의사의 정신분석이 부모들에게 어떤 영향을 미칠지 나는 짐작할 수 없다. 프로이트는 아이들을 위한 자유를 믿지 않았다고 나는 확신한다. 프로이트는 가부장주의를 고수했다. 대부분의 환자들이 심리요법을 찾는 이유는 자신의 콤플렉스 때문이지 가족들이 신경증에 안 걸리게 하고 싶어서가 아니라는 점을 명심해야 한다.

나에게 심리요법은 몸에 탈이 났을 때 먹는 약과 같은 것이다. 우리 몸은 외부의 온갖 나쁜 요소들, 예를 들어 상한 빵, 가공 식품, 인조비료, 방사선, 살충제, 자동차 배기가스 등으로 고통받는다. 그와 마찬가지로 정신도 어린 시절의 벌, 억압, 두려움, 성격 틀에 맞춰 찍어내기로부터 고통받는다. 정신과 육체 모두에 해당하는 답은, 정신에서나 육체에서나 콤플렉스가 생겨나지 않도록 예방하는 일이다.

건강

서머힐에서는 40년이 넘는 기간 동안 거의 병이 없었다. 그 이유는 우리가 생명의 편에 서서 인간 성정을 있는 그대로 인정하기 때문이다. 우리는 음식보다는 행복을 우선으로 생각한다. 서머힐을 방문한 사람들은 아이들이 건강해 보인다고 말한다. 우리의 여자 아이들이 매력 있어 보이고 남자 아이들이 멋있어 보이는 것은 바로 이 행복 때문이라고 생각한다.

야채를 날것으로 먹으면 신장병 치료에 큰 효과가 있을지도 모른다. 하지만 그 병이 억압에 의해서 생긴 것이라면 세상의 어떤 야채도 소용없을 것이다. 균형 잡힌 식사를 하는 사람이라 할지라도, 도덕적인 훈계를 강요해 자식들을 비뚤어지게 만들 수 있다. 반면에 신경증에 걸리지 않은 사람은 자식들에게 해를 끼치지 않을 것이다. 내 경험에 비추어 볼 때, 비뚤어진 아이들은 자유로운 아이들보다 몸이 덜 건강하다.

서머힐에서는 가장 어린 아이들도 매일의 식사 메뉴를 선택할 자유를 완벽하게 누리고 있다. 저녁 식사 때는 항상 두 가지 주된 요리 중에서 한 가지를 선택할 수 있다. 그래서 당연히 서머힐에서는 대부분의 다른 학교들보다 음식물 낭비가 적다. 하지만 우리가 아이들에게 식사 선택의 자유를 준 동기는 그 때문이 아니다. 우리의 바람은 음식물을 절약하는 것보다 아이들을 더 소중히 여기는 것이기 때문이다.

영양학에 대해서는 문외한이지만, 나는 아이가 육식을 하느냐 마느냐 하는 문제는 그리 중요하지 않다고 생각한다. 식사가 균형 잡혀 있는 한, 아이의 건강 상태는 양호할 것이다. 우리는 으레 통밀빵을 먹는다. 나는 서머힐에서 설사나 변비라는 말을 들어본 적이 없다. 우리는 야채를 날로 많이 먹는다. 그런데 새로 서머힐에 온 아이들은 가끔 그것을 먹으려 하지 않는다. 보통은 시간이 흐르면 먹게 되고 또 좋아하게 된다. 여하튼 서머힐의 아이들은 대개 조리법에 대해서는 의식하지 않는다. 우리의 조리법은 특별하지 않다. 아이들이 균형 잡힌 식사를 하면 자기 용돈으로 사탕을 사먹어도 그렇게 해롭지 않다.

음식을 먹는 일은 어린 시절의 아이들에게 아주 큰 즐거움을 준다. 그런 즐거움은 너무나 기본적이고 중요한 것이라 식사 예절 문제로 망쳐져서는 안 된다. 아주 고상하게 자란 아이들이 서머힐에서는 식사 예절이 가장 나쁜 아이들이라는 사실은 슬픈 현실이다. 아이에게 지나치게 많은 것을 요구하는 완고한 가정에서 자란 아이일수록, 일단 자유로워지면 식사 예절을 비롯해 다른 예절들이 더욱 나빠진다. 훗날 청년기에 그 아이가 자연스럽고 훌륭한 예절을 갖추도록 하려면, 그 아이로 하여금 억압받아온 성향을 마음껏 발산하게 하는 것 외에는 도리가 없다.

기이하게도, 아이들은 가끔 서로의 식사 예절을 고쳐준다. 어떤 아이가 아주 시끄럽게 떠들면서 식사를 하자, 다른 아이들이 그 아이에게 야유를 퍼부었다. 한편 한 꼬마가 잘게 썬 고기를 나이프로 먹자, 다른 아이들도 좋은 방법이라고 생각했다. 아이들은 왜 나이프로 먹으면 안 되느냐고 서로에게 물었다. 입을 벨지 모른다는 대답은 대부분의 나이프가 정말 무디다는 이유로 퇴짜 맞았다.

아이들은 에티켓을 문제 삼는 일에서 자유로워야 한다. 왜냐하면 완두콩을 나이프로 먹는 문제는 개인 소관이기 때문이다. 하지만 사회적인 예의라고 불릴 만한 문제에 대해서까지 자유로워서는 안 된다. 만약 어떤 아이가 진흙 묻은 신을 신고 우리의 응접실에 들어온다면, 우리는 그 아이에게 소리를 지를 것이다. 왜냐하면 응접실은 어른들에게 속한 곳이라서, 어떤 것이 들어오고 못 들어오는지 그리고 어떤 사람이 들어오고 못 들어오는지를 정할 권리를 어른들이 가지고 있기 때문이다.

어떤 아이가 정육점 주인에게 버릇없이 굴었을 때, 나는 전체회의에서 그 주인이 내게 싫은 소리를 했다고 말했다. 그런데 아예 그 주인이 아이의 귀싸대기를 한 대 갈기는 편이 더 나았으리란 생각이 든다. 일반적으로 사람들이 예의범절이라고 부르는 것은 아이들에게 가르칠 만한 가치가 없다. 기껏해야 그것은 관습의 유물일 뿐이다. 진정한 예의범절은 저절로 우러나온다. 서머힐의 졸업생들은 훌륭한 예의범절을 갖추고 있다. 비록 그들 중 일부는 열두 살 때 접시를 핥아먹었지만 말이다.

부모든 혹은 그렇지 않든 간에 대부분의 사람들은, 평범하고 틀에 박힌 성격의 아이들이 서머힐에 들어와서는 예의범절을 잃어버리는 모습을 보고 놀라움을 금치 못한다. 아주 예의 바른 태도를 지녔던 아이들은 자신들의 그런 부정직한 태도가 서머힐에서는 어울리지 않는다는 것을 깨달으면서부터 곧 그 예의 바른 태도를 완전히 버린다. 보통 목소리나 예의범절 그리고 행동에서 부정직함을 서서히 버려나간다.

음식물은 아이의 생활에서 가장 중요한 것이다. 성 문제보다 더 중요하다. 식욕은 이기적이다. 어린 시절은 이기주의의 시기다. 열 살 난 아이가 양고기 한 접시에 대해 가지는 소유욕은 옛날 부족의 추장이 여자들에 대해 가지는 소유욕보다 훨씬 강하다. 서머힐에서처럼 아이가 자신의 이기심을 마음껏 발산할 수 있게끔 자유로워지면, 그런 이기심은 점점 이타주의로 바뀌고 다른 사람들에 대한 자연스러운 관심과 배려로 변한다.

우리는 균형 잡힌 식사를 제공하려고 애쓴다. 우리는 가능한 한 녹말 푸딩을 삼간다. 이미 언급했듯이, 우리는 늘 통밀빵을 먹는다. 하지만 요즘 아이들은 하얀 빵을 더 좋아할 것이다. 서머힐에 새로 들어온 학생이 야채를 날로 맛있게 먹는 데는 꽤 시간이 걸린다. 그런데 그 기간은 아이가 집에서 주로 어떤 음식을 먹어왔느냐에 따라 많이 달라진다.

음식에 대해 어떤 결정을 내리기는 참 어렵다. 우리 아버지는 여든다섯 살에 돌아가셨는데, 평생을 나쁜 음식만 먹었다. 하얀 빵과 감자 그리고 맛있는 스코틀랜드식 티케이크를 너무 많이 먹었고 반면에 신선한 과일은 충분히 먹지 않았다. 그리고 임종할 때까지 한 번도 의사의 진료를 받은 적이 없었다. 그럼에도 아이들에게는 비타민이 함유된 음식을 가능한 충분히 섭취하도록 해야 한다고 생각한다.

서머힐의 식당은 시끄러운 곳이다. 식사를 할 때 아이들은 짐승처럼 소리를 질러댄다. 교사들은 너무 시끄러운 게 싫지만, 청소년기의 아이들은 자기네보다 나이 어린 아이들의 떠드는 소리를 개의치 않는 듯 보인다. 언젠가 나이 많은 아이들이 식당에서 어린아이들이 시끄럽게 떠드는 문제를 제기했을 때, 어린아이들은 나이 많은 학생들도 자기들만큼 떠든다고 정말 큰소리로 항의했다.

우리 학교에서는 에나가 아픈 아이들을 돌본다. 어떤 아이가 열이 나면 침대에 눕히고 24시간 동안 음식을 아주 조금씩 주면서 레몬이나 오렌지 주스 그리고 물을 먹인다. 그래도 아이의 열이 떨어지지 않으면 에나는 의사를 부른다. 우리의 건강 기록은 좋은 편이다. 35년 전에 요양소를 세웠지만 제대로 사용한 적은 한 번도 없었다. 오늘날 그 요양소는 어린아이들의 기숙사가 되어 있다.

당연히 병에 관한 한 우리는 부모들의 바람대로 조치한다. 지금까지 우리는 동종요법同種療法, 자연요법, 약, 주사 등 갖가지 방법을 신뢰하는 사람들의 아이들을 받아왔는데, 우리는 부모가 원하는 대로 아이들을 치료하려고 애쓴다. 미국에서 온 아이들은 이곳 출신 아이들보다 주사를 더 많이 맞는다. 상당수의 아이들이 파상풍 예방주사를 맞게 되는데, 이곳 서퍽 주는 파상풍에 걸릴 위험이 높은 지역으로 유명하기 때문이다.

전문가가 아닌 문외한은 건강이나 병 문제에서 대단히 불리한 처지에 있다. 그에게는 과학적인 견해를 정립할 만한 지식이 없다. 담배, 술, 설탕, 과자는 건강에 얼마나 안 좋은가? 반면에 어떤 사람은 약에는 어떤 위험이 도사리고 있는가 하고 물을 수 있다. 2세대에 걸쳐서 사람들은 해열진통제인 페나세틴을 복용해왔는데, 지금은 그것이 독약이라고 한다. 아스피린을 지속적으로 복용하면 어떤 결과가 생기는가? 잘은 모르지만, 아이들에게 약을 먹이는 문제에 관해서는 신중해야 한다고 생각한다. 의사인 내 친구 두 사람도 자기 아이들에게 약 먹이기를 망설인다.

우유 문제를 다루어보자. 여러 해 동안 우리 학생들은 독일, 오스트리아, 도싯, 웨일스에 있는 목장에서 짠 우유를 직접 받아먹었다. 하지만 지금은 저온 살균 처리된 우유 외에는 전혀 구할 수가 없다. 또다시 문외한은 판단을 내릴 수 없다. 내가 아는 바로는 저온 살균 처리된 우유는 맛이 없고 발효되지 않는다. 단지 상할 뿐이다. 살균 처리되지 않은 우유를 먹으면 결핵에 걸릴 수 있다. 하지만 사실은 가난한 아이들이 영양 부족 때문에 결핵에 걸린다. 우리는 늘 전문가들의 손안에서 놀아난다.

많은 사람들은 지방자치단체가 불소화합물을 첨가한 수돗물을 공급하겠다는 데 반대하고 있다. 그 기본 생각은 아이들의 충치를 막아보자는 것이다.『데일리 텔리그래프』지에 이런 기사가 실렸다. "로드아일랜드의 보건소장인 매클래플린 박사의 말에 따르면, 불소화합물을 첨가한 물을 장기간 섭취하면 납 중독과 같은 만성 불소화합물 중독을 가져올 것이 분명하다고 한다."

서머힐의 급식 체계와는 별 관계가 없지만, 음식과 물 그리고 건강 문제에서 전문가들의 의견이 일치하지 않을 때 교사들과 부모들은 무력할 수밖에 없다. 우리는 원하는 대로 깨끗한 음식과 물을 얻을 수 없다. 왜냐하면 우리가 직접 나서서 살충제나 인조비료의 사용을 통제할 수 없기 때문이다. 방사성물질인 스트론튬 90의 낙진에 대해서도 우리는 할 수 있는 일이 없다. 만약 내가 어떤 사업을 시작한다면, 건강식품 가게를 열겠다. 그래서 맥아(엿기름), 현미, 당밀, 퇴비로 키운 야채 등 상업적인 식품산업에서는 내던져버리는 훌륭한 물품들을 이문을 남기고 팔겠다.

40년 전 나는 신우염 때문에 석 달 동안 병상에 누워 있었다. 그때 나는 자연요법에 관심을 가지게 되었다. 그 치료법은 나의 교육 철학과 딱 어울리는 듯했다. 날푸성귀와 탈지유는 자유로운 아이와 같았고, 약은 외부에서 강제되는 학교의 규율과 같았다. 물론 이는 잘못된 유추다. 나는 해마다 자연요법 클리닉에서 얼마 동안 지내곤 했다. 그러고 나면 다시 기운이 나고 활력이 생기는 걸 느꼈다. 자연요법에서는 질병이 내부로부터 온다고 본다. 우리 몸은 주로 잘못된 음식을 섭취해서 생기는 독을 바깥으로 내보는데, 피부병이나 감기는 그런 독을 제거하고 자기 치유를 하는 과정이라는 것이다. 이 이야기는 합리적으로 들린다.

우리 아버지와 할아버지는 당신들이 오래 산 이유가 감기에 자주 걸렸기 때문이라고 했다. 어떤 프랑스 의사는 자신의 환자들 중 가장 오래 산 환자들은 피부병 환자였다고 주장했다. 의학 전문가들은 자연요법을 엉터리 치료라며 비웃었다. 그들에게 병은 외부의 감염으로 생기는 것이었다. 병원균이 핵심이었다. 문외한으로서는 정말 어떻게 생각해야 할지 모르겠다. 자연요법으로 치료하는 사람들은 비타민 C가 발견되기 오래 전부터 오렌지와 레몬을 치료제로 사용했다.

나는 정서상으로는 완전히 자연요법 편이었다. 하지만 의문은 있었다. 식이요법이 그토록 중요한 것이라면 어떻게 우리 아버지는 평생을 그렇게 나쁜 음식만 먹고도 여든다섯 살까지 살 수 있었는가? 자연요법에서는 플란넬로 만든 속옷을 입지 말라고 경고했다. 우리 아버지는 여름이든 겨울이든 그것말고 다른 것은 입지도 않았다. 건강 문제의 논쟁에서 양쪽의 입장은 모두 편협하고 독단적이었다. 자연요법은 예방접종과는 전혀 관계가 없었고, 그 주창자들은 파상풍 주사가 1차 세계대전 중에 수천 명의 목숨을 구했다는 사실을 받아들이지 않았다. 의사인 우리 형은 페니실린이 나온 후로 자기 환자들 중에 폐렴으로 목숨을 잃은 경우는 한 번도 없었다고 말했다. 반면에 의사들은 동물들이 아플 때는 먹지 않는다는 사실을 무시하면서 단식요법을 비웃었다. 어떤 수의사는 자기 지역에서 소와 말이 죽는 많은 경우가 '힘을 유지시키기 위해서' 억지로 입 속으로 음식물을 투여했기 때문이라고 나에게 말했다.

나는 남아프리카 여행 중에 너무 술을 많이 마시고 운동을 하지 않아서, 배에 올랐을 때는 거의 죽어가는 사람 같은 느낌이 들었다. 내 오줌은 거의 진흙 같았다. 그래서 엿새 동안 물만 마시며 단식을 했더니, 다시 건강한 모습으로 사우샘프턴에 도착했다. 단식의 색다른 점은 정신이 맑아진다는 것이다. 그 점에서라면 나는 아인슈타인에게, 그가 어디서 틀렸는지 말해줄 수 있겠다 싶다.

평생을 자연요법으로 살아온 사람들이 암으로 죽을 때 의혹은 불어났다. 그것은 식이요법만으로는 불충분하다는 사실을 입증했다. 나는 한편으로는 신뢰하고 다른 한편으로는 불신했다. 피부병에 걸렸는데 원인은 묻지도 않고 연고를 처방해주는 의사들에 대해서도 나는 똑같은 태도를 가진다. 내가 무엇을 먹었는지, 운동은 하는지, 성생활은 만족스러운지를 물어보는 의사를 만난 적은 거의 없었다. 자연요법은 몸 전체의 건강을 증진시키고자 노력하지만, 요점은 병을 고치는 것이다. 두 체계를 결합하는 것이 해결책인지 모르겠다.

서머힐에서 개인의 청결 문제를 살펴보면, 대체로 여자 아이들이 남자 아이들보다 더 깔끔하다. 열네 살 이후의 아이들은 남녀 불문하고 자신의 외모에 관심이 많다. 그런데 여자 아이들의 방이 남자 아이들의 방보다 더 어지럽다. 정확하게 말하면, 열세 살까지의 여자 아이들이 그렇다. 그 아이들은 인형의 옷을 만들고 무대 의상을 만들면서 바닥을 온갖 잡동사니들로 어지럽힌다. 그러나 그것은 대개 창조적인 잡동사니다.

서머힐에서 씻지 않는 여자 아이는 보기 드물다. 그런데 딱 한 번 아홉 살 난 여자 아이가 그랬다. 밀드레드의 할머니는 결벽증이 심해서 밀드레드를 하루에 열 번씩 씻긴 듯했다. 어느 날 아이의 보모가 나를 찾아와 "밀드레드가 2주나 씻지 않았어요. 목욕도 안 하려 하고 몸에서 냄새가 나기 시작해요. 어떻게 하죠?"라고 물었다.

"그 아이를 나한테 보내세요." 내가 말했다.

이윽고 밀드레드가 내 방으로 들어왔다. 아이의 손과 얼굴은 몹시 더러웠다.

"이것 좀 봐, 이건 안 되겠어." 난 엄하게 말했다.

"난 씻기 싫어." 아이는 반항했다.

"입 다물어!" 내가 말했다. "누가 씻으라고 그랬어? 거울을 봐." (아이는 거울을 보았다.) "네 얼굴이 어떠냐?"

"별로 깨끗하지는 않네, 그렇지?" 그 아이는 픽 웃으며 되물었다.

"아냐, 너무 깨끗해." 내가 말했다. "이 학교는 그렇게 얼굴이 깨끗한 여자 애는 필요 없어. 당장 나가!"

아이는 곧바로 석탄 창고로 가서 얼굴을 시꺼멓게 칠했다. 그리고는 의기양양하게 돌아왔다. "이젠 어때?" 아이가 물었다.

나는 아이의 얼굴을 꼼꼼히 뜯어보았다. "안 돼." 내가 말했다. "뺨에 하얀 부분이 있어."

밀드레드는 그날 밤 목욕을 했다. 왜 그랬는지 나는 알 수 없다.

몇 년 전 퍼블릭스쿨에서 우리 학교로 전학 온 나이 많은 남자 아이가 생각난다. 서머힐에 도착한 지 일주일 후, 아이는 기차역에서 석탄을 나르는 일꾼들과 친해졌다. 아이는 석탄을 싣는 사람들을 돕기 시작했다. 아이가 식사를 하러 학교로 돌아왔을 때 얼굴과 손은 새까매져 있었다. 하지만 누구도 뭐라 한마디 하지 않았다. 아무도 거기에 신경 쓰지 않았다.

그 아이가 이전에 학교와 집에서 가졌던 청결에 대한 관념을 떨쳐버리는 데는 여러 주가 걸렸다. 석탄 나르는 일을 그만뒀을 때 아이는 다시 깨끗해졌다. 하지만 이전과는 달랐다. 그 아이에게 청결은 더 이상 강요되는 무엇이 아니었다. 아이는 더러움에 대한 콤플렉스를 떨쳐버렸다.

흔히 부모들은 깔끔함을 너무 지나치게 중요시한다. 그것은 쓸모없는 일곱 가지 덕목들 중 하나다. 자신의 깔끔함에 자부심을 느끼는 사람은 차선책에 가장 큰 가치를 부여하는 이류 인생이다. 흔히 가장 깔끔을 떠는 사람이 마음은 제일 깨끗하지 못하다. 물론 이 말은 공원의 '쓰레기를 버리지 마시오'라는 팻말 바로 밑에 쌓여 있는 휴지 더미마냥 늘 자기 책상을 어지럽히는 사람과는 관계가 없다.

청결 문제가 나와서 하는 말인데, 몇 년 전 온종일 바지에다 용변을 보아서 우리 학교에 보내진 아이가 있었다. 그 아이의 어머니는 아이가 그 짓을 하면 때렸다. 그리고는 자포자기 상태가 되어 결국에는 아이에게 자기가 싼 똥을 먹게 했다. 우리가 맞닥뜨린 문제가 상상이 될 것이다. 아이에게는 남동생이 있었는데, 문제는 남동생이 태어나면서부터 시작되었다는 것이 밝혀졌다. 이유는 명백했다. 아이가 이유를 말했다. "동생이 엄마의 사랑을 빼앗아 갔어. 동생이 기저귀에다 그러는 것처럼 나도 바지를 더럽히면, 엄만 다시 날 사랑해줄 거야."

그 아이에게 자신의 진정한 동기를 밝혀주려고 나는 개인 상담을 했다. 하지만 치유는 절대 갑작스럽게 또 극적으로 이루어지지 않는다. 일 년 이상 그 아이는 하루에 세 번씩 바지에 용변을 보았다. 어느 누구도 아이에게 싫은 소리를 하지 않았다. 우리의 간호사인 코크힐 부인은 한 번도 나무라는 일 없이 세탁을 해주었다. 하지만 바지에 용변을 볼 때마다 내가 아이에게 상을 주기 시작하자 그녀는 그러지 말라며 항의를 했다. 그 상은 내가 그 아이의 행동을 인정한다는 사실을 보여주기 위한 것이었다.

학교에 있는 동안, 그 아이는 증오에 찬 어린 악마였다. 당연한 일 아닌가! 수많은 문제와 갈등을 겪어왔으니 말이다. 하지만 아이는 치유를 받고 난 뒤 완전히 깨끗해졌으며, 3년 동안 우리와 함께 지냈다. 마침내 그 아이는 아주 사랑스런 소년이 되었다. 그 아이 어머니는 뭔가를 '배우는' 학교로 아이를 보내고 싶은 마음에 아이를 서머힐에서 데려갔다. 일 년 후 다시 서머힐로 돌아온 그 아이는 변해 있었다. 부정직하고 두려워하고 불행한 아이가 되어 있었다. 아이는 자기를 서머힐에서 데려간 어머니를 절대 용서하지 않을 거라고 했다. 아마 앞으로도 절대 용서하지 못할 것이다. 그 아이는 서머힐에서 바지에 용변을 본 극히 드문 경우 중 하나였다.

내 어렸을 적 일이 생각난다. 어느 날, 여동생 클루니와 나는 악대 행렬을 따라서 뮤어 시장까지 갔다. 그 길은 아이의 아장걸음으로는 꽤 먼 길이었다. 나는 옷에다 용변을 보고 말았다. 집에 돌아오자 화가 난 어머니는 나를 세탁소로 끌고 갔다. 그리고 문제의 팬티를 벗기더니 엉덩이를 한 대 철썩 갈기고는 집까지 뛰어가게 했다. 그때 나는 여섯 살이었지만, 팬티도 입지 않고 달려가는 내 모습을 누군가 볼까봐 얼마나 두려워했는지 분명하게 기억할 수 있다. 아마 어머니에게는 그날 일이 좀 재미있었던 모양이다. 그 후로 한동안 어머니는 빠름의 기준을 이야기할 때면 그날 내가 보여준 뜀박질 속도를 예로 들곤 했기 때문이다.

서머힐의 나이 어린 남자 아이들은 자신을 과시하고픈 생각이 없는 듯 보인다. 나이가 많은 남녀 학생들도 좀처럼 발가벗지 않는다. 여름이면 남자 아이들과 남자 어른들은 반바지만 입고 지낸다. 여자 아이들은 가벼운 옷차림을 한다. 목욕을 할 때도 비밀스러운 점은 없다. 새로 들어온 학생들만 욕실 문을 잠근다. 야외에서 여자 아이들이 일광욕을 하고 있어도 훔쳐볼 생각을 하는 남자 아이들은 없다.

오래 전 레이스턴으로 옮겨왔을 때, 학교에는 오리 연못이 있었다. 아침이면 나는 연못에 들어가곤 했다. 몇몇 교직원들과 나이 많은 남녀 학생들도 그렇게 했다. 그런데 다른 퍼블릭스쿨들에서 남자 아이들 여럿이 전학을 오자, 여자 아이들이 수영복을 챙겨 입었다. 나는 어느 예쁜 스웨덴 여자 아이에게 이유를 물었다.

"새로 들어온 남자 아이들 때문에 그래." 그 아이가 설명했다. "예전부터 다니던 남자 아이들은 벌거벗은 몸을 자연스럽게 생각해. 하지만 저 아이들은 입을 딱 벌리고 힐끔힐끔 곁눈질하거든. 난 그게 싫어."

언젠가 영어 교사가 하키 운동장에서 도랑을 파고 있는 것을 보았다. 옆에서는 아홉 살부터 열다섯 살까지의 남녀 아이들이 일을 돕고 있었다. 뜨거운 여름이라 그 교사는 벌거벗고 일을 했다. 또 언젠가는 한 남자 교직원이 벌거벗고 테니스를 쳤다. 전체회의에서 그 교사는, 갑자기 방문객들이나 장사꾼들이 들이닥칠지 모르니까 반바지를 입고 테니스를 치라는 이야기를 들었다. 이것이 나체에 대해 서머힐이 가지고 있는 실제 태도를 분명하게 보여준다.

오랫동안 서머힐에서는 흡연 문제를 그대로 내버려두었다. 어떤 아이든 담배를 피울 수 있었다. 대략 어림짐작하면 나이 많은 학생들 중 60% 정도가 담배를 피우지 않는다. 폐암에 걸릴 위험이 제기된 이후로는 열여섯 살 아래로는 강제로 흡연을 금하는 것이 옳다는 생각이 들었다. 물론 그런다고 해도 아이들은 화장실이나 침실에서 몰래 담배를 피울 것이다.

나는 주로 파이프 담배를 피우고 가끔 궐련을 피운다. 담배를 끊으려고 여러 차례 시도했지만 늘 실패했다. 파이프는 집에 두고 담배쌈지는 본관 사무실에 두는 방법도 써보았지만 효과는 없었다. 그 때문에 왔다갔다 걸어 다닌 것은 분명 건강에 도움이 되었을 것이다.

자치제도 아래에서 아내와 나는 건강 문제에 관한 한 권위를 가져야 한다. 예를 들어 열이 나는 아이에게 추운 날 바깥에 나가는 것을 우리는 허용하지 않는다. 흡연 문제에서 곤란한 점은 몇몇 아이들은 집에서 담배를 피워도 된다는 허락을 받았다는 것이다. 어떤 규칙을 정하는 것은 어려운 일이다. 엄격한 규칙은 늘 금단의 열매와 같은 문제를 야기한다. 이성에 호소하고, 나중에 폐암에 걸릴지 모른다고 말하는 것은 무망한 노릇이다. 왜냐하면 아이들은 내일 일을 생각하지 않기 때문이다. 그리고 흡연이 위험하다고 판명되었는데도 담배 판매가 증가하는 것을 보면 어른들의 경우도 마찬가지다. 한 가지 다행스러운 점은 영국에서는 담뱃값이 비싸 많은 아이들이 자기 용돈으로는 사기가 쉽지 않다는 것이다. 몇몇 학교들은 전체 금연을 하고 있어서 담배를 피우는 교직원들은 자신들의 방에서만 담배를 피워야 한다. 현재 우리 학교 교직원들 중 사 분의 삼이 흡연자인데 거기에는 나도 포함된다.

아이들 흡연을 텔레비전이나 신문에 나오는 대대적인 담배 광고 탓으로 돌리면 문제를 해결하기는 굉장히 어렵다. 텔레비전 광고가 중단되면 어떤 결과를 낳을지 짐작할 수는 없지만, 아마 거의 영향을 미치지 못할 것이다. 수많은 부모들이 자신들은 담배를 피우면서 아이들에게 흡연이 위험하다고 설득하기는 쉬울 리가 없다. 논리적으로 볼 때, 나는 학생들이 가게에서 건강에 해로운 군것질거리들을 사 먹지 못하도록 금해야 마땅하다. 잘은 모르겠지만, 아이스캔디도 담배처럼 암을 유발할지 모른다. 그런데 우리는 어디쯤에서 멈춰야 하는가? 하얀 빵은 건강에 좋지 않다. 음료수도 위험할지 모른다. 이 질문은 정말 답하기 어려운 문제다.

나는 학교에서는 술을 마시지 않는다. 술은 담배만큼 아이들에게 매력적이지 않다. 누군가 술을 사 먹는 경우도 거의 없다. 그런데 가끔 '자유' 학교에 와 있다는 데 마음이 들뜬 방문객이 위스키나 진을 가져와서 아이들에게 권할 때가 문제다. 나는 그렇게 아이들을 유혹한 두 사람을 다시는 학교에 오지 못하도록 했다. 어린 시절에 찔끔찔끔 술을 마신 게 나중에 알코올 중독으로 이어진 사람들을 너무나 많이 보았다.

나는 술을 좋아하지만 취하도록 마시지는 않았다. 엿기름을 증류한 몰트위스키를 제일 좋아한다. 라이히와 함께 술을 마실 때는 호밀로 만든 라이위스키도 좋았지만, 여기 잉글랜드에서는 별로 당기지 않는다. 맥주나 포도주도 좋아한다. 마약은 한 번도 복용해본 적이 없다. 마약에 대해서는 아무것도 모르지만, 담배를 피우는 게 합법인데 마리화나를 피우는 것은 왜 죄가 되는지는 의문이다. 그리고 폐암으로 죽는 사람들은 수천 명에 이르지만 마리화나를 피워서 죽는 사람은 거의 없다. 나는 도피처를 찾으려고 술을 먹은 적은 없었다. 그저 마시는 즐거움 때문에 마셨다.

일생 동안 술을 마셔오면서 술자리가 유쾌하지 않았던 일이 한 번 있었다. 1936년 남아프리카에서 강연을 하러 다닐 때, 킴벌리에 있는 유명한 다이아몬드 클럽이란 데에 초대를 받았다. 그 바에서 어떤 다이아몬드 상인이 나에게 위스키를 한 잔 샀다. 이윽고 다른 여섯 명의 다이아몬드 상인들이 우리와 합석을 했다. 그런데 나도 모르는 사이에 여섯 사람 모두가 나를 위해 위스키 더블을 주문했다. 나는 곤경에 처해버렸다. 식민지 사람들의 환대에 대해서 들은 바가 있었는데, 그 사람들은 거절당하면 몹시 가슴 아파한다는 것이었다. 나는 그 술을 모두 마시고 바로 화장실로 달려가 입 속으로 손가락을 집어넣었다. 그날 밤 나의 강연은 분명 형편없었을 것이다. 그때 나이가 좀 더 들었더라면, 그들에게 감사를 표하고 저녁 강연을 위해 양해를 구했을 것이다.

이제 잠에 대한 문제를 살펴보자. 아이들은 충분히 잠을 자야 한다는 의사들의 단정이 얼마나 진실한 것인지는 의문이다. 나이가 어린 아이들의 경우, 그 말은 맞다. 일곱 살 난 아이가 밤늦도록 자지 않아도 그냥 내버려두면 건강에 문제가 생길 수 있다. 왜냐하면 그 아이는 흔히 아침에 늦잠을 잘 수 없기 때문이다. 어떤 아이들은 잠자리에 들라고 하면 뭔가를 하지 못한다는 느낌이 들어서 화를 낸다.

자유로운 학교에서 취침 시간은 참 곤란한 문제다. 그것은 나이가 어린 아이들보다는 나이가 많은 아이들에게 더 그렇다. 젊은이들은 밤늦도록 자지 않고 뭔가를 하는 것을 좋아한다. 나도 잠자리에 드는 것을 싫어하기 때문에 그 심정을 이해할 수 있다.

대부분의 어른들은 일을 가지고 있기 때문에 그 문제를 해결한다. 아침 8시에는 일을 하러 나가야 한다는 생각에 한밤중까지 자지 않고 있으려는 유혹을 떨쳐버린다.

행복감이나 좋은 음식 같은 다른 요인들이 수면 부족 상태를 보충해서 균형을 잡아주는지도 모른다. 서머힐의 학생들은 일요일에 점심을 거른 채 늦게까지 잠을 자며 수면 부족을 보충한다.

건강과 관련한 노동의 문제를 살펴보면, 나는 두 가지 동기에서 일을 많이 한다. 나는 감자를 수확하기 위해 일을 한다. 물론 일꾼을 고용해서 밭일을 시키고 그 시간에 신문에 기고할 원고를 쓰는 게 더 이익이 된다는 점을 잘 안다. 그런데 나는 또한 건강을 유지하기 위해 밭일을 한다. 그것이 원고를 써서 얻는 수입보다 훨씬 더 중요하다. 자동차 판매상을 하는 한 친구는, 요즘 같은 기계 시대에 땅을 파고 있으니 얼마나 어리석은 짓이냐고 말한다. 그러면 나는 그 친구에게 자동차는 아무도 걷지 않게 하고 땅을 파지도 않게 하기 때문에 국민의 건강을 해치는 것이라고 되받아친다. 그와 나는 건강 문제를 의식할 만큼 나이가 들었다.

하지만 아이들은 건강 문제에 신경 쓰지 않는다. 건강을 유지하려고 땅을 파는 아이는 한 명도 없다. 어떤 일을 하든 아이들은 그때 그 일에서 흥미를 느끼기 때문에 일을 한다.

서머힐에서 우리가 누리고 있는 건강은 바로 자유와 좋은 음식 그리고 신선한 공기 덕분이다.

성과 남녀공학

서머힐에 온 아이들 중에 성과 신체의 기능에 대해 건전한 태도를 가지고 있는 아이는 한 명도 없었다. 오늘날의 부모들은 자식들에게 아기가 어떻게 태어나는지 사실대로 말해준다. 그런 부모 밑에서 자란 아이들도 종교적 광신자 부모를 둔 아이들처럼 성에 대해 비밀스러운 태도를 많이 가지고 있다. 새로운 성교육 방법을 찾는 일은 부모나 교사 모두에게 굉장히 어려운 과제다.

성에 대해서 내가 무의식적으로 가지고 있는 태도는, 스코틀랜드의 한 마을이 유년기 때 나에게 심어준 칼뱅주의적 태도일 거라고 나는 기꺼이 믿는다. 아마 어른들을 구원할 길은 없을 것이다. 하지만 우리 어른들이 강요받았던 그 끔찍한 성 관념들을 아이들에게 강요하지만 않는다면 아이들을 구원할 가능성은 많다.

성에 대한 가장 어린 시절의 기억은 내가 여섯 살이고 여동생 클루니가 다섯 살일 때 방에서 생긴 일이다. 우리는 발가벗고서 상당한 성적 흥분을 느끼며 몹시 흥미롭게 서로의 몸을 살펴보았다. 그때 방문이 열리고 어머니가 현장에 들이닥쳤다. 어머니는 우리를 심하게 때렸다. 그리고는 무릎을 꿇리고 하나님께 용서를 빌라고 했다. 나중에 집으로 돌아온 아버지가 몽둥이를 집어 들고 다시 우리를 때렸다. 그런 다음 나를 크고 컴컴함 식당에 가두어버렸다. 그때 나는 성은 죄 중에서 가장 사악한 죄라는 것을 배우게 되었다.

그 사건은 오랫동안 나에게 영향을 미쳤다. 나는 성을 죄와 결부시켜 생각하게 되었고 마치 금단의 열매인 양 클루니에게 집착했다. 어린 시절의 그 충격에서 벗어나기까지는 수십 년이 걸렸다. 그리고 지금도 가끔은 내가 그것을 완전히 극복했는지 의심한다.

그 후로도 나는 클루니와 성적인 모험을 했다. 그런데 클루니는 늘 그것이 마음에 걸려 어머니에게 일러바쳤고, 그때마다 나는 매를 맞았다. 클루니가 어머니에게 일러바쳤는데도 매를 맞지 않았던 때가 딱 한 번 있었는데, 윌리 형이 우리와 함께 있었을 때였다. 제일 크다는 이유로 윌리 형이 모든 죄를 뒤집어썼다. 하지만 부모님의 총애를 한 몸에 받고 있던 형은 어떤 일로도 벌을 받지 않았다.

당연히 우리는 집에서 어떤 성교육도 받은 적이 없었다. 어머니가 아기를 가지면, 우리는 의사가 아기를 데려오는 것이라고 생각했다. 왜냐하면 어머니가 우리에게 거짓말을 할 리 없었기 때문이다. 다른 남자애들이 출산의 진실, 아니 반쯤의 진실에 대해 우리에게 이야기해주었다. 그리고 토끼를 키우고 가축을 지켜보면서 우리는 어린 새끼가 어미한테서 나온다는 사실을 알았다. 하지만 이런 지식을 어머니에게 적용하지는 못했다. 아버지가 화장실에 가는 것을 처음 본 것이 여덟 살 때였다. 나는 놀란 눈으로 아버지를 쳐다보았다. 아버지는 더러운 일을 하지 않을 거라 생각하고 화장실 청소를 하러 들어간 것이라고 결론지었다. 그래서 아기를 만드는 데 남자가 어떤 역할을 하는지 들었을 때, 나는 전혀 그 말을 믿지 않았다. 우리 부모님은 순수하고 거룩했다. 그들은 절대 그런 짓을 할 수 없었다.

에든버러에 공부하러 간 윌리 형은 휴일을 맞아 집에 오면 온갖 음담패설로 우리를 즐겁게 해주었다. 우리는 스스로를 세상 물정에 아주 밝은 아이들로 생각했지만 여전히 부모님에게 성 문제를 적용하려 들지는 않았다. 우리 부모님은 너무 지나치게 정숙했다. 발가벗는다는 것은 나쁜 짓이었다. 클루니를 제외하고 다른 누이들의 발가벗은 몸은 한 번도 본 적이 없었다. 옷을 갈아입고 있는데 누군가가 침실로 들어오면 나는 아무거나 손에 잡히는 대로 급히 몸을 가렸다.

훗날 스물다섯의 나이로 에든버러에서 대학을 다닐 때, 나는 매일 아침 냉수욕을 했다. 휴일 동안 집에 와 있을 때는 커다란 목욕통 안에 들어가 있으면 어머니가 양동이로 찬물을 들이부어 주었다. 집에 따로 욕실이 없었기 때문이었다. 어머니는 이 일을 즐거워했는데, 클루니의 말에 따르면 아버지는 몹시 언짢아했다고 한다.

우리 형제들이 자위에 대해 이야기하거나 실제로 자위 행위를 한 기억이 내게는 없다. 자위를 가리키는 여러 가지 은어가 있었지만 우리는 아무것도 몰랐다. 심리학적으로 볼 때, 거기에 일종의 억압된 망각이 개입할 수 있다는 점을 나는 잘 알고 있다. 하지만 내가 기억하는 한, 우리는 혼자서든 함께든 자위를 하지 않았다.

우리는 서로 '쳐다보기'라고 이름 붙인 놀이를 즐겨 했다. 어린 남자 아이를 눕히고 바지 앞쪽을 열곤 했는데, 하지만 그건 늘 집단으로 하는 장난이었다. 일곱 살 반이 되고부터 나는 윌리, 닐리와 같이 잤다. 형들은 나랑 한 침대를 쓰게 되자 심하게 화를 냈다. 클루니와 내가 해서는 안 될 짓을 다시 하는 것을 본 어머니가 클루니와 함께 써온 잠자리에서 나를 내쫓았기 때문이었다. 형들은 내가 온 것이 전혀 반갑지 않다는 점과 그렇게 된 상황들을 늘 내게 상기시켰다.

우리는 성의 터부가 생긴 원인에 대해서는 거의 아는 게 없다. 다만 그 기원에 대해서 이런저런 추측만 할 뿐이다. 왜 성의 터부가 존재하는가 하는 문제는 나의 당면 관심사가 아니다. 그러나 성의 터부가 존재한다는 사실은 억압된 아이들을 치유하는 일에 종사하는 사람에게는 큰 관심사다. 우리 어른들은 유아기 때 이미 타락해버렸다. 우리는 성 문제에서 자유롭지 못하다. '의식적으로' 우리는 자유로울지 모른다. 하지만 '무의식적으로'는 유아기 때의 조건이 우리에게 틀지어준 범위 안에 머물러 있다는 사실이 나는 두렵다.

성적 행동을 조건 지은 그 터부와 두려움이 공원에서 어린 여자 아이를 강간하고 목 졸라 죽이는 성도착자들, 그리고 유대인과 흑인을 고문하는 성도착자들을 만들어낸다.

히틀러 시대 독일에서는 율리우스 슈트라이허와 같은 성도착자들이 고문을 가했다. 그가 발행한 신문인 『돌격병 *Der Stürmer*』은 강제수용소가 세워지기 오래 전부터 난잡하고 도착된 성 기사로 넘쳐났다. 감옥의 가학주의자들이 가하는 성도착 행위에 대해서는 호되게 비판하는 아버지들이 자신들의 사소한 가학 행위에 대해서는 눈을 감는다. 집이나 학교에서 아이들을 때리는 행위는 근본적으로 벨젠 강제수용소에서 유대인들에게 가해진 고문과 똑같다. 만약 벨젠에서 이루어진 가학 행위가 성적인 것이라면, 학교나 가정에서 이루어지는 가학 행위도 마찬가지다.

많은 남성들에게 성행위는 일종의 공손한 강간이다. 여성들에게는 참고 견뎌내야 하는 일종의 지겨운 의식이다. 수많은 결혼한 여성들이 일생 동안 한 번도 오르가슴을 경험하지 못한다. 이런 체계에서 사랑을 준다는 것은 극히 드문 일이며, 성 관계는 다소 잔인하고 외설스런 것이 될 수밖에 없다. 사람들은 잘못된 성교육 때문에 증오의 위장된 형태말고는 사랑을 줄 수 없다. 채찍으로 자신을 때려주기를 요구한다거나 여성을 막대기로 때리려는 성도착자들은 그런 사람들의 극단적인 경우다.

얼마나 많은 어른들의 발기부전이나 불감증이 어린 시절 성 관계에서 처음으로 방해받은 경험에서 비롯하는 것일까. 내 생각으로는, 어른들의 건강하고 균형 잡힌 성생활을 위한 왕도는 어린 시절 이성 간의 놀이다. 아이들이 성 문제에서 도덕주의에 근거한 훈육을 받지 않을 때, 그들은 건강한 청소년으로 자란다. 난잡한 성 관계를 가지는 청소년이 되지 않는다.

대부분의 학교는, 특히 기숙사는 남학생과 여학생을 구분하려 한다. 이성 교제는 권장되지 않는다. 이것은 서머힐에서도 마찬가지지만, 한편으로 우리는 교제를 억제하지도 않는다.

서머힐에서는 남자 아이들과 여자 아이들을 그냥 내버려둔다. 이성 간의 관계는 매우 건강해 보인다. 아이들이 다른 쪽 성에 대해서 환상이나 망상을 가지고 자라서는 안 될 것이다. 서머힐은 모든 아이들이 형제자매인 커다란 가족이 아니다. 만약 그렇다면 나는 당장에 남녀공학을 맹렬히 반대하는 사람이 되었을 것이다.

남녀 아이들이 교실에서는 함께 공부하지만 생활은 따로 떨어져 하는 그런 종류의 남녀공학이 아니라 진정한 남녀공학에서는 그릇된 호기심은 거의 없어진다. 서머힐에서 훔쳐보는 아이는 한 명도 없다. 그러니 다른 학교들보다 성에 대한 걱정이 훨씬 덜하다.

이따금 학교에 찾아와서 이렇게 묻는 어른들이 있다. "아이들이 같이 자지 않습니까?" 내가 안 그런다고 대답하면, 그들은 목청을 돋운다. "별일이네요? 내가 그 나이 때라면 한껏 재미를 봤을 텐데."

이런 부류의 사람들은 남녀 아이들이 함께 교육을 받으면 틀림없이 성적 방종에 빠질 거라고 생각한다. 그리고 어김없이, 이런 사람들은 그 생각 때문에 남녀공학을 반대하는 것이라고 절대 말하지 않는다. 대신에 그들은 남자 아이들과 여자 아이들은 학습 능력에서 차이가 나기 때문에 함께 교육해서는 안 된다고 말한다.

  삶 자체가 남녀가 함께 살아가는 것이기에 학교는 남녀공학이어야 한다. 그러나 임신의 위험 때문에 많은 부모와 교사가 남녀공학을 두려워한다. 남녀공학인 학교의 적지 않은 교장들이 임신 가능성 때문에 밤잠을 설친다고 들었다.

  서머힐에서 나이가 많은 학생들은 내 말이나 내 책을 통해서, 원하는 사람 누구에게나 충분한 성생활이 허용되어야 한다는 게 내 생각이라는 걸 잘 안다. 나는 강연을 다니면서, 서머힐에서는 피임 기구가 제공되는지, 안 된다면 왜 그런지에 대한 질문을 자주 받았다. 이것은 우리 모두의 감정 깊숙한 곳을 건드리는, 오랫동안 논란이 되어온 문제다. 피임 기구를 제공하지 않는 것은 내 마음에 걸리는 문제다. 왜냐하면 어쨌든 타협을 하는 것은 나에게는 어렵고도 곤란한 일이기 때문이다. 다른 한편 결혼이 가능한 연령에 도달한 아이들이든 그렇지 않은 아이들이든 모두에게 피임 기구를 허용하는 것은 학교 문을 닫는 확실한 방법일 것이다. 현실에서는 법을 너무 앞서 갈 수 없다.

  물론 서머힐에는 저녁이면 손전등을 들고 학교 안을 돌아다니는 교사가 없으니 아이들은 틀림없이 같이 자기도 했을 것이다. 지금까지 우리가 어떻게 임신을 피해왔는지 나는 잘 모른다. 한 가지 이유를 대자면, 학생들이 학교의 운명에 대해 깊이 생각하고 있었던 덕분일 수 있다. 어쩌면 내가 알지 못하는 임신이 있었는지도 모른다. 하지만 부모들이 그런 소식을 내게 감추었을 리가 없다.

서머힐에서 성은 늘 곤혹스러운 문제였다. 오랫동안 나는 청소년들, 즉 준비가 되어 있는 남녀 커플의 성생활을 옹호해왔다. 하지만 학교에서는 그것을 권장하지 말아야 했다. 왜냐하면 서머힐조차도 빅토리아 시대의 완고한 도덕률로 무장한 기성 체제에서 자유로울 수 없기 때문이다. 내가 할 수 있는 유일한 일은 아이들에게 내 입장을 솔직하게 말하는 것이었다. 그러면 아이들은 내가 도덕의 관점에 서 있지 않다는 사실을 깨달았다.

열다섯 살 난 두 아이가 사랑에 빠졌다. 그 아이들은 내게 자신들만의 침실을 가질 수 있는지 물었다. 나는 말했다. "너희한테 기꺼이 그렇게 해줬으면 좋겠는데, 그럴 수가 없구나."

"왜 안 돼? 여긴 자유학교잖아."

"그래, 맞아. 하지만 자유로운 문명은 아니야. 너희한테 침실을 내주면 교육부에서 그 소식을 듣겠지. 그리곤 학교 문을 닫아버릴 거야."

나는 여자 아이에게 말했다. "어머니가 섹스를 두려워한다는 걸 너도 알 거야. 네가 임신을 했다고 생각해봐, 어떤 소동이 벌어지겠니? 넌 피임 기구를 살 여력이 없고, 난 너한테 어떤 피임 기구도 줄 수가 없어."

그들은 상황을 받아들였다. 섹스가 죄라거나 나쁘고 더러운 것이라고 믿지 않는 나로서는 달리 어떻게 할 여지가 없다. 이런 태도의 이점 한 가지는 아무 걱정 없이 잠을 푹 잘 수 있다는 것이다.

나는 어떤 책에서 몇몇 여자 아이들이 내게 피임 기구인 페서리를 줄 수 있는지 물었다고 썼다. 나는 그들에게 어머니의 동의 없이는 아무것도 할 수 없다고 말했다. 나는 어머니들한테 편지를 썼다. 여섯 사람 중 두 사람이 동의했다. 그 아이들은 모두 일고여덟 살 때부터 서머힐에서 지낸 아이들이었다. 지금으로부터 40년 전에 있었던 일이다. 오늘날에는 과연 몇 명의 어머니가 동의할까. 50년 전 내가 의기양양해하며 역설했던 것을 이제 많은 부모들이 정상으로 받아들이고 있다.

라이히는 청소년들의 성적 고통에 관한 글을 썼는데, 그것은 적어도 내가 관계하고 있는 중산층에게는 과장이었다고 생각한다. 우리는 많은 아이들이 가지고 있는 황당한 믿음을 깨뜨리려고 애썼다. 그것은 바로 자신만이 자위행위라는 끔찍한 범죄를 저지르고 있다는 믿음이다. 오래 전 어떤 미국 심리학자는 이렇게 썼다. "100명 중 99명이 자위행위를 하고……100번째 아이는 말을 하려 들지 않는다."

어린 시절부터 서머힐에서 지내온 나이 많은 아이들이 성적 방종에 빠질지도 모른다는 두려움을 나는 품지 않는다. 왜냐하면 그 아이들은 성에 대한 억압된, 따라서 부자연스러운 호기심이 없기 때문이다.

몇 년 전 동시에 우리 학교로 온 두 학생이 있었다. 열일곱 살 난 남학생은 남자 사립학교에서 왔고, 열여섯 살 난 여학생은 여자 사립학교에서 왔다. 두 사람은 사랑에 빠졌고 늘 함께 다녔다. 어느 날 밤 두 사람을 만난 나는 그들을 멈춰 세우고 말했다. "너희가 뭘 하고 있는지 난 몰라. 그리고 도덕적으로도 신경 안 써. 그건 전혀 도덕적인 문제가 아니니까. 하지만 경제적으로는 신경이 쓰여. 케이트, 만약 네가 아기를 가지면 우리 학교는 망하고 말 거야."

나는 덧붙여 말했다. "알다시피 넌 막 서머힐에 왔어. 이제 넌 하고 싶은 대로 할 수 있는 자유를 가졌어. 너한테 학교에 대한 특별한 감정이 없다는 건 당연해. 만약 네가 일곱 살 때부터 여기서 지냈다면 이런 이야기를 할 필요도 없었겠지. 넌 학교에 강한 애착을 가졌을 것이고 서머힐에 미칠 결과를 생각했을 거야." 이것이 문제에 대처할 수 있는 유일한 방법이었다. 다행스럽게도 다시는 그 문제에 대해 그들에게 이야기할 필요가 없었다.

우리 학교 학생들은 대부분 어린 시절을 잘 보냈다. 그들은 자위행위를 했다고 훈계를 듣거나 벌을 받지 않았다. 많은 아이들이 가정에서 벌거벗은 몸에 익숙했다. 대체로 성에 대한 태도가 건강하고 자연스러웠다. 자기 자식들이 다닐 학교를 부모들이 선택하지 않을 경우, 학교가 어떤 태도를 취할 수 있는지 나는 잘 모른다. 공립학교에 다니는 자식들을 둔 많은 부모들이 아이들을 키우면서 성 문제를 무시하거나 그에 대해 눈살을 찌푸린다.

남녀공학인 유명한 사립학교에서 온 청소년 몇 명에게, 그 학교에서 이성 교제가 이루어지는지 물었더니, 그런 일은 없다고 했다. 그 대답에 내가 놀라자, 아이들이 말했다. "가끔 남자 애와 여자 애가 친구로 지내는 일은 있지만, 서로 사귀는 일은 전혀 없어." 나는 그 학교 교정에서 잘생긴 남자 아이들과 예쁜 여자 아이들을 보았던 터라, 학교가 학생들에게 사랑에 반하는 관념을 강요하고 있으며, 대단히 도덕적인 학교 분위기가 성을 금기시하고 있다는 것을 알았다.

언젠가 어느 진보학교의 교장에게 물었다. "학교에서 아이들끼리 사귀는 경우가 있습니까?"

"아니오, 없습니다." 그가 근엄한 목소리로 대답했다. "우리는 문제아를 받지 않습니다."

조건에 길들여진 아이들은 가끔 사랑할 능력을 상실한다. 섹스를 두려워하는 사람들에게는 위로가 되는 소식일지 모르겠다. 그러나 젊은이에게 사랑을 할 능력이 없다는 사실은 인간적으로 커다란 비극이다.

남녀공학을 반대하는 사람들은, 이 제도가 남자 아이들은 남자답지 못하게 만들고 여자 아이들은 남자처럼 만든다면서 반대할지 모른다. 하지만 더 깊이 들여다보면 거기에는 도덕적 두려움, 실제로는 질투심에 가득 찬 두려움이 있다. 사랑으로 나누는 섹스는 세상에서 가장 큰 즐거움이다. 그리고 가장 큰 즐거움이기에 억압받는다. 다른 모든 것은 핑계에 불과하다.

여기서 사랑 없는 섹스라는 문제가 생긴다. 젊은 커플은 서로 사랑하지 않더라도 섹스를 즐길 수 있다. 하지만 그들이 섹스를 할 우연한 기회를 계속 찾아다닌다면 그들의 성생활에는, 그것을 사랑이나 애정이라 부르든 소망하던 바라고 부르든 간에, 분명 가치 있는 뭔가가 결여된다. 상대를 가리지 않는 성 행위에는 그 어떤 영원한 즐거움도 있을 수 없다. 내가 보았던 가장 행복한 사랑은 영원히 변치 않는 사랑이었다. 카사노바나 돈 후안 같은 사람들이 여자들에게 충만한 기쁨을 줄 수는 없을 것이다.

여자 아이든 남자 아이든 아이들도 그들이 원할 때 자유롭게 성생활을 할 수 있어야 한다. 만일 부모의 동의가 없다면 그것은 떳떳치 못한 일이 되기 쉬울 것이고, 피임 기구가 없다면 위험한 일이 되기 쉬울 것이다. 다른 한편 부모는, 딸이 바라지도 않는데 성생활을 하라고 충고함으로써 빈약한 성생활을 만회해주려고 들어서는 안 된다.

개인적으로 나는 성교육의 핵심을 알지 못한다. 학교의 성교육은 분명 무미건조하다. 부모들은 성의 감정적인 부분이나 섹스의 기쁨을 언급하는 수업을 결코 지지하지 않을 것이다. 수업은 순수하게 육체 분야로 제한되어야 한다. 왜냐하면 부모들이 다른 것을 허용하지 않을 것이기 때문이다.

대부분의 아이들은 성에 관한 정보를 다른 아이들에게서 얻는다. 그런 정보는 잘못되고 외설적이며 가끔은 가학적이기도 하다. 안전이라는 입장에서 보면, 여자 아이는 피임 기구 없이 섹스를 하면 임신할 수 있다는 사실을 꼭 배워야 한다. 또한 남녀 아이들 모두 성병은 실제로 걸릴 수 있고 위험하다는 이야기를 듣고 또 들어야 한다.

젊은이의 사랑에 반대하는 주장들 중 이치에 맞는 주장을 나는 본 적이 없다. 거의 대부분의 주장이 억압된 감정이나 삶에 대한 증오심에 근거하고 있다. 그것들은 종교적이고 도덕적이며 독단적이고 외설적이다. 만일 사회의 연장자들이 용인하지 않을 경우 젊은이들은 성생활을 해서는 안 된다고 한다면, 왜 자연은 그토록 강한 성본능을 사람에게 부여했는가? 이 질문에 제대로 답할 사람은 아무도 없다.

오늘날 젊은이들은 진정한 의미에서 사랑을 할 기회를 거의 가지지 못한다. 부모들은 자식들이 죄악에 물든 생활을 하는 것을 허용하지 않을 것이다. 그 죄악이란 것은 부모들이 갖다 붙인 이름이다. 그래서 젊은 연인들은 축축한 숲속이나 공원 혹은 자동차 속을 찾아든다. 그러니 우리의 젊은이들에게는 온갖 것이 무거운 굴레다. 주변 환경은 젊은이들로 하여금 사랑스럽고 즐거워야 하는 것을 사악한 죄로, 외설스럽고 훔쳐봐야 하는 것으로, 또 수치스런 웃음거리로 여기도록 강요하고 있다.

오늘날 청소년기의 성생활이란 현실에 적용할 수 없는 문제라는 사실을 나는 잘 안다. 하지만 청소년기의 성생활이야말로 장래의 건강을 위해서 올바른 길이라는 것이 내 생각이다. 이런 말을 '글로는' 할 수 있다. 그렇지만 만일 서머힐에서 청소년기 아이들에게 함께 자는 것을 허용한다면 학교는 당장 당국의 제재를 받을 것이다. 성을 억압하는 것이 얼마나 위험한 일인가를 사회가 깨닫게 될 먼 미래를 나는 지금 꿈꾸고 있다.

극장과 음악

내가 처음 본 연극은 에든버러의 왕립극장에서 열두 살 때 보았던 『즐거운 밤』이었다. 분명 내게는 더없이 기쁜 밤이었다. 왜냐하면 그토록 찬란하고 아름다운 광경은 생전 처음이었기 때문이다. 나는 그 연극의 여주인공처럼 아름다운 여인을 한 번도 상상해본 적이 없었다. 어여쁜 여자 아이가 잘못된 길로 들어섰다가 결국 올바른 길로 돌아온다는 것이 기억나는 대강의 줄거리다.

몇 년 후 교생으로 일하면서 나는 극장의 단골 관람객이 되어 연극을 즐겼다. 던디 시에는 극장이 하나 있었고, 순회공연 극단이 매주 찾아왔다. 뮤지컬 히트작들이 런던에서 건너왔고, 우리는 당대의 유명 배우 마틴 하비가 공연하는 『오직 한 길』이나 『트레스엄 가의 혈통』, 심지어 『햄릿』까지 보았다. 『오직 한 길』이 『햄릿』보다 훨씬 더 좋은 연극이라고 했을 정도니 당시 내 교양 수준을 짐작할 수 있을 것이다.

던디에서 나는 가끔 여동생 클루니를 데리고 내가 좋아하는 연극을 보러갔다. 클루니는 나만큼 연극에 대해 몰랐는데, 『오직 한 길』의 제1막이 끝나고 막이 내려올 때 클루니는 이전에 마을 학교에서 본 쇼를 기억하고는 이렇게 말했다. "마틴 하비가 무대의 가구 옮기는 걸 도울 거야, 그렇지?" 나는 클루니보다는 조금 낫다는 생각에 거만한 웃음을 지었다.

연극에 대한 관심이 강해지기 시작한 것은 처음으로 입센의 작품을 읽었을 때부터다. 연극을 보려고 160킬로미터나 떨어진 런던까지 가려고 마음먹게 만든 극작가는 그가 유일했다. 하지만 입센이라는 인물에게는 전혀 관심이 없었다. 그에 관한 글을 보면, 그는 신경질적이고 쌀쌀맞은 데다, 사회에 대해 비판적이면서도 사회적 칭호나 명예를 부여받는 일을 즐거워한 사람이었다. 나는 그런 사람을 좋아하고 싶지 않았다. 그렇지만 극작가로서는 대단한 사람이었다. 그의 기법은 비평을 넘어서 있다.

학창 시절 나는 배우가 되겠다는 생각으로 연극을 했다. 하지만 성공할 가능성이 거의 없다는 사실을 깨달았다. 우선 스코틀랜드 억양을 지울 수가 없었는데, 연극계에서 스코틀랜드 사람은 별 쓸모가 없다. 그리고 스타가 될 만큼 재능이 뛰어나지 않았다. 또 연출가가 이렇게 저렇게 연기하라고 지시하는 말을 듣기 싫어했다. 웃기는 얼굴이 아니어서 희극 배우가 되기는 애초에 불가능했다.

어떤 이유에서건 나는 무대에 서겠다는 꿈을 포기했고, 한 번도 그 결정을 후회한 적은 없었다. 어떤 면에서 보면 나는 사실 배우가 되었다. 수많은 학생들과 부모들 그리고 교사들 앞에서 말하는 배우가 된 셈이다. 처음에는 무대 공포증이 있어서 제대로 말을 할 수가 없었다. 그래서 강연 노트를 사용했는데, 얼마 안 가 그 노트는 필요 없어졌다.

강연의 요령은 청중을 사로잡는 것이다. 사람들이 지루해하며 몸을 들썩일 때 내가 쓰는 방법은 재미있는 이야기를 하는 것이다. 언젠가 스코틀랜드에서 굳은 표정을 짓고 있는 심각한 청중들 앞에 섰다.

"무슨 문제가 있나요?" 내가 말했다. "다들 죽은 사람들 같아요. 그러니까 알겠는데, 여러분 모두 교사들이군요." 웃음이 터져 나왔고 청중들은 내 편이 되었다. 다른 경우에 나는 이렇게 강연을 시작했다. "뒤가 좀 켕기는 느낌입니다. 존경스런 선생님들 앞에서 이야기하게 된 걸 알고는 비겁한 짓을 했어요. 넥타이를 맸거든요." 그러면서 넥타이를 풀자 냉랭한 분위기도 풀렸다. 결국 나는 배우가 된 셈이었다.

겨울 동안 서머힐에서는 일요일 밤이면 연극을 한다. 연극 공연에는 언제나 관객들이 많다. 내내 연극 공연만 하는 일요일 밤이 여섯 주 연속 이어진 적도 있다. 그렇게 연극의 물결이 지나고 나면 몇 주 동안은 공연이 없을 때도 있다.

학기말 행사에서는 늘 세 가지 작품을 공연한다. 작은 집 연극 Cottage play은 언제나 내가 직접 쓴다. 언젠가 그것들을 묶어서 책으로 출간할지도 모르겠다…… 일반 대중들이 내 극본의 '촌스러움'을 양해해준다면 말이다. 이곳 관객들은 그렇게 비판적이지 않다. 그들의 관람 태도는 런던의 관객들보다 훨씬 낫다. 우리는 좀체 야유를 하거나 발을 구르거나 휘파람을 불지 않는다.

서머힐 극장은 스쿼시 구장을 개조한 것이다. 대략 100명의 관객을 수용할 수 있다. 무대는 이동식인데, 박스를 쌓아서 계단과 연단을 만들었다. 조명 장치로는 정교한 밝기 조절 장치와 스포트라이트가 있다. 회색 커튼 외에 특별한 무대 장치는 없다. "마을 사람들이 울타리 틈으로 들어온다"라는 신호가 떨어지면 배우들이 막을 열어젖힌다.

서머힐에서 씌어진 극본만으로 연극을 공연하는 것이 학교의 전통이다. 배우들은 자기 의상을 손수 만드는데, 보통 아주 잘 만든다. 우리 학교의 연극은 비극보다는 주로 희극이다. 어쩌다 비극을 공연할 때도 있는데, 비극도 잘 소화해내는 편이며 가끔은 훌륭한 경우도 있다.

언젠가 한 방문객이 버나드 쇼의 작품을 공연할 것을 제의했다. 학부모 한 사람이 말했다. "아닙니다, 아니에요. 버나드 쇼의 작품을 보려면 전문 극단이 하는 공연을 보러가겠어요. 서머힐에서는 학교에서 직접 쓰고 연출한 연극을 보고 싶어요."

여자 아이들이 남자 아이들보다 극본을 더 많이 쓴다. 어린 남자 아이들도 가끔 자신들의 연극을 만든다. 그런데 대부분 배역이 필요 없다. 각 등장인물이 주로 하는 대사가 늘 "손들어!"이기 때문이다. 이런 연극에서는 시체 더미 위로 막이 내려오게 마련이다. 왜냐하면 나이 어린 남자 아이들은 본래 철저하고 단호하기 때문이다.

열세 살 난 여자 아이 대프니는 셜록 홈스 연극을 만들곤 했다. 그 중에서 상관의 아내를 데리고 도망친 어느 경찰관의 이야기가 기억난다. 우리의 탐정과 당연히 그의 단짝인 '친애하는 왓슨 박사' 두 사람의 도움으로 상관은 경찰관의 숙소를 추적해낸다. 그리고 거기서 그들은 놀라운 광경과 맞닥뜨린다. 경찰관은 상관의 부정한 아내를 팔로 두른 채 소파에 누워 있고, 방 한가운데서는 방탕해 보이는 여자들이 흐느적거리며 춤을 추고 있다. "그 경찰관은 야회복 차림이었다." 대프니는 늘 상류층의 생활을 자기 작품에 끌어넣었다.

열네 살 가량의 여자 아이들은 때때로 운문으로 극본을 쓰는데, 흔히 좋은 작품이 나온다. 물론 모든 교직원들과 아이들이 극본을 쓰는 것은 아니다. 그리고 표절이라면 다들 질색이다. 얼마 전 작품 하나가 모자라 내가 급하게 대신 써야 했다. 나는 괴기 소설로 유명한 윌리엄 제이콥스의 작품 중 하나를 주제로 삼아 극본을 써냈다. 그러자 당장에 "흉내쟁이, 사기꾼!"이라는 고함이 터져 나왔다.

서머힐의 아이들은 각색한 이야기를 싫어한다. 다른 학교들에서 널리 알려진 고상한 작품들도 싫어한다. 내 생각으로는, 청소년기에 이르지 않은 아이들에게 셰익스피어의 작품은 너무 어렵다. 몇 년 전 『한여름 밤의 꿈』을 무대에 올렸는데 연기에 탁월한 재능이 있는 열두 살 난 여자 아이가 요정 역할을 망쳐놓았다. 그 아이는 이렇게 말했다. "대사가 이해가 안 돼."

우리는 셰익스피어 작품은 절대 하지 않는다. 하지만 나는 가끔 셰익스피어 작품을 가지고 촌극을 쓴다. 예를 들어 줄리어스 시저를 미국인 갱으로 바꿔서 촌극을 만든다. 대사는 셰익스피어의 작품과 『블랙마스크 Black Mask』*라는 잡지에 나오는 내용을 섞어서 짠다. 클레오파트라로 분장한 메리가 무대 위의 모든 사람을 칼로 찌르고 자신의 칼날을 들여다본다. 그리고 거기 적힌 "스테인리스 강철"을 큰소리로 읽고는 칼로 자기 가슴을 찌르자 우레와 같은 박수갈채가 터져 나왔다.

나는 『햄릿』도 셰익스피어와 미스터리 작가인 에드거 윌리스가 공동 집필하는 식으로 다시 썼다. 이 때문에 나중에 재미 삼아 보는 시험에서 "햄릿이 누구냐?"는 질문에 한 남자 아이는 "닐의 연극에 나오는 녀석"이라고 답했다.

아이들의 연기력 수준은 높은 편이다. 서머힐 학생들에게는 무대 공포증 같은 것이 없다. 우리 아이들의 연극을 보고 있자면 정말 즐겁다. 아이들은 아주 진지하고 실감 나게 자신들이 맡은 역을 연기한다. 남자 아이들보다 여자 아이들이 더 흔쾌히 연기를 한다. 사실 열 살 미만의 남자 아이들은 갱 놀이에서 하는 연기 외에는 좀체 연기를 하지 않는다. 어떤 아이들은 절대 무대에 오르는 일이 없으며 또 하고 싶어하지도 않는다.

우리의 오랜 경험에 비추어 볼 때, 가장 나쁜 연기자는 실생활에서 연기를 하는 아이다. 그런 아이는 결코 자신에게서 벗어날 수 없으며 무대

위에서도 자신을 의식한다. 어쩌면 '자의식'이라는 말은 틀린 용어인지도 모른다. 왜냐하면 그건 다른 사람들이 자신을 어떻게 생각할까 의식한다는 뜻이니까.

연기는 교육에 꼭 필요한 부분이다. 연기는 대체로 자기과시다. 하지만 연기가 단순히 자기과시에 그쳤을 때, 서머힐에서는 그 배우를 칭찬하지 않는다. 배우 기질은 타고난다고 나는 생각하곤 했다. 하지만 지금은 그렇다고 확신할 수 없다. 버지니아는 배우 기질을 타고났고 에드너는 그렇지 못했다. 그런데 공연을 해나가면서 에드너의 연기는 날로 좋아지고 있다. 그 아이는 희극 배우로 적격이다.

연기자는 자신과 다른 사람을 동일시하는 힘이 강해야 한다. 어른들은 이런 동일시를 무의식적으로 할 수 없다. 자신이 연기를 하고 있다는 사실을 알기 때문이다. 하지만 어린아이들도 그런지는 의문이다. 연극 중에 어떤 아이가 "너는 누구냐?"라는 질문에 "나는 사원의 유령이다!"라고 하지 않고 "나는 피터다"라고 대답한다. 이런 일은 아주 흔히 일어난다.

우리 연극 중 하나에서 진짜 음식을 차려놓고 저녁 식사를 하는 장면이 있었다. 배우들로 하여금 다음 장면으로 넘어가게 하느라 대사를 읽어주는 사람이 무진 애를 먹었다. 그 장면에 등장한 아이들이 관객들을 싹 무시하고 계속 음식을 먹어댔기 때문이다.

연기는 아이들에게 자신감을 갖게 하는 방법이다. 연기를 하지 않으려는 몇몇 아이들은, 열등감을 느끼기 때문에 공연을 싫어한다고 내게 말한다. 나로서는 해결책을 찾기 어려운 문제다. 대개 그런 아이는 자신의 우

---

* 1920년대에서 50년대까지 유행한 이른바 펄프매거진 pulp magazine 가운데 하나. 펄프매거진은 갱지를 사용한 싸구려 통속 잡지로 미스터리, 공상과학, 환상, 모험, 괴기 소설 등을 주로 실었다.

월성을 보여줄 수 있는 다른 분야를 찾는다. 연기는 좋아하는데 소질이 없는 아이도 어려운 경우다. 서머힐의 방식이 훌륭하다는 평판을 듣는 것은 그런 아이한테도 배역을 맡기기 때문이다.

우리 학교에는 가끔 말을 더듬는 아이들이 있었다. 그런 아이들도 연극에서 연기를 할 때면 유창하게 말을 했다. 다른 인물의 역할을 하게 되어서 정상적으로 말하게 되지 않았나 싶다.

열서너 살 된 남자 아이들이나 여자 아이들은 사랑하는 역할을 맡지 않으려 한다. 나이가 어린 아이들은 어떤 역할이든 쉽고 즐겁게 한다. 열네 살이 넘은 아이들은 희극에서라면 사랑하는 역할을 맡을 것이다. 오직 한두 명의 나이 많은 아이들만이 진지하게 사랑하는 역을 맡을 것이다. 사랑을 경험해보지 않은 한 사랑하는 역을 연기할 수는 없다. 그런데 실제 삶에서 큰 슬픔을 겪어보지 않은 아이들도 슬픔에 잠긴 역을 훌륭하게 해낼 수 있다. 버지니아는 예행연습에서 슬픈 역을 연기하며 울음을 터뜨리고 눈물을 흘렸다. 아이들이 상상으로 슬픔을 알게 된다는 것은 이런 사실로 설명된다. 사실 죽음이라는 요소는 일찍부터 아이들의 공상 속에 들어가 있다.

아이들을 위한 연극은 아이들 수준에 맞아야 한다. 아이들에게 공상으로 가득한 자신들의 생활과 동떨어진 고전 작품을 공연하게 하는 것은 잘못이다. 독서와 마찬가지로 연극도 아이들의 나이에 맞아야 한다. 아이들 역시 자기네 주변 이야기를 좋아한다. 서머힐의 아이들은 자신들이 직접 쓴 작품으로 공연을 하지만, 그럼에도 불구하고 기회가 주어진다면 정말 좋은 작품에도 열광적인 반응을 보인다.

겨울이 되면 나는 일주일에 한 번 나이 많은 아이들에게 희곡을 읽어준다. 배리, 입센, 스트린드베리, 체호프의 작품들 전부와 버나드 쇼와 골즈

위디의 몇몇 작품, 『탯줄The Silver Cord』과 『소용돌이The Vortex』 같은 현대 작품도 읽어주었다. 우리 학교의 최고 배우들은 입센을 좋아했다.

나이 많은 학생들은 무대 기법에 관심이 많고 그에 관한 독창적인 견해도 가지고 있다. 등장인물이 무대에서 퇴장할 때는 꼭 구실을 대야 하는 오래된 무대 기법이 있다. 예를 들어 아내와 딸이 아버지가 고집불통이라고 서로 맞장구를 칠 수 있게 하려면 극작가는 아버지를 무대에서 퇴장시켜야 한다. 그럴 경우 늙은 아버지는 다소곳이 일어나 "원예사가 양배추를 심었는지 가서 살펴봐야겠어"라고 말하고는 무대에서 나간다. 서머힐의 어린 극작가들은 더 직접적인 기법을 사용한다. 어떤 여자 아이가 내게 말했다. "실제 생활에서는 왜 나가는지 말하지 않고 그냥 방을 나가버리잖아." 그렇다. 서머힐의 연극 무대에서도 그렇게 한다.

오랫동안 모든 프로그램에는 춤이 포함되었다. 춤은 늘 여자 아이들이 준비하고 진행했는데, 썩 잘해냈다. 아이들은 고전음악에 맞춰 춤추지 않는다. 음악은 늘 재즈다. 한번은 「랩소디 인 블루」의 작곡가 거쉰의 재즈 기법을 도입한 관현악곡 「파리의 미국인An American in Paris」에 맞춰 발레 공연을 했다. 내가 이야기를 짜고 여자 아이들이 안무를 맡았다.

내가 독일에서 겪었던 춤에 대해 어떤 책에서 쓴 이야기가 어렴풋이 생각난다. 헬레라우Hellerau의 국제학교에는 열여섯 살 이상의 여자 아이들이 오로지 율동체조와 춤에만 전념하는 부문이 있었다.* 저녁에는 종종 독무 공연을 했는데, 많은 학생들이 프란츠 리스트의 「죽음의 무도Totentanz」를 선택했다. 하루 종일 춤 동작으로 자신의 감정을 표현하는 여학생들이

---

* 1921년 닐이 몇 사람과 함께 독일 드레스덴 근교 헬레라우에 세운 국제학교는 율동체조부, 외국인학생부, 독일인학교의 세 부문으로 이루어져 있었다.

왜 하필이면 죽음의 춤을 선택하는지 나는 의아스러웠다. 춤추는 동작은 치유력이 있다는 이전까지의 신념이 그 경험으로 인해 깨져버렸다.

이제 나는 춤이나 미술, 음악이 그 자체로 치유력이 있다고 생각하지 않는다. 오페라 합창단원이거나 미술학교 혹은 음악학교에 다니는 여학생들이 정말 마음 편안할까. 대부분의 음악, 미술, 무용학교에는 진정한 자유가 없다는 점을 꼭 기억해야 한다. 그런 학교의 학생들은 모두 엄격한 규율 속에서 지낸다. 러시아의 뛰어난 무용수들은 틀림없이 병사들처럼 훈련을 받을 것이라고 나는 생각한다. 앉거나 서서 그림을 그리는 미술학교가 아마 규율이 가장 약할 것이다.

마음대로 생활할 수 있는 자유가 주어진다면, 율동은 모든 아이들에게 유익할 것이다. 여러 해 동안 나는 우리 학교 아이들이 춤 배우는 것을 보아왔다. 하지만 아이들은 폭스트롯, 탱고, 트위스트 수업을 받은 게 아니라, 스스로 춤을 추어가면서 동작을 고안해냈다.

학교 초창기에 거의 매일 밤 우리 거실은 아이들로 가득 찼다. 종종 레코드를 틀었는데 여기서 의견 마찰이 생겼다. 아이들은 듀크 엘링턴이나 부기우기를 원했고 나는 그런 작품이 싫었다. 나는 라벨이나 스트라빈스키 그리고 빅스 바이더베크를 좋아한다.

트럼펫 연주가의 삶을 생생히 형상화한 도로시 베이커의 소설 『트럼펫을 가진 청년 Young Man With a Horn』은 초창기 재즈 음악가인 빅스 바이더베크의 생애에 근거한 것이라고 알려져 있는데, 작가가 주인공을 어찌나 실감나게 묘사했는지 진짜 그의 연주 소리가 들려오는 듯하다. 나는 그 책을 네 번이나 읽었다.

사실 베토벤을 좋아하는지 아니면 바이더베크를 좋아하는지는 삶의 행복과 무관한 문제다. 학교들이 교육과정에서 베토벤을 빼고 재즈나 로큰롤을 넣으면 더 많은 성과를 거둘 것이다.

재즈 밴드에 감명을 받은 서머힐의 세 남자 아이들이 악기를 배우기 시작했다. 두 명은 클라리넷을 선택했고 한 명은 트럼펫을 선택했다. 학교를 졸업하고 그 아이들은 모두 왕립음악원에 진학했다. 그리고 지금은 모두 고전음악만 연주하는 오케스트라의 단원들이 되었다. 그들의 음악적 취향이 그런 쪽으로 발전해나간 것은, 서머힐에 다닐 때 듀크 엘링턴이나 바흐를 비롯해 여러 작곡가들의 음악을 두루 들을 수 있었기 때문이다.

서머힐에서는 연극 기법의 하나인 즉흥 연기를 집중적으로 다룬다. 나는 쉬운 상황부터 시작한다. '가상의 외투를 입었다가 다시 벗어 옷걸이에 건다. 길거리에서 개똥 사이로 걸어간다. 꽃다발을 집어 들어 그 속에서 엉겅퀴를 찾는다. 아버지나 어머니가 돌아가셨다는 전보를 받는다. 장님이 되어 도로를 가로지른다. 기차역 구내식당에서 급하게 식사를 하면서 기차가 떠날까봐 불안해한다.'

다음에는 대사를 하는 역할을 준다. 나는 골격만 제시한다. '너는 아버지고, 너는 어머니야. 그리고 너는 학교에서 퇴학당했어. 자, 이제 해봐.' 이때는 상황과 대사를 정하기 위해 미리 의논을 하면 안 된다는 규칙이 있다.

한번은 의사에게 전화를 하려다가 잘못해서 푸줏간 주인에게 전화를 하는 상황을 제시했다. 그러자 한 남자 아이가 간과 심장이 헷갈리는 혼란스러운 대화를 연기해냈다.

이 밖에도 수많은 상황을 상상할 수 있다. '런던 경찰관에게 길을 묻는다. 기차 안에서 친구와 대화를 나눈다. 금고를 터는데 주인이 들어온다.'

"당신 대체 뭘 하고 있는 거요?"

열두 살 난 똑똑한 남자 아이가 말한다. "이 집 주인이십니까? 마침 잘

오셨습니다."

"당신 지금 내 금고를 털고 있는 거지."

"아, 오해하신 겁니다. 저는 금고회사에서 나온 사람인데 우리가 설치한 금고들을 점검하고 다니는 중입니다."

"그런데 왜 초인종을 안 누르고 창문으로 들어온 거요. 뭔가 이상해. 경찰을 부르겠소."

"그것도 오햅니다. 우리는 도둑을 막을 수 있는지 창문도 점검해야 하거든요."

때때로 연기는 '발성영화'가 된다. 예를 들어 나는 탁자 뒤에 앉아 하리치 시의 이민국 직원이라고 말한다. 그러면 아이들은 각자 가상의 여권을 지닌 채 내 질문에 답할 준비를 해야 한다. 이건 무척 재미있다.

이제 나는 영화제작자가 되어 다음 영화의 출연진을 뽑기 위해 인터뷰를 하거나, 비서를 구하는 사업가가 된다. 한번은 보통 쓰지 않는 어려운 단어를 사용해서 '글 대신 써주는 사람amanuensis'을 구한다는 광고를 낸 사람이 되었다. 아이들은 아무도 그 단어의 뜻을 몰랐다. 한 여자 아이가 그 단어를 '손톱 손질해주는 사람manicurist'으로 알고 연기를 했는데, 꽤 훌륭한 희극이 만들어졌다.

아이들은 심각한 상황은 꺼려한다. 아이들이 언제나 아주 심각해지는 상황이 딱 하나 있다. '앨프는 강도죄로 7년형을 살았다. 갱 두목이 그에게 죄를 뒤집어씌웠다. 감옥에서 나온 앨프는 총을 구해 그 두목을 죽이려 한다. 그런데 그가 죽이려는 사람이 눈이 멀었다는 사실을 서서히 깨닫는다.' 이 상황의 마지막 장면은 이렇다.

"오랜만이야, 스파이크."

"앨프의 목소리로군. 잘 지냈나, 앨프. 드디어 풀려났군."

"집이 좋아 보이는데, 스파이크. 저 그랜드피아노는 값이 상당히 나가겠어. 큰 부자가 되었군, 안 그래? 일어서. 두 손 올리고. 더러운 놈, 저쪽으로 가."

스파이크가 의자에 걸려 넘어질 뻔한다. 앨프는 다가가 그를 쳐다본다.

"맙소사, 당신 앞을 못 보는군!"

나는 이 장면을 여러 차례 시도해보았는데, 총으로 그 두목을 쏘아버리는 아이는 아무도 없었다.

즉흥 연기는 우리 학교의 연기에서 가장 흥미로운 부분이자 대단히 중요한 부분이다. 아이들에게는 즉흥 연기의 재미와 재치가 연기 자체보다 더 가치 있는 것 같다. 이런 종류의 연기에서는 초조한 마음이 완전히 사라진다. 잊어버릴 대사가 없기 때문이다. 그런데 이런 연기도 자유로운 아이들이 제일 잘한다. 몇몇 공립학교 교사들은 내게 이런 말을 했다. 학생들로 하여금 자의식이나 실패에 대한 두려움을 떨쳐버리도록 하기가 힘들다고.

연극에서 연기를 잘하는 아이들일지라도 즉흥 연기를 해낼 수 없는 경우가 있다. 오직 나이 든 아이들만이 거친 영국해협을 가로지르는 신혼여행 연기를 해낼 수 있다. 자기과시욕이 강해서 모든 역을 다해보려는 아홉 살짜리 아이들이 문제다.

연기는 얼마나 가르쳐야 하는가? 즉흥 연기에서는 그럴 필요가 전혀 없다. 하지만 연극이 만들어지고 있을 때는, 어른이 맡든 아이가 맡든 관계없이 연출가는 위치나 동작 등에 대해 지시를 내릴 권한을 가져야 한다.

우리의 극장은 서머힐의 다른 어떤 곳보다 창조적인 일을 많이 해왔다. 어떤 사람이든 연극에서 연기를 할 수 있다. 하지만 누구나 극본을 쓸 수는 없다. 손수 만든 창작극만 공연하는 전통이 기존 작품을 각색하거나 모방하는 것보다 훨씬 더 창의력을 북돋운다는 점을 아이들도 어렴풋하게나마 깨닫고 있음에 틀림없다.

언젠가 서머힐협회Summerhill Society에서 학교에 텔레비전 세트를 기증하겠다고 제의했다. 나는 그 문제를 전체회의에 상정했다. 놀랍게도 절대다수의 반대로 전체회의는 그 제의를 거절했다. 몇몇 나이 많은 아이들은 텔레비전이 게임, 토론, 컨트리댄스 같은 사회적 프로그램을 망쳐놓을 거라고 말했다. 나이 어린 아이들은 텔레비전이 있으면 어느 방송을 볼 것인지를 놓고 끊임없이 싸울 거라고 했다. 나는 텔레비전 화면만 쳐다보는 게 을러빠진 아이들의 학교가 되지 않을까 걱정했다. 그 회의에서 교직원들은 어떤 의견도 내지 않았고 표결에도 참여하지 않았다.

텔레비전은 이미 확고하게 자리를 잡았다. 이제 와서 그것의 출현을 한탄해봤자 아무 소용이 없다. 교육의 관점에서 나는 텔레비전이 염려스럽다. 텔레비전은 소극성, 사실의 흡수, 선정주의, 잔인성을 강조하기 때문이다. 선동가들이나 흑인들을 다루는 경찰들의 행동을 보여주는 화면은 아이들에게 좋지 않은 영향을 미친다. 아이들은 흔히 그런 장면을 보고 두려움을 느낀다.

하지만 텔레비전에는 폭력적이거나 잔인하지 않은 프로그램도 많다. 찰리 채플린의 「위대한 독재자」는 아이들에게 히틀러와 무솔리니에 관한 어떤 교과서보다 훨씬 더 유익하다. 좋은 서부극은 총소리가 난무하더라도 잔인하지 않다. 주인공은 얼마나 멋지게 총알을 잘 피해내는지 모른다. 대부분의 스릴러물과 마찬가지로 서부극에서도 생생하게 살아 있는 인물이 전무한 것은 그런 이유 때문일 것이다. 거기에는 온통 머리는 원으로 몸통과 팔다리는 직선으로 나타낸 그림 같은 인물들만 나온다. 아이들은 분명 그런 등장인물들한테서 어떤 감정도 느낄 수 없다. 악당들이 아무리 죽어도 누구 하나 눈물을 흘리지 않는다.

하지만 햄릿, 리어 왕, 오셀로, 그리고 영화 「춘희」의 여주인공이 죽을 때면 많은 이들이 눈물을 흘린다. 나는 찰리 채플린의 영화 「시티 라이트」의 감동적인 마지막 장면에서 늘 눈물을 흘린다. 어느 나라에서나 텔레비전이 열 살 정도의 정신 수준에 맞춰져 있다고 생각하고 있음에도 나는 텔레비전을 보느라 많은 시간을 쓴다, 아니 시간을 낭비한다고 말해야 할 것이다. 영국에서 자주 상영된 옛날 영화들에는, 심지어 그레타 가르보가 나오는 영화조차, 신물이 난다. 하지만 채플린의 「시티 라이트」와 「모던 타임스」를 보기 위해서라면 먼 길을 걸어서라도 갈 것이다.

찰리 채플린에 관한 비밀 한 가지가 있다. 나는 우리 지역 영화관에 채플린의 두 영화를 상영해달라고 요청했는데, 배급업자는 그 영화들이 유통되지 않는다고 말했다. 나는 스위스에 있는 찰리에게 편지를 써서 그 이유를 물었다. 그리고 어린 세대가 그의 위대한 작품을 보지 못하고, 대신에 엉덩이를 걷어차고 파이를 집어던지는 오래된 단편 영화들만 봐야 하는 것은 불공평하다고 말했다. 답장이 오지 않았다. 찰리를 잘 아는 어떤 사람이 그는 답장을 쓰지 않는다고 말해주었다. 사실 한 번에 20통에 이르는 우편물이 배달될 때는 나도 그런 재주를 가졌으면 하고 바란다.

아이들이 텔레비전을 거부했다는 게 이상하게 들릴지 모르겠다. 하지만 더욱 이상한 것은 우리 아이들이 텔레비전 화면에 못 나와 안달복달하지 않는다는 사실이다. 나처럼 아이들도 텔레비전 방송의 촬영 방식에 짜증을 낸다. 카메라가 준비될 때까지 오래 기다리고, 조명이 준비될 때까지 또 더 기다려야 하는 게 텔레비전 방송이다. 모든 우리 아이들이 화면에 나오는 자기네 모습을 보고 싶어할 거라고 생각하지만, 자신들이 나온 프로그램 중에서 단 한 편에 대해서만 좋은 평가를 내렸다는 것을 나는 알고 있다. 아이들은 모두 자기과시욕이 강하다는 생각은 의심스럽다. 우리 미술실에서는 정반대의 현상이 나타난다. 거기서 어떤 아이는 좀처럼 그림에다 자기 서명을 적어 넣지 않는다.

텔레비전 방송 출연을 지긋지긋해하는 아이들의 심정에 나는 공감한다. 몇 번 방송에 출연해보니 정말 지루했다. 여섯시에 스튜디오로 가서 한밤중까지 어슬렁거리며 시간을 보낸다. 아무것도 준비되어 있지 않은 것 같고, 혹은 기다리는 동안 다른 프로그램이 촬영되어야 한다.

장사하는 사람들은 텔레비전에 광고를 내려고 많은 돈을 지불한다. 몇 년 전 우리가 ITV*에 출연했을 때 담당 프로듀서는 이렇게 말했다. "당신은 지금 7,000파운드짜리 광고를 공짜로 하고 있는 겁니다." 수많은 사람들이 그 방송을 보았다. 하지만 학교 안내서를 요청하는 편지를 보내온 사람은 단 한 명도 없었다. 반면에 얼마나 많은 사람들이 그 프로그램에 항의 편지를 썼는지에 대해서는 아는 바가 없다.

여러 해 동안 나는, 격주로 일요일 밤이면 나이 어린 아이들에게 자신들이 나오는 모험담을 들려주고 있다. 나는 아이들을 아프리카로 데려가기도 하고 바다 밑이나 구름 위로 데려가기도 한다. 얼마 전에는 어떤 이야기 속에서 나를 죽게 만들었다. 서머힐은 머긴스라 불리는 엄격한 사람의 손에 넘어갔다. 그는 수업 출석을 강제했다. '제기랄damn'이라고 말하기만 해도 회초리를 맞았다. 나는 아이들이 아주 고분고분하게 그의 지시에 잘 따르는 모습을 묘사했다.

세 살부터 여덟 살까지 아이들이 펄펄 뛰며 화를 냈다. "우린 그러지 않아. 모두 도망칠 거라고. 망치로 때려죽일 거야. 우리가 그런 사람을 참고 봐줄 거라고 생각해?"

결국 나는 다시 살아나서 머긴스를 발로 걷어차 문 밖으로 내쫓아야 아이들을 만족시킬 수 있다는 것을 알았다. 대부분 엄격한 학교에 대해서는 전혀 알지 못하는 나이 어린 아이들이었으니, 화를 내는 것은 자연스럽고 당연한 반응이었다. 교장이 자신들 편이 아닌 세상은 이 아이들에게는 끔찍한 것이었다. 이는 서머힐의 경험 때문이기도 하고 엄마와 아빠가 모두 자신들 편인 가정의 경험 때문이기도 하다.

---

* 영국에서 공영 방송인 BBC의 독점을 막기 위해 1954년 설립된 민간 상업 방송 기구인 독립방송공사 산하의 텔레비전 방송국.

교사들과 가르침

몇몇 작가들은 내가 하는 일을 평가하려고 시도했는데, 그들은 걸핏하면 나를 교사라고 추정했다. 나는, 교사들에게 실질적인 도움을 전혀 못 준다고, 학생들로 넘쳐나는 흔히 폭력적인 학교들에 대한 어떤 해결책도 없다고, 조직이나 시험이나 교수법에 아무 관심이 없다고 비판받았다. 만약 내가 교사라면 그런 비판은 정당할 것이다. 여기서 말하는 교사란, 아이들에게 지식을 전달하고 아이들의 성격을 어떤 틀에 맞춰 찍어내고 아이들을 지도하는 사람을 가리킨다.

나는 교사로 분류되기를 단호히 거부한다. 교사가 별것 아닌 지위를 내세워 얼마나 뽐내는 존재인가를 생각해보라. 교사는 상황의 중심 인물이다. 그는 명령하고 학생들은 복종한다. 그는 상과 벌을 내린다. 그는 거의 모든 말을 혼자 다 한다.

나는 스스로를 진정으로 인간성을 신뢰하는 사람으로 규정한다. 나의 메시지는, 아이들의 감정이 지적 발달보다 훨씬 더 중요하다는 이 한 가지다. 얼마나 성과를 거두었는지는 모르겠지만, 나는 학교들이 아이들의 감정을 무시함으로써 외부의 영향에 감정을 방치하고 있다는 점을 보여주려 애썼다. 열 살짜리의 정신 연령에 맞추어져 있는 신문, 라디오와 텔레비전의 저질 프로그램, 텔레비전 상업 광고, 범람하는 잡지 등이 바로 그것들이다. 교사들은 나무 뒤의 숲을 보지 못한다. 그 숲은 풍성한 삶, 성격 틀에 맞춰 찍어내기로부터의 자유를 의미한다.

교사들 대상의 강연을 할 때, 나는 교과나 규율 그리고 수업에 대해서는 언급하지 않을 거라고 애초부터 말한다. 청중들은 한 시간 동안 쥐 죽은 듯 조용히 이야기를 경청한다. 진심 어린 박수갈채 속에 강연을 마치면 사회자가 질문을 하라고 한다. 그런데 그 질문 가운데 적어도 4분의 3이 교과나 가르치는 문제에 관해서다.

무슨 우쭐한 마음으로 이 말을 하는 게 아니다. 나는 교실 벽과 감옥 같은 학교 건물이 얼마나 교사의 시야를 좁게 만들고 교육의 진정한 본질을 보지 못하게 하는지를 보여주기 위해, 슬픈 심정으로 말하는 것이다. 교사들은 아이들의 목 위 머리 부분만 다룬다. 그러니 필연적으로 핵심 부분인 아이들의 감정은 그들에게 낯선 영역이 되고 만다.

부모들 역시 학교에서 학습이란 측면이 그리 중요하지 않음을 잘 깨닫지 못한다. 어른들처럼 아이들도 자기가 배우고 싶은 것을 배운다. 상을 주고 점수를 매기고 시험을 보는 것은 모두 온전한 개성 발달에서 어긋난다. 학자연하는 사람들만이 책을 통한 학습을 교육이라고 주장한다.

책은 학교에서 가장 중요성이 떨어지는 도구다. 아이들에게는 읽기, 쓰기, 산수 세 가지면 족하다. 나머지 필요한 것들은 공구, 찰흙, 운동, 극장, 그림, 자유 등이다.

이제 우리는 학교 공부에 대한 개념에 도전해야 한다. 우리는 모든 아이들이 수학, 역사, 지리, 과학, 약간의 예술, 특히 문학을 당연히 배워야 한다고 생각한다. 그러나 이제 우리는 깨달아야만 한다. 보통의 아이들은 이런 과목들에 별 관심이 없다는 사실을.

서머힐에 새로운 학생들이 들어올 때마다 이 사실은 입증되고 있다. 이곳이 자유로운 학교라는 말을 들으면 새로 들어온 학생들은 입을 모아 소리친다. "만세! 따분한 산수 같은 건 절대 안 할 거야!"

학습을 깎아내리려는 게 아니다. 학습은 놀이에 뒤따라야 한다. 그리고 재미있게 한답시고 의도적으로 학습에 놀이를 가미해서도 안 된다.

가정에서 아이들은 늘 가르침을 받는다. 어느 집이나 어른답지 않은 어른이 꼭 한 명씩은 있게 마련인데, 그 사람은 토미에게 자기의 새 엔진이 어떻게 작동하는지 보여주려고 급하게 서둘러댄다. 그리고 아기가 벽 위의 뭔가를 살펴보려고 할 때 아기를 의자 위에 들어 올려주는 어른이 늘 있게 마련이다. 토미에게 엔진이 어떻게 작동하는지를 보여주려고 할 때마다 우리는 그 아이에게서 삶의 기쁨, 즉 발견의 기쁨이나 장애를 극복하는 기쁨을 빼앗는다. 더욱 나쁜 것은 우리가 그 아이로 하여금 자신은 열등해서 도움을 받아야 한다고 믿게 만드는 것이다.

자유는 똑똑한 아이들에게 가장 좋은 영향을 미친다. 본래 자유는 감정을 자극하기 때문에, 총명하든 둔하든 모든 아이들은 자유에 똑같이 반응한다고 나는 말하고 싶다. 하지만 실제로 그렇게 말할 수는 없다.

우리는 학습 문제에서 그 차이를 본다. 자유롭게 지내는 모든 아이들은 몇 년 동안 대부분의 시간을 놀면서 보낸다. 그런데 때가 되면, 똑똑한 아이들은 국가고시에 필요한 교과목을 익히려고 공부에 달려든다. 일반 학교에서 엄격한 규율 아래 지내는 아이들이 8년 걸려서 하는 공부를 그 아이들은 2년 정도면 다 한다.

일반 교사들은 혹독한 규율 속에서 공부하는 학생들만이 시험을 통과할 거라고 생각한다. 우리의 경험으로 볼 때, 그것은 똑똑한 학생들에게는 잘못된 생각이다. 자유로운 생활 속에서 일정한 기간 동안 집중해서 공부에 매진할 수 있는 아이들은 똑똑한 아이들뿐이다. 관심을 끄는 것들이 너무나 많은 공동체라 그런 공부를 하기가 정말 어려운데도 말이다.

엄격한 규율 밑에서는 상대적으로 공부를 못하는 학생들도 시험을 통과한다. 하지만 그렇게 시험을 통과한 학생들이 나중에 무엇이 될까. 만약 모든 학교가 자유롭고 모든 학습이 선택이라면, 아이들은 자신에게 맞는 수준을 찾을 것이라고 나는 믿는다.

그저 그런 학생들이 규율 속에서 그럭저럭 대학을 마치고 상상력 없는 교사나 평범한 의사 그리고 무능한 변호사가 되면, 좋은 기술자나 뛰어난 벽돌공 그리고 훌륭한 경찰관보다 더 행복할 수 있을까.

국가 차원의 교육 정책에서는 마음껏 살도록 놔두지 않는다. 우리는 두려움을 통해 설득한다. 하지만 아이에게 돌을 던지지 말라고 강제하는 것과 라틴어를 배우라고 강제하는 것 사이에는 큰 차이가 있다. 돌을 던지는 문제에서는 다른 사람들이 관련된다. 하지만 라틴어를 배우는 것은 오직 그 아이의 문제. 공동체는 반사회적인 아이를 제지할 권리를 갖는다. 왜냐하면 그 아이는 다른 사람의 권리를 침해하기 때문이다. 하지만 공동체는 아이에게 라틴어를 배우라고 강제할 권리가 없다. 라틴어를 배우는 것은 개인의 문제이기 때문이다. 아이에게 배움을 강제하는 것은 의회의 법령으로 종교를 강제하는 것과 똑같다. 그것은 똑같이 어리석은 짓이다.

나는 어려서 라틴어를 배웠다. 아니 그보다는 오히려 배워야 할 라틴어 책을 받았다고 해야 할 것이다. 어렸을 때 내 관심은 다른 데 있었기 때문에 라틴어를 배울 수 없었다. 스물한 살이 되어서 라틴어를 모르면 대학에 갈 수 없다는 것을 알았다. 1년도 채 공부하지 않고 나는 입학시험을 통과할 정도의 라틴어를 습득했다. 자기 관심이 라틴어를 배우게 만든 것이다.

대학에 다닐 때 나는 역사에서 높은 점수를 땄다. 그렇지만 지금 나는 장기의회Long Parliament*가 무엇을 했는지 알지 못한다. 그리고 장미전쟁의 승자가 누구인지도 확실히 모른다. 한때 나는 라틴어와 그리스어를 한꺼번에 공부했다. 그런데 지금은 그리스어 알파벳을 말할 수 있을지도 의문이다. 라틴어로 된 묘비명을 읽을 수 없는 것은 확실하다.

축구 대회 결승전을 보러 모여든 관중들의 집에는 셰익스피어나 테니슨의 작품이 얼마나 있을까? 이런 평가 기준은 완전히 잘못된 것이다. 마이클 듀언이 최근에 말했듯이 문제는 주로 사회적인 것, 즉 교실 교육에 있다. 대입 자격 시험에서 뛰어난 성적을 올린 그래머스쿨grammar school**의 학생이 옹기장이나 숙련된 연장 제작공보다 훨씬 더 교육을 잘 받았다는 사회적 통념이 문제다.

청소년들이 하는 학교 공부의 대부분은 시간과 에너지 그리고 인내력의 낭비일 뿐이다. 그것은 아이들에게서 놀고 놀고 또 놀 권리를 앗아간다. 아이들의 어깨 위에 늙은이의 머리를 얹는 꼴이다. '교육'은 아이들의 동기를 고려하지 않는다. 아이들의 놀려는 욕망, 자유로워지려는 갈망, 그리고 자신의 모습대로 사는 법을 모르는 어른들이 강제로 틀에 맞춰 키워내는 것으로부터 벗어나려는 갈망을 '교육'은 고려하지 않는다.

자본주의든 사회주의든 공산주의든, 모든 나라가 젊은이들을 교육하기 위해 공들여 학교를 세운다. 하지만 존이나 피터나 이반이, 부모와 교사 혹은 우리 문명의 강압성이 가한 억압 때문에 입게 된 정서적 손상과 사회악을 극복하는 데 학교의 실험실이나 작업실은 아무 도움이 되지 않는다.

---

* 청교도혁명의 동기가 된 1640년에 소집되어 1653년에 해산된 영국 의회.
** 대학 입시 교육을 주로 하는 영국의 인문계 중등학교. 정부의 지원을 받는다는 점에서 퍼블릭스쿨과 구별된다.

학교 교과들이 왜 그렇게 규격화되었는지 도무지 이유를 모르겠다. 왜 역사는 있고 식물학은 없는가? 왜 지리학은 있는데 지질학은 없는가? 왜 수학은 있는데 시민학은 없는가? 늙은 퍼블릭스쿨 교장의 말에 그 답이 있을지 모르겠다. "아이가 그것을 싫어하는 한, 아이에게 무엇을 가르치든 아무 상관없다."

서머힐에서 나는 교사에게 무엇을 가르치고 있는지 절대 묻지 않는다. 나는 새로운 교수법들이 있다는 것을 안다. 말하자면 수학 같은 분야에서 말이다. 그 방법들 중 일부는, 특히 초기 단계에서는 우수하다. 나는 이차방정식이나 인수분해를 가르치는 현대적인 방법을 머릿속에 떠올릴 수 없다. 원 밖의 한 점에서 그 원에 접하는 직선을 그리는 새로운 방법이 있다 할지라도 나는 그것을 모른다.

가르치는 문제에서 부딪히는 장애는 대학 입시가 그것을 좌우한다는 것이고 또 그 시험 문제는 내가 학생 때 보았던 것과 거의 똑같다는 점이다. 그래서 학생들은 제곱근을 배워야 한다. 내 직업이 뭐냐를 떠나서, 나는 실생활에서 제곱근을 사용해본 적이 한 번도 없었다. 심지어 돈을 나누는 데도 긴 나눗셈을 쓴 적이 없었다.

냉정하게 생각해보면 디킨스, 하디, 쇼, 헤밍웨이 같은 사람들 중에서 시간을 나타내는 명사절과 부사절의 차이점에 대해 말한 사람은 아마 아무도 없을 것이다. 그래서 나는 무슨 현대적인 교수법으로 교과목을 재미있게 만드는 데는 정말 아무 관심이 없다. 오히려 쓸데없고 지겨운 교과목들을 없애고 싶다.

비록 곡물법의 폐지 문제를 가지고 자신의 수업을 재미있게 만들려는 역사 교사를 머릿속에 떠올릴 수는 없지만, 나는 자신의 교과를 재미있게 만들 수 있고 또 살아 있게 만들 수 있는 교사들을 전적으로 지지한다.

교사는 타고나는 것이라고 생각한다. 어떤 대학의 무슨 훈련도 한 사람의 좋은 교사를 만들지 못할 것이다. 자랑 삼아 하는 말은 아닌데, 나는 좋은 교사였다. 비록 시험이라는 관점에서 보면 이상적인 교사는 아니었지만 말이다. 나는 많은 부분 상상력에 기대어 가르친다. 그래서 논술 문제를 낼 때는 "휴일을 어떻게 보낼 것인가?" 같은 문제가 아니라 "틀니가 접시에 떨어졌다" 혹은 "현관에서 학교 정문까지 달팽이의 여행을 묘사하라" 같은 문제를 낸다. 50년쯤 전 일이다. 수업 시간에 이렇게 말했다. "에세이나 이야기 혹은 그 밖의 여러 형식의 글 첫 문장을 제시하겠다. '빌어먹을, 엿같이 됐군, 하고 주교가 말했다!' 자 그럼 이어서 글을 써봐."

열세 살 난 남자 아이는 이렇게 썼다. "주교는 강단 탁자에 몸을 기대고 엄숙하게 말했다. '신도 여러분, 나는 오늘 아침 성당에 들어서면서 여러분 중 누군가가 저런 몹쓸 말을 하는 것을 들었습니다. 오늘은 그에 관해 이야기를 하겠습니다.'" 내가 썼다면 분명 이 수준까지 이르지 못했을 것이다. 아마 주교가 골프를 치다가 실수를 했다고 썼을 것이다. 언젠가 나는 나이 많은 아이들을 가르치는 것을 그만둬야 했다. 내 방식이 외부 시험을 치르는 데 도움이 되지 않는다고 아이들이 항의했기 때문이다. 그것은 나를 비난하는 게 아니라 영어 시험 문제를 출제하는 사람들을 비난하는 것이었고, 타당한 비판이었다. 나는 30분 정도 이야기를 나누어보고 공책에 다 쓰고 싶은 것을 쓰게 해보면 그 아이의 영어 수준을 평가할 수 있었다.

내 사견으로는 영어는 학교 교과목으로 다뤄서는 안 된다. 우리는 읽고 쓰고 말하기를 통해 언어를 배우는데, 당국에서는 문법을 배워야 한다고 명령한다. 헨리 포드 식으로 말하자면 "문법은 허튼 소리에 불과하다."*

---

* 헨리 포드는 "학교에서 가르치는 역사는 허튼 소리에 불과하다"고 말했다.

'these sort of people' 혹은 'who did you see?'가 나쁜 영어라는 걸 나는 인정한다. 하지만 그렇다 해도 도대체 품사를 설명하고 문장을 분석하고 또 한 문장을 여러 절로 나누는 일이 뭐가 그리 중요한가? 문법은 십자낱말풀이의 시대가 오기 전까지 선생들에게 좋은 연습 문제가 되곤 했다.*

얼마 전 코펜하겐에서 열네 살 난 여자 아이를 만났다. 그 아이는 서머힐에서 3년을 보냈고 영어를 완벽하게 구사했다. 내가 그 아이에게 말했다. "영어 과목에서는 너희 반에서 일등이겠구나."

그 아이는 침울한 표정으로 얼굴을 찡그리며 말했다. "아니. 거의 꼴찌야. 문법을 몰라서 그래." 이 사례에서 어른들이 생각하는 교육이 무엇인지가 여실히 드러난다.

아이들은 철자법을 배워야 한다고 사람들은 말한다. 오랜 교사 경험으로 볼 때 철자법은 가르칠 수 없는 것이라고 나는 확신한다. 철자법은 주로 읽기를 통해 습득되고 원래가 눈으로 익히는 것이다. 물론 이 이론이 늘 맞는 것은 아니다. 열다섯 살 난 한 남자 아이는 온종일 밤늦도록 책을 읽었다. 그런데 그 아이는 철자를 틀리지 않고는 한 줄의 글도 쓰지 못했다. 서머힐의 미국 학생들은 'traveling'을 'travelling'으로, 'plough'를 'plow'로 쓴다. 뉴욕에는 'Nite Club' 같은 전광간판이 있다. 오늘날 철자법은 지역적이다. 아니 정확하게 말하자면 나라별이다.

어떤 사람들은 교사가 아이들에게 문학적 안목을 키워줄 수 있을 거라고 생각한다. 그럴지도 모르지만, 나는 성공한 적이 없다. 내가 좋아하는 소설은 『녹색 덧문들의 집』인데, 단 한 명도 이 소설의 저자인 조지 더글러스 브라운에게 관심을 갖게 만들지 못했다. 나보다 훨씬 더 훌륭히 아이들에게 책읽기에 대한 의욕을 북돋워주는 영어 교사들이 있을 것이다.

문체는 가르칠 수 있는 게 아니다. 문체는 바로 그 사람 자체다. 나의 가장 큰 즐거움은 글쓰기다. 아니 더 정확히 말하자면 타자기를 치는 것이다. 대체로 나는 화려한 구절이나 복잡한 산문체를 사용하지 않고 말하는 투로 글을 쓴다. 나의 스승인 조지 세인츠버리는 애써 세련되게 쓰는 글을 지독히 싫어했는데, 내가 그의 영향을 얼마나 받았는지는 짐작하기 어렵다. 그의 글은 괄호로 가득 차 있고 주제에서 자주 벗어나는 것으로 보아 좋은 문체는 아니다. 나도 글을 쓸 때 그런 잘못을 저지르는데, 그에게서 배운 것은 아니다.

서머힐에서는 원하는 아이들에게 프랑스어와 독일어를 가르친다. 그런데 그 공부가 너무 빨리 중단되는 경향이 있다는 게 큰 어려움이다. 라틴어 시험을 통과할 무렵 나는 막 고대 로마의 최고 시인인 베르길리우스의 장편 서사시 『아이네이스Aeneis』의 진가를 알아보기 시작했는데, 그 뒤로는 다시는 라틴어 책을 보지 않았다. 프랑스어 시험을 통과한 수천 명의 사람들이 프랑스에 가지 않으며 프랑스어 책도 읽지 않는다. 그러고서 시험을 치른 지 2년 후에 프랑스에 간다면, 경찰관에게 길을 물을 수 있을지는 몰라도, 아마 대부분 경찰관의 대답을 알아듣지 못할 것이다.

언어를 배우는 제일 좋은 방법은 어릴 때 그 나라에 가서 사는 것이다. 서머힐의 외국인 학생들은 3주만 지나면 그럭저럭 영어를 한다. 그들은 제일 먼저 욕설을 배운다. 외국어를 배우는 아이에게 당면한 목표가 없다면 그 언어는 어렵고 지루하다. 우리 교직원 중 몇 명은 사적인 이야기를 나눌 때는 독일어로 하곤 했다. 언어를 배우려는 아이들의 열망은 급속도로 커지는데, 사적인 이야기를 그 언어로 하는 것은 현명한 일이 아님을

---

* 십자낱말풀이는 영국 출신 기자 아서 윈이 1913년 미국의 『뉴욕 월드』지에 연재하고부터 폭발적인 인기를 끌었으며, 1924년에는 단행본으로 출간되어 오랫동안 베스트셀러가 되었다.

우리는 깨달았다.

숙제에 대해 불평하는 아이들로부터 나는 많은 편지를 받았다. 어떤 여자 아이는 매일 저녁 숙제를 하는 데 네 시간이 걸린다고 했다. 아이들에게 이런 고난을 주는 것은 죄악이다. 만약 학생 스스로 찾아서 하는 숙제라면 나는 반대하지 않는다. 하지만 부모나 교사에 의해 강요된 숙제라면 단호히 반대한다. 자신들의 삶의 방향을 자유롭게 결정할 수 있다면, 아이들은 시험관이 요구하는 싫은 일에 당당히 맞설 것이고, 교과목과 씨름하기 위해 밤늦게까지 앉아 있을 필요도 없을 것이다. 거의 50년 전, 나는 햄스테드에 있는 킹앨프레즈 스쿨King Alfred's School에서 교사 생활을 했다. 숙제는 절대 내주지 않았다. 그런데도 상당수의 학생들이 훗날 대학과 직업 생활을 썩 잘해냈다. 하지만 지금 그 학교는 숙제를 내주고 있다.

내가 아버지가 근무하던 학교의 학생이었을 때, 아버지는 매일 저녁 우리 형제에게 숙제를 내주었다. 스코틀랜드의 시골 마을 아이들은 모두 장작을 패고 물을 길어야 할 신세라서 숙제가 없었다. 그런데 우리 형제들은 달랐다. 매일 밤 정해진 시간에 아버지는 뒷문에서 개를 부르는 휘파람소리를 냈고, 그러면 우리는 슬프게도 동네 친구들과 하던 놀이를 중단해야 했다.

"개들이 집으로 돌아갈 시간이야." 친구들이 소리쳤다. 그러면 개들은 다리 사이에 꼬리를 감추고 집으로 갔다. 그 개들이 바로 닐리와 클루니 그리고 나였다. 윌리 형은 자기 뜻대로 했는데, 집으로 달려가지 않아도 괜찮았고 공부를 하지 않아도 괜찮았다. 나머지 형제들은 방으로 행진해 가, 생각을 '공연장에 몰래 숨어들어 가기'에서 앨런의 『라틴어 문법』책으로 돌리려고 애썼다.

난 정말이지 그 책이 싫었다! 몇 구절은 아직도 기억에 남아 있다. "여격與格은 보여주다, 주다, 말하다, 부러워하다, 허락하다, 믿다 등의 동사와 함께 쓰인다. 여기에 원조하다, 용서하다, 즐겁게 하다 등의 동사를 더할 수 있다." 닐리와 클루니는 이런 것을 배우는 데 큰 어려움이 없었다. 하지만 나는 그렇지 못했다. 닐리와 클루니가 다시 나가 동네 친구들과 노는 것을 허락받았을 때도 나는 여전히 거기에 매달려 앉아 있어야 했다.

비록 첫 일 년 동안은 스승의 차 시중만 들어야 하는데도 옛날의 도제살이가 훌륭하다는 소리를 듣는 것은 반드시 배워야 하는 기술이 '있기' 때문이다. 그런데 학교 시험은 대개 하나도 중요하지 않은 것만 다룬다. 이것이 내가 말하고자 하는 논점이다.

교사들은 자신들이 가르치는 교과목만큼 편협해진다. 내가 종종 대학 교수들이나 강사들이 의외로 우둔하다고 느끼는 것도 어쩌면 그 때문일 것이다. 프랜시스 베이컨이 지금 살아 있다면, 전문화가 편협한 사람을 만들어낸다고 했을지 모른다. 이 말은 교사들뿐만 아니라 의사들에게도 적용된다. 나는 폭넓은 관심사를 가지고 폭넓게 대화를 나누는 의사를 만나본 적이 없다.

사범대 학생들에게 강연을 하다보면, 쓸모없는 지식들로 가득 찬 그 젊은이들의 미성숙함에 자주 충격을 받는다. 그들은 많은 것을 안다. 논리에 뛰어나고 고전들을 인용할 줄도 안다. 하지만 인생을 바라보는 시야에서 그들 대다수는 어린아이 수준이다. '아는 법'은 배웠지만 '느끼는 것'은 허용되지 않았기 때문이다. 그들은 친절하고 유쾌하고 의욕에 차 있지만, 뭔가가 부족하다. 감정적 요소, 생각을 감정에 종속시킬 수 있는 능력이 바로 그것이다. 나는 그들이 놓쳐버렸고 또 지금도 놓치고 있는 그 세계에 대해 이야기해준다. 그들의 교과서는 성격이나 사랑, 자유, 자기 결정 같은 문제를 다루지 않는다. 그러니 책을 통한 지식 습득만을 목표로 하는 체계가 지속되고, 머리는 가슴에서 계속 분리되어간다.

우리의 젊은 교사들 사이에서 좀 더 커다란 저항 운동이 일어나는 것을 볼 수 있으면 좋겠다. 사회악과 맞서는 문제에서 고등 교육이나 대학 학위 따위는 조금도 중요치 않다. 박식한 신경증 환자는 무식한 신경증 환자와 다를 바가 없다.

우리네 교육에서 진정한 행위, 진정한 자기표현은 얼마나 될까? 손으로 하는 작업은 전문가의 감독 아래 접시를 만드는 게 고작이다. 유도식 놀이 체계로 유명한 몬테소리 교육법조차, 아이로 하여금 행위를 통해 배우게 만드는 인위적인 방식이다. 거기에는 창조적인 면이라곤 하나도 없다.

창조자들은 자신들의 독창성과 천재성을 발휘하는 데 필요한 도구들을 얻기 위해 자신들이 배우고 싶은 것을 배운다. 학습을 강조하는 교실 안에서 얼마나 많은 창조성이 죽어가고 있는지 우리는 잘 모른다.

기하학 때문에 밤마다 눈물을 흘리는 여자 아이를 본 적이 있다. 아이의 어머니는 아이가 대학에 가기를 원했다. 하지만 그 아이의 영혼은 온전히 예술적이었다. 그 아이가 일곱 번이나 입학시험에 떨어졌다는 이야기를 듣고 나는 기뻤다. 아마 이제 그 어머니는 아이가 그토록 바라던 배우가 되는 것을 허락할 것이다.

공부는 중요하다. 하지만 모두에게 그런 것은 아니다. 니진스키는 상트페테르부르크의 황실무용학교 시험에 통과할 수 없었다. 그 시험을 통과하지 않으면 국립발레단에 들어갈 수 없었다. 그는 단지 학과 공부를 할 수 없었을 뿐인데, 마음이 이미 딴 데 가 있었기 때문이었다. 그의 전기에 따르면, 학교에서는 편법을 동원해 그에게 시험 문제의 답을 가르쳐줬다고 한다. 만약 니진스키가 정말로 입학시험을 쳐서 통과해야 했다면, 세상에 얼마나 큰 손실이었겠는가!

서머힐의 교직원

서머힐의 어른들은 미덕의 귀감이 아니라고 나는 이미 여러 차례 말했다. 우리는 다른 사람들과 똑같은 인간이다. 그리고 인간이기에 우리가 가질 수밖에 없는 약점은 흔히 우리의 이론과 상충한다. 보통 가정에서 아이가 접시를 깨뜨리면 어머니나 아버지는 야단법석을 떤다. 그때는 접시가 아이보다 더 중요한 것이 되어버린다. 서머힐에서 아이가 접시를 깨뜨리면 아내나 나는 아무 말도 하지 않는다. 우연한 사고는 우연한 사고일 뿐이다. 그런데 어떤 아이가 책을 빌려가서 빗속에 내버려두면 아내는 화를 낸다. 왜냐하면 아내에게 책은 소중하기 때문이다. 그런 경우 나는 개인적으로 무관심하다. 나한테는 책이 별로 중요하지 않기 때문이다. 반면에 끌을 망쳐놓은 것을 두고 내가 야단법석을 떨 때, 아내는 그리 안 놀라는 것 같다. 나한테는 공구가 소중하지만 아내한테는 별것 아니다.

서머힐에서 우리의 생활은 내내 주어야만 하는 생활이다. 아이들보다 방문객들이 더 우리의 진을 빼놓는다. 그들 역시 우리가 뭔가를 주기를 바라기 때문이다. 받는 것보다는 주는 것이 더 축복받는 일이겠지만, 심신은 분명 더 지친다.

토요일 밤 전체회의에서는 어른들과 아이들 사이의 갈등이 드러난다. 그런 갈등은 자연스러운 일이다. 왜냐하면 다양한 연령층으로 구성된 공동체에서 어린아이들을 위해 모든 것을 희생한다면 아이들을 완전히 망쳐놓을 것이기 때문이다. 모두 잠자리에 든 시간에 나이 많은 아이들 패거리가 늦게까지 자지 않고 웃고 떠들면 어른들은 싫은 소리를 한다. 해리는 자신이 한 시간이나 걸려 현관문에 쓸 판자를 만들어놓았는데, 점심을 먹고 와보니 빌리가 그것으로 선반을 만들어버린 것을 알고는 볼멘소리로 투덜거린다. 나는 납땜 도구를 빌려가서는 되돌려주지 않는 아이들을 비난한다. 나이 어린 세 아이가 저녁 식사 후 배가 고프다면서 빵과 잼을 가져갔는데, 다음날 아침 복도에 빵 조각이 널려 있는 것을 보고 아내는 흥분해 소리를 지른다. 피터는 도예실에서 아이들이 자기의 귀중한 찰흙을 던지며 장난친다고 몹시 언짢아한다. 어른들의 입장과 아이들의 부주의 사이에서 일어나는 싸움은 계속된다. 하지만 그 싸움은 결코 서로의 인격을 깎아내리지 않는다. 거기에는 개인에 대한 어떤 반감도 없다. 이런 갈등은 서머힐을 생동감 있게 만든다. 늘 무슨 일이 일어나기 때문에 일 년 내내 지루할 날이 없다.

다행히도 우리 학교 교직원들은 소유욕이 강하지 않다. 그런데 내가 1갤런에 3파운드나 주고 산 비싼 페인트 한 통을 어떤 여자 아이가 낡은 침대 틀을 칠하느라 다 써버렸을 때 속이 쓰렸다는 점은 인정한다. 나는 내차와 타자기와 작업 공구들에 대해 소유욕이 있다. 하지만 사람에 대해서는 그렇지 않다. 사람에 대한 소유욕이 있는 사람은 교장이 되면 안 된다.

우리가 천사의 무리라고 말하려는 게 아니다. 우리 어른들도 몹시 화를 낼 때가 있다. 만일 내가 문에 페인트칠을 하고 있는데 로버트가 와서 진흙을 던진다면, 나는 정말로 욕을 할 것이다. 로버트는 우리와 오랫동안 함께 지내온 터라 내가 무슨 말을 해도 문제가 없다. 그런데 로버트가 지긋지긋한 학교에서 막 서머힐로 왔고 진흙을 던지는 행위가 권위와 싸우려는 시도였다고 가정한다면, 나는 로버트의 행동을 모른 척하고 넘어갔을 것이다. 그 아이를 구원하는 일이 문보다 더 중요하기 때문이다. 로버트가 다시 사회적이 되기 위해 자신의 증오를 발산하는 동안, 나는 그 아이의 편이 되어주어야 한다. 말처럼 쉽지 않은 일이다. 한번은 어떤 남자아이가 내 소중한 선반 기계를 심하게 다루는 걸 옆에서 가만히 지켜보았다. 그때 내가 화를 냈다면 그 아이는 당장에 나를 무서운 자기 아버지와 동일시했을 것이다. 그 아이 아버지는 자기 공구에 손을 대면 때려줄 거라고 늘 겁을 주었다.

때때로 아이에게 욕을 한다 할지라도 그 아이 편이 될 수 있다는 것은 묘한 일이다. 당신이 정말 아이의 편이라면 아이는 그것을 안다. 감자나 흠집이 난 공구들에 대해 사소한 의견 차이가 있다 해도 근본 관계는 흔들리지 않는다. 권위와 도덕을 버리고 아이를 대할 때 아이는 당신을 자기편이라고 느낀다. 그 아이에게 지금까지 권위와 도덕은 자신의 행동을 제한하는 경찰관과 같았다.

여덟 살 난 여자 아이가 지나가며 말한다. "닐은 진짜 바보야." 이 말이 자기가 나를 좋아하고 또 편안하게 느낀다는 것을 반어적으로 표현하는 방식임을 나는 안다. 아이들은 사랑하기보다는 사랑받기를 원한다. 모든 아이들에게, 어른들의 인정은 사랑을 의미한다. 반면에 인정해주지 않으면 미워한다는 의미다. 서머힐의 교직원들을 대하는 아이들의 태도는 나를 대하는 태도와 똑같다. 아이들은 교직원들이 언제나 자기네 편이라고 생각한다.

서머힐에서 물건들이 닳고 소모되는 것은 자연스러운 과정이다. 그것을 막을 수 있는 유일한 방법은 아이들로 하여금 두려움을 갖게 만드는 것이다. 그러나 정신력의 소모는 무엇으로도 막을 수 없다. 왜냐하면 아이들이 뭔가를 물어오면 반드시 답을 해줘야 하기 때문이다. 하루에도 50번이나 내 사무실 문이 열리고 아이들이 질문을 한다. "오늘밤에 영화 봐?" "왜 나한테는 개인 상담을 안 해줘?" "팸 봤어?" "에나 어디 있는지 알아?" 이건 너무나 일상적인 일이고, 나도 당장에야 피곤한 줄을 모른다. 비록 우리에게 진정한 사생활이 없다 할지라도 말이다. 이럴 수밖에 없는 이유는, 집이라는 공간이 학교로 사용하기에는 좋지 않다(어른들의 입장에서 하는 말이 아니다)는 점 때문이기도 하고, 또 아이들이 늘 우리와 붙어 있기 때문이기도 하다. 학기말이 되면 아내와 나는 완전히 녹초가 된다.

한 가지 주목할 만한 사실은 교직원들이 좀체 화를 내지 않는다는 점이다. 그것은 아이들도 마찬가지다. 정말이지 함께 지내기에 즐거운 아이들이어서 화를 내는 경우가 거의 없다. 자유롭게 자기 자신을 드러내 보일 수 있는 아이는 보통 증오에 사로잡히지 않는다. 그리고 어른을 화내게 만드는 데 재미를 느끼지도 않는다.

비판에 대해 과민 반응을 보이던 한 여교사가 있었는데, 여자 아이들이 그녀를 놀려댔다. 다른 교직원들은 어떤 반응도 보이지 않았기 때문에, 아이들은 괴롭히려야 괴롭힐 수가 없었다. 위엄을 갖춘 사람만 놀려먹을 수 있는 법이다. 언젠가 한 책에서 밝혔듯이, 새로운 교사를 채용하려고 면접을 볼 때 나는 다음과 같은 질문을 했다. "어떤 아이가 당신을 바보 꼴통이라고 부르면 어떻게 하겠습니까?" 지금도 질문은 똑같다. '꼴통 bloody'이라는 말만 빼고. 이 말은 좀 더 일반적인 감탄사로 변해왔는데, 영국 밖에서는 전혀 욕설이 아니다.

수업이 강제가 아닐 때, 아이들을 수업에 들어오게 하려면 정말 좋은 교사가 되어야 한다. 물론 내가 원하는 교사는 어느 정도 유머가 있고 위엄은 전혀 없는 교사다. 두려움을 불러일으켜서도 안 되고 도덕가가 되어서도 안 된다.

유머가 없는 사람은 아이들에게는 분명 위험한 존재다. 유머는 아이들에게 친근함, 존경을 표할 필요 없음, 두려움 없음, 다시 말해 어른들의 애정을 의미한다. 유머는 대개 위아래를 구별하지 않기 때문에 교실이란 울타리를 벗어나 있다. 유머는 교사로서 요구하는 존경을 없애버린다. 왜냐하면 아이들과 함께 웃는 교사의 웃음은 그를 너무나 인간답게 만들기 때문이다. 가장 훌륭한 교사는 아이들과 '함께 웃는' 사람이고, 가장 나쁜 교사는 아이들을 보고 '비웃는' 사람이다.

학교에 다니는 아이들에게 교사들의 유머는 정말 낯설다. 새로 들어온 열 살짜리 남자 아이한테 "닐을 찾고 있는데, 어디 있는지 알아?"라고 물었더니, 그 아이는 미친 사람 아냐 하는 눈초리로 나를 뚫어지게 쳐다보았다. 이번에는 서머힐에서 3년 동안 지낸 열한 살짜리 여자 아이에게 그 말을 했다. 아이는 천연덕스럽게 이렇게 대답했다. "몰라. 좀 전까지 저쪽 구석에 있었는데." 유머는 값을 매길 수 없는 참으로 소중한 선물이다. 그런데 유머는 아이의 교육에서 거의 완전히 도외시당하고 있다.

나이 어린 아이들은 유머 감각보다는 재미에 대한 감각이 발달해 있다. 열 살 난 여자 아이에게 "1야드는 몇 피트일까 How many feet are in a yard?" 하고 물어보라. 아이는 답을 할 것이다. 그 다음 "런던경찰청에는 발이 몇 개 있을까 How many feet are in Scotland Yard?" 하고 물어보라.* 그러면 아이

---

* 앞의 질문은 '교정 안에는 발이 몇 개 있을까?'라는 뜻도 되며, 뒤의 질문은 '스코틀랜드 야드는 몇 피트일까?'라는 뜻도 된다.

는 빤히 쳐다볼 것이다. 그런 장난에 익숙한 우리 학생이라면 바로 대답한다. "건물 안에 있는 경찰관과 타자수가 몇 명이냐에 달려 있어"라고.

어떤 사람에게 줄 수 있는 가장 큰 모욕 한 가지는, 유머 감각이 없다고 말하는 것이다. 그런 판정은 용서할 수 없는 짓이다. 내가 아는 가장 유머 감각 없는 사람들 중 한 사람은 남들을 이렇게 싸잡아 판단해 버릇한다. "그 사람의 단점은 유머 감각이 없다는 거야."

왜 그렇게 많은 각계각층의 사람들이 유머를 미심쩍게 바라볼까? 아들라이 스티븐슨이 미국 대통령이 되지 못한 것은 너무 농담을 많이 했기 때문이라고들 한다. 짐작하건대 영국의 어떤 장관이라도 웃기는 작자라고 비난받으면 말을 아주 조심해서 하려고 애쓸 것이다.

1947년 미국에서 처음 강연을 했을 때 미국인들은 영국인과 다른 유머 감각을 가지고 있다는 것을 알았다. 런던이라면 웃음이 터져 나왔을 내 농담이 뉴욕에서는 맥이 빠져버렸다. 그리고 어떤 때는 훨씬 더 큰 웃음이 터졌는데 나는 그 이유를 알 수 없었다. 모든 나라에는 자신들만의 유머가 있다. 그래서 그 유머는 진부해지기 쉽다. 인색한 스코틀랜드 사람들에 대한 이야기처럼 말이다. 내가 독일에 살 때, 저 사람들은 재미있게 웃을 수 있겠다 싶었던 독일인들은 유대인들뿐이었다.

유머는 내가 일을 해나가는 데 큰 도움을 주고 있다고 생각한다. 만약 내 도움을 구하고 있는 경우가 아니라면, 나는 모든 아이들에게 가볍게 말한다. 아이들과 농담을 하는 것은 친근함, 동등함, 그리고 형제애를 의미한다. 어떤 사람이 내가 죽은 뒤에는 누가 서머힐을 운영할 것인지 물었을 때 나는 이렇게 대답했다. "모르겠습니다. 하지만 어떤 사람이 되었든 그에게 유머 감각이 없다면 학교는 결딴날 겁니다."

놀이공원이 아닌 학교는 나쁜 학교다. 그러나 슬프게도 교사들의 위엄이 너무나 흔히 모든 재미를 죽여놓고 만다. 어떤 학생이 자기를 바보 멍청이라고 불렀다고 우리 교사 한 사람이 기분 상해했다. "봐요." 내가 말했다. "아이들 대여섯이 오전 내내 '닐, 닐, 바나나 껍데기' 하고 외치며 날 따라다녔어요. 내가 계속 점잔을 떨면서 화를 냈을 거라고 생각해요?"

내가 서머힐에서 성공을 거둔 것은, 적어도 어느 정도는 다른 재미난 아이들 사이에서 나도 한 명의 재미난 아이가 될 수 있었기 때문이라고 생각한다. 재미는 수학이나 역사 그리고 쉽게 잊어버리고 마는 다른 모든 교과목들보다 훨씬 더 중요하다. 유머는 일종의 정서적 안전판이다. 재미있게 웃을 수 없는 사람은 이미 죽은 사람이다. 대부분의 사람들은 마흔 살에 죽어 일흔이 되어서야 땅에 묻힌다고 누군가가 썼다. 분명 유머가 없는 사람을 가리켜 한 말이다.

서머힐 교사들에게는 또 다른 어려움이 있다. 아이들을 위한 자유를 의식적으로 신뢰해서 서머힐에 온 교사들이 있었다. 그런데 몇 주 후 그들은 자신들을 위한 자유를 찾고 있었다. 서머힐에 왔을 때 그들은 자유롭지 못한 아이들과 진배없이 행동했다. 자유롭게 산다는 것은 어른이나 아이에게나 쉬운 일이 아니다.

어떤 경우에는 학생들보다 교직원들이 더 말썽이었다. 이상한 사람들도 좀 있었는데, 한 과학 교사는 여덟 살 난 남자 아이에게 청산가리가 든 병을 다루게 했고, 같은 나이의 여자 아이에게는 연기를 내뿜는 질산을 유리관에 붓게 했다. 그 여자 아이는 화상을 입고 말았다.

수업 시간에 교실에 있어야 한다는 것말고 서머힐 교사들에게 주어진 의무는 아무것도 없다. 그런데 신경증에 걸린 교사들은 아침나절 내내 수업을 하고 나머지 시간에는 책을 읽거나 잠을 잤다. 물론 대부분의 우리 교사들은 강한 공동체 의식을 가지고 있어서, 가르치는 일은 차치하고 공동체 안에서 활발하게 생활하는 데 모든 관심이 가 있다.

언젠가 1층 화장실에 아이들이 길게 줄을 선 것을 보고 2층으로 올라갔다. 그런데 거기도 줄을 서 있었다. 한 영리한 남자 아이가 화장실 창문으로 넘어 들어가 누군가가 문을 몽땅 잠가놓았다는 것을 알아냈다. 나는 교무실로 가서 교직원들에게 그 일을 알렸다.

"제가 그랬습니다." 갓 대학을 졸업하고 온 젊은 교사가 말했다.

"아, 그래요. 왜 그랬어요?" 내가 말했다.

그는 즐거운 표정으로 웃으며 말했다. "꼭 한 번 그렇게 해보고 싶었습니다. 이번에 평생 처음으로 그 기회를 잡았죠." 하지만 새로 온 모든 교사들이 그런 식으로 행동하지는 않는다는 사실을 서둘러 말해야겠다.

우리 교직원들과 일하게 된 것이 나에는 참으로 행운이었다. 내가 어떤 교사에게 "아이들을 그런 식으로 다루지 마시오"라고 말한 경우는 딱 한 번뿐이었던 것으로 기억한다. 물론 나는 서머힐의 체계에 맞지 않는 교사들은 채용하지 않았다. 울퉁불퉁한 근육질의 체격을 가지고 있으나 지적 능력은 부족한 그런 건장한 사람들 말이다. 학생들도 그런 사람들은 반대한다. 전직 스카우트 대장이었던 교사가 있었는데, 그가 아이들에게 "자 애들아, 보트를 만들자!" 하고 말하면 아이들은 코웃음을 치며 들은 척도 않았다. 자유로운 아이들은 지시를 내리는 지도자는 따르려들지 않는다.

되풀이해서 나타난 두드러진 경향이 한 가지 있었는데, 잘못된 사리 분별로 아이들 편에 서서 인기를 얻으려는 교사들이 있었던 것이다. 아이들은 그런 교사를 재빨리 간파한다. 너무나 많은 새로운 교사들과 보모들이 자유와 방종을 구별하는 데 어려움을 겪는다. 한 보모는 아이들이 가구를 부수는 것을 내버려두었다. 아이들에게 하지 말라고 하면 안 되는 걸로 생각했기 때문이다.

언젠가 한 젊은이가 나보다 학교를 더 잘 운영할 수 있을 거라고 생각했다. 그가 교직원들을 선동하자 몇몇 전향자들이 생겼고 교직원들 사이에 분위기가 험악해지고 이상해졌다. 내가 우두머리 직을 내놓아야 했을까. 그래서 그 교직원이 재정, 학생 등록, 급여 등 모든 사안을 다루어야 했을까. 물론 나는 내키지는 않았지만 가능한 한 빨리 반역자들을 제거했다. 왜냐하면 그들은 좋은 교사들이었기 때문이다. 그들이 열네 살 때는 아버지에게 도전하지 못하고, 대신에 이제 와서 아버지를 대신할 사람을 찾아내자, 그것도 전혀 권위적이지 않은 사람을 찾아내자 도전을 감행한 것이 아닌가 상상해본다. 서머힐이 권한을 위임받은 위원회 조직에 의해 운영될 수 있을지는 의문스럽다. 왜냐하면 그런 위원회의 행보는 너무나 흔히 보수적인 구성원들의 보조에 맞추어지기 때문이다.

나는 병적인 우두머리가 되는 게 너무나 싫다. 어떤 사람에게 무엇을 하라고 말하는 게 싫다. 합리화일 수도 있겠지만, 만일 내가 하라고 말했기 때문에 한다면, 그는 독창적인 사람이 아니다. 나는 신이 되는 게 싫다. 자기보다 어린 아이들을 공포에 떨게 만들었다는 이유로 어떤 아이를 학교에서 내보내야 할 때면 늘 비참함과 일말의 죄의식을 느낀다. 하지만 아이들과 잘 지내지 못하는 교사에게 떠나달라고 말할 때는 죄의식을 느끼지 않는다. 단지 곤혹스러울 뿐이다. 나의 일 가운데 가장 고통스러운 임무는 교사에게 이렇게 말하는 것이다. "아이들이 당신 수업이 지겹다며 들어가지 않겠답니다. 당신이 학교를 떠나는 게 좋겠습니다."

나 자신을 그런 교사와 동일시해서 생각해본다. '만일 내가 좋지 않은 교사라는 말을 듣는다면 기분이 어떨까?' 나의 첫 아내는 이런 방면에 천부적인 소질이 있었다. 예컨대 어떤 조리사에게 해고를 통보하면서도 조리사에게 자신이 칭찬을 듣고 있다는 인상을 심어준다.

서머힐의 명성에도 불구하고 좋은 교직원을 만나기는 그리 쉬운 일이 아니다. 새로운 교사를 구하는 일은 어렵다. 광고를 내면 이런 편지가 올 것이다. "저는 교사가 아닙니다. 은행 직원(혹은 도서관 사서 등등 여러 가지)입니다. 하지만 아이들을 가르칠 수는 있다고 생각합니다." 많은 사람들이 가르치는 일은 숙련이 필요 없는 직업이라고 생각한다. 서머힐에 지원하는 사람이 이토록 적은 이유를 나는 모른다. 아마 돈 문제 때문일지도 모른다. 하지만 지금은 가능한 한 공립학교와 비슷한 수준에서 급여를 지급하고 있다. 학생들 스스로 수업을 선택하는 학교에서 가르쳐야 한다는 것이 두려워서 그런지도 모르겠다.

숙련되고 안 되고가 큰 차이를 낳아서가 아니라, 법 때문에 서머힐에는 자격을 갖춘 교사들이 있어야 한다. 훈련받은 교사들도 있었고 그렇지 않은 교사들도 있었는데, 양쪽 모두 좋고 나쁜 점이 있었다. 가르치는 일은 과학이 아니라 예술이다. 그런데 법은 전자 편이다. 피카소 같은 사람이라 할지라도 교사로서 훈련을 받지 않았다면 영국에서는 미술 교사가 될 수 없을 것이다.

서머힐에는 몇몇 뛰어난 교사들이 있었다. 아니, 그들은 교사가 아니라 공동체 정신을 가진 사람들이었다. 거의 30년간 우리 과학 교사로 있었던 조지 코크힐은, 레모네이드와 폭발물 만들기를 화학의 기준으로 생각하는 아이들 한가운데에 늘 있으면서도 절대 화내는 법이 없었다. 조지는 아이들의 관심사를 따랐다. 그가 은퇴했을 때 학교로서는 큰 손실이었다.

나는 교사에게 무엇을 하라거나 어떻게 가르치라고 말한 적이 한 번도 없었다. 한두 사람은 자기 교실에 내가 자주 들어오지 않는다고 불평했다. 하지만 나에게 제일 큰 어려움은 교사와 학생 사이에 의견이 일치하지 않는 경우였다.

언젠가 한 남자 아이가 밴조를 만들고 싶어했다. 목공 교사는 너무 어려운 일이라며 아이에게 밴조를 만들지 말라고 했다. 두 사람이 문제를 조정하러 나를 찾아왔다. 나는 말했다. "학생이 밴조를 만들고 싶어하면 그건 그 아이의 바람이고 소관입니다. 엉망으로 만든다 해도 그 아이 일이에요. 아이에게 나무를 줘요." 교사는 화를 내며 학생 편만 든다고 나를 비난했고, 그 자리에서 학교를 그만두었다. 그런 문제는 전체회의에서 결정할 사항이라는 생각이 뒤늦게야 들었다.

졸업생들이 교사가 되어 서머힐 교직원으로 돌아오지 않는 일은 유감스럽다. 그들은 너무 균형이 잘 잡혀 있어서 아이들을 가르칠 수 없을지도 모른다. 그런데 예전에 서머힐의 학생이었던 보모들이 있었는데, 맡은 일을 잘해냈다. 그들에게는 권위적이지 않은 환경에 들어섰을 때 자신들의 콤플렉스를 발산할 기간이 필요하지 않았던 게 그럴 수 있었던 한 가지 이유였다.

교사 지원자 중 가장 위험한 사람은 다음과 같이 외치는 사람이다. "저는 꼭 서머힐에서 일해야 합니다. 이곳은 제가 그리던 이상향입니다. 이 훌륭한 학교의 교사가 되기 위해 온몸을 다 바치겠습니다."

그런 교사는 보통 몇 주 안에 불만을 드러낸다. 그 꿈은 너무 생생하고 너무 거룩하다. 거기에는 늘 환멸이 뒤따른다. 사실 우리의 가장 뛰어난 두 교사는 이전에 서머힐에 대해 들어본 적도 없는 사람들이었다.

개인적으로 나는 손을 쓸 줄 아는 사람을 선호한다. 퍼블릭스쿨 출신의 교사들이 있었는데, 그들 중 한 사람은 망치로 못을 박을 줄도 몰랐다. 나는 부서진 물건을 보면 고치려 하고 차도에 난 구멍을 보면 깨진 벽돌로 메우려 하는 젊은이를 좋아한다. 그런데 슬프게도 우리 교직원들 대부분은 차도에 대해 콤플렉스를 가진 듯했다. 나는 오랫동안 혼자 그 구멍을

메웠다. 왜 그랬을까? 그들은 차가 없고 나는 차를 가지고 있다. 맞다, 나는 공구를 쓸 줄 아는 친구들을 좋아한다. 그러면서도 내 공구를 빌려가서 돌려주지 않으면 욕을 한다. 공구는 절대 공동의 것이 되어서는 안 된다. 그 점에 관해서는 자동차정비소 주인 누구에게든 물어보라.

언젠가 몇몇 아이들이 커다란 돌로 치는 바람에 길 위로 담이 무너졌다. 나는 담을 세우지 않고 내버려두었다. 그리고 무슨 일이 벌어지는지 지켜보았다. 교직원들과 학생들은 6주 동안 그 길을 돌아서 다녔다. 나는 다시 담을 세웠다. 여기서 어떤 요소가 개입한다. 나는 학교 건물과 땅에 대해 소유 의식을 가지고 있다. 그것들은 내 재산이다. 교직원들은 그것들이 자기네 것이라는 의식이 없다. 나는 그 점을 이해한다.

50년 전 윌리엄 오슬러 경은 나이 사십이면 너무 늙은 것이라고 말했다. 나는 나이 사십이면 너무 젊다고 생각한다. 오랜 세월에 걸쳐 내가 알아낸 바로는 벽돌 나르기 같은 즐겁지 않은 일을 기꺼이 하려는 교직원들은 보통 사십이 넘은 사람이라는 것이다. 가끔은 사십이 안 된 교직원도 있었다. 아마 강제로 시켰다면 사십이 안 된 교직원들도 틀림없이 그 일을 했을 것이다.

서머힐에서 생활하는 것은 쉬우면서도 어려운 일이다. 대개 우리는 말다툼을 하지 않고 함께 살아간다. 나는 교무실이 질투심으로 넘쳐나는 광경을 많이 목격했다. "지리 선생은 일주일에 일곱 시간을 수업하는데, 내 수학 시간은 다섯 시간뿐이라니까요." 개들은 뼈를 놓고 싸우는데, 이런 경우는 아무런 실리도 없는 싸움이다. 아니, 우리에게는 경쟁의식이 없다. 자유는 심지어 교직원들에게도 평화를 준다. 그래서 그토록 많은 방문객들이 이런 질문을 하는지도 모른다. "누가 학생이고 누가 교직원입니까?"

종교적 자유

종교는 말한다. "선하게 살라, 그러면 행복해질 것이다." 그런데 이 격언은 반대로 말해야 더 진실하다. "행복하게 살라, 그러면 선해질 것이다." 45년간의 서머힐 생활에 비추어볼 때 후자가 참된 말임을 나는 확신한다. 행복은 모든 아이들의 권리다. 미래의 행복하지 않을 수도 있는 삶을 대비한답시고 아이들에게 힘든 삶을 살게 하는 것은 죄악이다. 아직도 너무나 많은 부모들이, 아이는 원죄를 지닌 채 태어나며 행복할 권리가 없다고, 그 죄를 뉘우칠 때야 자비가 베풀어질 뿐이라고 믿고 있다. 뭔가에 구속되어 있으면서 동시에 행복할 수는 없는 법이다. 아이들의 행복은 필수라는 것이 모든 교육 체계의 첫 번째 교의가 되어야 한다. 학교는 학업 성취도가 아니라 학생들의 얼굴 표정에 따라 평가되어야 마땅하다.

최근 서머힐을 방문한 어떤 여성이 내게 말했다. "당신은 왜 학생들에게 예수의 삶에 관해 가르치지 않나요? 그러면 학생들이 예수의 발자취를 따르고자 하는 마음을 품게 될 텐데요." 사람은 다른 사람의 삶에 관한 이야기를 '들어서'가 아니라, 스스로 직접 '살아가면서' 사는 법을 배운다고 나는 대답했다. 왜냐하면 분명 말은 행동보다 덜 중요하기 때문이다. 서머힐이 아이들에게 사랑을 주기 때문에 많은 사람들은 서머힐을 종교적인 곳이라고 불러왔다.

그 말이 맞을지도 모른다. 하지만 오늘날 종교가 뜻하는 일반적인 의미라면, 즉 자연스러운 삶에 대한 반목을 의미하는 것이라면, 나는 종교적이라는 그 형용사가 싫다. 내 어린 시절의 기억 속에 있는 그 종교와 나는 결부되고 싶지 않다.

아이에게 종교는 늘 두려움을 의미할 뿐이다. 아이의 삶에 두려움을 끌어들이는 것은 모든 죄 중에서 가장 나쁜 죄다. 신은 눈꺼풀에 구멍이 나 있는 힘센 사람이다. 그래서 신은 네가 어디에 있든 너를 볼 수 있다. 아이에게 이 말은 신은 이부자리 속에서 한 짓도 볼 수 있다는 것을 의미한다. 죽어서 지옥에 갈 거라는 위협을 어린 시절부터 받아온 사람이라면 '현세'의 안전에 대한 불안 신경증에서 좀체 벗어날 수 없을 것이다.

내가 어릴 적에 믿음은 받아들이기 쉬웠다. 지구는 우주의 중심이었고 친절한 신은 우리의 발걸음을 비추어줄 태양과 달 그리고 별을 만들어놓았다. 그 신은 인격신이었다. 신은 우리 모두를 하나하나 알고 있어서 우리가 죽으면 하프를 뜯으며 상을 내리거나 불로써 벌을 내렸다. 우리는 지구가 별들과 행성들로 이루어진 바다 속의 잔챙이 물고기에 불과하다는 사실을 몰랐다. 왜냐하면 지구는 우주의 중심이었고, 인간은 최고의 피조물이어서 저 하늘의 별처럼 죽지 않는 존재였기 때문이다.

우리 할머니 싱클레어는 내가 열네 살이던 해에 돌아가셨는데, 그때까지 우리와 함께 사셨다. 나는 할머니가 제일 좋아하는 손자였고, 나 또한 여느 남자 아이가 할머니를 좋아하는 것만큼 할머니를 사랑했음에 분명하다. 할머니는 박하사탕을 드시곤 했다. 할머니가 내게 사랑을 표현하는 방법은 키스를 하면서 당신 입 속에 든 박하사탕을 내 입 속으로 넣어주는 것이었다. 할머니는 신앙심이 깊었고 성경을 많이 읽었다. 그리고 자신이 어렸을 때 일요일마다 교회에 가느라 15킬로미터의 거리를 왕복했다는 이야기를 우리에게 해주는 걸 좋아했다. 할머니의 신앙은 아무런 의심이나 회의가 없는 단순 소박한 신앙이었다. 내가 일곱 살 때 '개새끼'라는 말을 하자, 할머니는 나를 옆에 꿇어앉히고 하나님께 용서를 구했다. 나는 일찍부터 지옥에 대한 두려움을 가졌는데 그것은 바로 할머니에게서 기인한 것이었다.

할머니는 우리에게 여러 가지 설교집을 큰소리로 읽어달라고 했다. 거기에는 토머스 보스턴의 『인간 본성의 네 상태 Fourfold State』도 포함되어 있었다. 보스턴 역시 아무런 의심이 없는 사람이었다. 할머니는 보스턴을 하나님의 사람이라고 칭했는데, 그의 책에서 내가 가장 무서워했던 구절은 지옥의 고통에 대해 상세히 묘사한 부분이었다. 그 구절은 이렇게 시작한다. "지옥의 고통이 어떤 것인지를 알고 싶으면 촛불을 켜서 손가락을 그 불꽃 속에 넣어보라." 할머니와 보스턴이 죄인에게는 어떤 일이 일어나는지에 대해 일말의 의심도 하지 않았기 때문에 나 역시 의심을 가지지 않았다. 그런데 마치 본능처럼 나는 지옥이 내 목적지임을 알았다. 할머니에게는 증오가 없었다. 할머니는 아주 인간적이고 사랑스러운 노인이셨다. 할머니의 즐거움 중 하나는, 길 건너 집 여인이 전해주는 음탕한 소문에 귀 기울이는 것이었다.

일찍이 무신론자였던 여동생 클루니는 어린아이 때부터 성령 모독이라는 용서받지 못할 죄를 범할 우려가 있었다. 다행히 클루니는 그러지 않았다. 그런데 큰형 윌리가 열세 살 때 천둥번개가 내리치는 가운데 서서 전능하신 하나님께 성령의 본성에 위배되는 행위를 해달라고, '자신'을 내려쳐서 죽여달라고 요구하는 것을 봤을 때, 나는 두려움에 벌벌 떨었다.

쾅 하고 천둥이 치자 나는 눈을 꽉 감았다. 흥미로운 사실이지만, 윌리 형은 나중에 성직자가 되었다.

성경은 "여호와를 경외하는 것이 지혜의 근본이요"라고 말한다. 그런데 이것은 훨씬 더 흔히 정신장애의 기원이 된다. 어떤 형태의 두려움이든 아이에게 덮어씌우는 것은 해롭다.

많은 사람들이 다음과 같은 말을 굳게 믿고 있다. "만약 아이들에게 어떤 두려움도 없다면, 아이들이 어떻게 선해질 수 있을까?" 지옥이나 경찰관 혹은 처벌에 대한 두려움에서 나오는 선함은 결코 선한 것이 아니다. 그것은 겁쟁이일 뿐이다. 보상이나 칭찬 혹은 천국에 대한 희망에서 나오는 선함은 뇌물에 의존하는 것일 뿐이다.

아이들은 우리를 두려워해서 우리의 가치를 인정해줄지도 모른다. 우리 어른들은 어떤 가치가 있는가! 어떤 주에 나는 3파운드를 주고 개 한 마리를 샀고, 10파운드를 주고 선반용 공구를 샀고, 5기니를 주고 담배를 샀다. 비록 내가 우리의 사회악에 대해 깊이 생각하고 개탄한다 할지라도, 그 돈을 몽땅 가난한 사람들에게 주는 일은 없다. 그래서 나는 아이들에게 빈민가는 혐오스러운 곳이라고 설교하지 않는다. 그런 문제에 관해 내가 정말 위선자라는 사실을 깨닫기 전까지는 그렇게 설교하곤 했다.

아이들을 도덕적으로 훈계해야 할 경우는 어디에도 없다. 그것은 심리학적으로 잘못이다. 어린아이에게 이기적이지 말라고 요구하는 것은 잘못이다. 모든 아이들은 이기주의자다. 온 세상이 모두 자기 것이다. 아이들의 열망은 강렬하다. 아이들은 오직 바라기만 하는, 세상의 왕이다. 사과를 손에 쥐면 오직 사과를 먹겠다는 바람 한 가지뿐이다. 그리고 엄마가 동생과 사과를 나눠 먹으라고 하면 아이는 동생을 미워하게 된다.

아이에게 이기적이지 말라고 '안' 가르쳐도 이타주의는 나중에 자연스럽게 생긴다. 그런데 아이에게 이기적이지 말라고 가르치면 아마 이타주의는 전혀 생기지 않을 것이다. 이타적인 아이는 자신의 이기심을 만족시키면서 다른 사람들을 기쁘게 만들기를 좋아하는 아이일 뿐이다.

아이의 이기심을 억압하면 그 이기심은 고착된다. 충족되지 않은 바람은 무의식 속에 잠재한다. 이기적이지 말라고 가르침을 받은 아이는 평생 이기적인 데 매달릴 것이다. 그러므로 도덕적 훈계는 애초의 목적을 달성하지 못한다.

이렇게 말하는 부모가 한두 명이 아니다. "왜 우리 아이가 나빠졌는지 이유를 모르겠습니다. 나는 아이를 엄하게 야단쳤어요. 그리고 집에서는 아이에게 절대 나쁜 본을 보이지 않았어요." 채찍질이나 하나님에 대한 두려움으로 교육받아 피해를 입은 아이들과 함께 지내는 것이 흔히 나의 일이었다. 그 아이들은 선해지라고 강요받은 아이들이었다.

내가 아는 가장 행복한 가정은 부모가 도덕으로 가르치려 들지 않는, 아이들에게 숨김없이 정직한 가정이다. 이러한 가정에는 두려움이 끼어들 여지가 없다. 사랑은 나날이 넘쳐난다. 그렇지 못한 다른 가정에서는 두려움 때문에 사랑이 산산이 부서진다. 거짓된 위엄과 강요된 존경은 사랑과 거리가 멀다. 강요에서 나온 존경에는 '늘' 두려움이 따른다.

빌헬름 라이히는 이렇게 말했다. 갑작스레 두려움이 닥치면 우리 모두는 순간 숨을 죽이는데, 그와 마찬가지로 두려움 속에서 사는 아이는 숨을 죽인 채 살아간다고. 잘 자란 아이는 무엇에도 구애받지 않고 자유롭게 숨을 쉰다. 그것은 바로 아이가 두려움 없는 삶을 살아간다는 표시다.

이곳 서머힐에서 자기 부모를 두려워하는 아이들은 교사들의 방에 자주 들락거린다. 그 아이들은 늘 우리를 시험해본다. 아버지가 엄했던 열한 살 난 남자 아이는 하루에 스무 번이나 내 방문을 열었다. 아이는 말없이 문을 열어 안을 들여다보고는 다시 문을 닫았다. 나는 가끔 그 아이에게 소리쳤다. "아냐, 나 아직 안 죽었어." 아마 자기 아버지는 받지 못했을 사랑을 그 아이는 내게 주었다. 그리고 자신의 이상적인 새 아버지가 사라질까 봐 두려워했다.

나이 어린 아이들 가운데 천둥소리를 두려워하는 아이는 거의 볼 수 없다. 아무리 심한 폭풍우가 몰아쳐도 작은 텐트 속에서 잠에 곯아떨어진다. 그 아이들에게는 어둠에 대한 두려움도 없다. 여덟 살 난 남자 아이는 운동장 한쪽 끝에다 텐트를 치고 밤중에 혼자 잠을 자려고 든다. 자유가 두려움을 모르도록 만든다. 겁 많던 조그만 녀석들이 용감하고 겁 없는 젊은이로 자라나는 것을 나는 흔히 보았다.

대부분의 아이들은 정말 죽음을 두려워하지 않는다. 모든 아이들은 죽음을 본다. 딱정벌레나 참새의 죽음, 그리고 푸줏간에 걸린 도살된 가축의 시체를 본다. 죽음은 놀람보다는 호기심을 불러일으킨다. 스코틀랜드의 마을 학교에서 교장으로 지낼 때였다. 쉬는 시간이 끝나 종을 울렸는데도 아이들이 한 명도 교실로 들어오지 않았다. 운동장 역시 텅 비어 있었다. 가까운 들판에서 농부가 늙은 말을 총으로 쏘고 있었던 것이다. 어렸을 때 클루니와 나는 물웅덩이에서 익사한 뱃사람을 볼 수 있을까 싶어 썰물이 들어오기를 간절히 바랐다. 그때 우리는 칼뱅주의 교육이 빚은 온갖 병적 상태를 보이고 있었다.

만약에 아이가 어떤 것을 죄악이라고 배운다면 삶에 대한 그 아이의 사랑은 분명 두려움과 증오로 바뀐다. 자신들이 자유로울 때 아이들은 결코 다른 사람을 죄인으로 간주하지 않는다. 서머힐에서는 어떤 아이가 도둑질을 해서 친구들로 구성된 법정에서 재판을 받을 경우, 그 아이는 도둑질을 했다는 이유로 처벌받지 않는다. 그 아이에게 부과되는 것은 도둑질을 한 빚을 갚는 일뿐이다. 도둑질이 병이라는 것을 아이들은 무의식적으로 깨닫는다. 아이들은 현실주의자들로서, 분노하는 신과 유혹하는 악마를 당연시하기에는 너무나 분별력이 뛰어나다.

종교는 설교를 통해서는 아이의 무의식에 영향을 미칠 수 없다. 그런데 어느 날 밤 성직자가 아이와 함께 도둑질에 나선다면, 그 행동은 반사회적 행위의 원인이 되는 아이의 자기혐오를 해소해줄 것이다. 그렇게 서로 공감할 수 있는 관계가 될 때 아이는 다른 식으로 생각하기 시작할 것이다. 행위는 무의식을 자극한다. 하지만 말은 그렇게 할 수가 없다. 바로 그런 이유 때문에 아이를 사랑하고 아이를 인정해주는 것이 종종 아이의 문제를 치유한다. 장차 교도소를 들락거릴 것 같았던 많은 아이들을 도덕 규율 없이, 자유를 통해 치유했음을 나는 행동으로 증명해왔다.

어느 날 밤 즉흥 연기 시간에 있었던 일은, 아이의 반응이 두려움 때문에 왜곡되어 있지 않다면 아이에게는 타고난 현실 감각이 있다는 사실을 재삼 확인시켜주었다.

그날 밤 나는 의자에 앉아서 말했다. "난 천국 문을 지키는 성 베드로야. 너희는 그 안으로 들어가려는 사람들이고. 자, 시작해봐."

아이들은 안으로 들어가려고 온갖 구실을 댔다. 한 여자 아이는 반대쪽으로 와서 내보내달라고 간청했다! 그날의 스타는 열네 살 난 남자 아이였는데, 그 아이는 주머니에 손을 찔러 넣은 채 휘파람을 불며 내 옆을 지나쳐갔다.

"이봐요, 거기 들어갈 수 없어요." 내가 소리쳤다.

그 아이가 돌아서더니 나를 보고 말했다. "오, 당신 이 일이 처음이군, 안 그래?"

"무슨 말이오?" 내가 물었다.

"내가 누군지 모르지, 그렇지?"

"누군데요?" 내가 물었다.

"하나님!" 그 아이는 이렇게 말하고는 휘파람을 불며 천국으로 들어갔다.

개인적으로 나는 그 신이 어떤 신이든 신을 믿는 사람에 대해 반감을 가지고 있지 않다. 내가 반대하는 것은 자기 신에게는 인간의 발전과 행복을 가로막을 권위가 있다고 주장하는 사람이다. 그 싸움은 신학을 신봉하는 이들과 그렇지 않은 이들 사이의 싸움이 아니라, 인간의 자유를 신봉하는 이들과 그것을 억압하는 이들 사이의 싸움이다.

우리 아이들을 위한 이 싸움은 인정사정없는 싸움이다. 어느 누구도 중립일 수 없다. 우리는 이 편 아니면 저 편에 서야 한다. 권위의 편이냐 자유의 편이냐. 규율의 편이냐 자율의 편이냐. 미봉책으로는 아무것도 안 된다. 상황은 너무나 긴박하다.

어릴 때의 경험이 인생을 지배한다고 심리학자들이 말할 때 사람들은 그것에 의문을 품기 쉽다. 하지만 사랑하는 여동생 클루니가 서른네 살의 나이에 폐렴으로 죽은 뒤 나는 그 말에 대해 의심을 품은 적이 없다. 클루니는 일생 동안 자신의 무신론을 두고 타협한 적이 없었다. 클루니에게 기독교는 미신이자 사기였다. 그런데 임종할 때 클루니는 자신의 영혼을 구원해달라고 하나님한테 빌면서, 아기 때 배운 기도를 웅얼거렸다. 죽을 수밖에 없는 연약함에 클루니는 30여 년 동안 잠자고 있던 정서로 돌아간 것이다. 내게 그것은, 어린 시절의 정서는 평생 살아남는다는 명백한 증거였다.

영혼이 자유로우면 일도 잘하고 사랑도 잘하고 친구 관계도 좋다. 그런데 격심한 갈등과 대립 속에 빠져들면 자기를 미워하고 인류를 미워하게 된다. 부모와 교사가 모든 아이에게 줄 수 있는 유산은 이 둘 중 어느 한쪽이다.

많은 기독교인들은 왜 그들 주인의 길을 따르지 않는가? 가톨릭 학교들과 개신교 학교들은 마치 예수가 "아이들을 나에게 오게 하라, 그들을 때려주리라"라고 말한 것처럼 오랫동안 아이들을 때려왔다. 예수가 아이를 때리는 모습을 감히 어느 누가 상상할 수 있겠는가? 가톨릭교도들과 개신교도들은 비인간적인 교도소와 잔인한 법률을 암묵리에 지지한다. 얼마나 많은 청소년 범죄가 집이나 학교에서 성경을 배운 아이들의 환멸에서 나오는 것일까. 아이들은 거짓말과 도둑질 그리고 간통은 죄라고 듣는다. 그러면서 자기네 부모가 거짓말을 하고 소득세를 빼돌리는 것을 본다. 그리고 자기 아버지가 다른 여자에게 가는 것을 알게 된다. 아이들은, 잘은 모르지만 종교는 말뿐임을 느낀다.

언젠가 한번은 본의 아니게 가톨릭 가정의 아이를 맡은 적이 있었다. 그 실험은 실패했다. 그 아이는 죄나 벌을 믿지 않는 어떤 학교에서 생활했다. 그 아이는 신부에게 가서 자신의 죄를 고백해야 했다. 그리하여 그 불쌍한 아이는 자신의 입장이 뭔지 도무지 알 수가 없어져버렸다.

종교에 관해 논쟁을 하자는 게 아니다. 종교의 신봉자들이 자신의 종교를 실천하고, 한쪽 뺨을 맞거든 다른 쪽 뺨을 내놓고, 가진 것을 모두 팔아 가난한 사람들에게 준다면 나는 종교를 너그럽게 받아들일 수 있다. 바티칸이나 캔터베리가 금빛 이미지나 자본 투자를 과시하지 않고 예수의 가난한 삶을 상징한다면 나는 종교를 찬양할 수 있다. 예수를 따르는 사람들이 왜 그렇게 생명에 반대하는 편이 되었는지 의아스럽다. 왜냐하면 간음한 여인에게 먼저 돌을 던질 정도로 깨끗한 사람이 있느냐고 물었던 사람의 제자들이 바로 그들이기 때문이다. 예수는 많은 사랑과 자비와 관용을 베풀었다. 그런데 그의 추종자들 가운데 칼뱅은 자신의 라이벌인 세르베투스를 천천히 타오르는 불에 화형시켰고, 사도 바울은 여자들을 증오했다. 그러나 공평하게 말한다면, 많은 기독교인들이 사랑과 자비를 '베풀어 왔다.'

최근 한 강연에서 어떤 사람이 질문을 했다. "당신은 휴머니스트입니다. 그런데 왜 휴머니즘을 가르치지 않나요?" 나는 휴머니즘을 가르치는 것은 기독교를 가르치는 것만큼 나쁘다고 답했다. 우리는 아이들을 어떤 식의 틀에 맞춰 개조하지 않는다. 우리는 아이들을 다른 어떤 것으로 바꾸려 하지 않는다. 만약 죄 같은 것이 있다면, 그것은 아이들에게 어떻게 살아가라고 입버릇 삼아 말하는 어른들의 성향에 불과하다. 어른들 스스로도 살아가는 법을 모른다는 점을 생각하면 정말 터무니없는 성향이다.

합리주의의 한계를 나는 너무나 잘 안다. 신앙을 가진 사람들처럼 휴머니스트들에게도 생명은 알 수 없는 미스터리다. 우주는 어떻게 시작되었는가? 나는 태어난 지 3주밖에 되지 않은 손녀를 보고 그 존재에 경이를 느낀다. 그 아이는 손을 들어 올려서, 어떤 컴퓨터나 롤스로이스 엔진도 할 수 없는 뭔가를 한다. 우리는 생명이 계속 미스터리로 남으리란 사실을 알기에 생명의 미스터리를 받아들여야 한다.

만년에 우리 부모님은 심령주의spiritualism에 빠져 칼뱅주의를 버렸다. 1919년 클루니가 죽었을 때, 부모님은 내게 영매靈媒와 연락을 취할 수 있는지 물었다. 그때 나는 런던에 있었다. 나는 어렵사리 올리버 로지 경의 영매인 레너드와 면담을 가졌다. 그는 무아지경에 빠져서 말하기를, 클루니가 교사였으며 폐가 나빠서 죽었다고 말했다. 그 말은 모두 사실이었고 나는 놀랐다. 나는 심령주의에는 뭔가 있는 게 아닐까 하고 생각하기 시작했다.

"당신 동생에게 물어볼 말이 있습니까?"

"예, 스폿Spott에 대해 어떻게 생각했는지 물어봐주세요."

"클루니가 말하기를, 스폿Spot을 사랑했답니다. 그러나 한편으론 모든 동물을 사랑했다는군요."

안타깝게도, 내 질문은 클루니가 교사 생활을 했던 스폿이란 마을에 대한 질문이었다. 나는 부모님께 그 이야기는 하지 않았다.

나는 비록 머리는 가끔 구름 속에 가 있지만 발은 땅을 딛고 있는 현실적인 사람이다. 개인적으로는 내가 소위 삶의 영성에 대해 무관심하다는 점이 염려스럽기도 하다. 나는 워즈워스의 시에 나오는 영광의 구름을 타고 세상에 나온 아이들 중 한 명이 아니었다.* 나는 그런 차원 높은 삶을 이해할 수가 없었다. 그리고 『새 시대』지에서 함께 일했던 신지학파神智學派 사람들의 아름다운 생각도 품을 수가 없었다. 또 헬레라우 국제학교 시절 독일인 교사들의 고매한 정신도 받아들일 수 없었다. 소위 영성이 없다는 것이 시를 제대로 감상할 줄 모르는 나의 무능력과 관계가 있는 것일까. 나는 평범한 사람이다. 하늘을 날 수도 없고 날개를 달고 싶은 욕망도 없는 사람이다.

슬픈 것은, 무신론자인 나에게 죽음은 재미의 끝이라고 여겨진다는 점이다. 만약 성경에 농담이 한 구절이라도 있었다면 천국을 믿고 싶어했을 것이다. 천국에서는 신성함을 얻고 지옥에서는 친구를 얻는다고 버나드 쇼가 말했다. 어쩌면 지옥에도 어떤 재미가 있을지 모른다. 만약 지옥에 누군가 있다면 나는 그들이 누군지 안다. 버나드 쇼, 오스카 와일드, 오 헨리, 데이먼 러니언, 마크 트웨인 등이 그들이다. 그런데 그들의 가벼운 문체는 아마 사도 바울, 칼뱅, 존 녹스 그리고 물론 대부분의 정치가들 앞에서는 제대로 힘을 쓰지 못할 것이다.

만약 쇠스랑을 들고서 나를 기다리고 있는 악마를 본다면 나는 얼마나 놀라겠는가. "닐, 이쪽 계단으로 내려오시오." 그런데 상황이 더 나빠질 수도 있다. 한 천사가 거룩한 손가락으로 위를 가리킬지도 모른다. "닐, 저 위로 올라가면 당신 하프가 있을 거요."

신을 장대한 설계의 건축가로 가정하는 일은 내게는 정말 유치한 미신처럼 보인다. 설사 신을 우주적 에너지라고 부른다 할지라도 해결되는 문제는 없다.

언젠가 우리는 새로운 종교를 가질 것이다. 국가가 영원하지 않은 것처럼 종교도 영원하지 않다. '어떤' 종교든 태어나 자라고 늙고 죽는다. 수백 개의 종교가 나타났다가 사라졌다. 수백만 명의 이집트인들이 모두 족히 4천 년 동안 아몬 라Amon Ra를 믿었지만 오늘날 그 종교의 신자는 한 명도 찾을 수 없다.

신앙과 종교는 지리적이다. 만약 내가 아라비아에서 태어났다면 나의 종교는 술을 금하고 세 명의 아내를 허용했을 것이다. 만약 더블린에서 태어났다면 나는 가톨릭 학교의 가학적인 교사가 되었을 수도 있다. 물론 칼뱅주의를 신봉하는 스코틀랜드에서 태어나 반생명적인 종교 속에서 자랐기 때문에, 꼭 그렇게 되리란 보장은 없지만 말이다. 대부분의 사람들은 그들 집안의 종교를 받아들인다. 서머힐 학생들은 종교 없이 생활한다. 우리 졸업생들 가운데 나중에 종교를 가진 사람은 내가 알기로 몇 안 된다.

문화가 변하듯이 신의 대한 관념도 변한다. 목축을 하는 지역에서는 신은 온화한 양치기였다. 전쟁 시기에는 싸움의 신이었다. 상업이 번창할 때

---

* 워즈워스의 시 「불멸 송가」에 나오는 구절로, 어린 시절에는 순수하던 영혼이 자라면서 점점 신과 자연으로부터 멀어져간다는 내용의 작품이다.

는 공평함과 자비를 저울질해서 나누는 정의의 신이었다. 인간이 기계로 물건을 만들어내는 오늘날의 신은 H. G. 웰스의 '위대한 부재자 Great Absentee'다. 스스로 원자폭탄을 만들 수 있는 시대의 인간들에게 창조하는 신은 필요 없기 때문이다.

언젠가 새로운 세대는 오늘날의 한물간 종교나 신화를 받아들이지 않을 것이다. 새로 나타날 종교는 사람이 원죄를 가지고 태어난다는 관념을

반박할 것이다. 그리고 육체와 정신의 대립을 거부할 것이다. 또 육체는 죄스러운 것이 아님을 인정할 것이다. 새로운 종교는 인간 자신에 대한 용인과 인간 자신에 대한 지식에 근거할 것이다. 궁극적으로 새로운 종교는 인간을 행복하게 함으로써 신을 찬양할 것이다. 시인 콜리지는 새로운 종교를 이렇게 표현했다. "크고 작은 모든 것들을 가장 사랑하는 사람이 가장 기도를 잘하는 사람이다."

서머힐의 졸업생들

미래에 대한 부모들의 두려움은 자식들의 건강에 나쁜 영향을 미친다. 이상하게도 이러한 두려움은 자식들이 부모보다 더 많이 배워야 한다는 욕망으로 나타난다. 이런 부모들은 윌리가 배우고 싶어할 때 읽기를 배우도록 가만히 내버려두지 않는다. 다그치지 않으면 아이가 인생의 낙오자가 될 거라고 초조하게 마음을 졸이며 두려워한다. 그런 부모는 아이가 자기 나름의 속도로 나아가는 것을 기다릴 수 없다. 그들은 묻는다. "만약 우리 아들이 열두 살이 되어도 글을 읽지 못한다면 어떻게 인생에서 성공의 기회를 잡겠어요? 만약 열여덟 살에 대학입학시험에 합격하지 못한다면 단순노동직말고 할 수 있는 게 뭐가 있겠어요?" 그러나 나는 전혀 발전하지 않거나 아주 천천히 발전하는 아이들을 기다리고 지켜보는 법을 배웠다. 아이가 해를 입지 않는다면 결국 그 아이는 인생에서 성공할 거라고 나는 확신한다.

물론 속물들은 말한다. "흥, 그러니까 당신은 트럭 운전사가 성공한 사람이라는 말이로군요!" 성공에 대한 나의 기준은 '즐겁게 일하고 적극적으로 살아가는 능력'이 있느냐 하는 것이다. 그런 정의에서 본다면 결국 서머힐의 학생들은 인생의 성공자임이 드러난다.

톰은 다섯 살에 서머힐에 와서 열일곱 살에 떠났는데, 그동안 한 번도 수업에 들어가지 않았다. 그 아이는 뭔가를 만드느라 작업실에서 대부분의 시간을 보냈다. 아이 부모는 아이의 장래에 대한 걱정으로 마음을 졸였다. 톰은 읽기를 배우고 싶어하는 기색을 전혀 보이지 않았다. 톰이 아홉 살이던 어느 날 밤, 나는 침대에서 『데이비드 코퍼필드David Copperfield』를 읽고 있는 톰을 보았다.

"안녕," 내가 말했다. "누가 읽는 걸 가르쳐줬니?"

"나 혼자 배웠어."

몇 년 뒤, 톰이 나한테 와서 물었다. "이 분의 일과 오 분의 이를 어떻게 더해?" 나는 대답을 해주고 나서 좀 더 배우고 싶으냐고 물었다. "괜찮아." 톰이 말했다.

나중에 톰은 영화촬영소에서 카메라맨으로 일했다. 그가 일을 배우고 있을 무렵, 우연히 만찬회장에서 그의 사장을 만났다. 나는 톰이 일을 잘 하느냐고 물었다.

"지금까지 여기서 일했던 어떤 친구보다도 잘합니다." 사장이 말했다. "절대 걷는 법이 없어요. 뛰어다닙니다. 주말이 되면 아주 귀찮을 정도예요. 토요일과 일요일에도 촬영소를 떠나려 하지 않거든요."

잭이라는 남자 아이는 읽기를 배울 수 없었다. 누구도 그 아이를 가르칠 수 없었다. 읽기를 배우고 싶어해도 잭에게는 알 수 없는 장애가 있어서 b와 p 그리고 l과 k를 구별할 수 없었다. 잭은 읽기를 익히지 못하고 열일곱 살에 학교를 떠났다.

지금 잭은 연장 제작 전문가다. 그는 금속세공에 대해서 이야기하기를 좋아한다. 잭은 이제 글을 읽을 수 있다. 내가 알기로는, 주로 기계에 관한 글을 읽는다. 가끔 심리학에 관한 글을 읽기도 한다. 그가 소설을 읽었다고는 생각하지 않는다. 그렇지만 잭은 문법이 완벽한 영어를 구사한다. 일반 지식도 상당한 수준이다. 잭에 대해 아는 게 없었던 한 미국인 방문객이 나한테 이렇게 말했다. "잭은 정말 똑똑해요!"

다이앤은 쾌활한 여자 아이였는데, 수업에 들어가긴 했지만 별 흥미를 느끼지 못했다. 그 아이는 학구적이지 않았다. 오랫동안 나는 그 아이가 무슨 일을 할까 하고 생각했다. 열여섯 살이 되어 학교를 떠날 무렵, 어떤 장학관이라도 다이앤을 보면 제대로 교육받지 못한 학생이라고 판단했을 것이다. 오늘날 다이앤은 런던에서 새로운 요리법을 선보이고 있다. 그녀는 자기 일에서 고도로 숙련된 전문가가 되었다. 더욱 중요한 것은 다이앤이 그 일에 행복해한다는 점이다.

적어도 대학입학시험을 통과한 사람이어야만 가능하다고 지원 조건을 내건 회사가 있었다. 나는 그 회사 사장에게 로버트에 대한 편지를 썼다. "로버트는 아무 시험도 통과하지 못했습니다. 그에게는 학문적인 머리가 부족하기 때문입니다. 하지만 그에게는 배짱이 있습니다." 로버트는 취직이 되었다.

위너프리드는 열세 살 때 새로 들어온 여자 아이였다. 그 아이는 모든 과목을 싫어한다고 나에게 말했다. 여기는 하고 싶은 대로 할 자유가 있다고 말하자 좋아라고 소리를 질렀다. "싫으면 수업에 안 들어가도 돼." 내가 말했다.

그 아이는 즐겁게 지내기 시작했다. 그런데 몇 주가 지나자 지루해하는 것이 눈에 띄었다.

"나한테 뭘 좀 가르쳐줘." 어느 날 그 아이가 말했다. "정말 따분해."

"좋아!" 나는 기분 좋게 말했다. "뭘 배우고 싶니?"

"모르겠어." 그 아이가 말했다.

"나도 모르겠는데." 나는 그 말을 하고 가버렸다.

그로부터 몇 달이 흘렀다. 위너프리드가 다시 찾아왔다. "대학입학시험에 통과해보려고." 그 아이가 말했다. "수업 좀 해줘."

매일 아침 위너프리드는 나랑 다른 교사들과 함께 공부했다. 아이는 공부를 잘해냈다. 교과목들에는 별 흥미가 없지만 그 목표에는 '정말' 관심이 있다고 털어놓았다. 위너프리드는 있는 그대로의 자신을 인정받았기 때문에 자신의 재능과 적성을 깨달았다.

자유로운 아이들이 수학을 좋아한다는 사실을 알게 된 것은 흥미로운 일이다. 그들은 지리와 역사도 재미있어한다. 자유로운 아이들은 개설된 과목 중에서 자신들에게 흥미로운 과목만 선택한다. 그리고는 다른 흥미로운 일들에 대부분의 시간을 보낸다. 목공, 금속세공, 그림, 소설 읽기, 연기, 공상 속에서 놀기, 로큰롤 듣기 등이 그런 일들이다.

여덟 살 난 톰은 끊임없이 내 방문을 열고 물었다. "그런데, 이제 나 뭐 할까?" 어느 누구도 무엇을 하라고 일러주지 않을 것이다.

여섯 달이 지난 후, 톰을 만나고 싶은 사람은 그 아이의 방에 가야 했다. 톰은 늘 종잇조각이 널려 있는 방 안에 있었다. 톰은 지도를 만드느라 몇 시간씩 보냈다. 어느 날 비엔나 대학의 교수가 서머힐을 방문했다. 그는 우연히 톰을 만나서 많은 질문을 했다. 나중에 그 교수가 나한테 와서 말했다. "그 아이에게 지리에 대해 물어봤는데, 내가 들어보지도 못한 장소를 이야기하더군요."

그러나 실패도 있었다. 열다섯 살 난 바벨은 스웨덴 여자 아이였는데 일 년가량 우리와 함께 지냈다. 그 기간 동안 바벨은 흥미로운 일을 아무것도 찾지 못했다. 그 아이는 너무 늦게 서머힐에 온 것이었다. 지난 십 년 동안 교사들이 바벨을 대신해서 모든 결정을 내려온 결과였다. 서머힐에 왔을 때 바벨은 이미 스스로 책임지고 결정하는 능력을 상실한 상태였다. 바벨은 지겨워했다. 다행스럽게도 집안이 부유해서 그 아이에게는 숙녀로서의 생활이 보장되어 있었다.

유고슬라비아에서 온 열한 살짜리와 열네 살짜리 자매가 있었다. 학교는 그 아이들에게 흥미를 불러일으키지 못했다. 두 아이는 크로아티아 말로 나에 관해 막말을 하는 데 시간을 다 보냈다. 어느 몰인정한 친구가 그 말들을 내게 통역해주었다. 이런 경우에 성공을 거둔다면 기적이다. 왜냐하면 우리의 유일한 공통어는 미술과 음악뿐이었기 때문이다. 어머니가 그 아이들을 데리러 왔을 때 나는 정말 기뻤다.

여러 해에 걸쳐서 우리는, 공학 계통으로 가려는 서머힐의 남자 아이들이 대학입학시험을 칠 걱정을 하지 않는다는 사실을 알았다. 그 아이들은 곧장 실습센터로 가고자 한다. 대학 공부에 전념하기 전에 세상에 대한 견문을 넓히려는 경향이 있는 것이다. 어떤 아이는 여객선 승무원으로 세계를 돌아다녔다. 두 남자 아이는 케냐의 커피 농장에 일자리를 구했다. 어떤 남자 아이는 오스트레일리아로 갔고 또 어떤 아이는 저 멀리 가이아나까지 갔다.

데릭 보이드는 자유로운 교육이 북돋우는 모험 정신의 전형을 보여준다. 데릭은 여덟 살에 서머힐에 와서 열여덟 살에 대학입학시험을 통과하고 서머힐을 떠났다. 그는 의사가 되기를 원했다. 그런데 당시 데릭의 아버지는 아들을 대학에 보낼 여유가 없었다. 데릭은 대학에 갈 때까지 기다리는 동안 세상을 돌아보자고 생각했다. 데릭은 런던 부두에 가서 어떤 일자리든 얻어보려고 이틀을 보냈다. 심지어 기선의 화부가 되려고도 했다. 그런데 너무나 많은 진짜 선원들이 일자리를 얻지 못한다는 말을 듣고 안

타까운 마음으로 집으로 돌아왔다.

얼마 후, 학교 친구가 스페인에 사는 영국인 부인이 운전사를 구한다는 말을 데릭에게 했다. 데릭은 그 기회를 놓치지 않았다. 그는 스페인으로 가서 그 부인에게 집을 지어주기도 하고 기존의 집을 증축해주기도 했다. 그리고 부인을 태우고 자동차로 유럽을 돌아다녔다. 그러고 나서 데릭은 대학에 갔다. 그 부인은 데릭에게 대학 학비를 대주기로 결정했다. 2년 후, 부인은 데릭에게 1년만 시간을 내어서 자동차로 케냐에 자기를 데려다주고 거기에 집을 지어달라고 부탁했다. 데릭은 의학 공부를 케이프타운에서 마쳤다.

래리는 열두 살쯤에 서머힐에 와서 열여섯 살에 대학입학시험을 통과했다. 그러고 나서 과수 재배를 하러 타히티에 갔다. 그런데 그 일이 보수가 적다는 것을 알고는 택시 운전을 했다. 나중에 래리는 뉴질랜드로 갔는데, 거기서도 택시 운전을 비롯해서 온갖 일을 한 것으로 안다. 그런 다음 래리는 브리스베인 대학에 들어갔다. 얼마 전 그 대학의 학장이 서머힐을 방문해서는 래리의 행동에 대해 칭찬했다. "방학이 되어 다른 학생들은 집으로 돌아갔는데, 래리는 제재소에 일을 하러 갔습니다." 래리는 지금 에섹스 주에서 개업의를 하고 있다.

사실 몇몇 졸업생들은 진취성을 보여주지 못했다. 나는 그들에 대해 말할 수 없는데, 거기에는 분명한 이유가 있다. 우리의 성공 사례는 늘 훌륭한 가정의 아이들이었다. 데릭과 잭 그리고 래리의 경우, 부모들이 학교에 대해 완전히 공감하고 있었다. 그래서 그들은 집이 옳은가 학교가 옳은가 하는 진저리나는 갈등을 겪지 않았다.

맥스 번스타인이라는 미국인이 런던 근처에 사는 우리 졸업생들을 조사한 결과를 발표했다. 그 중에서 나는 서머힐에서 충분한 것을 얻지 못했다고 말한 학생들의 비판에 답해보고자 한다. 번스타인은 이런 비판을 제시했다.

네 사람은 약한 아이를 괴롭히는 아이들에 대한 충분한 대비책이 없었다고 말했다. 세 사람은 교직원들이 너무 빨리 바뀌었다고 말했다.
한 사람은 공부에는 전혀 관심이 없는 아이들에게 너무 많은 영향을 받았다고 말했다.

그리고 번스타인은 이렇게 덧붙였다. "이런 사람들은 서머힐을 경험하기 전이든 후든, 말수가 적고 부끄럼을 타며 소극적인 사람이 되기 쉽다."
나는 그들이 누군지 모른다. 그래서 그들에 관해, 그들의 가정 배경에 대해, 그리고 그들의 정신이 얼마나 깨어 있는지에 대해 짐작조차 할 수 없다. 그들이 적대적 성향을 가졌는지도 모른다. 그들이 얼마 동안 학교에 다녔는지도 말할 수 없다. 하지만 나는 그들의 비판에 답할 수 있다.
'약한 아이 괴롭히기.' 규율로 다스리는 학교의 아이들은 두려워서 약한 아이를 괴롭히지 못한다. 하지만 교직원들이 벌을 주지 않는 자유로운 학교에서는 약한 아이를 괴롭히는 아이들을 다루기가 쉽지 않다. 그런 아이들은 대부분 머리가 나쁘다. 똑똑한 아이는 재치 있게 응수하지만 바보는 오직 자기 주먹을 쓸 뿐이다. 나이 어린 아이들을 두려움에 떨게 만드는 아이가 학교에 있어선 안 된다고 나는 거듭 느껴왔다. 하지만 나는 그와 관련해 어떤 일도 하지 않았다. 왜냐하면 그런 아이를 가혹하게 다루지 않는 학교, 그래서 그런 아이가 갈 만한 학교를 떠올릴 수 없었기 때문이다. 물론 아이를 가혹하게 다루지 않는 남녀공학 기숙학교는 많다. 하지만 그런 학교들은 문제아를 받아들이려 하지 않는다. 우리는 전체회의와 재판을 통해 약한 아이를 괴롭히는 아이를 책망하고, 다른 사람들이 그를 어떻게 생각하는지 보여줌으로써 그러지 못하게 하는 데 최선을 다한다. 최악의 경우에는 학교에서 내보내야 했다.

'교직원들이 너무 빨리 바뀌는 것'은 아이들에게 나쁜 일이다. 이제는 상황이 좋아져서 교직원에게 상당한 급여를 지불할 수 있다. 그런데 사실 몇 년 전만 해도 교사들은 경제적으로 우리와 함께 계속 지낼 만한 여유가 없었다.

한 졸업생이 '공부에는 전혀 관심이 없는 아이들'에게 영향을 받았다고 말한 데는 일리가 있다. 맞다. 그런 상황이 이따금 발생한다. 보통 과거의 경험 때문에 수업이라면 딱 질색을 하는 원기 왕성한 아이는 다른 아이들을 수업에 들어가지 못하게 할 수 있다.

이 점은 내가 결코 답할 수 없는 문제를 제기한다. "서머힐은 더 똑똑한 아이들에게 더 좋은 것인가?" 우리 학교에서 온종일 빈둥거리던(그리고 대개는 약한 아이를 괴롭히던) 학생들을 생각해보면, 대다수가 적대적 성향을 가지고 있었다. 그 아이들의 가정은 대부분 사랑이 부족한 결손가정이었다. 패거리 집단에 쉽게 이끌리는 아이들은 보통 그리 똑똑하지 않은 아이들이다. 수업을 빼먹는 아이들은 흔히 자기가 수업에 젬병이라고 생각하는 아이들이다. 결국 번스타인이 면담한 그 실패자들은 자신들에 대한 교육을 등한시했다고 학교를 비난하고 있는 셈이다.

예전에 결혼을 앞둔 한 여자 졸업생이 나를 만나러 학교로 찾아왔다. 그녀는 서머힐이 자기 인생을 망쳤고 자기는 아무 교육도 받지 못했다고 불평했다. 나는 같은 학급 친구들은 어떤지 물었다. 두 사람은 의사가 되었고, 두 사람은 대학 강사가 되었으며, 두 사람은 예술가가 되었다고 했다. 내가 말했다. "왜 그들은 서머힐에서 교육을 받았고 넌 받지 못했지?"

그녀는 둔한 아이가 아니었다. 정말 영리한 아이였다.

다른 아이들에게 수업에 들어가지 말라고 부추기는 아이들에 대해 우리는 방관하지 않는다. 수업 출석은 자유의사에 따른다는 학교 규칙을 어겼다는 이유로, 그들은 때때로 교직원이나 나이 많은 학생들에 의해 전체 회의에서 고발당한다. 어느 교직원도 아이들에게 수업에 참석하라고 요구하지 않는다. 그리고 어떤 학생도 다른 사람에게 수업에 들어가지 말라고 요구해서는 안 된다.

나는 너무 비관적으로 생각하고 싶지 않다. 몇몇 학생들은 10년 동안 한 번도 수업에 들어가지 않았지만 나중에는 성공했다. 많은 졸업생들이 자신을 실패자로 여긴다고는 생각하지 않는다. 살아가는 데 누군가가 자신을 밀어주기를 바라는 아이의 문제를 서머힐은 해결하지 못했다. 하지만 그런 도움을 원한 학생이 드물었다는 점은 위안이 된다. 왜냐하면 세상은 요람에서부터 줄곧 그런 도움을 받아온 사람들로 가득하기 때문이다.

긍정적인 측면을 보자면, 번스타인은 서머힐 졸업생들 대다수가 서머힐의 교육에 대해 좋게 생각한다는 것을 발견했다. 그가 든 사례는 다음과 같다.

여덟 사람이 학교가 성에 대한 건강한 태도를 심어주었다고 생각했다.

일곱 사람이 권위를 두려워하지 않았다고 말했다.(다섯 사람이 이후에 다닌 학교의 교사들과 비교해서 말했다.)

다섯 사람이 서머힐 교육을 통해 자기 아이들을 더 잘 이해하게 되었으며 건강한 방법으로 아이들을 키우게 되었고 생각했다.

다섯 사람이 학교가 자신들로 하여금 커가면서 끊임없이 놀고 싶어할 필요가 없도록 해주었고, 그래서 학구적이고 더 진지한 일에 몰두할 수 있게 해주었다고 생각했다.

세 사람이 학교가 자신들에게 주변 세상에 대해 적극적인 관심을 갖게 해주었다고 말했다.

두 사람이 학교가 자신들에게 적대감이나 다른 반사회적 감정들을 넘어서서 일할 수 있게 해주었다고 생각했다.

서머힐 졸업생들에 대한 번스타인의 연구는 괜찮은 편이긴 하지만 한계가 있다. 가정이라는 요소를 완전히 간과했기 때문이다. 몇몇 옛 학생들이 학교에 대해 비판적이라는 사실에 나는 놀라지 않는다. 우리의 학부모들은 늘 두 부류였다. 한편은 자기 자식들을 자유롭게 키우는 사람들이라 학교도 아이들을 자유롭게 해주기를 원했다. 다른 한편은 가정에서 아이가 잘못되었다고 느끼는 사람들이라 학교가 그 상처를 치유해줄 거라고 생각했다. 서머힐은 늘 문제아들을 갖다버리는 곳이었다. 우리는 그 아이들에게 문제가 있다는 이야기를 사전에 듣지 못하는 경우가 많았다. 오늘날 서머힐에는 '수업을 싫어하는' 정상적인 아이로서 입학한 다루기 힘든 아이들이 최소한 대여섯 명 있다.

최근 서머힐협회의 모임에서 옛 학부모 중 한 사람은, 왜 서머힐 졸업생들이 자기 자식들을 서머힐에 보내지 않느냐는 어떤 사람의 질문에 이렇게 대답했다. "학비를 댈 여력이 없다는 건 중요한 이유가 아닙니다. 우리는 아이들을 잘못 키웠다고 생각했기에, 스스로가 부족했기에 아이들을 서머힐에 보냈습니다. 그런데 이제 부모가 된 서머힐 졸업생들은 그런 식으로 생각하지 않습니다. 그들은 아이들을 지역 공립학교에 보내더라도 자유롭게 키울 수 있다고 생각합니다." 이 말에는 어느 정도 진실이 있다.

나는 강연을 할 때마다 이런 질문을 받는다. "닐 씨, 왜 당신은 졸업생들에게 서머힐 같은 것을 시작해보라고 권하지 않습니까? 어디서 들어봐도, 그들은 뭔가에 도전하는 것 같지 않습니다. 시위에 참가해 행진을 벌이는 법도 없고, 지방자치단체 같은 데서 사회사업에 종사하는 경우도 전혀 없습니다." 이런 질문에는 우리가 수많은 이기주의자들을 길러낸다는 암시가 들어 있다. 우리가 미국의 존슨 대통령이나 레이건 같은 사람을 키워내지 않았다고 대답하는 것으로 나는 만족할 따름이다.

서머힐이 기적을 이룰 수 있다고 믿는 사람들이 있는데, 유감스런 일이다. 오랫동안 집이나 학교에서 사랑받지 못하고 자란 아이들을 열두 살이 넘어 서머힐에 보내놓고, 우리가 그 아이들을 작은 성자聖子로 다시 만들어주기를 기대한다. 어떤 아이든 자신의 성품이나 능력 이상으로 발전할 수는 없다. 하지만 아마 일부 졸업생들은 자신들이 서머힐을 다녔기 때문에 일반 학교 출신들보다 더 낫고 더 성공한 것이라고 생각할지도 모른다.

모든 학교에는 실패 사례가 있다. 그런데 내가 알기로 지금까지 서머힐 졸업생 중에서 직업을 유지하지 못한 사람은 딱 한 명뿐이다. 우리 학교에는 열네 살이 되도록 글을 못 읽는 아이들이 꽤 있었다. 그것의 심리학적 배경을 나는 모른다. 매일 원하는 아이들은 수업을 받는다. 어떤 학생은 여러 해 동안 꼬박꼬박 수업을 들어 결국 영어 시험을 통과한다. 그런데 똑같은 나이의 다른 아이는 모든 수업을 경멸하면서 문맹으로 지내는 데 만족한다. 열여섯 살에 서머힐을 떠난 두 남자 아이는 거의 읽고 쓸 줄을 몰랐다. 그런데 나이 오십이 된 지금 그들은 좋은 직업을 가지고 있다. 나는 뒤떨어진 아이들에 대해 결코 절망하지 않는다. 거기에는 개인적인 측면이 있다. 왜냐하면 학교를 다닐 때 나도 반에서 늘 꼴찌를 했기 때문이다.

어떤 경우는 그 원인을 짐작할 수 있다. 입양된 한 여자 아이는 자신의 출신에 대한 생각에 사로잡혀 읽기와 쓰기에 정신을 집중하지 못했다. 학자 집안으로 만들겠다는 야망을 가진 교사 아버지를 둔 남자 아이가 있었는데, 아마 그 아이는 자신이 아버지의 바람대로 한다면 인생을 망치고 말 거라는 몹시 부정적인 태도를 가졌을 것이다. 한 아이는 아버지가 늘 자기를 미워했다. "넌 하나도 제대로 하는 게 없어. 내가 네 나이 때는 말이야……" 그 아이는 자신이 아무 일도 제대로 할 수 없을 거라고 확신하게 되었다. 깊은 열등감 때문에 어떤 아이들은 기초 공부조차 하지 않으려는 듯 보인다. 아이들이 스스로를 쓸모없다고 생각하지 않도록 부모들은 세심한 주의를 기울여야 한다. 그런데 어떤 경우에는 다른 식의 결과가 나오기도 한다. "아버지는 내가 쓸모없는 놈이라고 생각해. 그렇지 않다는 걸 아버지한테 보여주고 말 거야." 하지만 이런 경우는 극히 드물다.

우리는 능력을 염두에 두어야 한다. 일부 음악가들이 모든 사람은 똑같이 음악에 재능이 있다고 주장하듯이, 어떤 사람들은 모든 사람은 옆 사람만큼 똑똑하다고 주장한다. 나는 그 말을 믿지 않는다. 사고력이나 이해력이 떨어지고 둔한 학생들이 흔히 기계를 다루는 데는 뛰어나다. 글을 읽지 못했던 우리 학생들을 생각해보면, 적어도 남자 아이들은 손으로 뭘 다루는 일은 잘해서 목공이나 금속세공에서 뛰어난 솜씨를 발휘했다. 그들 중 몇몇은 지금 성공한 기술자가 되었다.

이상하게도 여자 아이들이 읽기나 쓰기를 못하는 경우는 거의 없다. 최소한 서머힐에서 경험한 바로는 그렇다. 그 이유는 알 수 없다. 그런데 여자 아이들이 남자 아이들처럼 너트나 볼트에 빠져들지 않아서 그런 것은 아니다.

공부에서 실패한 경우는 많다. 그런데 우리가 심리학적으로 실패한 경우가 있는가? 어릴 때부터 도둑질을 한 아이가 학교에 와서 몇 년 동안 계속 도둑질을 하는가? 만약 그 아이가 충분히 어린 나이에, 말하자면 열두 살 전에 학교에 왔다면 그 아이는 도둑질을 계속하지 않을 것이다. 약한 아이들을 괴롭히는 아이는 계속 그런 짓을 하는가? 안타깝게도 몇몇 아이들은 열대여섯 살이 되어 학교를 떠날 때까지 그렇게 한다. 증오를 가득 품은 채 학교에 들어온 아이가 서머힐에서 생활하는 내내 증오하는가? 그런 경우는 거의 없다. 거듭 되풀이하는 말이지만, 자유가 대부분의 것을 치유한다. 앞에서도 말했듯이, 자유가 아기 때 사랑받지 못한 아이를 완전히 치유할 수는 없다. 하지만 몇 년 동안 집이나 학교에서 엄격한 규율 밑에서 지내 증오와 두려움 속에 갇혀 있는 아이들을 자유는 치유한다.

누가 그 실패 여부를 판단하는가? 학교에서 실패한 아이도 나중에는 인생에서 빛을 발할 수 있다. 그런 예들은 역사 속에서 찾을 수 있는데, 금방 떠오르는 사람들이 아인슈타인, 코난 도일, 처칠 등이다. 학교의 교육과정이 학업 실패자들을 얼마나 많이 양산하는지 우리 자신에게 물어보아야 한다. 나는 서머힐의 학생들에 대해서 낙관한다. 왜냐하면 나는 그들이 어떤 직업을 가지느냐에 관심이 없기 때문이다. 증오와 두려움에 가득 차 불행했던 아이들이 자부심을 가진 행복한 아이들로 자라는 것을 보면 나는 기쁘다. 그들이 교수가 되건 배관공이 되건 내게는 모두 똑같다. 왜냐하면 그들의 직업이 무엇이건 간에 그들은 인생에서 균형과 재미를 얻었기 때문이다.

서머힐에서는 천재들을 배출했는가? 지금까지 천재는 없었다. 아직 유명해지지는 않았지만 창조적인 인물들은 여럿 있다. 몇몇 훌륭한 미술가와 음악가, 내가 알기로 아직 성공하지 않은 작가, 뛰어난 가구 디자이너와 가구 제작자, 몇몇 배우들, 이제 독창적인 작업을 해낼 과학자와 수학자들이 그들이다.

그러나 내가 자주 말했듯이, 한두 세대의 자유로운 아이들만으로는 어떤 사실을 충분히 증명하지 못한다. 심지어 서머힐에서조차 어떤 아이들은 학과 공부를 충분히 하지 않았다는 데 대해 죄의식을 갖는다. 직업을 가지려면 시험을 통과해야 하는 세상에서는 다른 도리가 없을 것이다. 그리고 "열한 살이 되었는데 아직 글도 제대로 읽을 줄 모른단 말이야!" 하고 큰소리치는 아줌마들이 있게 마련이다. 바깥의 환경은 온통 놀이를 반대하고 공부에 찬성한다는 것을, 아이들은 어렴풋하게 느낀다.

번스타인의 조사에서 위안이 되는 것은 졸업생들이 서머힐의 체계에 대해 찬반 양쪽의 입장을 분명하게 가지고 있다는 점이다. 나는 흔히 이튼이나 해로 출신자들에게, 얼마나 많은 학생들이 학교 체계에 도전했는지 물어본다. 지금껏 가장 높은 비율은 4퍼센트였다. 내 필생의 사업에 도전한다 할지라도 나는 그런 도전자들을 좋아한다. 나는 예스맨을 싫어한다.

일반적으로 말해, 자유라는 방법은 열두 살 아래 아이들에게 확실한 효과가 있다. 열두 살 이상의 아이들은 일일이 밥을 떠먹이듯 가르치는 교육에 의해 입은 손상에서 정상으로 회복하는 데 오랜 시간이 걸린다. 나는 서머힐을 방어하려고 애쓰지 않는다. 굳이 그럴 필요가 없다고 생각한다. 오히려 객관적인 비판이 필요하다. 개인적으로는, 서머힐이 학교를 떠나야 할 때 아이가 눈물을 흘리는 그런 학교들 중 하나임에 틀림없고, 그리고 학생들이 기쁘게 집으로 가서 방학이 끝난 후에는 기쁘게 학교로 돌아오는 그런 기숙학교들 중 하나임이 분명하다는 사실을 아는 데 나는 만족한다. 나에게 성공이란 학위나 좋은 직업 그리고 명성을 의미하지 않는다. 증오와 두려움으로 가득 찬 아이의 얼굴이 2년 안에 생명과 행복으로 가득 찬 얼굴로 바뀌는 것이 바로 성공이다.

우리의 장학관들

영국은 세계에서 가장 자유로운 나라다. 다른 나라였다면 나는 서머힐을 만들 수 없었을 것이다. 유럽 대륙의 사립학교들에 국가가 고압적으로 관여하고 있다는 사실을 생각할 때, 개인의 모험에 대해 이토록 많은 기회를 허용해주는 나라에서 살고 일한다는 것이 기쁘다.

하지만 모든 학교는 교육부, 지금은 교육과학부의 통제 아래 있다. 그리고 공립이든 사립이든 모든 학교는 장학관의 감사를 받는다. 우리가 처음 대대적으로 감사를 받은 때는 1939년이었다. 그 후로 십 년마다 한 번씩 감사와 보고가 있었다.

서머힐이 생활을 우선하고 수업을 그 다음으로 생각하는 체계라는 것을 이해하고 있는 듯한 장학관들이 서머힐을 감사한 적은 그동안 딱 한 번밖에 없었다. 교육과학부는 우리에 대해, 만일 적대적이지 않다면, 냉담하다고 나는 늘 생각해왔다. 그 감사는 우리의 시각이 아닌 다른 시각에서 서머힐을 감사하는 것이었다. 우리는 수업을 넘어서서 생각한다. 50년이라는 세월 속에서 우리 학생들은 자신들의 직업에서 성공을 거두었다. 심지어 그 많은 문제아들도 대개는 잘되었다.

1949년 존 블래키의 감사보고서를 보면, 당시 교육부에서 적어도 한 사람은 서머힐이 무엇을 하고 있는지 어렴풋이 알고 있었다는 사실을 확인할 수 있다. 그 후로 수업과 가르치는 일만 가지고 학교를 평가하는 장학관들이 우리를 닦달했다. 모든 보고서가 본질에서 이렇게 지적했다. "학교는 우리의 기준에 미달한다. 등록된 학교로 남고 싶다면 앞으로 1년의 기간을 줄 테니 정신 바짝 차려야 할 것이다."

우리의 솔직하고 자유로운 학생들은 장학관들이 거만하고 웃지 않으며 가까이 하기 어려운 경찰관 같은 사람들이라는 것을 알았다. 심지어 교직원과 나의 느낌도 그러했다. 안목 좁은 소인배들. 어떤 장학관이 "닐 씨, 우리는 당신의 교육 체계에는 관심이 없습니다"라고 말했을 때, 나는 너무 놀라 대답을 하지 못했다. 사실 그는 그런 말을 할 필요가 없었다. 그의 모든 태도가 그 사실을 드러내고 있었다. 그들이 내뱉는 말은 모두 서머힐에 대한 비판이었다. 여하튼 그들은 서머힐에서 좋은 점은 아무것도 찾으려 들지 않는 것 같았다. 우리의 기준은 공부가 아니라 생활이라는 점을 설명하려고 애쓰는 건 쓸데없는 짓이었다.

장학관들의 주된 업무는 교내 시설과 학과 수업을 감사하는 것이었다. 나는 존 블래키에게 이렇게 말했다. 수학이나 프랑스어의 성취도는 감사할 수 있겠지만 행복, 정직, 균형 잡힘, 너그러움을 감사할 수는 없을 거라고. 존 블래키는 마음이 넓은 사람이었다. 그가 말했다. "한번 노력해보죠." 그리고 그는 잘해내었다.

그와 그의 동료는 놀라운 적응력을 보여주었다. 그리고 그들은 분명 그 과정을 즐겼다. 이상한 일들이 그들에게 충격을 주었다. 한 사람이 말했다. "교실에 들어섰는데 아이들이 아무도 주의를 기울이지 않는 광경을 본 건 정말 신선한 충격이었어요! 지금까지 늘 벌떡 일어나 차렷 자세를 취하는 아이들만 봐왔으니까요." 그렇다. 장학관들 중에 그 두 사람이 있었다는 게 우리에게는 행운이었다.

나는 다른 장학관에게 말했다. "당신의 기준은 공부지만, 우리의 기준은 생활입니다. 당신은 짧은 안목으로 봅니다. 다시 말해 당신은 윌리가 열두 살에 글을 읽지 못한다는 점을 걱정합니다. 하지만 우리는 긴 안목으로 봅니다. 우리 졸업생들 중에서 직업을 유지하지 못한 사람은 한 명뿐입니다." 대답은 이랬다. "어쩌면 그럴지도 모르죠. 하지만 난 그들을 조사할 수 없습니다. 그렇죠?"

전 세계 수천 명의 교사들과 부모들이 서머힐의 진가를 알아주는 이유를 생각하면, 그런데도 교육과학부가 서머힐을 종래의 학교들과 같은 부류로 놓고 보통 하는 평가를 실시하는 것을 보면, 나는 당혹스럽다. 여러 해 동안 우리는 매주 백 명의 방문객을 맞았다. 그런데 그 방문객들은 학과 수업에 대해서는 묻지 않았다. 그들은 자유로운 아이들의 모습이 어떤 것인지를 보고 싶어했다.

교육과학부 관료들은 기성 체제의 특권 계급이다. 어떤 정당이 권력을 잡든 간에 그들은 보수적이다. 그들은 변화를 겁낸다. 특히 아이들의 자유를 믿는 사람들한테서 나온 변화의 요구를 두려워한다. 그들이 보기에 이 자유는, 가부장주의의 이념과 외부 권위에 근거한 규칙의 이념 전반에 대한 도전이라, 훗날 위험한 것이 될 수 있다. 우리의 자치가 장학관들에게는 그다지 중요하지 않다는 사실을 나는 알았다. 수업에 들어가지 않고 주변을 어슬렁거리는 자유로운 아이들을 본 그들은 화가 난 표정이었다. 서머힐에 오는 모든 아이들이 몇 주, 몇 달, 가끔은 몇 년 동안 모든 수업을 거부한다는 사실을 그들의 좁은 안목으로는 이해할 수가 없었다. 10년 동안 한 번도 수업에 들어오지 않았던 남자 아이는 지금 동파키스탄에서 기아와 싸우는 일을 도우며 우리 신문에 기사를 보내오고 있다.

감정이 자유로워진다면 우리의 지적 능력도 자연스럽게 갖추어질 것이라는 원칙 아래 서머힐은 운영되고 있다. 장학관들은 이런 사실에 대해 전혀 이해하려 하지 않는다. 사랑하기, 자비롭기 같은 중요한 덕목들은 가르칠 수 없다. 그러므로 그런 중요한 덕목들은 감사할 수도 없다.

교육과학부는 분명 기성 체제의 권력 기구다. 대다수 부모와 교사들이 인정하듯이 교육과학부는 교육을 대표한다. 만약 1971년 현재 교육부장관이 체벌을 금지하는 법령을 만들려고 한다면 부모와 교사들의 아우성 때문에 체벌 금지령은 실현되기 어려울 것이다. 만약에 장관이 학교에서 종교 교육을 금하는 결정을 내린다면 전국에서 그에 항의하는 공개 집회가 열릴 것이다. 내 생각에, 그 집회의 참석자 대다수는 아마 기독교인으로 살려고 한 번도 제대로 노력해본 적 없는 사람들일 것이다. 교육과학부는 서머힐 같은 학교들을 묵인은 하지만, 공식적으로 인정할 수는 없다.

옹졸한 관료들은 세상 여론을 보고도 못 본 체한다. 1960년 내 책 『서머힐』이 미국에서 출간된 이후, 많은 학교들이 자유를 주창하며 새로 생겼다. 하지만 이런 사실을 교육과학부에 말해봤자 소용없다. 그 책은 미국에서 베스트셀러가 되었고 독일어 번역본은 한 해에 백만 부가 팔렸으며 14개국 언어로 번역되었다. 해외에서 오는 우편물은 내가 감당할 수 없을 정도로 많았다. 내가 할 말은 아니지만, 서머힐은 세계의 교육적 사고에 엄청난 영향을 끼쳤다. 이것은 자랑으로 하는 말이 아니라 사실이다.

그런데 교육과학부는 우리를 몰아치지 않을 때는 우리를 부시했다. 그것이 정당의 정략과 관계있다고는 생각하지 않는다. 노동당은 모든 사립학교를 없애고 싶어한다. 그렇게 된다면 서머힐과 같은 또 다른 학교는 결코 존재할 수 없을 것이다. 공립학교의 경우, 역사를 가르치는 방법들은 실험해볼 수 있으나 생활 방법들은 실험할 수 없다. 그 문제에 관해서는 퍼블릭스쿨도 마찬가지다. 이튼의 교장은 예배 시간을 없애거나 자치제도를 도입할 수 없을 것이다.

잉글랜드에서는 모든 사립학교가 등록되어 있다. 그런데 '제대로 된 학교로 인정' 되려면 감사를 받은 뒤 승인을 요청해야 한다. 나는 지금까지 한 번도 승인을 요청한 적이 없었다. 왜냐하면 내게 승인이란 뭔가가 하사된다는 뜻이니까. 서머힐이 승인받을 자격을 갖추기 어렵다는 것 또한 잘 알고 있었다. 책을 학습한다는 정규 기준에 서머힐은 부합하지 않았기 때문이다. 정말이지 서머힐에 새로 들어온 모든 학생들은, 수업이 선택 사항이라는 말을 들으면 즉각 모든 학과목에서 손을 떼고 미술이나 목공 같은 창조적인 일을 하려고 한다. 이런 사실로 볼 때 수업은 아이들의 자연스러운 바람에 반하는, 강요되는 것임을 확인할 수 있다. 그래서 서머힐의 학생들은 흔히 학업의 관점에서는 뒤늦게 꽃을 피운다. 기술자가 된 어떤 졸업생은 학교를 다닐 때 아무 수업에도 들어오지 않았다. 오늘날 그는 대여섯 개의 면허증을 가지고 있다. 아마 서머힐을 방문한 장학관은 그 학생을 낙오자로 분류했을 것이다.

승인을 받는 것은 개인적으로 내게는 아무런 의미가 없다. 그런데 만약 승인을 받으면 가난한 부모들도 서머힐에 아이들을 보낼 수 있을 것이다. 주의회가 학비의 절반을 부담하기로 했다면서 어떤 가난한 과부가 아들을 서머힐에 보내고 싶어했다. 그런데 우리가 승인을 받지 않았다는 사실을 알고 나자 주의회는 학비를 부담할 수 없다고 했다. 결국 나는 중산층 학생들만 받아야 한다는 데 대해 계속 부끄러움을 느낄 수밖에 없다.

서머힐이 12개국에서 '승인을 받았다'고 내가 말하더라도, 우리 학교를 팔아먹어보려고 그런 말을 하는 게 아니다. 나를 마음 아프게 하는 건

바로 이런 것이다. 만약 내가 더할 나위 없이 좋은 시설을 갖추고 두려움과 매로 아이들을 가르치는 사립학교를 가지고 있었다면, 아마 승인을 받았을 것이다. 만약 새로 교육부장관에 임명된 마거릿 대처 여사가 모든 학교에서 야만스럽고 비열한 체벌을 없애기로 마음먹고 직무를 시작한다면 굉장한 일일 것이다. 그런데 실제로 그렇게 하려 든다면 대처 여사는 수많은 교사들의 반대에 부닥칠 것이다. 대처 여사가 그 문제를 덮어두기로 결정했다는 이야기를 들으니 그녀가 과연 닐의 팬인지 의심스럽다.

대부분의 사람들은 아이의 놀이를 시간 낭비로 생각한다. 그러니 우리가 공부보다 놀이를 더 중요하게 생각하는 교육과학부를 가지기는 불가능한 일이다.

장학관의 보고서는 늘 열 살에서 열두 살까지 아이들의 학업 성취도가 떨어진다고 지적한다. 아무리 뛰어난 교사와 함께한다 할지라도 이 또래의 우리 아이들이 일반 공립학교의 공부 수준을 좇아가기는 힘든 일이다. 만약에 어떤 공립학교 아이들이 열 살이나 열두 살의 나이에 수업에 들어가지 않고 자유롭게 나무에 올라가거나 땅에 구멍을 파면서 논다면 그 아이들의 학업 수준은 우리 학생들과 비슷할 것이다. 우리는 놀이가 더 중요다고 생각하기 때문에 이 기간 동안 아이들의 학업 수준이 낮아지는 것을 받아들인다.

서머힐의 하급생들이 공립학교의 수준에까지 이르지 못한다고 해서 나중에 상급생이 되어서도 반드시 낮은 수준에 머무는 것은 아니다. 나는 언제나 뒤늦게 출발하는 사람들을 좋아했다. 아마도 주관적인 이유 때문에 그렇지 않나 싶다. 열아홉 살 때 일반교원양성대학Normal Teachers' Training College 입학시험을 쳤는데, 106명 중 104등을 했다. 물론 나는 용케 그 학교 학생이 되지 않았다.

객관적인 이유에서도 나는 뒤늦게 출발하는 사람을 좋아한다. 네 살 때 밀턴의 시를 외었던 똑똑한 아이들이 커서는 술고래나 게으름뱅이가 되는 것을 보았기 때문이다. 쉰세 살의 나이에도 자신이 무엇이 되려는지 정말 모르겠다고 말하는 사람을 나는 만나고 싶다.

내가 어렸을 때, 아버지의 급여는 감사보고서를 근거로 결정되었다. 당시 장학관은 무뚝뚝하고 불친절한 사람이었는데, 아버지가 어떤 일로 칭찬을 받으면 시샘을 했다. 불쌍한 아버지는 감사가 있는 날에는 머리가 빼개지는 듯한 두통에 시달렸다. 저능아들의 수준으로 간주되던 5등급, 이 등급을 넘어서는 학생들의 숫자에 따라 당신의 급여가 결정된다는 사실을 알고 있었기 때문이다. 이 장학관은 근처 다른 학교에 대해서는 아주 좋은 평가를 담은 보고서를 내곤 했다. 아버지가 보조교사로서 교직에 첫발을 내디딘 곳이 바로 그 학교였다. 그런데 그 학교의 교사는 아버지보다 나은 교사가 아니었다.

아버지에게는 감사가 있는 날은 엄청난 고통이었다. 그날 아침 아버지는 창문을 통해 장학관과 보좌관이 역에서 내려오는 모습을 하얗게 질린 표정으로 쳐다보았다. 눈에 훤히 드러나 보이는 아버지의 두려움에 감염된 우리 역시 그 힘센 관리들 앞에서 벌벌 떨었다. 그 장학관은 야비한 검열관이었다. 그는 우리가 알고 있는 것을 확인하기보다는 우리가 모르고 있는 것을 찾아내려고 애썼다. 그는 작은 수첩에다 계속 기록을 했다. 아버지를 포함해서 우리 모두는 그 기록들이 몽땅 혹평일 거라고 믿었다.

점심을 먹으러 사택에 들어왔을 때 장학관은 엄한 분위기를 조금 누그러뜨렸다. 어머니는 훌륭한 요리사였다. 감사가 있는 날이면 어머니는 늘 장학관이 좋아하는 푸딩을 차려냈다. 우리 아이들은 식탁에 앉을 수 없었다. 지금까지도 나는 마음 편하게 장학관을 맞이할 수 없다. 비록 오늘날의 장학관들은 옛날과 다르며 권한도 그때보다 덜하다는 것을 알고 있음에도 말이다.

장학관들은 특별한 산수 시험 카드와 분홍색 카드판을 가지고 있었다. 우리에 대한 감사가 있기 일주일 전, 그러니까 데아스 선생네 학교의 감사가 있던 날 그 시험 카드가 도둑을 맞았다. 내 기억으로 아버지가 일생에서 부정한 일을 저지른 경우는 그때가 유일했다. 아버지는 칠판에다 카드 시험 문제를 풀어주었다. 하지만 부정행위에는 대가가 뒤따르는 법. 우리 차례가 되었을 때 장학관은 전혀 다른 카드를 가지고 왔다. 추측건대 장학관은 데아스 선생의 학교를 나서면서 카드 몇 장이 없어진 것을 알아채고 새 카드를 준비했던 것이다.

오늘날까지도 나는 장학관에 대해 지나친 혐오감을 가지고 있다. 장학관이라는 이름 자체가 일종의 모욕이다. 교육의 측면에서는 충고자라는 이름이 더 좋을 것이다. 비록 그 충고가 가르치는 방법 같은 쓸데없는 것에 제한되어 있다 할지라도, 오늘날의 장학관은 바로 그런 존재다. 이미 여러 차례 언급했고 지금 다시 말하지만, 중요한 덕목들은 가르칠 수 없다. 수학이나 영어 그리고 프랑스어는 가르칠 수 있지만 자비심, 사랑, 정직, 균형 잡힘, 관용 등은 가르칠 수 없다.

감사는 서머힐을 부정직하게 만든다. 아이들은 옷차림을 단정히 하고 벽에 적힌 욕설들을 지운다. 아이들은 자의식을 가지게 되고 불행하다고 느낀다. 언젠가 감사를 온 한 장학관이 아이들에게 적의 어린 대접을 받고 고생했는데, 덕분에 나도 고생했다. 나는 그렇게 된 배경이 뭔지 알아냈다. 한 선정적인 일간신문이 교육과학부가 서머힐의 꼬투리를 잡을 기회를 엿보고 있다는 기사를 냈고, 그러자 아이들은 그 악의 없는 장학관을 학교 문을 닫게 만들 위험한 스파이로 간주했던 것이다. 물론 장관은 정부의 보조를 받지 않는 독립학교independent school를 폐쇄할 수 있다. 하지만 교장이 동성연애자거나 혹은 학교 여학생과 연애를 하는 사람인 경우가 아니라면 그런 일은 거의 일어나지 않으리라 생각한다.

내가 혼란스러운 것은 왜 가르치는 직업은 감사를 감수해야 하는가 하는 문제다. 힘 있는 조합을 가진 의사들이나 변호사들은 감사를 받지 않는다. 그들이 교사들과 같은 국가의 공복이 아닌 것은 맞다. 그런데 국민건강보험이 시작된 이후로 의사들은 국가로부터 의료비를 지원받는다. 확신하건대 의사들은 의료직을 감사 대상 직종으로 만들려는 어떤 시도와도 싸울 것이다. 전국교사조합은 버스안내원과 같은 낮은 신분을 받아들인다. 아무런 배짱도 없는 직업에 나는 속해 있다. 나 자신도 뱉이 없다. 나는 감사에 반대하며 저항해야 할 것이다. 우리 졸업생들은 거의 모두 인생에서 성공하고 있다는 근거를 대며 감사를 거부해야 할 것이다. 나는 교육과학부에 이렇게 말해야 할 것이다. "50년 동안 교양 있고 지성을 갖춘 부모들이 서머힐의 체계를 신뢰하며 자기 자식들을 서머힐에 보냈고 또 그 결과에 만족스러워했습니다. 왜 우리 학교가 나의 기준이 아니라 관공서의 기준에 따라 평가를 받아야 합니까? 서머힐은 본질적으로 생활을 위한 학교입니다. 공부와 가르치는 법 그리고 규율만을 생각하는 무리가 서머힐을 평가하는 것을 거부합니다. 그들로 하여금 화장실과 욕실 그리고 소화기의 숫자를 감독하게 하십시오. 그런 감독이라면 서머힐은 받아들입니다."

안타깝게도, 나는 교육과학부의 힘을 무시할 만큼 용감하지 못하다. 그래서 타협한다. 나는 60명의 아이들을 위해 8명의 교사를 채용한다. 내 입장에서 보면 일부는 잘못된 교사들이다. 대부분의 학생들이 정말 지루한 공부로 여기는 입학시험 과목을 가르치는 교사들이 바로 그들이다. 아이들이 모든 시험 과목을 다 싫어하는 것은 아니다. 여느 공립학교처럼 우리 학교 교사들도 일부는 훌륭하고 일부는 그렇지 못하다. 그들이 훌륭한 교수법을 가지고 있으면 나는 기뻐한다. 그리고 아이들도 그 수업에 들어간다. 하지만 나는 교사들에게 아이들을 어떻게 가르치라고 가르칠 수 없다. 어떤 학교에서든 좋은 교사를 구하는 일은 어렵다.

1967년 장학관 두 사람이 학교에 왔는데, 그들은 정말 전형적인 관료들이었다. 모든 것이 잘못되었다는 지적을 받았고 칭찬은 한마디도 듣지 못했다. 그들은 나를 물러나게 해서 학교 문을 닫게 만들고 싶어했다. "교내 설비를 기준에 맞게 끌어올린다 할지라도, 이런 식으로 가르치면 학교를 계속 운영할 수 있을지 의문입니다. 일반교육자격시험에서 당신 학생들 대부분은 다섯 과목에서 보통수준 자격을 따는데, 그래머스쿨 아이들은 열 과목에서 보통수준 자격을 따요." 나의 대답은, 아니 다음과 같은 나의 의문은 입 밖으로 나오지 않았다. "왜 수많은 사람들이 지역의 다른 그래머스쿨이 아니라 서머힐을 보러 올까요?" 언어가 다른 사람과는 대화를 나눌 수 없다. 속 좁은 관료들이 바로 그런 사람들이다. 어쨌거나 학교 전체를 아우르고 있는 자유가 그들의 옹졸한 영혼에 충격을 주었다고 나는 생각한다.

1968년, 교육과학부가 우리 학교를 폐쇄하려 들지는 않는 것으로 판명났다. 단 우리 학교가 검열을 통과하려면 엄청나게 많은 개선을 이루어야 한다고 했다. 서머힐이 어떤 곳인가에 대해서는 아무 생각도 없는 장학관이 또다시 찾아왔다. 그는 완고하고 형식에 사로잡힌 전형적인 관료였다. 나는 그를 키니라고 불렀다. 그러자 그는 나를 닐이라고 부르며 대꾸했다.

잉글랜드는 정부의 보조를 받지 않는 독립학교들의 땅이다. 유럽 대륙에는 이런 학교들이 드물다. 미국의 사립학교는 '새로운 학교'의 물결이 거세게 밀어닥치기 전까지 보통 군대식 사립학교였다. 스코틀랜드의 경우 이런 전통이 전무했다. 스코틀랜드에는 네 개의 퍼블릭스쿨이 있는데, 그 학교들은 이튼이나 해로와 같은 잉글랜드 식 전통을 가진 학교다. 내가 알기로, 스코틀랜드에서는 존 에이트킨헤드의 킬퀴니티Kilquhanity가 유일한 자유 기숙학교다. 이 학교 역시 장학관의 감사 때문에 곤란을 겪어왔다.

장학관들이 우리 건물 몇 채를 철거하라고 권고했을 때 우리에게는 건물을 다시 지을 돈이 없었다. 그래서 나는 정말이지 성미에 맞지 않게 도움을 호소했다. 친구들이 많이 도와주었고, 모인 돈은 모두 작은 교실 건물들과 기숙사를 짓는 데 썼다. 나는 오랫동안 책 인세와 원고료를 학교가 빚지지 않도록 하는 데 썼다.

학교 건물 등에 대한 감사를 언급했는데, 이 많은 아이들이 사용하자면 화장실이 몇 개여야 한다는 엄격한 지시가 있었다. 그때 나는 학교 건물에서 100미터 이상 떨어진 곳에다 노천 변소를 만들어놓은 공립학교들이 많다는 기사를 신문에서 보았다. 그래서 나한테 내려진 요구 사항들의 배후에 학교 문을 닫게 하려는 동기가 숨어 있지 않을까 하는 의심이 들었다.

서머힐은 주로 받을 수 없게 된 돈 때문에 너무나 자주 적자에 시달렸다. 지난 50년 동안 그 돈을 다 받았다면 아마 기사가 딸린 롤스로이스를 타고 다니며 으스댈 수 있었을 것이다.(아니다. 그건 넥타이를 매고 다닌다는 뜻일 것이다.)

우리는 빈약한 재정 때문에 하고 싶은 것을 다 할 수 없었다. 미술 교사와 수공 교사는 있었지만 춤이나 음악 교사를 둘 여유는 없었다. 내 입장에서는 그 교사들이 수학이나 역사 교사보다 더 중요했다. 우리는 좋은 도서관, 시설을 잘 갖춘 물리 화학 실험실, 그리고 요리 설비를 너무나 가지고 싶다. 공립학교는 이 모두를 갖출 수 있다. 어떤 부모나 교사들에게는 사치로 보일지 모르나 우리에게는 필수적인 것들이다. 그런데 우리는 이 시설들을 갖출 여유가 없다. 그리고 교사들에게는 지금보다 더 많은 급여를 지급하고 싶다. 우리의 학비는 예나 지금이나 잉글랜드에서 가장 낮은 수준에 속한다. 그런데도 지난 50년 동안 가난한 아이들을 받아들일 수 없어서 가슴 아파해왔다.

오늘날(1971년) 서머힐은 학교 건물에 관한 한 완벽하다. 학교는 중앙 난방 시설, 현대식 기숙사, 타르로 포장된 길, 수영장, 승마용 마구간 등을 갖추고 있다.

그렇다면 나는 불평하지 말아야 할 것이다. 교육과학부는 나를 마냥 내버려두었다. 아마 내가 죽을 때까지 그렇게 할 것이다. 그 다음에 무슨 일이 일어날지는 짐작할 수 없다. 예언하건대, 내가 죽으면 교육과학부는 서머힐의 원칙을 버리라고 요구할 것이다. 예를 들면 아이들을 수업에 강제로 출석하도록 만들 수 있다. 이것은 서머힐의 자유를 뿌리째 뒤흔들어놓을 것이다. 어떤 장관은 이렇게 말할지도 모른다. "우리는 그 노인네가 죽을 때까지 저 학교를 묵인해주었습니다. 그러나 아이들이 수업에 들어가지 않고 온종일 놀기만 하는 학교를 더 이상은 허용할 수 없습니다."

서머힐의 미래

서머힐에 관해 너무 많은 이야기를 했기 때문에 이제 다시 그것을 묘사하고 싶은 마음은 별로 없다. 사람들이 자주 하는 말 중 하나는 학교가 깔끔해 보이지 않는다는 것이다. 가구는 비싸 보이지 않고 의자는 대개 딱딱하다. 침실 바닥에는 종잇조각이 널려 있다. 그리고 어느 누구도 신경 쓰지 않는다. 깔끔한 데 관심이 있는 방문객들만 빼고는. 나 역시 원체 지저분한 편이라 이래라 저래라 말하지 않는다. 나는 뭔가를 잃어버리고 나서야 사무실이나 작업실을 정리한다. 그리고 반 고흐의 화실도 정말 지저분했다고 생각하며 스스로를 위로한다.

아이들은 보통 어떤 목적을 가지고 뭔가를 하고 있기 때문에 깔끔하지 못하다. 우리 여자 아이들은 침실에서 옷과 인형을 만든다. 바닥에는 천 조각들이 널려 있는데 아이들은 알아차리지 못한다. 스코틀랜드의 어느 학교 교장이었을 때 청결에 대해 첫 수업을 했다. 청소부가 화가 나서 나한테 왔다.

"이놈들이 어질러놓은 걸 도저히 치울 수 없습니다."

나는 "그냥 두세요. 곧 어질러진 걸 깨닫고 스스로 치울 겁니다"라고 말했다.

청소부와 나는 2주 동안 기다렸다. 그러고 나서 비를 들고 교실을 청소했다. 학생들은 교실이 엉망으로 어질러진 것을 알아차리지 못했다.

그러면 그 아이들은 평생 깔끔하지 못할 거라고 누군가는 말할지 모른다. 아니다. 그렇지 않다. 그때의 아이들에게는 겉모양새보다는 내면의 생활이 훨씬 더 중요하다. 하지만 학기말 파티 때는 제일 좋은 옷을 차려 입는다. 남자 아이들보다는 여자 아이들이 훨씬 더 옷차림에 신경을 쓴다.

오늘날 서머힐은 영국에서는 잘 알려져 있지 않다. 많은 미국인들이 이렇게 말한다. "런던에 사는 사람들한테 서머힐 이야기를 하면 들어본 적이 없다고 합니다. 그런데 뉴욕이나 로스앤젤레스에서는 많은 사람들이 서머힐을 알고 있습니다." 나는 그 이유를 모른다. 내가 지금 선각자라고 주장하는 게 아니라서, 선지자는 자기 고향에서 존경받지 못한다는 성경 구절을 인용하기가 좀 망설여진다.

서머힐은 한 번도 부자나 연극인들 그리고 텔레비전 방송인들과 같은 엘리트 계층의 후원을 받은 적이 없었다. 앤 공주가 학교에 들어가 첫 방학을 보낸 후가 아니라 버킹엄 궁전에서 욕설을 배웠다 할지라도, 공주가 서머힐과 잘 어울릴지는 의문이다. 서머힐에 미국인 고객은 많지만, 그들이 자기네 나라에서 얼마나 유명한지 나는 모른다.

흥미롭게도 어린아이들은 계급 간 적대감을 전혀 가지고 있지 않다. 한 아이가 롤스로이스를 타고 학교에 오더라도 다른 아이들은 어떤 반응도 보이지 않는다. 피부색에 대해서도 마찬가지다. 심지어 가장 나이 어린 아이조차 흑인 학생들의 피부색을 의식하지 않는다. 유대인 학생들에 대해서도 누구 하나 신경을 쓰거나 의식하지 않는다. 물론 그리스정교도 부모를 둔 아이들은 별개의 문제일 것이다. 40년 전에 그런 아이가 한 명 있었다. 그 아이는 매일 아침 묵주를 돌리며 기도를 해야 했다. 그런데 어느 날 묵주를 잃어버린 그 아이가 그 사실을 집에 편지로 알렸다. 아이의 아버지가 차를 몰고 학교로 와서는 내게는 아무 말도 하지 않고 아이의 멱살을 잡아 차에 밀어 넣고 가버렸다. 이미 한 학기 학비를 낸 상태였기에, 나는 내심 걱정이 되었다.

1924년 잉글랜드로 돌아왔을 때 나는 거의 무일푼이었다. 라임레지스에 있을 때는 오랫동안 재정 문제로 곤란을 겪어야 했다. 그런데 거기서 행운이 따랐다. 쿠퍼라는 오스트레일리아 사람이 내가 속해 있던 신교육협의회New Education Fellowship*에서 지급하는 수표를 보내왔던 것이다. 나는 내가 그릇된 자이며 그 수표를 신교육협의회로 돌려보내겠다고 그에게 편지를 썼다. 그는 그렇게 하지 말라고 했다. 그것은 하늘이 내린 선물이었고 그 덕분에 우리는 파산을 면했다.

오랫동안 우리에게는 선물이 없었다. 1950년, 한 후원자가 7년 동안 매년 1,000파운드를 내겠다는 약속을 했다. 그는 내성적이고 겸손한 사내여서, 자기의 기부 행위가 세상에 알려지는 걸 원치 않을 거라고 나는 생각했다. 그래서 나는 그 사실을 널리 알리지 않았다. 최근에는 존 바에즈가 런던에서 서머힐을 위한 특별 콘서트를 열어 수익금 1,400파운드를 주었다. 그리고 와이트 섬에서 열린 팝 콘서트에서 노래를 부르고 난 후에는 2,000파운드를 보냈다.

학교에 돈을 출자하겠다고 한 경우가 두 번 있었다. 나는 두 번 다 물었

---

*신교육협의회는 1921년 영국에서 신지학파였던 베아트리체 엔소르의 주도로 진보주의 교육가와 자유사상가들이 모여 설립한 진보교육 기구다. 세계 각지에 지부를 두고 아동 중심 교육, 교육을 통한 사회 개혁, 민주주의, 세계평화주의, 세계시민주의 등의 철학을 전파해왔다. 영국에서는 『새 시대』, 미국에서는 『진보교육』이라는 잡지를 발행하고 있고, 1966년 세계교육협의회로 개칭했다.

다. "학교 경영에 참여하려는 겁니까?" 그 대답은 "물론입니다"였다. 내가 말했다. "안 되겠습니다." 헨리 밀러나 존 바에즈 그리고 다른 친절한 미국인들이 학교에 돈을 보내는 경우는 상황이 달랐다. 거기에는 딸린 조건이 전혀 없었다.

최근 몇 년간 학교에는 방문객들이 물밀듯이 몰려왔다. 이들을 어떻게 해야 할지 정말 모르겠다. 나는 서머힐을 문 닫힌 상점이나 바다 한가운데 떠 있는 섬처럼 아무도 찾으려 하지 않는 곳으로 만들기는 싫다. 자랑 삼아 하는 말은 아니지만, 60년대 후반에 서머힐은 신실한 지지자들의 메카가 되었다. 그들은 홀로 스파이로 오는 게 아니라 대부대를 꾸려서 왔다. 아이들은 방문객들이 자신들에게 뭔가를 주는 경우가 드물다고 불평한다. 하지만 평범하지 않은 사람이 올 때면 아이들은 반색을 한다. 예를 들어 아프리카를 여행한 음악가 같은 사람 말이다.

내가 비록 사교적인 사람이긴 하지만, 여름 학기 막바지에는 정말 녹초가 되고 만다. 똑같은 문제가 계속 발생한다. 자유에 반대하는 방문객은 드물다. 적어도 말로는 말이다. 찾아온 사람들 대다수는 아이들이 공동체 회의에서 어떻게 자치제도를 운영해나가는지 보는 것을 정말 흥미로워한다. 토요일 밤 전체회의가 끝나고 나면 나는 늘 방문객들을 교실로 데려가서 질문에 답한다. 몇몇 사람들은 기록을 한다. 한 인도 여성이 여러 가지 질문을 계속 던졌다. 그 여성은 수첩을 뒤로 휙휙 넘기더니 말했다.

"그런데 닐 씨, 10분 전에는 정반대의 대답을 하셨습니다."

"나는 빨리 성장합니다." 내가 말했다. "내가 여전히 그 자리에 가만히 있으리라고는 기대하지 마십시오." 그 여성은 웃지도 않았다.

교사들의 방문은 정말이지 막아야 한다. 자유라고는 하나도 없는, 심지어 청바지도 못 입게 하는, 규율 엄한 학교의 수많은 교사들이 서머힐을 찾아온다. 그들은 행복하고 자유로운 아이들이 어떻게 행동하는지 지켜본다. 그런 다음에는 내켜하지 않는 아이들의 머릿속에 사실들을 주입시키는 지긋지긋한 업무로 되돌아간다. 놀라운 점은 이런 교사들이 하나같이 체계의 변화를 요구하지 않는다는 사실이다. 만일 젊은 교사가 체계에 도전하면 위험에 빠질 것이다. 그리고 그들의 마음속 깊은 곳에는 도전하지 않는 갖가지 이유들이 자리 잡고 있다. 그러니 자신들에게 주어진 조건을 극복할 수 있는 교사는 드물 수밖에 없다.

최근 찾아온 170명 가량의 방문객들 중에서 한 여교사가 말했다. "수업에 들어오지 않는 자유에 난 동의할 수 없습니다. 만약 내가 수학 수업에 들어가지 않아도 된다면 나는 아무것도 못 배울 겁니다."

나는 그 교사에게 물었다. "당신은 이차방정식을 풀 수 있습니까?" 그 교사는 못한다고 대답했다. 풀 수 있는 사람은 손을 들어보라고 했다. 세 사람이 손을 들었는데, 모두 수학 교사였다.

부모들은 흔히 나를 당혹스럽게 만든다. 정확히는 모르지만 지난 50년 동안 받지 못한 돈을 다 합치면 아마 수천 파운드에 달할 것이다. 집에서 미움받는 아이들의 부모 대부분은 "왜 내가 사랑하지도 않는 아이를 위해 학비를 내야 해?" 하는 마음이라고 나는 생각한다. '자유학교'라는 말도 아마 어떤 연관이 있을 것이다. 심지어 한두 학부모는 학비를 내라고 하자 분개하기도 했다. 나는 그런 인색함을 이해할 수 없다. 그들은 우리에게 아이의 식비, 용돈, 옷값을 부담하게 하면서 몇 년 동안 아이를 서머힐에 맡겨둔다. 그런 사람들을 나는 이해할 수 없다. 한 가지 곤란한 점이 있는데, 만약 여러 해 동안 학비를 내지 않은 것을 아이가 알게 되면(보통은 알게 된다) 그 아이는 반사회적이 되고 우리를 증오하게 된다는 사실이다.

가난한 부모일수록 기한을 꼭 지켜서 학비를 낸다는 것을 알았다. 돈이 정말 궁해지면 나는 각각 1,000파운드쯤 빚을 지고 있는 옛 학부모들에게 편지를 보냈다. "언제 빚을 갚으시겠습니까? 학교를 유지하자면 한 푼이라도 절실한 형편입니다." 답장은 한 통도 오지 않았다. 길고 쓰라린 경험을 통해 안 사실은, 일단 아이를 보낼 다른 학교를 찾게 되면, 내 돈을 받을 가능성은 거의 전무해진다는 점이다.

어떻게 하면 그런 부정직한 부모와 마주치지 않을지 나는 알 수 없다. 우리는 장사를 하는 게 아니다. 그래서 이런 식으로 말하지 못한다. "우유 값을 안 내면 더 이상 우유 못 넣습니다." 기쁘게도 지금 에나는 사람들이 꼬박꼬박 돈을 내는 것을 보고 있다. 대부분이 그렇게 하고 있다.

어떤 부모는 아이의 의복 문제에서 돈에 대한 강박관념을 드러내기도 한다. 언젠가 손버릇이 몹시 나쁜 남자 아이가 있었는데, 교사들의 끝없는 인내와 노력 덕분에 4년 만에 치유되었다. 그 아이는 열일곱 살에 서머힐을 떠났는데, 아이의 어머니가 학교로 편지를 보냈다. "빌이 집에 도착했습니다. 그런데 양말 두 짝이 없군요. 찾으면 돌려주기 바랍니다."

자기 아이들을 돌보는 보모를 질투하는 부모들이 가끔 있다. 학교로 찾아와서는, 보모가 영 마음에 안 든다는 뜻으로 곧장 아이들의 옷장으로 가 눈살을 찌푸리며 혀를 끌끌 차는 어머니들 말이다.

불행하게도 아이가 서머힐을 너무 좋아해도 부모들은 질투를 한다. 서머힐에 새로 들어온 학생들의 경우 집에서 늘 재치 있게 행동하지는 못한다. 방학 동안에 아이가 집에서 너무 지겨워하고 무뚝뚝하게 말한다고 불평하는 부모들이 있다. 당연히 많은 아이들이 집에서는 지겨워한다. 아이들의 생활이 집 안으로 국한될지도 모른다. 기숙학교를 다니기 때문에 집으로 돌아와도 아는 동네 친구들이 없을 수 있다. 집에서는 또 많은 아이들이 불가피하게 제한을 받는다. 예컨대 어떤 의사는 자기 아이들에게 진찰실 밖에서는 소란을 피우면 안 된다고 말해야 한다. 아이들은 대개 그런 제한들이 어쩔 수 없는 것이라 깨닫고 받아들인다.

최근에 열다섯 살 난 여자 아이가 나한테 이런 말을 했다. "만약에 부모님이 좋은 사람들이라면, 서머힐은 부모님을 더 좋아하게 만들 거야. 그런데 만일 나쁜 부모님이라면, 서머힐은 당장에 그 사실을 알아차리게 만들어서 부모님을 지긋지긋하게 여기도록 만들 거야." 그 아이의 부모는 성미가 까다로운 사람들이었다. 나는 아이에게 왜 부모님을 안 좋게 생각하느냐고 물었다. "왜냐면 우리 부모님은 자유를 머리로만 믿고 있거든. 부모님은 나를 자유롭게 하려고 여기에 보냈어. 그런데 내가 너무 독립심이 강해지니까 학교에 반대하는 편이 되어버렸어. 서머힐에서는 수업에 들어가라고 권하는 게 아니라 들어가고 싶을 때 들어가도록 내버려둔다는 걸 부모님도 잘 알아. 그런데도 나한테 계속 수업에 관해 잔소리를 해. 물론 부모님이 뭣 땜에 걱정하는지는 알아. 내가 많은 과목에서 보통수준 자격을 못 따서 아무데도 못 갈까봐 걱정하는 거지. 알긴 알겠는데, 그렇다면 왜 처음부터 날 여기로 보낸 거야? 난 내가 준비만 하면 시험에 통과할 정도의 머리는 된다고 생각해."

이상적인 부모는 진심으로 학교를 지원하는 사람들이다. 지금까지 서머힐에는 그런 부모들이 많았다. 그들은 수업 진도나 지저분한 방에 대해서 절대 걱정하지 않는다. 왜 세잔이나 렘브란트의 복제품을 벽에 걸어놓아 아이들의 영감을 자극하지 않느냐고 묻지 않는다. 그리고 아이들에게 바흐나 베토벤의 음악을 들려주라고 요구하지도 않는다. 또 아이들에게 예의범절을 가르치는 일 같은 불필요한 문제에 대해서도 걱정하지 않는다. 간단히 말해 그들은 우리가 믿는 것을, 즉 아이들은 자신들의 속도로 성장해야 한다는 것을 믿는다. 그런 부모들은 나와 교직원들에게는 하나의 기쁨이다.

나는 부모들에게 아이들에 관해 편지를 쓸 때면 늘 좀 조바심이 난다. 왜냐하면 휴일에 아이가 집에 와 있을 때 부모들이 내 편지를 집 안 아무 데나 내버려둘까 걱정스럽기 때문이다. 더 나아가 부모들이 아이들한테 이런 편지를 쓸까 걱정된다. "이번 학기에 네가 수업에도 들어오지 않고 여러 사람한테 폐를 끼친다고 닐이 그러더구나." 그런 일이 생기면 그 아이는 결코 나를 신뢰하지 않을 것이다. 그래서 그 부모가 정말 믿을 만하고 조심성 있는 사람이 아니라면, 나는 가능한 한 아이에 관해 이야기하지 않는다.

내가 하는 일의 대부분이 부모의 잘못을 바로잡아주는 일인 것 같다는 생각이 든다. 과거의 잘못을 정직하게 바라보고 어떻게 하면 아이를 가장 잘 대할 수 있을지 배우려고 노력하는 부모들을 보면, 연민과 찬탄이 더불어 우러나온다. 그런데 참으로 이상하게도 어떤 부모들은 스스로를 아이에게 맞추려 애쓰기보다는 아무 쓸모없고 위험한 규준에 집착하려 든다. 더 이상한 일은, 자기 아이들이 나를 좋아하는 걸 시샘하는 것 같다는 점이다.

아이들은 자기네 문제에 내가 간섭하지 않는 걸 좋아하는 것만큼 나를 좋아하지는 않는다. 자신들의 진짜 아버지가 "조용히 해!"라고 소리쳤을 때, 아이들이 꿈꾸는 아버지가 바로 나 같은 사람이다. 나는 예의 바르게 행동하고 공손하게 말하라고 절대로 요구하지 않는다. 얼굴을 씻었는지 절대로 묻지 않는다. 복종이나 존경 혹은 경의를 표하라고 절대로 요구하지 않는다.

결국 그 아버지와 나 사이에 진정한 경쟁이란 있을 수 없음을 나는 안다. 그의 일은 가족을 위해 돈을 버는 것이고, 나의 일은 아이들을 위해 애쓰고 아이들에게 나의 모든 시간과 관심을 기울이는 것이다. 만일 부모들이 자기 아이들의 발달 상황에 대해 더 많이 알기를 거부한다면, 그들은 분명 뒤처지게 될 것이다. 그리고 부모들은 흔히 뒤처진다.

서머힐에 다니는 자기 아이에게 이런 편지를 쓰는 부모가 있었다. "지금보다 더 맞춤법에 맞게 잘 쓰지 못한다면 차라리 나한테 편지를 안 쓰는 게 낫겠다." 우리가 볼 때 정신적으로 결함이 있는지 없는지 확신이 안 섰던 여자 아이가 바로 그 편지의 주인공이었다.

나는 불평을 하는 어떤 부모에게 여러 차례 큰소리를 쳐야 했다. "당신네 아이는 도둑에다 오줌싸개입니다. 그 아이는 반사회적이고 불행하고 열등합니다. 그런데 기차역에서 아이를 만나보니 얼굴과 손이 더러웠다고 지금 나한테 와서 불평을 하는 겁니까!" 나는 쉽게 화를 내는 사람이 아니다. 하지만 무엇이 중요하고 무엇이 사소한지 판단할 수 있는 안목을 익히려 들지 않거나 혹은 아예 그런 안목을 익힐 여지가 없는 부모를 만나면 화를 낸다. 아마 그래서 나는 부모의 편이 아니라고 여겨지는 모양이다. 반면에 학교를 방문한 한 어머니가 텃밭에서 온통 진흙투성이에다 너덜너덜해진 옷을 입은 자기 아이를 보고는 환하게 웃으며 이렇게 말할 때 나는 정말 기쁘다. "우리 아이가 정말 좋아 보이고 행복해 보이지 않아요?"

생각해보면 서머힐에서 우리는 정말 아이들을 동등하게 대한다. 대개 아이들을 마치 어른 대하듯이 한다. 물론 아이들은 어른과 다르다. 하지만 어떤 점에서는 공통점도 있다. 우리는 빌 삼촌에게 당근이 먹기 싫으면 접시를 닦아야 한다고 요구하지 않는다. 그리고 아버지에게 밥 먹기 전에 손을 씻으라고 요구하지 않는다. 도대체 토미가 손을 안 씻고 밥을 먹으면 무슨 문제가 있는가? 병균이라면 눈이 뒤집히는 나라인 미국에서라면 중요한 일이다. 그리고 경건함보다는 청결을 훨씬 우선시하는 교외 주택 지역에서라면 그것은 중요한 일이다. 우리가 아이들의 잘못을 계속 바로잡으려고 들면 아이들은 틀림없이 열등감을 느끼게 되고 타고난 존엄성에 손상을 입게 된다.

흔히 듣는 질문 한 가지가 있다. "그런데 서머힐은 원맨쇼가 아닙니까? 당신 없이 서머힐이 운영될 수 있을까요?" 서머힐은 결코 원맨쇼가 아니다. 그랬던 적은 정말 없었다. 서머힐에 대한 생각이 나한테서 나온 것은 맞다. 하지만 여러 사람들의 도움이 없었다면 그저 생각만으로 그쳤을 것이다. 날마다 하는 학교 일에서, 아내 에나와 교사들은 나만큼 중요한 역할을 한다. 아이들이 자라는 데 어떤 간섭도 없어야 한다는 생각, 아이들에 대한 어떤 억압도 없어야 한다는 생각이 바로 지금의 학교를 만들었다.

나의 첫 아내는 나만큼 희생하면서 학교 세우는 일을 도왔다. 우리는 아이들을 어떻게 대해야 하는가 하는 문제에서 견해가 달랐다. 아내의 배경, 즉 오스트레일리아, 라이프치히 음악학교, 독일에서의 생활 등은 아내가 학교에서 보내는 삶과 너무나 달랐다. 한편으로 아내는 투쟁적인 여성 참정권론자였고 감옥에도 갔다 왔다. 그녀는 저항 운동가였다.

두 번째 아내인 에나는 또 다른 배경을 가지고 있었는데, 학교에 들어서는 순간부터 학교와 잘 어울렸다. 에나는 늘 나를 도와서 자유라는 원칙을 견지할 수 있게 했고, 학교를 위해 노예처럼 일했으며 지금도 여전히 그렇게 일한다. 그녀는 단연코 서머힐에서 가장 열심히 일하는 사람이다.

두 여인은 고생을 많이 했다. 두 사람은 어머니와 마찰을 빚던 여자 아이들한테서 온갖 미움을 받았다. 학교 살림살이를 돌봤고, 식사를 차렸으며, 종종 자유라기보다는 방종에 치우치려는 아이들에게 단호한 태도를 취해야 했다. 음식을 다루는 사람은 어느 누구라도 아이들에게 많은 미움을 받는다. 두 여인은 아이들이 음식을 낭비하고 가구를 상하게 하는 데

불만을 터뜨려야 했다. 만약 아이들을 자기네 편한 대로 하도록 내버려둘 생각이 아니라면 그들에게 그런 일은 불가피한 것이었다.

서머힐이 원맨쇼냐 하는 문제로 돌아가보자. 그러면 호머 레인의 리틀 코먼웰스는 원맨쇼였는가? 또 알베르트 슈바이처의 병원도 원맨쇼였는가? 이튼이나 해로는 원맨쇼로 시작되었다고 생각하지만, 오랫동안 그랬던 것은 아니었다. 전통이 설립자를 대신하게 된다. 이런 식으로 생각해보자. 유명한 퍼블릭스쿨의 교장이 누구인가가 그렇게 중요한가? 아마 어떤 교장도 근본적인 변화를 일으킬 수 없을 것이다. 예를 들면 어떤 교장도 이튼을 남녀공학으로 만들 수 없고 그 학교에 자치제도를 도입할 수 없을 것이다. 조직화는 개척 정신을 죽여버린다.

지옥의 어린 악마가 몹시 당황하여 주인에게 달려왔다.

"주인님, 주인님, 무시무시한 일이 일어났어요. 이승에 있는 자들이 진실을 발견했답니다!"

악마가 웃으며 말했다. "괜찮다, 얘야. 그걸 조직화할 누군가를 보낼 거야."

서머힐이 조직화되지 않는 한, 서머힐은 전통이 되지 않는다. 과거에 서머힐은 나였다는 사실을 부정할 수는 없다. 하지만 지금도 여전히 서머힐이 나인지에 대해서는 확신하지 못한다. 오늘날 서머힐의 체계는 그 자체로 굴러가는 듯이 보인다. 내가 좌골신경통 때문에 3개월 동안 자리를 비우고 있었을 때 서머힐은 보통 때처럼 운영되었다. 그런데 투맨쇼의 한쪽인 에나가 있지 않느냐고 말할 수 있다. 왜냐하면 에나는 나와 똑같은 식으로 학교에 대해 알고 느끼기 때문이다. 그리고 교직원들도 우리와 함께 있다. 나의 인품(조금 자랑하게 내버려둬 달라), 나의 인내, 나의 유머, 나의 느긋함, 어떤 아이에게든 절대적인 지침이 되지 않으려는 나의 태도등과 같은 자질이 학교가 성공하는 데 얼마나 관련이 있는지에 대해 나는 평가할 수 없다. 다른 어느 누구도 마찬가지로 평가할 수 없다. 그것은 호머 레인의 미소가 제자들에게 얼마나 유용했는지 묻는 것과 같다.

나는 한 사람이 모든 것을 다 한다는 생각을 싫어한다. 왜냐하면 중요한 것은 그 사람이 아니라 그 생각이기 때문이다. 개인 숭배는 러시아에서 올바르게 비난받았다. 왜 천 명의 교사들이 자유롭고 행복한 학교를 가질 수 없는지 난 도무지 이해할 수 없다. 거기에는 천재가 요구되는 게 아니다. 초인이 될 필요도 없다. 다른 사람에게 이렇게 저렇게 살라고 말하고 싶은 욕망이 없는 사람이면 된다.

공산주의는 원맨쇼를 제거하는 것이었다. 그런데 공산주의는 우리에게 레닌과 스탈린을 가져다 주었다. 한 사람이 모든 것을 다 한다는 것은 마치 종교처럼 보인다. 대다수의 사람들은 의지하고 따를 신을 원한다. 대다수 영국인들은 머리를 조아릴 군주를 원한다. 이런 의문이 생긴다. 인류는 지도자 없이 지낼 수 있을까?

나는 지도자가 아니다. 나는 공동체 정부의 일원이다. 단도직입으로 말해 나는 어떤 종류의 지도자도 싫어한다. 지도자란, 본질적으로 힘 자체를 추구하는 자기중심적인 사람이라 정의할 수 있다. 내가 받는 보상은 칭찬도, 명성도, 추종자도 아니다. 내 보상은 단순 소박하다. 그것은 바로 온 마음과 힘을 다 쏟아 일하는 기쁨이다.

지도자를 따르는 사회는 정체하기 쉽다. "우리의 설립자는 이렇게 하지 않았어. 그러니 우리도 이렇게 해서는 안 돼." 루돌프 슈타이너는 매우 명석한 사람이었다. 그런데 스톡홀름에서 내 강연을 듣고 난 루돌프슈타이너 학교의 교장이 이렇게 말했다. "오늘밤 당신이 한 말에 나는 동의하지 않습니다. 당신은 현세의 삶을 위해 교육합니다. 하지만 우리는 다가올 생을 위해 교육합니다." 나는 슈타이너 자신이 그런 말을 했을 거라고는 생각하지 않는다.

어떤 사람은 내가 하는 일이 소극적이라고 했다. 내게 그 말은 일종의 찬사다. 왜냐하면 반대편에서는 규율과 틀에 맞춰 아이들을 개조하는 데 너무나 적극적이기 때문이다. 아이가 어떤 사람이 되어야 하는지 잘 모른다면 소극적인 구경꾼이 되어야만 한다. 그런데 기성체제는 그럴 생각도 없고 또 그렇게 할 수도 없다. 기성 체제는 아이가 어떤 사람이 되어야 하는지를 안다. 몬테소리와 루돌프 슈타이너도 그것을 알았다. 하지만 호머 레인은 몰랐다. 그리고 나도 모른다. 그런 한편 나는, 어떤 아이가 여러 해 동안 제자리걸음을 하고 있는 듯 보이더라도 절대 실망하지 않았다. 서머힐에 있을 때 한 번도 수업에 들어오지 않던 아이가 있었다. 그 아이는 거의 글을 못 읽는 상태에서 학교를 떠났다. 오늘날 그 아이는 전 세계를 걸어서 여행하는 멋진 젊은이가 되었다. 그는 방글라데시에서 기아 문제와 싸웠고 지금은 남동아프리카 사람들을 돕기 위해 가고 있는 중이다. 하지만 그는 맞춤법에 맞게 제대로 글을 쓸 수도 없고 장기의회가 뭔지 들어본 적도 없다. 여기서 이론이 분분한 문제가 제기된다. '교육이란 무엇인가?' 여러 가지 입장이 많겠지만, 이튼이나 해로 그리고 그래머스쿨들에서처럼 외부의 지시에 따라 받아쓰기 하듯 이루어지는 성격 형성하기가 아니라, 내면의 본성에 따라 이루어지는 성격 형성하기가 바로 교육이라고 나는 생각한다.

자주 듣는 또 다른 질문은 이런 것이다. '당신이 죽으면 서머힐은 누가 운영하는가?' 내가 해온 일을 맡아 할 사람을 바깥에서 찾을 수 있을까 하고 나는 종종 생각해봤다. 하지만 어떤 사람도 찾을 수가 없었다. 여기에는 터무니없는 자부심과 과장된 자존심이 깔려 있다. 그렇지만 다른 누군가가 자신의 일을 대신할 수 있다고 생각하는 사람이 과연 존재할까? 우리 학교에서 나는 다른 누군가에게 맡길 수도 있는 자질구레한 일들을 많이 한다. 자물쇠 수리, 의자 수리, 문에 페인트칠하기 등이 그런 일들이다. 이유는 간단하다. 다른 친구들이 그 일을 나만큼 잘해내지 못할 거라고 확신하기 때문이다. 나는 호머 레인의 뒤를 잇지는 않았다. 나는 그에게서 배웠을 뿐이다. 만약 그가 아직 살아 있다면, 우리는 많은 점에서 몹시 달랐을 것이다. 라이히는 프로이트의 뒤를 잇지 않았다. 그는 프로이트가 다져놓은 기초 위에 계속 건물을 지어나갔다. 그런 다음 완전히 새로운 기초들을 이용해 구조를 확장했다. 제자들은 위험하고 또 너무나 흔히 스승보다 뒤떨어진다.

아마 내가 죽거나 은퇴하면 서머힐은 없어질지도 모른다. 그것은 그리 중요한 문제가 아니다. 나는 예언자가 아니다. 교육의 미래에 관한 나의 어떠한 추측도 특별한 가치를 지니지 않는다. 동서 진영 간의 긴장과 두려움 그리고 증오가 전쟁이나 타협 혹은 어느 한쪽의 정치와 이데올로기의 승리로 해결된다면, 그때 세상의 교육은 어쩌면 아이들을 위한 자유를 더 많이 받아들일지 모른다.

미래의 어느 날 교육대학의 학생이 교과서에서 다음과 같은 글을 읽고 있는 모습을 나는 상상해본다. "20세기 중반 교육 분야에서는 꽤 많은 실험들이 이루어졌다. 그리고 그 실험들이 내건 슬로건은 자유였다. 이런 실험가들 가운데 가장 유명한, 혹은 아마 가장 악명 높다고 해야 할 사람은 서섹스 주에서 서머힐이라는 사립학교를 세운 맥닐이라는 이름의 스코틀랜드인이었다. 오늘날 우리는, 마음대로 놀거나 공부할 수 있는 완전한 자유, 아이들 스스로의 자치, 도덕에 근거한 성격 틀에 맞춰 찍어내기의 전면 거부 같은 그의 극단적인 견해를 돌아보며 웃음을 머금을 수 있다. 그러나 한편으로 우리는 그가 학습에 대한 헛된 숭배에 반대함으로써 상당한 공헌을 했다는 사실을 인정해야만 한다. 물론 우리 세대는 완전한 자유라는 관념을 거부한다. 20년 전 종교 교육이 폐지된 이래로 우리는, 우리 어른들의 경험이라는 유익을 기꺼이 제공함으로써 아이들을 지도하는 저 신성한 권리를 포기하지 않고 있다. 그런 동시에 우리는 맥닐이 처벌이나 엄격한 규율 그리고 쓸데없는 두려움 같은 오래된 폐해를 학교로부터 몰아내는 데 도움을 주었다는 사실에 찬사를 보내야만 한다."

슬프게도, 장학관에게 등 떼밀려 지었던 이 모든 새 건물들을 나는 곧 떠날 것이다. 여든여덟, 이제 더 오래 살기를 기대할 수 없는 나이기 때문이다. 내가 죽으면 우리 가족이 학교를 운영해갈 수 있기를 바란다. 단 내 이름 없이. 서머힐이 계속해서 학생들을 끌어당길지는 알 수 없다. 그러나 설사 서머힐이 나와 함께 사라질 운명이라 해도, 지난 50년 동안 그것은 정직으로 일관해온 과업이었다.

part two

2

A.S. 닐

스코틀랜드 소년 시절

(A. S. 닐은 1883년 10월 17일 스코틀랜드 중동부 테이사이드 주 앵거스 구 포퍼 시에서 태어나, 1973년 9월 22일 잉글랜드 남동부 서퍽 주 올드버러에서 사망했다.)

지금 젊은 세대들이 지난 19세기 말의 시골 생활을 상상하기는 쉬운 일이 아니다. 오늘날 모든 시골 아이들은 영화관에 갈 수 있다. 라디오를 가질 수도 있고 들을 수도 있다. 또 텔레비전을 본다. 그리고 크고 작은 트럭과 버스가 지나다니는 것을 본다.

내 어린 시절의 삶은 마차나 자전거를 탄 채 느리게 흘러갔다. 일 년에 한 번씩 학교에서는 소풍을 갔다. 너무나 가슴 벅찬 일이었다. 우리는 농부들의 짐마차를 타고 갔다. 농부들은 마구들에 번쩍번쩍 광을 내고 말을 손질하고 돌보느라 밤을 꼬박 새우다시피 했다. 일 년 중에서 그날은 천국 같은 날이었다. 반면에 다음날은 지옥의 나락 같았다. 소풍 다음날이면 나는 늘 극심한 절망감에 사로잡혔고 참담한 기분에 눈물을 흘렸다. 영광의 날은 이미 가버렸고 다시는 오지 않을 터였다.

일 년 중 나머지 364일 동안 킹스뮤어에서는 아무 일도 일어나지 않았다. 가끔 있던 결혼식이나 장례식만이 삶의 단조로움을 깨뜨릴 뿐이었다. 우리는 결혼식이나 장례식이나 모두 반겼는데, 그 중에서 결혼식을 더 좋아했다. "결혼 전에 웨딩케이크를 잘라라"라는 속담이 말해주듯, 결혼식에서는 흔히 신랑 신부의 케이크 절단식 같은 여러 가지 의식들이 의무적으로 치러졌다.

내게 죽음은 낯선 게 아니었다. 요절한 형제들의 장례가 몇 차례 있었기 때문이다. 나는 죽음과 눈물이 장식품과 같은 것임을 알았다. 그리고 시신을 땅에 묻고 난 후에는 상쾌한 안도감이 뒤따른다는 것도 알았다. 내가 열 살이 되기 전에 세 번의 장례식이 치러졌다. 사산아를 포함해서 어머니는 모두 열세 명의 아이를 낳았다. 나중에 우리가 너무 많은 자식을 낳았다고 비난하곤 하면, 어머니는 그건 하나님의 뜻이라며 화를 냈다. 여동생 클루니가 이렇게 말했을 때는 노발대발했다. "그것 참 잘된 일이군요. 하지만 엄마한테는 앨리를 낳은 지 열한 달 만에 다시 나를 낳을 권리가 없어요. 그게 하나님의 뜻이라고 하면, 하나님은 내가 건강하지 못한 데 대해 비난받아야 해요."

어린아이들이 대부분 그런 것처럼, 우리도 계절의 변화를 의식하지 못했던 것 같다. 겨울에 대한 내 기억은 굉장히 어렴풋한데, 그때는 지금보다 눈이 훨씬 더 많이 내리지 않았나 싶다. 우리는 길에 얼음판을 만들어놓고 개구리처럼 다리를 쩍 벌리고 꼴사납게 스케이트를 탔다. 가끔 얼음이 잘 얼었을 때는 동네 연못에서 스케이트를 타보려고 했는데 잘되지는 않았다. 조금은 우리 스케이트 탓도 있었다. 짐마차 자국이 난 길 위에서 스케이트를 타다보니 날이 너무 무뎌져서 얼음을 잘 지칠 수 없었던 것이다.

놀이마다 그 놀이를 하는 특정한 시기가 있었다. 흙먼지가 날리는 3월에는 구슬치기를 했고 늦봄에는 팽이놀이를 했다. 우리는 다들 구슬과 팽이 그리고 굴렁쇠를 가지고 있었는데, 그것들을 다 어떻게 구했는지 모르겠다. 가게에서 파는 구슬은 10개에 1페니로 비싼 편이었다. 하지만 구슬치기 철이 시작되면, 남루한 옷차림의 가난한 남자 아이들이 갑자기 주머니가 빵빵하도록 구슬을 넣고 나타나곤 했다. 나는 조직화된 게임에는 젬병이었다. 동전 던지기를 해서 자기네 편을 골라 축구를 할 때면, 늘 꼴찌로 선택되는 불명예를 안아야 했다. 일찍이 나는 운동선수를 나의 영웅으로 삼았던 적이 없었다.

무엇보다도 우리에게 봄은 먼지, 3월의 바람에 날리는 흙먼지를 의미했고, 새들이 둥지를 트는 기쁨을 의미했다. 우리는 새알을 수집했다. 이미 가지고 있는 새알 표본들이 무척 많았음에도 둥지란 둥지는 보이는 족족 모두 털었다. 새 둥지 찾기는 오금이 저릴 만큼 흥미진진했다. 둥지를 찾아내려면 출입 금지 구역으로 들어가야 했기 때문이다. 그곳 사냥터지기가 내지르는 목소리는 사납고 무서웠다. 나무에 오르려던 나를 보고 "이놈 거기서 대체 뭘 하고 있는 거야?" 하고 외치던 고함소리가 안겨준 두근거림을 지금도 느낄 수 있다. 우리는 사냥터지기가 아이들을 때린다는 이야기를 들었다. 하지만 그 이야기는 전설임에 틀림없다. 그는 우리를 한 번도 건드리지 않았다. 소심했던 나는 흔히 망보는 일을 해야 했는데, 습격에 직접 참가하는 일보다 훨씬 안 좋았다.

시험을 치는 날은 학기가 끝나는 날이었고, 우리에게 그날은 한 해 중 가장 기쁜 날 가운데 하루였다. 그것은 몇 주 동안의 자유를 알리는 서곡이었다. 이제 우리는 근처 개울에서 온종일 작은 물고기를 잡을 수 있었다. 아니면 '손으로' 물고기를 잡으러 훨씬 더 멀리 비니 강까지 갈 수 있었다. 송어를 맨손으로 잡으려고 했는데, 한 번도 성공하지 못했다. 우리는 낚싯줄이나 낚싯바늘은 꿈도 꾸지 않았다. 당연히 너무 비쌌기 때문이다.

여러 해 뒤 내가 학생이었을 때 비니 강가로 자전거를 타고 가다가 다리를 쳐다보니, 막내동생 퍼시가 낚싯대로 낚시를 하고 있었다. 나는 퍼시에게 거기 얼마나 서 있었냐고 물었다. "두 시간, 그런데 입질 한 번 안 해." 퍼시가 말했다.

"고기를 어떻게 낚는지 보여주지." 나는 낚싯줄을 던지며 형으로서의 우월감에 가득 차서 말했다. 그때 송어 한 마리가 펄쩍 뛰어올랐고 나는 재빨리 낚아챘다.

"이게 바로 고기 잡는 법이라고." 나는 이렇게 말하곤 자리를 떴다. 내가 일생 동안 유일하게 잡아본 물고기였다. 하지만 퍼시는 죽는 날까지 나를 노련한 낚시꾼으로 여겼으리라 확신한다.

늦여름에 나무딸기를 따러 갔을 때 우리는 다시 사냥터지기와 맞닥뜨렸다. 이번에는 부모님의 허락을 받고 그 구역을 침범한 터라 조금은 당당했다. 어머니가 가능한 한 많은 딸기잼을 만들려고 한 것은 경제적인 필요 때문이었다. 그리고 그 숲에는 딸기가 많았다. 그곳 지주들은 딸기 따는 일을 가지고 거만을 떨며 못하게 막지는 않았다. 딸기 따는 사람들이 꿩과 자고를 괴롭힌다는 게 그들의 주장이었다.

딸기 따는 계절이면 어머니는 정신없이 일했다. 불 위에는 늘 딸기잼을 달이는 냄비가 놓여 있었고, 우리는 걷어낸 잼 찌꺼기의 향긋한 냄새를 좋아했다. 어머니는 정말 훌륭한 주부였다. 어떻게 어머니가 일 년 동안 먹을 딸기잼의 양을 정확하게 만들어냈을까 생각하면 지금도 놀랍다. 어머니는 딸기잼을 만드는 데 자부심을 가지고 있었는데, 특히나 우리 마을에서 딸기잼 가게를 낼 수 있는 유일한 여성이라는 점에서 더욱 그랬다. 마찬가지로 빨래나 다림질도 어머니에게는 만족을 주는 일이었다. 어머니는 빨래통이나 목탄 다리미와 다리미판을 끼고 정신없이 일했다. 이후로 대부분의 세탁소가 어머니의 실력에 못 미친다고 생각하게 만들어버린, 리낸 제품의 하얀 정도에 대한 어머니의 높은 기준은 지금도 경외감을 불러일으킨다.

내가 어렸을 때, 어머니는 담석 때문에 극심한 고통에 시달렸다. 하지만 병을 구실로 집안일을 게을리 하지는 않았다. 어머니가 가장 뿌듯해한 순간은, 일요일 아침에 우리가 무리를 지어 교회에 가는 것을 정원 문에 서서 지켜보는 때였다. 아버지는 굴뚝 모양의 모자를 쓰고 빳빳하게 풀을 먹인 셔츠를 입었다. 남자 형제들은 말끔히 솔질이 된 옷을 입었고, 여자 형제들은 잘 다려진 드레스를 입었다. 어머니는 너무 살이 쪄서, 성찬식 날 같은 특별한 경우를 빼고는 읍내까지 먼 거리를 걸어가지 못했다.

우리 아이들에게 일요일은 언제나 우울한 날이었다. 그날 우리는 칼라와 소맷부리에 빳빳하게 풀을 먹인 안식일 복장을 입어야 했다. 우리는 그런 칼라에 익숙했다. 왜냐하면 당신 아이들이 평일에도 진짜 빳빳하게 풀을 먹인 칼라를 하고 있다는 사실에 어머니가 자부심을 느꼈기 때문이다. 교회 갈 준비를 하는 일은 끔찍했다. 꼴사나운 소맷부리 단추를 하느라 애를 먹었고, 화를 내서 씩씩거리며 서서 머리에 기름칠을 했다. 여하튼 원하지 않는 곳에 가느라고 우리는 옷을 잘 차려 입었다. 우리 앞에는 한 시간 반이라는 정말 따분한 시간이 기다리고 있었다. 그 시간 동안 우리는 길고 딱딱한 수직 등받이의 신도석에 앉아(오직 부자들만이 쿠션에 앉을 수 있었다), 지루한 성가를 듣고 또 카이 박사의 끝이 없을 것 같은 설교를 들어야 했다.

그 당시 스코틀랜드의 종교는 수정 칼뱅주의였다. 우리 의사와는 상관없이 예정설의 교리에 따라 우리가 영원히 양과 염소로 나누어진다는 가르침을 그때 받았는지는 기억할 수 없다. 아니다. 우리는 자유 의지를 가졌으므로 천국이나 지옥을 선택할 수 있었을 것이다. 그런데 천국에 가자면 하나님이나 예수께 기도하여 허락을 얻어야만 하는지도 모른다. 지옥에 이르는 길은 너무나 쉬웠다. 그저 죄인이 되면 족했다.

나는 교회가 아니라 집에서 종교적 심성을 체득했다. 지금 생각해보면 부모님께 종교의 표준을 제시한 분은 할머니였다. 할머니에게는 모든 것이 아주 단순했다. 하나님의 말씀은 정말 처음부터 끝까지 영감을 주는 것이었기에, 단지 '믿기'만 하면 천국은 보장되었다. 아버지와 어머니는 나이 들어 원숙해질 때까지 이 종교에 매달렸고, 그런 뒤 여러 해 동안 종교를 떠나 있다가 마침내 심령주의에서 당신들의 구원을 찾았다.

우리는 특별히 종교 교육을 받지 않았다. 대신에 집안에는 현세의 삶을 부정하는 분위기가 막연하게 감돌고 있었다. 아버지는 식사에 앞서 감사 기도를 했지만, 어머니가 자리에 있을 때만 그랬다. 어머니는 식탁에 수프를 다 차린 후 잠시 손을 멈추었다. "자, 조지" 하고 어머니가 말하면 아버지는 하나님의 은총에 감사했다. 어머니가 "자, 조지" 하고 말할 때면 목소리가 변하던 것을 지금도 기억할 수 있다. 그것은 중국 음식에 관해 즐겁게 이야기하다가 갑자기 목소리를 바꿔 "……의 사망 소식을 전하게 되어 대단히 유감입니다" 하고 보도하는 BBC 방송의 아나운서를 생각나게 한다.

일요일은 성스러운 날이어서, 꼭 필요한 일만 할 수 있었다. 이날은 우리가 읽는 책도 검열받았다. 그래서 싸구려 통속소설도 '양서'의 기준에 저촉되지 않는 범위 내에서만 읽을 수가 있었다. 속임수를 감지해내는 예민한 후각을 가진 할머니는 가끔 우리의 비리를 적발해냈다. 일요일에는 모든 놀이가 금지되었다. 그래서 우리는 산책을 나가도 별로 기쁘지가 않았다. 마을의 남자 아이들은 길에서 깡통을 차며 축구를 했는데, 심지어 이 이교도 아이들조차 진짜 공을 가지고 편을 짜 경기를 하지는 않았다.

군이 말로 듣지 않아도 우리는 '파멸로 이끄는' 넓은 길에 서 있는 이정표들을 정확하게 알았다. 섹스, 도둑질, 거짓말, 욕설, 주일 모독 등이 그런 것들이었다(맨 끝에 언급한 주일 모독에는 즐길 만한 거의 모든 일들이 포함되어 있었다). 다른 편의 길, 즉 '생명으로 인도하는' 곧바르고 좁은 길에 서 있는 이정표들이 순종과 존경 같은 미덕들이었는지는 기억나지 않는다. 어쨌든 불복종은 우리의 시야에 들어오지 않았다. 반항을 시도하기에 우린 너무나 잘 길들여져 있었다.

여동생 클루니는 나보다 덜 내성적이었고 신앙심도 덜했다. 클루니는 어떤 대가를 치르더라도 지옥을 용납하려 들지 않았다. 그런데 클루니가 다음 단계로 나아가 신과 천국을 용납하려 들지 않았을 때, 나는 실제로 클루니가 그 자리에서 쓰러져 죽을까봐 걱정했다. 나의 이런 두려움은 할머니가 해준 섬뜩한 이야기 때문에 생긴 것이었는데, 바로 할머니가 주석을 붙인 『소교리문답Shorter Catechism』에 나오는 은수저를 훔친 혐의를 받은 하녀에 관한 이야기 때문이었다. "만약 제가 은수저를 훔쳤다면, 주여, 저를 이 자리에서 죽여 쓰러뜨리소서!" 물론 그 말을 한 하녀는 그 자리에서 쓰러졌고, 문제의 은수저가 달그랑 하고 소리를 내며 바닥으로 떨어졌다. 나는 무신론자인 클루니에게 여러 차례 이 이야기를 상기시켰다. 하지만 클루니는 그저 나를 비웃을 뿐이었다.

할머니는 심령에 민감한 분이었다. 물론 할머니가 스코틀랜드의 이야기들에 흔히 등장하던 무슨 예지 능력을 가진 건 아니었다. 예컨대 이런 유의 이야기들 말이다. 교회에서 탬슨이라는 사람이 브룬 부인의 어깨를 건드리며 속삭인다. "집에 가보는 게 좋을 겁니다. 당신 아이의 목이 부러졌으니까요." 그 말을 들은 브룬 부인이 차를 타고 10킬로미터를 달려 집으로 가보니 바로 그 참사가 벌어져 있었다. 어린 시절에 나는 이런 이야기를 많이 들었다. 그런데 이야기들은 언제나 "어떤 사람으로부터 그 이야기를 전해들은 사람을 내가 안다"라는 식이었다. 이와 달리 할머니는 좀 더 단순한 현상으로 만족했다. 할머니의 주된 분야는 노크 소리였다. 아침에 방에서 내려오며 아주 낙담한 채 이렇게 말씀하시곤 했다. "이제 갈 날이 다 된 모양이야. 노크 소리가 크고 분명하게 세 번이나 났어. 하나님께서 나를 부르신 게야." 그리고는 수의를 정돈하러 다시 이층으로 올라가곤 했다. 자연히 우리는 할머니의 예감에 무덤덤해졌다. 하지만 할머니가 바로 그 노크 소리를 들은 후 돌아가시고 나자, 결국 우리는 자책감에 시달려야 했다.

소년 시절 나는 거의 책을 읽지 않았다. 닐리 형이 책을 많이 읽었는지는 잘 기억나지 않는다. 내가 읽은 책은 윌리 형이나 클루니가 추천한 책이었다. 윌리 형은 보이는 대로 다 읽었다. 그래서 일찌감치 책에 관한 안목을 갖추었다. 클루니 역시 닥치는 대로 읽었다. 나보다 한 살 어렸지만 디킨스와 새커리의 작품과 『제인 에어』를 읽었다. 그때 나는 싸구려 통속소설을 읽는 수준이었는데, 그 속에서 H. G. 웰스, W. W. 제이콥스, 앤서니 호프, 그리고 라이더 해거드를 발견했다. 앤서니 호프의 『젠다의 죄수』는 정말 재미있었고, 라이더 해거드의 『그녀』를 읽은 후에는 나의 미래가 중앙아프리카에 있다고 생각했다. 마리 코렐리의 작품도 읽었다. 클루니와 나는 마리 코렐리가 지금까지의 작가들 중 가장 위대한 작가라는 데 동의했다. 그래서 우리에게 사인을 보내주면 죽을 때까지 그것을 간직하겠노라는 취지의 편지를 써서 그녀에게 보냈다. 하지만 답장은 오지 않았고, 곧 우리는 그녀의 작품을 헐뜯기 시작했다.

오늘날 나는, 당신이야말로 살아 있는 사람들 중 가장 위대한 사람이라는 내용의 편지들을 받으면, 위선을 떨며 그 찬사를 물리치고 편지를 보낸이에게 앞날에 행운이 깃들기를 바란다는 답장을 늘 써 보낸다. 마리 코렐리는 답장을 하지 않았기 때문에 두 사람의 열렬한 숭배자를 잃었다. 나를 숭배하는 사람은 극히 적어서 나는 감히 그들을 잃으려 들지 않는다. 만약 어떤 젊은이가 나를 보고 셰익스피어와 쇼 두 사람을 합친 것보다 더 위대하다고 생각한다면, 그의 생각을 단호히 부정하는 것은 잔인하고도 몰인정한 짓이지 싶다. 나의 젊은 시절 영웅들은 흔히 나를 의기소침하게 만들었다. 그건 아마도 내 전술이 나빴기 때문일 것이다. 만약에 내가 "친애하는 코렐리 양, 당신은 답장을 할 리가 없겠지요. 당신 작품의 등장인물들은 모두 고자들이고 당신의 철학은 형편없어요"라고 편지를 썼다면 틀림없이 답장을 받았을 것이다.

어린 시절 아버지는 내게 신경을 쓰지 않았다. 아버지는 흔히 나를 모질게 대했고, 나는 아버지를 확실히 두려워하게 되었다. 그리고 그 두려움은 어른이 되어서도 결코 극복할 수 없었다. 지금 나는 아버지가 '어떤' 아이들도 좋아하지 않았다는 것을 안다. 비록 마을의 교사였음에도 불구하고 아버지는 아이들과 진정으로 사귀려 하지 않았다. 아버지는 노는 방법을 몰랐고 아이들의 마음을 이해하지 못했다. 당신이 칭찬하는 아이는 다른 아이들보다 공부를 잘하는 아이였다. 나는 공부에 관심도 없었고 잘하지도 못했기에, 아버지의 관심이나 애정을 받을 가망이 없었다.

아버지의 학교는 길가에 있었다. 우리 집, 그러니까 학교 사택은 길 건너 맞은편에 있었다. 집에는 거실, 식당, 부엌, 다섯 개의 침실이 있었다. 화장실은 멀리 정원 끝에 파놓은 노천 변소였다. 나는 길만 건너면 학교에 갈 수 있었다. 하지만 포퍼 아카데미Forfar Academy에 다니던 형들은 매일 아침저녁으로 3킬로미터가 넘게 걸어야 했다.

포퍼 아카데미는 대학으로 가는 징검다리였다. 아버지에게 인생에서 출세는 학문에서 출세를 의미했다. 우리는 학자가 되어야만 했는데, 윌리 형이 그 길을 앞장서서 갔다. 포퍼 아카데미에 다닐 때 윌리 형은 대부분의 과목에서 반 수석을 차지했다. 형은 큰 힘 들이지 않고 열여섯 살에 너끈히 대학에 갔다. 학자로서 형의 재능은 탁월했던 듯하다. 시험 치기 전 사흘 밤 동안 머리에 젖은 수건을 두르고 책상 앞에 앉아 있는 것이 형이 사용한 방법이었다. 형의 기억력은 비상했다.

내 차례가 되었을 때, 아버지는 나를 아카데미에 보내지 않았다. 나는 가족 가운데 아카데미를 가지 않은 유일한 사람이었다. 공부를 못했기 때문에 아카데미에 보내봤자 아무 쓸데없고 가망 없었으리란 게 슬프지만 진실이다. 여전히 아버지는 내게 신경을 쓰지 않았고 놀라지도 않았다. 나는 분명 열등한 녀석이었고, 공부로 성공하는 집안의 전통에는 적합하지 않은 놈이었다. 자동으로 나는 열등한 지위를 받아들였다. 빵에 딱딱하고 맛없어 보이는 끝 부분이 있으면 아버지는 보란 듯이 과장된 동작으로 그것을 잘라내어 내가 앉은 쪽으로 던지곤 했다. 그러면서 이렇게 말했다. "앨리(닐의 애칭)한텐 쓸모가 있을 거야."

아버지의 학교는 크고 작은 두 개의 방으로 나뉜 건물이었다. 대체로 보면 행복한 학교였다. 아버지는 때때로 회초리를 마구 휘둘렀는데, 특히 열등생들 때문에 화가 났을 때 그랬다. 아버지의 급여가 5등급을 통과한 학생들 숫자에 달려 있었기 때문이다. 상당히 애매한 이유로 5등급은 열등생들이 머무는 곳이 되었다. 감사를 받는 날이 다가오고 아버지의 속이 점점 더 타들어갈 때, 회초리의 폭풍은 더욱더 많이 불어오고 거세어졌다.

편애한다는 비난을 받지 않기 위해, 아버지는 당신 자식들을 다른 아이들처럼 엄하게 벌했다. 떠들거나 장난을 쳤다는 이유로 회초리를 맞아야 했을 때 나는 합당한 정도 이상으로 회초리를 맞았다. 닐 집안의 한 사람으로서 나는 마땅히 그 나쁜 아이들과 어울려서는 안 되었다.

내가 익살꾼으로서 명성을 날리기 시작한 때는 열네 살 무렵이었음이 분명하다. 학교 친구들을 손쉽게 웃기던 기억이 어렴풋하게 난다. 친구들의 수준은 높지 않았다. 지리 시간에 포 강River Po이라는 말 때문에 친구들은 수업 시간 내내 마치 죄를 지은 듯이 숨을 죽이고 낄낄댔다. '포'는 우리가 변소라는 뜻으로 쓰던 은어였다.

학교에서 일어나는 성적인 범죄에 대해 아버지는 늘 엄한 벌을 주었다. 조크 로스란 아이가 여자 아이의 속치마를 들추려고 연필을 떨어뜨린 척 했다는 이유로, 책상에 손을 올려놓게 한 채 아버지가 허리띠로 여섯 대를 때린 일이 기억난다.

당시 나는 아버지를 몹시 무서워했다. 아버지는 엄지와 집게손가락으로 내 뺨을 심하게 잡아당기는 고약한 버릇이 있었다. 종종 팔을 아프게 조이기도 했다. 나한테 마음에 들지 않는 뭔가가 있었음에 틀림없었다. 왜냐하면 다른 식구들은 더 공평한 대우를 받았기 때문이다. 나는 매사에 서툴렀고 호감이 가지 않는 외모도 도움이 되지 않았다. 툭 불거진 귀 때문에 접시라는 별명을 얻었고, 발은 지금 크기로 갑자기 커졌다. 터무니없이 큰 장화 때문에 나는 너무 부끄러웠다. 발가락이 안으로 굽어서, 길을 걸을 때면 커다란 장화끼리 서로 부딪쳐 덜커덕거리는 소리가 났다. 이따금 걸려 넘어지기까지 했다. 식구들이 학문에서 이름을 드높이기를 바랐던 아버지였기에, 나는 당신이 바라던 아들이 분명 아니었다.

윌리 형과 둘째 누나 베이는 오직 소신대로 밀고 나갔기 때문에 성공했다. 반면에 엄한 규율을 두려워하던 소심한 우리는 시키는 대로 했다. 나는 복종의 화신이었다. 결국 그런 수동적인 복종도 기대에 어긋나는 결과를 낳고 말았지만 말이다. 복종한답시고 앨런의 『라틴어 문법』을 뚫어져라 들여다봤지만, 내 안에 있는 뭔가가 배우기를 거부하게 만들어, 나의 수동적인 반응을 부정해버렸다.

교사로서 내 능력은 아버지의 방법을 지켜보는 가운데서 나왔다. 아버지는 확실히 학생들이 말을 하게 만드는 요령을 가지고 있었다. 지리를 가르치는 현대적인 방법이 나오기 훨씬 전에 아버지는 학생들에게 끊임없이 '왜'라고 물었다. 왜 글래스고는 거기에 있는가? 런던은 왜? 왜 스코틀랜드의 서해안에는 동해안보다 비가 많이 오는가?

아버지는 당신 스스로 '지적 존재Intelligence'라고 이름붙인 수업을 하곤 했다. 우리는 반원 형태로 둘러앉았다. 맨 윗자리에 앉은 아이가 답을 알지 못하면 답을 맞힌 아이가 맨 위로 갔다. 이 방법은 분명 우리의 어휘 실력을 늘려주었다. 또한 아버지는 문법 훈련도 견실하게 시켰다. 덕분에 오늘날 누군가가 "He spoke to Jim and I" 혹은 "These sort of things are useless"라고 말하면 나는 살짝 놀란다. 라틴어를 가르치면서 아버지는 그것이 철자법에 얼마나 도움이 되는지를 보여주었다. committee에 m이 두 개인 이유는 이 단어가 라틴어 con(with)과 mitto(I send)에서 파생되었기 때문이라는 사실을 우리는 알았다. 이것이 내가 라틴어에서 배운 전부였다. 입학시험을 통과했을 때 나는 막 베르길리우스의 시를 감상할 능력을 가지게 되었다. 하지만 이후로 다시는 라틴어 책을 보지 않았다.

이런 점이 고전을 배울 때의 불합리한 면이다. 문법을 익히느라 지긋지긋한 세월을 보냈지만, 대학에서 고전을 공부하지 않으면 전에 배웠던 내용을 몽땅 잊어버리고 마는 것이 문제다.

내가 라틴어를 배우는 데 실패하자 아버지는 화가 났다. 심지어 라틴어 성가를 두 줄도 익히지 못하는 나를 보고 어머니는 화를 내기보다는 슬퍼했다. 정작 어머니를 화나게 만든 것은 읍내로 심부름 보내며 시킨 내용을 내가 까먹어버리는 것이었다. 아카데미에 다니지 못하는 유일한 아이인 내가 아침에 하는 일은, 아카데미 패거리들과 함께 포퍼까지 걸어가서 살림에 필요한 물품들을 사오는 것이었다.

"이제 목록들을 분명히 기억할 수 있겠니?" 어머니는 묻곤 했다. "소 옆구리 살 1파운드, 소뼈 하나, 설탕 2파운드, 겨자, 식초 한 병."

나는 커다란 장화를 신고 읍내까지 터벅터벅 걸어가곤 했다. 그런데 동쪽 항구에 도착했을 때 나는 심부름 목록을 깡그리 까먹고 말았다. 가끔은 어림짐작으로 때우기도 했다. 하지만 소금을 사오라고 했는데 설탕을 사왔을 때는 너무나 끔찍했다. 그래서 하필이면 그때 슈퍼마켓에 설탕이 떨어졌다는 뻔한 거짓말을 주워섬겼다. 그 뒤로는 심부름 내용을 종이에 써서 가져갔지만 가끔 그 종이마저 잃어버렸다.

일하던 청년 시절

 어렸을 때 나는 어머니를 무척 사랑했다. 지나치다 싶을 정도로 사랑했다. 하지만 아버지는 사랑하지 않았다. 아버지는 너무 엄격했고 나와 너무 소원했다. 아버지는 안경을 쓴 연약하고 자그마한 어떤 아이를 우리의 귀감으로 내세웠다. 그 아이는 절대 놀이를 하지 않는 성실한 학생이었고 반에서 일등을 하지 못하면 정말로 눈물을 흘렸다. 우리는 그 아이를 미워했다. 나중에 그 아이는 기차역에서 화물을 나르는 인부가 되었다.
 많은 세월이 지난 뒤 나는 노인이 된 아버지를 사랑하게 되었다. 우리를 향한 아버지의 야망은 이미 사라진 지 오래였고, 아버지는 우리의 모습을 있는 그대로 받아들였다. 하지만 내가 언급하고 있는 당시에는 당신 스스로 우리와 거리를 두었고, 당신의 어린 시절에 대해서는 한마디도 하지 않았다. 아버지가 처음으로 겪었던 커다란 비극, 그러니까 아버지가 어렸을 때 당신 어머니가 콜레라에 걸려 돌아가신 일을 내게 들려준 때는, 여든네 살이 된 아버지가 임종을 앞두고였다. "몇 주를 울며 보냈지." 아버지가 이 말을 했을 때, 우리 두 사람의 눈에는 눈물이 맺혔다.
 우리가 어렸을 때 아버지가 왜 그렇게 긴장된 생활을 하며 불행하게 지냈는지 모르겠다. 정말이지 아버지는 가족을 위해 할 수 있는 모든 일을 하려고 애썼지만 그 방법은 별로 적절하지 못했다. 하지만 확신하건대, 경제 형편이 개개인에게 근본적인 영향을 미치는 것은 아니다. 예를 들어 재산을 잃었다고 자살하는 사람은 한 명도 없다고 나는 확신한다. 흔히 신문에는 그런 식으로 기사가 나지만 말이다. 많은 사람들에게 돈이란 인생의 노년에야 생기는 것이기에 그리 중요한 것이 아니다. 우리 막내 삼촌은 빈털터리였지만 늘 유쾌하고 씩씩했다. 아버지의 비관주의는 삶에 대한 비정상적인 두려움과 실망감에서 나왔다. 하지만 아버지의 두려움이 어떻게 형성되었는지는 알 수가 없다. 분명한 것은 우리를 향한 아버지의 야망은 바로 당신의 야망을 옮겨다 놓은 것이라는 점이다.

내가 열네 살이 되었을 때 아버지는 닐리 형과 나를 일하러 보내기로 작정했다. 닐리 형은 아카데미에서 공부를 잘하지 못했고, 나는 킹스뮤어 스쿨에서 아무것도 익히지 못한 상태였다. 아버지가 우리에게 앞으로 무엇이 되고 싶은지 물었을 때, 형은 이렇게 대답했다. "양 치는 농부요." 나는 "기관사요"라고 대답했다. "쯧쯧," 아버지는 경멸 어린 목소리로 말했다. "너희 둘 다 일자리를 찾아보거라."

닐리 형은 에든버러 시에 속한 리스 마을의 제분소 사무원이 되었다. 나는 『스코츠맨Scotsman』에 실린 구인 광고를 보고 편지들을 보냈는데, 석 달 뒤 답장 한 통이 왔다. 당시 내 필체는 훌륭한 편이었다. 나는 구직 신청서를 동판 인쇄처럼 깔끔한 필기체로 공들여 펜으로 써 보낸 터였다.

내가 에든버러에 있는 가스계량기 제작 회사인 W. & B. 코원의 말단 직원으로 뽑혔다는 내용의 답장이었다. 심정이 복잡했다.

이제는 라틴어 문법 공부에서 영원히 해방될 수 있었다. 반면에 놀이와 새 둥지 털기 그리고 물고기 잡기에서도 벗어나게 되었다는 사실이 나를 짓눌렀다. 하지만 나는 대담하게 새 출발을 했다. 나는 닐리 형과 함께 리스에서 하숙을 했다. 형은 일주일에 15실링을 벌었고 나는 6실링을 벌었다.

W. & B. 코원에서의 생활은 비참했다. 나는 본사에서 일한 게 아니라 공장 한가운데 있는 어둡고 악취 나는 허름한 사무실에서 일했다. 땜납과 페인트 그리고 가스 냄새가 진동했다. 가장 행복한 순간은 작업장에서 일하고 있는 누군가를 부르러 가는 때였다. 그곳에서 직공들과 시간을 보내며 빈둥댔는데, 그러다가 사무실로 돌아오면 욕을 먹었다.

닐리 형은 일자리를 잃었다. 열여섯 살짜리 소년에게는 너무나 힘든 일임이 입증된 것이다. 형은 나를 혼자 남겨두고 집으로 돌아갔다. 나는 난생처음 향수병을 앓았다. 너무 힘들다는 편지를 집으로 계속 보냈다. 결국 어머니가 나를 보러 이틀 동안 와 있었다. 나는 눈물을 펑펑 쏟으며 어머니에게 매달렸다. 그리고 집으로 데려가 달라고 애원했다. 어머니는 불가능하다고 말했다. 어머니가 떠나고 나자 향수병은 거의 참을 수 없을 지경으로 악화되었다.

에든버러에서 3개월을 지낸 후, 새해 나흘 동안은 집에 와 있어도 좋다는 허락을 받았다. 7개월 뒤에는 집으로 완전히 돌아와도 좋다는 허락을 받았다. 그렇게 귀향하던 때의 곤혹스러움을 아직도 기억한다. 그것은 일을 끝까지 해내지 못한 데 대한 부끄러움이었다. 한 농부가 "저놈들은 조금도 참아내지 못하는구먼" 하고 말했을 때, 형과 나는 부끄러워 얼굴을 붉혔다.

나는 왜 돌아오게 되었을까? 이유는 분명치 않다. 다른 이유도 있었을지 모르겠지만, 어머니와 아버지는 나의 절망에 찬 편지에 분명히 진저리가 났으리라. 코원 사무실에서 승진할 기회는 너무나 희박하며, 오히려 집으로 돌아가 열심히 공무원 시험 준비를 하는 게 내 장래를 봐서는 더 좋은 일일 거라고 아버지에게 편지를 써 보냈던 것이다. 에든버러의 지옥 같은 생활에서 벗어나 킹스뮤어 스쿨 사택에서 온종일 앉아 있으니 정말 낙원 같았다. 일단 집에 있으면 내내 공부만 하게 될 것이라고, 나는 정말 그렇게 믿었다.

닐리 형과 나는 공무원 시험 공부를 다시 시작했다. 하지만 역사는 되풀이되는 법. 우리는 공부에 집중할 수 없었다. 어느 날 밤 절망한 아버지가 우리를 향해 교과서를 내동댕이쳤다. 그리고 포기했다고 말했다. "저놈들은 아무짝에도 쓸모가 없어, 메리."

약제사 존스턴에게는 견습생이 필요했다. 아버지는 다음 주 월요일부터 나를 거기로 보내 일을 시키기로 결정했다. 그런데 그때 앤더슨 & 스터록이라는 포목상이 견습생을 구한다는 광고를 냈다. 갑자기 아버지의 계획이 변했다. 닐리 형을 약제사에게 보내고 나를 포목상에게 보내기로 한 것이다. 우리는 월요일 아침 일찍 새로운 일자리를 찾아 포퍼까지 걸어갔다.

나는 포목점 일이 싫었다. 아침 7시 30분부터 저녁 8시까지 계속 서서 일했다. 일이 끝나면 집까지 3킬로미터 넘게 걸어와야 했다. 무거운 장화 때문에 엄지발가락 관절이 부어올라 점점 딱딱해졌다. 지금까지 내 발가락은 그 상태 그대로다. 발가락 상태가 너무 나빠져서 나는 그 일을 그만두어야 했다. 나는 아버지에게 이제야 깨달았다면서 앞으로 공무원 시험 준비를 열심히 하겠다고 맹세하고, 그 일을 기쁜 마음으로 그만두었다. 불쌍한 닐리 형은 약제사 견습생 일을 그만둘 구실을 찾지 못했다. 형은 4년이라는 긴 세월 동안 늘 그 일을 증오하며 집과 일터를 오갔다.

뿌리 깊은 문제가 다시 도졌다. 나의 집중력은 예전과 다를 바 없었다.

아버지는 세 번째로 나에 대해 실망했다. 이번에는 정말로 포기했다고 아버지는 말했다. 내 앞날은 절망적으로 보였다. 스스로 아무짝에도 쓸모없는 놈이라는 자괴감이 들었고 어쩌면 평범한 농부도 되지 못할 거라는 생각까지 했다.

"저놈은 가망이 없어." 아버지가 우울하게 말했다.

"어쩌면 교사가 될 수 있을지도 몰라요." 어머니가 과감하게 말했다.

"저놈에게 맞는 일이 대충 그것밖에 없는 건가." 웃음도 내비치지 않고 아버지는 무뚝뚝하게 말했다.

아버지가 나를 포기하자 이제 어머니가 내 문제에 관여했다. 어머니는 아버지만큼 수업을 많이 하는 교사는 아무도 없다고 지적했다. "조지, 정말이지 당신한테는 교생이 한 명 필요해요." 아버지가 그 문제에 별 관심이 없다는 것을 나는 알고 있었다. 하지만 어머니는 어떻게든 아버지가 그 문제를 교육위원회 서기관에게 제안하도록 만들었다. 얼마 안 있어 나는 킹스뮤어 스쿨의 교생으로 임명되었다. 그리고 4년 동안 교생 일을 했다.

그 학교에서 일하던 시절을 기억해내기는 어렵지만, 몇몇 수업을 맡아서 아버지의 짐을 덜었던 게 분명하다. 왜냐하면 아이들에게 '보고 말하기' 방법*으로 읽기를 가르쳤던 기억이 나기 때문이다. 뭔가를 배우는 가장 좋은 방법은 그것을 가르쳐보는 것이라는 사실을 나는 깨달았다. 곧 나는 전 세계 거의 모든 도시와 곶과 강을 줄줄이 꿸 수 있었고, 또 페루의 수출품과 중국의 수입품을 늘어놓을 수도 있었다. 아버지를 모방했기 때문에 교사로서의 일을 잘 배웠다고 생각한다. 아버지는 아이들에게 뭔가를 채워 넣으려 하기보다는 아이들에게서 뭔가를 끄집어내려고 한다는 의

---

* 단어를 카드에 적어 해당하는 물건을 가리키면서 말하고 따라하게 하는 방법.

미에서 좋은 교사였다.

오늘날 내게 교생 시절은 거의 텅 빈 공백으로 남아 있다. 학교 단체 사진을 보면 빳빳하고 높다란 칼라 차림에 딱딱한 자세로 서 있는 내 모습을 찾을 수 있지만 말이다. 돌이켜보건대 당시 내 위치는 어려운 자리였다. 왜냐하면 나는 마음껏 놀아보기도 전에 권위의 편에 서야 했기 때문이다. 그것은 아이가 어른인 체하는 역할이었다.

교생 시절, 수학에 빠져들게 만든 사람을 만났다. 당시 포퍼 아카데미의 수학 교사로 나중에 교장이 된 벤 톰슨이었다. 그는 개인교습을 받으러 간 나를 정말로 수학을 사랑하게 만들어버렸다. 이는 내가 기차여행을 하면서 대수와 기하 문제를 푸는 별종에 속하게 되었다는 사실을 의미한다. 벤은 믿음직한 벗이었다. 그는 돈도 받지 않고 나를 가르쳤고, 몇 년 뒤 내가 수학 문제로 어려움을 겪을 때는 우편으로 도움을 주었다. 수학을 설명하는 그의 방식이 너무나 훌륭했기에, 그가 교과서를 남기지 않았다는 사실이 유감스럽다. 나는 그에게 교과서를 써야 한다고 계속 말했다. 그가 갑작스레 세상을 뜨기 직전까지도. 그가 재직하던 당시 포퍼 아카데미는 뛰어난 수학자들을 많이 배출했다.

나는 독서가가 아니라고 앞에서 말했다. 그럼에도 교생 시절에는 꽤 많은 책을 읽었다. 메핀 도서관에서 많은 책을 빌렸는데, 대부분 소설이었다는 게 기억난다. 나는 『피터 팬』의 작가 J. M. 배리의 감상적인 소설들에 빠져들었고, 그의 소설 『센티멘털 토미 Sentimental Tommy』의 주인공 토미와 나를 동일시했다. 나는 몇 번이고 되풀이해서 그 소설에 나오는 스럼즈 마을(실제 배경은 키리뮤어 마을로, 10킬로미터 넘게 떨어져 있다)까지 자전거를 타고 갔다 왔다. 그리고 별로 잘되진 않았지만, 골방에 앉아서 소설 속 등장인물들로 그곳을 가득 채워보려고 애썼다.

이때까지 내 포부는 잠재되어 있었던 듯하다. 내게 미래란 존재하지 않았다. 아마도 승진할 가망이라곤 전혀 없는 실패한 교사로서의 미래를 감히 응시할 용기가 없었기 때문이었을 것이다. 내가 무슨 꿈을 꾸었는지는 잊은 지 오래다. 그 무렵 내 신앙은 공허하고 피상적인 것이 되어버렸다. 교회를 가는 유일한 목적은 여자 아이들을 보기 위해서였다.

교생 기간이 끝나자 나는 일자리를 찾아다녔고, 마침내 1년에 50파운드를 받기로 하고 에든버러 근처 보니릭에서 일자리를 구했다. 그 학교를 운영하던 사람은 미스 매킨리라 불리던 노부인이었다. 꼭 독수리처럼 생긴 그녀는 학생들을 매우 엄한 규율로 다스렸다. 아버지 학교는 느슨했던 터라, 아이들이 수업 시간에 한마디도 할 수 없는 학교에서 갑자기 일하게 되자 커다란 충격을 받았다. 소곤거리는 아이들조차 호되게 때려주라는 지시를 받았고, 그렇게 했다. 그 여자가 정말 겁났기 때문이었다. 두 달 동안 거기서 일하다가, 1년에 60파운드를 받는 조건으로 파이프 주에 있는 킹스케틀에서 더 좋은 자리를 구했다.

그런데 규율이 엄하기로는 보니릭보다 케틀 학교가 더했다. 3년 동안 나는 그 학교에서 가장 엄격한 교사가 되어야 했다. 콜더 교장의 방과 교실 사이는 유리 칸막이로 나뉘어 있었다. 그래서 교장의 날카로운 눈은 교실에서 일어나는 모든 일을 볼 수 있었다. 3년 동안 나는 마음속으로 두려워하며 일을 했다. 콜더는 결코 긴장을 풀지 않았고, 나와 늘 일정한 거리를 유지했다. 인간적인 면으로 다가가려는 내 모든 노력은 그의 싸늘한 눈초리에 꽁꽁 얼어붙고 말았다.

그런데 이상하게도 그가 나를 좋아한다고 느꼈다. 그리고 이상하게도 나 역시 두려워하면서도 그를 좋아했다. 콜더가 가르치는 방법은 나를 놀라게 했다. 산수 시험을 치는 경우, 그는 먼저 칠판에다 모든 문제를 천천히 풀었다. 그런 다음 아이들에게 책에다 그와 똑같은 문제를 풀게 했다. 이런 식이었으니 정말 멍청한 아이들만 답을 틀렸다. 그리고 답을 틀렸을 때는 정말 불쌍해진다. 왜냐하면 교장은 무섭게 회초리를 휘두르며 심하게 매질을 했기 때문이다. 장학관은 콜더에 대한 감사 보고에서 아주 좋은 점수를 주었다. 빈정대는 사람들은 콜더가 최고급 위스키를 가지고 있었기 때문이라고 비꼬았다.

킹스케틀은 나에게 여전히 공포였다. 3년 동안 행복했던 때도 분명 있었다. 하지만 주된 기억은 두려움이다. 지각에 대한 두려움, 내가 맡은 학급이 콜더에게 검사를 받는 두려움, 공부 못하는 아이들을 때리는 콜더에 대한 두려움 등. 만약 내가 그의 학생이었다면 매일 맞았을 거라고 생각했다. 아버지는 결코 그렇게까지 엄격하진 않았다. 아이들을 종종 때렸고 어떤 때는 아주 심하게 때리기도 했지만, 아버지의 학교에는 일정한 자유가 있었다. 아이들이 웃고 잡담을 나누고 책상에 자기 이름을 새길 수 있는 자유가. 우리는 군인들처럼 행진해 걸어 다닐 필요가 없었다.

나에게 케틀 학교는 새로운 세상과 같았다. 콜더가 한 학생을 희생양으로 삼아 농담을 하는 경우를 빼고, 학교에는 웃음이 없었다. 학생들은 모두 군대식으로 움직였다. 나를 포함해 모두가 솔직하지 못했고 비인간적이었으며 두려움을 품고 있었다. 진짜 군대식 규율로 다스리는 사람을 만나보기는 콜더가 처음이었다. 포퍼에 그런 악명 높은 사람들이 몇 있다는 얘기를 들은 적이 있었다. 그들에게는 공통된 특징이 있었는데, 모두 키가 작았다.

콜더에게 흥미로운 점 한 가지는, 동판 인쇄처럼 깔끔한 필기체로 아주 천천히 글을 쓰는 습관을 가졌다는 사실이었다. 설령 연필로 써도 글씨체는 아름다웠다. 학교의 학생들 역시 거의 모두 글씨를 잘 썼다.

한번은 콜더의 방에서 상급생들의 그림 수업을 맡았다. 콜더는 선 채로 책상에 놓인 학생기록부를 정리하고 있었다. 수업은 쥐 죽은 듯한 침묵 속에서 진행되었다. 그런데 콜더가 볼일을 보러 집으로 가자마자 수업은 아수라장이 되어버렸고, 도무지 규율을 잡을 수가 없었다. 하지만 콜더가 돌아왔을 때 나는 주모자들이 누구인지 일러바치지 않았다. 나는 학생들에게 꽃과 잎으로 무늬 도안하는 법을 가르치고자 했는데, 몇몇은 벽지 무늬 형태의 꽤 훌륭하고 조화로운 무늬 도안을 제출했다. 이 도안들은 일찍이 그 학교에서는 찾아보기 힘들었던 독창적인 것이었다. 왜냐하면 에세이조차도 콜더가 먼저 칠판에 쓰고 그런 다음 아이들이 그대로 받아썼기 때문이다.

콜더는 건강이 좋지 않았다. 목 뒤에 난 종기 때문에 늘 고통을 겪었다. 어떤 때는 몇 주나 일을 할 수 없었다. 그런 기간에는 내가 학교를 책임져야 했다. 비록 질서를 유지하기가 쉽지는 않았지만, 나는 그런 때를 즐겼다. 하지만 그리 많은 시도는 하지 않았다. 콜더가 돌아오면 군대식 규율이 아이들을 다시 틀어쥐리란 걸 잘 알고 있었으니까.

성직자가 되려는 꿈을 품은 때가 바로 케틀 학교에서 일하던 때였다. 이 꿈을 북돋운 사람은 그 지역 신부인 이니어스 건 고든이었다. 캐나다 사람인 그는 독수리 부리 같은 코에 턱수염을 기른 키 크고 기품 있고 올곧은 사람이었다. 그는 나를 감싸고 돌봐주었고, 나는 그에게 내 꿈을 말했다. "그러자면 그리스어를 배워야 돼." 그가 말했다. "매일 아침 8시에 우리 집으로 와. 가르쳐줄 테니."

그는 호메로스의 작품을 거의 외우다시피 알고 있었다. 어찌나 잘 가르쳐주었던지, 나는 『오디세이아』의 첫 두 권과 헤로도토스의 작품 일부를 읽을 수 있었다(지금은 그리스어를 한 자도 못 읽는다). 고든에게는 한 가지

결점이 있었지만, 그렇다고 그에 대한 나의 찬탄이 줄어들지는 않았다. 가끔 그는 술을 너무 많이 마셨다. 그런 다음날 아침에도 그는 호메로스의 책을 거꾸로 든 채 정확하게 글을 인용했다. 그는 모든 것을 읽는 사람이었지만 자기 것으로 흡수하는 것은 거의 없는, 그래서 내어놓는 것도 적은 듯한 사람이었다. 자비로움이나 인정이라는 측면에서는 넉넉한 사람이었지만, 지루한 설교를 늘어놓았고, 대화는 상투적이었다. 어쨌거나 그는 확실히 내가 문학에 관심을 갖도록 만들어주었다.

그는 『실낙원』을 큰소리로 읽곤 했고, 나는 '밀턴의 오르간 음악'을 감상하는 법을 배웠다. 그의 충고로 단테와 타소의 작품을 읽었고, 다음에는 매콜리의 수필을 읽었다. 매콜리의 작품은 나를 사로잡았는데, 그를 통해 난생처음으로 문체를 알게 되었다. 당시 글래스고에 사는 소녀와 사랑에 빠져 있던 나는, 그녀와 편지를 주고받으며 문체를 고치려 했다. 그때 내가 썼던 화려한 문장과 고상한 말투는 그 소녀와는 너무나 동떨어진 것이었음이 분명하다. 오늘날 문체에 대한 나의 태도를 간단히 밝히자면 이렇다. 중요한 것은 '무엇을' 말하느냐지 '어떻게' 말하느냐가 아니다.

급여가 차근차근 올라가서 1년에 75파운드를 받기까지 이르자, 나는 1년에 100파운드를 받는 뉴포트의 일자리에 지원했다. 어느 날 4시경 낯선 사람 둘이 케틀 학교로 찾아와 나와 차를 마셨다. 한 사람은 뉴포트의 교장 H. M. 윌셔였다. 그들은 내게 일자리를 준다고 했고 나는 짐을 꾸렸다. 그때 이미 나는 최종 시험을 통과해서 대리교사 자격증을 취득한 상태였다. 내가 1년에 100파운드를 벌게 된 것은 당연히 이 때문이었다.

나는 어떻게든 대학에 가야겠다고 결심했다. 케틀 학교에 있는 동안 열심히 공부한 나는, 어느 날 아침 첫 예비고사를 치르기 위해 세인트앤드루스까지 자전거를 타고 갔다. 시험 과목은 영어와 수학이었다. 그런데 첫 시간인 수학 시험을 엉망으로 치르고 말았다. 시험에 대비해 우편으로 벤 톰슨에게 다시 수학을 배웠지만 역부족이었다. 오후에 있을 두 번째 시험을 치르지 않고 모든 것을 포기할까 하는 생각을 하며 절망 속에 시험장을 나왔다.

점심 시간에 윌리 형의 오랜 친구인 대학 강사를 우연히 만났다. 나는 그에게 시험을 엉망으로 치른 이야기를 했다. 그는 내 등을 가볍게 두드리며 쾌활하게 말했다. "소다수 탄 브랜디를 한잔해야겠군." 그는 나를 크로스키즈 바로 데려갔다. 그때까지 브랜디를 마셔본 적이 없었는데, 먹어보니 맛이 좋아 두 잔을 더 마셨다. 시험장에 들어가며 노래를 흥얼거리지는 않았지만, 기분은 분명 그런 상태였다. 어떤 시험 문제가 나왔는지는 전혀 기억이 없지만, 두 과목 모두 거뜬히 통과했다. 그래서 뉴포트에 갔을 때 나는 이미 대학에 반쯤 입학한 학생이었다. 그리고 이제 두 번째 시험을 준비하느라 라틴어와 물리를 공부했다.

해리 윌셔 교장은 콜더와 달라도 많이 달랐다. 학교의 규율은 느슨했다. 그는 아이들이 떠드는 데 전혀 신경 쓰지 않았다. 첫날부터 나는 그 학교가 좋아지고 말았다. 던디 시의 남쪽 교외에서 보낸 2년간의 생활은 아마 그때까지의 내 일생 중에 가장 행복했던 순간이었을 것이다.

윌셔는 나의 음악 스승이 되었다. 개인적인 자질 여부는 제쳐놓고라도, 그는 던디 신문의 음악 평론가였다. 어느 날 저녁 내가 엘가의 「사랑의 인사 Salut d'Amour」를 좋아한다는 말을 들은 윌셔는 바로 자리에 앉아 그 곡을 연주했다. 그리고 한마디도 않고 그 곡을 반복해서 연주했다. "다시 연주할까요?" 그가 물었다. 나는 아니라고 대답했다. 그는 웃으며 말했다. "닐, 수업은 이와 같은 거예요. 좋은 음악은 여러 번 다시 들을 수 있지만, 그렇지 못한 음악은 한 번 이상 들으면 정말 지루하죠." 나는 깊은 감명을 받았다. 하지만 오늘날 내가 정말 좋아하는 곡, 예를 들어 슈트라우스의 오페라 「장미의 기사Der Rosenkavalier」에 나오는 삼중창을 잇달아 열 번 듣는다면, 아마 그 가수들을 향해 총을 뽑고 싶은 기분이 들 것이다.

뉴포트는 내가 아직도 진한 감정을 가진 채 되돌아보는 몇 안 되는 곳들 중 하나다. 그곳은 내게 평화를 주었고 내가 두려움 없이 교사 일을 하도록 도와주었다. 해리 윌셔를 생각하면 늘 가슴이 아려온다. 내게 그는 교장이라기보다는 친구였다.

대학 생활

이제 대학으로 가는 문은 열렸고, 1908년 여름 나는 뉴포트와 아쉬운 작별을 했다. 에든버러 대학은 10월에야 개학하기 때문에, 일단 킹스뮤어로 돌아갔다. 나는 일 년, 어쩌면 이 년 정도 버티기에 충분한 돈을 모아두었다. 물론 얼마나 갈지는 신만이 아는 일이었지만.

나는 의대 마지막 학년을 보내고 있던 닐리 형과 함께 하숙을 했다. 중심가인 클러크 가에서 떨어져 있는 싼 하숙집이었다. 부잣집 학생들은 모두 마치몬트 로 너머에서 살았다. 하숙집 여주인 서덜랜드는 내게 정말 특별한 사람이었다. 친절한 그녀는 나를 4년 동안이나 돌봐주었다. 정말 돈에 쪼들렸고, 더 이상 돈을 벌 수단이 없었기 때문에 한 푼씩 쓸 때마다 두 번을 생각해야 했다. 다행스럽게도 카네기재단이 지원하는 장학금을 받게 되어, 수업료를 충당했다. 하지만 그 장학금에 입학금과 시험 비용은 포함되어 있지 않았다.

닐리 형과 나는 점심 값으로 하루에 3펜스만 썼다. 학생회관에는 식당이 있었다. 물론 거기에는 간이식당도 있어, 우리는 매일 우유 한 잔과 2페니짜리 롤빵을 먹었다. 다른 학생들도 점심은 우리와 똑같이 먹었지만 대신에 저녁을 아주 잘 먹었다. 우리는 하숙집에서 홍차와 샌드위치로 된 가벼운 식사로 이른 저녁을 때웠다. 일주일 중에서 우리가 유일하게 잘 먹을 수 있는 때는 일요일 낮의 정찬이었다. 우리는 적절한 방법을 찾아낼 때까지 요리를 나누는 문제를 놓고 늘 다퉜다. 결국 찾아낸 방법은 형이 주 요리를 두 접시에 나누면 내가 하나를 선택하는 것이었다.

비록 어쩌다보니 대학에 들어가게 되었다고 할 수도 있지만, 나는 첫해 화학 수업과 자연철학(물리학) 수업을 열심히 들었다. 적어도 처음에는 그랬다는 말이다. 매일 아침 제임스 워커 교수의 화학 강의가 있었고, 나는 열심히 노트 필기를 했다. 하지만 워커 교수가 우리 신입생들에게 화학의 기초를 가르치느라 귀중한 시간을 쓰는 것은 재능의 낭비라는 생각이 들었다. 한참 뒤인 1936년에 요하네스버그 대학 총장과 식사를 하는 자리에서 그 얘기를 꺼냈다. 그 자리에 참석했던 교수들은 당장 내 말에 반대했다. 그들은 워커 같은 사람을 직접 대하는 것 자체가 학생들에게는 가장 좋은 교육이라는 말로 그런 강의 체계를 옹호했다.

나는 지금도 그 말을 믿지 않는다. 아연과 황산을 섞으면 어떤 반응이 일어나는지는 아무 조교라도 가르칠 수 있다. 워커와 같은 훌륭한 화학자가 대학이나 국가로부터 돈을 받으면서 자신의 연구에 시간을 몽땅 투자하지 못할 이유가 도대체 뭐란 말인가? 나는 실제 실험을 하는 화학을 좋아했고 쉽게 그 과목을 통과했다. 하지만 내 화학 실험은 대학에 다소 손해를 끼쳤음이 분명했다. 왜냐하면 클로로포름을 담배 파이프 청소하는 데 다 썼기 때문이다.

내게 자연철학은 도통 알아들을 수 없는 암호 같은 것이었다. 맥그리거 교수는 내가 만난 최악의 강사였다. 그는 입으로 뭐라고 중얼거리면서 칠판에 수수께끼 같은 공식을 적어나갔고, 그러면 우리는 야유를 하며 발을 쿵쿵 굴렀다. 하지만 맥그리거는 전혀 신경 쓰지 않는 듯했다. 도대체 우리가 내는 소리를 듣기나 하는지조차 의심스러웠다. 실험 조교인 린지가 음파의 작용을 보여주기 위해 실험 기구의 손잡이를 돌려야 했던 날은 우리에게 가장 멋진 날이었다. 우리는 일제히 그를 향해 동전을 던졌다. 하지만 그는 자신의 스승처럼 정말 침착하게 서 있었다. 그는 여러 해 동안 이런 일을 겪어왔다. 어쩌면 그의 유일한 관심사는 수업이 끝난 후 쓸어 모으게 될 동전의 양이 얼마나 될까 하는 것인지도 몰랐다.

자연철학 실험 시간은 한마디로 웃겼다. 내 기억으로는, 빗면이 있는 실험 도구들을 받아서, 어떤 것의 속도를 반복해서 재고, 그 결과를 매번 기록했다. 이런 결과를 50회 정도 얻고 나면 모두 더해 평균을 구했다. 나는 지루한 그 작업이 싫었고 그것을 빨리 못 해내는 내 무능력도 싫었다. 한 친구는 그 실험을 약 30분 만에 끝내곤 했는데, 그는 그 수업의 우승자 같았다. 어느 날 나는 그에게 어떻게 실험을 그렇게 빨리 끝내는지 물었다. "세 번의 기록을 구하고 나서 나머지는 조작하는 거야." 그는 짧게 대답했다. 그 후 내 실험은 20분밖에 걸리지 않았다.

솔직히 말하자면, 나는 전기는 말할 것도 없고, 소리와 빛 그리고 열에 관해 거의 아무것도 이해하지 못했다. 기말 시험 때 나는 도무지 알 수 없는 시험지를 말똥말똥 쳐다만 보았다. 여름 방학이 되자 상심한 마음으로 집으로 돌아왔다. 그리고 나는 시험에 통과했다. 아직도 왜, 어떻게 해서 통과했는지 의아하기만 하다. 다음과 같은 경우가 아니라면 그런 일이 일어날 수 없다는 게 내 결론이다. 맥그리거는 강의실에서 그러는 것처럼 채점을 할 때도 얼이 빠진 상태였을 것이다. 그래서 내 시험지를 다른 학생 것과 혼동했을 것이다. 잘은 모르나 아마 우등생 것과 혼동했을 것이고, 그 우등생은 시험에 떨어졌을 것이다.

대학에 들어간 첫해 말에 과학이 체질에 안 맞는다는 것을 깨달았다. 나는 우등 과정 영어영문학 학위를 따려고 마음먹었다. 이것은, 필수인 역사 과목을 제외하고는, 오로지 영어영문학 수업만 들을 수 있다는 의미였다. 나는 역사와 1학년 영어를 수강 신청했다.

영국사는 리처드 로지 경이 맡았다. 나는 그의 강의가 너무나 즐거웠다. '그의' 강의실에서는 야유가 없었다. 그가 한 번 쳐다보기만 하면, 우리는 모두 말없는 착실한 소년 소녀가 되었다. 어느 날 한 학생이 야유를 시도했다. 그는 내 뒤에 앉아 있었는데, 나는 조금 화가 나서 뒤를 돌아보았다. 갑자기 로지 교수가 큰소리로 부르는 소리가 들렸다. "이봐, 자네." 내 뒤에 있는 학생을 부르는 것이라고 생각했다. "이봐, 자네, 자네, 자네 말이야." 높아진 목소리가 이어졌다. 그는 나를 지목했다. 자리에서 일어선 나는 말없이 집게손가락으로 나를 가리키며 의문을 표시했다. "그래, 자네." 로지 교수가 큰소리로 말했다. "교실에서 나가게."

얼굴이 창백해진 나는 머리를 꼿꼿이 들고 당당히 걸어 교실을 나왔다. 수업이 끝난 후, 나는 로지 교수를 찾아갔다. "자네가 사과하러 올 거라고 생각했네." 그가 말했다. "아닙니다, 선생님. 제가 소리를 지르지 않았다는 말씀을 드리러 왔습니다."

그는 의심스런 눈초리로 쳐다보았다. "물론 자네야 그렇게 말하겠지만……" 내 말을 믿지 않는다는 듯 어깨를 으쓱했다.

그때 갑자기 권위에 대한 두려움이 사라지고, 평정심도 잃어버렸다. "저, 선생님," 내가 말했다. "저는 대학에 올 돈을 벌려고 몇 년 동안 열심히 일해야 했습니다. 보통 학생들보다 나이도 몇 살 더 많습니다. 이런 제가 햇병아리 학생처럼 행동하려고 에든버러에 들어왔다고 생각하십니까?"

로지 교수는 놀라 눈썹을 치켜 올렸다. 그러더니 웃으면서 악수를 청하며 나에게 사과했다. 내 자존심은 지킨 셈이었다. 그런데 다음날 로지 교수가 공식 사과를 하면서 강의를 시작했을 때, 내 자존심은 바닥에 떨어지고 말았다. 왜냐하면 그의 말은 형식적이고 화려한 미사여구의 칭찬 일색으로 진정한 사과와는 거리가 멀었기 때문이다. 그의 말에 따르면 나는 훌륭한 교육을 받은 교양 있는 사람이었다. 그리고 도덕군자인 체하는 사람이었다.

영어 교수는 조지 세인츠버리로, 명성이 자자한 저술가이자 비평가였다. 3년 동안 강의를 들었지만, 그는 딱 한 번을 빼고는 내 이름을 몰랐고 얼굴도 알아보지 못했다. 그의 강의는 거의 독백이었다. 그는 앵무새처럼 말을 되뇌었고, 우리가 그 말을 듣는지 어떤지는 신경 쓰지 않는 듯했다. 우리에게 그런 그의 태도는 안성맞춤이었다. 왜냐하면 우린 그의 강의에 전혀 귀 기울이지 않았으니까. 적어도 나는 개인적으로 그의 강의를 귀담아 듣지 않았다. 시험 치기 일주일 전에 그의 여러 글들을 보면 답이 다 나와 있다는 것을 알았기 때문이다. 그의 목소리는 높고 귀에 거슬렸다. 그리고 자신의 동년배들에게 예의를 갖추려 드는 그의 태도는 우스웠다. "에…… 나는 내 친구인, 에……(그리고는 빠르게) 브리지스 씨가 하는 말에 정말 동의하지 않습니다. 내가 옳다고 생각하지만 반드시 감안해야 할 점이 있다면, 그것은 롤리 교수가 드라이든을 대하는 태도가……" 우리는 이런 온갖 곁다리 말을 들으면서 강의의 본론을 놓치지 않고 좇아가는 엄청 재미난 오락을 즐겼다.

우리의 공부는 창조적이지 않았다. 우리는 『베어울프』에서 페이터에 이르는 영문학을 당연히 '알고' 있어야 했다. 우리는 앵글로색슨어와 중세 영어를 배워야 했다. 지정된 책을 사용했고 정해진 시대의 문학을 공부했다. 내 기말 시험의 범위는 엘리자베스 여왕 시대의 희곡까지였다. 사실 우리는 책에 관한 책들을 읽었다. 시험에 대비하려면, 콜리지와 해즐릿이 셰익스피어에 관해 무슨 말을 했는지 꼭 알고 있어야 했다. 문체에 관해서는 롱기노스가 언급했던 말을 정확하게 알고 있어야 했다.

그 무렵 나는 입센을 알게 되었고 그의 작품에 푹 빠졌다. 강의 시간 중 셰익스피어의 희곡 『헛소동』에 대한 평론을 제출하라는 과제가 주어졌을 때, 나는 바보같이 그 희곡을 비판하는 글을 쓰고야 말았다. 당시 입센의 작품과 비교하면서 말이다. 나는 셰익스피어가 현실적이지 않은 희곡을 썼다고 비판했다. 정말 어리석은 짓이었지만, 나는 내 견해를 밀고 나갔다. 세인츠버리 교수는 크게 화를 냈다. 그때 그는 내 이름을 분명히 알게 되었을 것이다.

『실낙원』을 암송할 수 있기보다는 서툴더라도 5행시를 쓰는 게 더 낫다는 것이 그때의 내 생각이었는데, 지금도 그 생각에는 변함이 없다. 이는 교육의 근본 요소다. 그러나 대학은 결코 우리에게 5행시를 쓰라고 하지 않았다. 대학은 우리에게 셰익스피어나 다른 사람들에 관한 독창적인 견해를 요구하지도 않았다. 당시 나는 스펜서, 초서, 포프, 드라이든의 작품들, 그리고 셰익스피어의 작품들 대부분, 또 셰익스피어와 동시대 작가들의 많은 작품들을 읽었다. 왕정복고시대의 거의 모든 희곡들과 콜리지, 테니슨, 존슨, 키츠도…… 하지만 이렇게 늘어놓을 이유가 있을까? 나는 무운시無韻詩 한 행이 생략되었는지 아닌지, 혹은 테니슨의 시 「연꽃 먹는 사람들」에서 콜리지의 서사시 「크리스타벨」의 운율의 흔적을 찾을 수 있는지 없는지에 대해 골몰해야 했다. 그것은 마치 밀라노 성당의 아름다움이 어디에서 나오는 것인지 찾아내기 위해 그 성당을 산산조각 내어 돌조각 하나하나를 살피는 것처럼 어리석고 하찮은 짓이었다. 나는 주석이 달린 셰익스피어의 『폭풍우』 같은 대단한 책을, 조금도 중요치 않는 어떤 구절의 어원학적 의미를 고생스럽게 찾으며 읽어야 했다.

세인츠버리는 나에게 산문체에 대한 감각을 갖게 해주었지만 그저 그뿐이었다. 그는 문학의 아름다움을 알았지만 우리에게 그것을 전해주지는 못했다. 나는 산문의 리듬과 시어법이라는 지루한 늪 속에서 그와 3년을 보냈다. 그 과정을 통해 하나하나의 나무를 볼 수는 있었지만, 숲을 볼 수는 없었다. 세인츠버리는 자기의 작업은 내용이 아니라 방법을 다루는 것이라고 주장했다. 그렇지 않다면 이 세상 모든 사람들이 영문학을 연구해야 할 거라고 말했다. 나는 그 점을 이해한다. 하지만 매콜리의 『클라이브론 Essay on Clive』 같은 경우, 클라이브의 삶의 역사적, 정치적 측면을 제시하지 않거나 그에 관한 나름의 견해가 없다면 그것을 문학 작품으로 다룰 수는 없다. 세인츠버리는 너무나 쉽게 주제와 문체를 분리했다. 그래서 그는 블레이크를 훌륭한 기법의 시인으로 칭송했고 니체를 가장 위대한 산문 작가들 중 한 사람으로 칭송했다. 반면에 그 두 사람이 다룬 주제를 다음과 같은 말로 간단히 치부해버렸다. "물론, 두 사람은 미쳤어."

실제로 내가 세인츠버리에게서 얻은 게 무엇이든 간에, 그에게서 문학에 대한 감상력을 습득하지 못했다는 사실은 분명하다. 오늘날까지 나는 즐겨 시를 읽지 못하고 고전 작품에 손을 대지 못한다. 어느 해 배를 타고 노르웨이로 간 적이 있는데, 그때 나는 이미 우등 과정 영어영문학 석사 학위를 받은 몸이었다. 그런 나의 항해 중 읽을거리가 미국의 싸구려 통속소설 잡지인 『블랙마스크』 한 묶음이었다. 사실 그 잡지들은 영국을 떠날 때 한 친구가 내 손에 들려준 것이었다. 설령 가방 속에 키츠나 셸리의 작품이 들어 있었다 할지라도 아마 그 잡지를 읽었을 것이다.

하지만 어떤 잘못된 취향을 갖게 된 것을 에든버러 대학 탓으로 돌리는 것은 전혀 부당한 짓이라는 말을 서둘러 덧붙인다. 다만 만약 그 시절에 방법 대신 내용을 공부했더라면 오늘날 좀 더 나은 문학적 취향을 가지게 되었으리란 이야기일 뿐이다. 지금 초서와 키츠에 관해 내가 말할 수 있는 어떤 내용도 하찮고 부족하다는 사실을 잘 알고 있으니까.

저명한 수학자인 크리스털 교수가 죽었을 때, 나는 우리 대학의 교지 『스튜던트 The Student』에 실을 그의 부음 기사를 얻으려고 세인츠버리를 만나러 갔다.

"나는 지금 우등 과정 반에 가는 길이네." 세인츠버리가 말했다. "자네가 필기를 빨리 할 수 있다면 강의실에 들어오는 걸 허락하겠네. 그 시간에 나의 옛 친구에 대해서 말할 작정이니까."

"그런데 선생님, 저는 3년 동안 선생님 우등반에서 공부해왔습니다."

세인츠버리는 얼른 나를 쳐다보더니 이름을 물었다. 내가 대답하자 그가 말했다. "이런, 많이 컸구먼."

나는 대학에 들어오기 몇 해 전부터 키가 180센티미터였다. 그리고 우등반의 학생은 십여 명도 채 되지 않았다. 세인츠버리는 책은 알아보았지만 학생들은 알아보지 못했다. 풋내기 학부생들을 상대로 강의하는 일이 그에게는 분명 지옥 같았을 것이다.

에든버러에서 사회생활은 대체로 즐거웠다. 학생회의 구성원이었던 나는 늘 저녁이면 모임에 참석해 안락의자에 앉아 있었다. 곤란한 점은 돈이 부족하다는 것이었다. 친구들은 대부분 부잣집 자식들이었다. 골프 재킷을 입고 플란넬 가방을 든 건 나와 똑같았지만, 그들에게는 나와 달리 쓸 돈이 있었다. 술잔이 돌아갈 때는 겁이 덜컥 났다. 왜냐하면 내 주머니에는 동전 몇 푼밖에 없었으니까.

운동 경기를 즐기거나 심지어 시합을 구경하러 갈 여유도 없었다. 또 킹스 극장이나 엠파이어 극장에 가는 친구들과 마주치지 않으려고 뮤직홀을 싫어하는 척해야 했다. 그때 돈이 없어서 그랬다는 것을 지금에서야 친구들에게 고백한다. 어머니는 우리가 당신의 신분인 노동계급으로 다시 전락할까봐 두려워했다. 이런 어머니 덕분에 나는 가난이 죄이자 부끄러워해야 할 것이며, 그런 처지를 가능한 한 감추어야 한다고 생각했다. 나는 이 역할을 아주 잘 수행한 게 분명했다. 몇 년 뒤 한 친구가 이렇게 말했으니까. "그래, 닐. 넌 참 좋았지. 넌 돈이 있고 난 없었잖아."

돈에 대한 내 태도에서 드러나는 모든 문제들은 의미가 있다. 젊은 시절 가난으로 고통받았기 때문에 나는 돈에 대해 유별나게 인색하다. 작은 돈은 내기 꺼리는 반면 큰 액수의 수표에는 조금도 주저 않고 서명한다. 다른 많은 사람들도 이와 비슷하게 수표를 대한다. 수표는 진짜 돈이 아니라 가상의 돈이어서 실감이 나지 않는 것이다. 직접 차를 몰고 갈 때면 나는 어떤 트집도 잡지 않고 기름 값을 낸다. 하지만 택시를 타면 차가 밀릴 때마다 애가 타서 미터기를 쳐다본다. 갑자기 백만장자가 된다 할지라도 나는 여전히 3등석으로 여행을 할 것이며 중고 자동차를 살 것이다. 나는 돈 빌리기를 싫어한다. 돈을 빌려주는 일은 더욱 싫어한다. 5파운드를 빌려주었다가 돌려받은 일이 딱 한 번 있었다. 물론 스코틀랜드 사람에게 빌려준 것이었다.

한편 돈은 또 다른 방식으로 이따금 문제가 되었다. 『스튜던트』의 편집자로 일한 덕분에 월요일 저녁 시간대에는 에든버러의 모든 극장의 2층 특별석을 이용할 수 있는 무료 관람권이 생겼다. 다행스럽게도 야회복을 꼭 입지 않아도 관람할 수 있었다. 그런데 한 번은 일주일 내내 오페라가 공연되었다. 바그너의 「뉘른베르크의 명가수」, 오펜바흐의 「지옥의 오르페우스」, 슈트라우스의 「엘렉트라」 등등. 나는 이 좀 더 격식을 차려야 하는 공연을 매일 저녁 보러 갔다. 그래서 그 주간이 끝날 즈음에 이르러서는 한 벌뿐인 예복용 와이셔츠가 말쑥해 보이도록 하얀 분필로 세심하게 손질해야 했다.

『스튜던트』의 편집자 자격으로, 나는 또 세인트앤드루스에서 열리는 대학 간 회의에 참가하는 혜택을 누렸다. 학생대표자회의에서는 그 대회에서 내가 쓸 경비로 아주 적은 금액을 책정했다. 넉넉한 액수가 아니어서, 나는 1파운드쯤 더 달라고 청구했다. 그런데 대표자회의의 서기인 워커가 나를 불러 호되게 꾸짖었다. "지금까지 어떤 편집자도 그 할당액 이상으로 경비를 쓴 적이 없었어." 그가 말했다. 나는 가난을 부끄러워하며, 그를 미워하며, 말없이 서 있었다. 부족한 것 없이 살던 그는 몹시 불결한 뭔가를 보듯 나를 쳐다보았다. '네 선배 편집자들은 모두 신사였어.' 그는 내게 이 말을 하려는 듯했다. 나는 분노와 죄책감을 동시에 느꼈다.

내가 언제부터 글을 쓰기 시작했는지는 정확히 기억할 수 없지만, 편집자가 되기 전부터라는 사실은 분명하다. 데생이나 만화를 그린 것이 시작이었는데, 어찌나 끔찍했는지 얼굴을 붉히지 않고서는 떠올릴 수가 없다. 지금도 그렇지만 그때 내 그림은 형편없었다. 그러던 중 한 학생이 『글래스고 헤럴드Glasgow Herald』에 짧막한 이야기를 담은 만화 한 편을 보내보라고 조언했다. 나는 그렇게 했고, 며칠 후 아침에 신문에 실린 내 만화를 보았다. 아마 처음으로 내 만화가 실린 그때가 내 인생에서 가장 황홀한 순간들 중 하나였을 것이다. 믿을 수 없는, 정말 멋지고 놀라운 일이었다. 그날 나는 온종일 들떠 있었다. 나중에 다른 만화들도 보냈는데, 한 편당 14실링의 원고료를 받았다.

솔직히 말하자면, 4년 동안 에든버러에서 지낸 생활이 행복했다고 할 수는 없다. 늘 그 도시로 돌아가기가 마음 내키지 않았고 흥미도 일지 않았다. 아마 에든버러는 일찍이 내가 본 어떤 도시들보다 아름다운 곳일지 모른다. 하지만 내게 그 도시는 편협하고 점잔을 떠는, 답답하고 활력 없는 곳이라는 느낌으로 남아 있다. 대학 생활에는 단체정신이 거의 혹은 아예 없었다. 학생들은 모두 하숙 생활을 했다. 학생회가 유일한 모임 장소였으나 수많은 학생들은 그 구성원이 아니었다. 에든버러 대학에서는 다니는 동안 단 한 명의 학생과도 이야기를 나누지 않아도 학위를 딸 수 있었다. 어떤 학생들은 실제로 그렇게 하는 듯했다.

나의 성장 과정과 윌리 형의 성장 과정을 비교해보면 흥미로울지 모르겠다. 어린 시절 윌리 형은 나에게 아주 큰 영향을 끼쳤으니까. 나중에 형은 좌파에서 우파로 돌아섰지만 나는 정치나 다른 문제들에서 점점 더 좌파 쪽으로 기울었다. 소년 시절 우리 두 사람에게는 한 가지 큰 차이가 있었다. 형은 세 살 때 성경을 읽을 정도로 조숙했고, 열여섯 살 때 대학에 들어갔다. 하지만 나의 성장 속도는 정말 느렸던 것 같다.

스물여덟 살에 『스튜던트』의 편집자로 일했지만, 내가 쓴 사설들은 열네 살짜리 소년의 글 같았을지도 모른다. 그 유치함이란 통탄할 정도였고 오만불손하기까지 해서, 한마디로 웃긴다고 말하는 게 아마 가장 적절한 표현일 것이다. 편집자로서 혼자 모든 권한을 가지고 있었던 것 때문에 오히려 큰 어려움을 당했다. 나는 다른 사람의 의견을 들을 필요가 없었다. 그리고 내 글을 최고라고 여기며 교지에 실었다. 몇몇 친구들이 어떤 글들은 졸작이라고 했지만, 안타깝게도 그런 평은 이미 글이 실린 뒤에야 나왔다. 하지만 잡지를 편집하는 일은 나름대로 많은 것을 배우는 기회였다. 나는 자간과 행간을 띄우는 법, 교정법, 그리고 여러 가지 잡지 제작 기술들을 배웠다.

졸업 시험이 목전에 와 있었다. 대학의 마지막 한 해 동안 나는 『스튜던트』 편집에 모든 시간과 관심을 쏟아 부었다. 당연히 시험에서는 나쁜 점수를 받으리라 예상했다. 사실 가장 나쁜 3등급을 받을 거라고 생각했다. 하지만 생각만큼 나쁜 점수를 받지 않았다. 시험 주간의 말미에는 형편없는 앵글로색슨어와 중세 영어 실력에도 불구하고 거의 1등급의 점수를 기대할 정도였다. 나는 2등급을 받았고 꽤 기뻤다. 마침내 나는 문학 석사 학위를 받았다. 하지만 그때는 그것을 지나치게 자랑스럽게 여기거나 기뻐하지는 않았다. 인생에서 만사는 천천히 이루어지는 법이라고 하지 않는가.

그 말의 사실 여부를 떠나, 내 학위의 경우는 그 말 그대로였다. 로버트 루이스 스티븐슨이 이런 말을 했다. "희망을 가지고 여행을 하는 것이 목적지에 도착하는 것보다 더 낫다." 그의 말처럼 내 학위는 한때 화려하게 빛나는 산꼭대기였지만, 좀 더 긴 안목으로, 도달할 수 없을 듯한 높고 먼 산꼭대기들을 바라보게 되자, 그 학위는 작은 언덕이 되고 말았다. 직업이나 명성 그리고 죽음 같은 그런 높은 꼭대기들과 비교해서 말이다. 더 솔직하게 말하자면, 나는 학위를 땄지만 그것을 어떻게 사용할지는 몰랐다. '내가 가르치는 일을 원치 않았다'는 것은 분명했다. 지방 중등학교의 영어 교사로 일생을 보내야 한다는 것은 등골 오싹한 일이었다. 아니, 가르치는 일은 다른 모든 시도들이 실패로 돌아갔을 때 택할 최후의 방책이 될 터였다.

직업

신문기자가 되는 것이 내 장래 희망이었다. 신문에 실린 광고를 꼼꼼히 살펴보고, 몇 곳에 구직 신청서를 냈지만 답이 없었다. 그런데 한 친구가 에든버러의 잭스T. C. & E. C. Jacks 출판사에 일자리를 얻어줄 수 있다고 말했다. 브리태니커 백과사전보다 좀 더 많은 내용을 담을 예정이라는 한 권짜리 백과사전 편집 일이었다. 편집장은 오닐이라는 사람이었다. 형편없는 일이라는 사실이 드러났다. 원고의 절반을 성직자들이 썼는데, 그들의 글씨체는 너무 엉망이었다. 그나마 읽을 수 있는 원고는 너무 길었다. 그래서 우리는 흔히 원고를 쓰레기통에 던져 넣고 우리 손으로 직접 원고를 다시 써야 했다. 나는 그런 식으로 파나마 운하에 대한 원고를 쓴 기억이 나는데, 내용은 다른 백과사전들에서 따왔다. 그 일은 한 가지 점에서는 대단히 유익했다. 그것은 바로 내가 쓸데없는 단어들에 대한 두려움을 갖게 되었다는 점이다.

오닐 편집장이 회사를 설득해 편집 사무실을 런던으로 옮겼을 때, 나는 약 1년 가까이 그 일을 하고 있었다. 스물아홉 살이 되도록 스코틀랜드를 벗어난 적이 없었던 나에게 런던으로 간다는 건 멋지고도 피할 수 없는 운명이라는 생각이 들었다. 배리를 비롯해 덜 알려진 스코틀랜드 작가들도 부와 명성을 찾아 남쪽으로 가지 않았던가? 나는 떠날 날을 손꼽아 기다렸다.

1912년 어느 일요일의 늦은 아침 킹스크로스 역에 도착했을 때 내 모습이 어땠는지는 기억나지 않는다. 하지만 그때 나는 키츠가 "다리엔의 산봉우리 위에서, 말없이"라고 묘사했던 코르테스만큼이나 당혹스러웠다.* 이곳은 런던, 삶의 중심이자 가치 있는 모든 것의 중심인 런던이었다. 나는 스트랜드 가와 플리트 가로 향했다. 약간의 실망감을 애써 무시하면서 나는 두근거리는 마음으로 주위를 둘러보았다. 그 거리들은 내가 상상했던 것보다 훨씬 초라했다. 스트랜드 가는 『스트랜드 매거진 Strand Magazine』 표지에 실렸던 사진처럼 그렇게 화려하고 아름다운 모습이 아니었다.

일하는 날에는 롱에이커 거리와 대영박물관에서 시간을 나누어 보냈다. 백과사전 출간이 마무리된 후, 출판사는 다음 작업으로 교사용 참고서를 준비하고 있었다. 출판사는 나에게 그 책의 영어영문학 부분을 집필해 줄 것을 제안했다. 그 일을 끝낸 후, 나는 일자리를 잃을까봐 걱정되어 수학 부분을 집필했다. 다음에는 데생 부분까지 맡았는데, 내가 직접 삽화를 그렸다. 그런데 다행스럽게도 그 부분은 서점에 나오지 않았다. 오닐 편집장이 현명하게 그 부분을 삭제하기로 결정했기 때문이다. 그 뒤 더 이상 쓸 것이 없어지자 나는 일자리를 잃었다. 내가 원치 않았던 단 한 가지는 다시 스코틀랜드로 돌아가는 것이었다. 거기서 내가 할 수 있는 일은 교사가 되는 것뿐이었다.

어느 날 밤, 다리에 심한 통증을 느껴 잠에서 깼다. 진단 결과 정맥염이었다. 이 염증은 피를 응고시키는 원인이 되는데, 만약 이런 혈액 응고물의 작은 조각이라도 떨어져 폐로 흘러들어가는 날에는 급사할 수 있었다.

그 사실을 알고 나는 두려웠다. 킹에드워드 병원 의사는 정맥을 묶어 응고물이 움직이지 못하게 했다. 나는 하룻밤을 침대에 누워 있었는데, 즐거운 시간이었다.

몸이 회복된 후 퇴원한 나는 여러 구인 광고를 보고 편지를 보냈다. 그중에는 "플리트 가에 있는 새로운 잡지사에서 미술 편집자를 찾습니다"라는 광고도 있었는데, 사서함번호가 실려 있었다. 분명 그 일은 내게 맞지 않았지만, 더 이상 잃을 게 없었던 나는 경박한 말투로 구직 신청서를 써 보냈다. 놀랍게도 며칠 후 플리트 가 40번지에 있는 『피커딜리 매거진 Piccadilly Magazine』에서 한번 와보라는 답신이 왔을 때, 나는 낭패스런 기분이 들었다. 미술에 대해서는 아는 게 하나도 없었기 때문이었다. 어쨌거나 나는 잡지사로 가서 면접을 보았다.

그 잡지사의 편집자 빈센트가 두 통의 편지를 꺼냈다. 그가 말했다. "저 편지는 유명한 잡지사에서 미술 편집자로 10년간 일했다는 사람이 보낸 겁니다. 이 편지는 또 다른 유명한 잡지사에서 미술 편집자로 12년간 일했다는 사람이 보낸 거고요."

나는 꿀꺽 침을 삼켰다.

"난 당신에게 이 일자리를 제안할 겁니다." 그가 말했다.

나는 너무 놀라 숨이 막혔다. "대체 이유가 뭡니까?"

"그러니까," 그가 말했다. "나를 즐겁게 한 것은 당신 편지뿐이었습니다. 언제부터 일을 시작할 수 있나요?"

나는 1년에 150파운드를 받는 조건으로 그 제안을 수락했다.

---

*키츠의 시 「채프먼의 호머를 처음 읽고」에 나오는 구절로, 처음으로 태평양을 발견한 아스텍제국의 정복자 코르테스가 말없이 바다를 응시한다는 대목이다. 실제로 태평양을 처음 발견한 사람은 발보아인데, 키츠는 코르테스로 착각했다.

새로 생긴 그 잡지사에서 일하는 것은 정말 좋았다. 비록 아픈 다리 때문에 일주일치 급여를 택시비로 써야 했지만 말이다. 짧은 이야기들을 내가 먼저 읽어보고 그 중에서 선별해 빈센트에게 넘기는 것이 내 일이었다. 그가 좋다고 하면 나는 이야기에 맞는 삽화가를 찾아야 했다. 배를 탄 소녀에 관한 이야기에는 베일리얼 샐먼드의 삽화가 어울렸고, 사냥에 관한 이야기에는 다른 사람을 찾아야 했다. 그리고 동물에 관한 이야기에는 해리 론트리의 삽화가 어울렸다. H. G.웰스의 연재물이 잡지에 부적합하다고 그의 에이전트에게 원고를 돌려보냈을 때, 나는 스스로 많이 성장했음을 느꼈다.

『피커딜리 매거진』창간호는 1914년 8월 말에 출간하기로 되어 있었다. 그 중 사진들로 잘 꾸며진 한 기사의 제목은 다음과 같았다. "독일의 진정한 위험, 황태자." 그런데 사라예보에서 울려 퍼진 총성은 무엇보다도 이제 막 봉오리를 피우려던『피커딜리 매거진』을 죽여버렸다. 잡지는 끝내 세상에 선을 보이지 못하고 말았다.

전쟁(제1차 세계대전)이 일어났을 때 나는 한 친구의 집에 묵고 있었다. 근처 근위기병 연대가 밤새 환호성을 지르고 있는 동안, 사회주의자였던 우리 두 사람이 전쟁에 관해 어떤 이야기를 나누었는지 아직 기억난다. 친구가 긴장한 목소리로 말했다. "이런 바보들, 정말 형편없는 바보들이야. 전쟁은 바로 자기네들이랑 우리가 사랑하는 모두를 죽음으로 몰아넣는 짓이란 걸 왜 모르는 거야?"

마음이 몹시 어지러운 상태로 킹스뮤어로 돌아왔다. 나는 정말로 군에 입대하려고 생각했다. 나쁜 다리 상태를 봐서는 포병으로 가는 게 더 낫겠다고 생각했다. 그러나 다른 한편에서는 군대 가기 적합지 않다는 두 의사의 의견이 비겁한 마음을 부추겼다. 몇 주 후 나는 신청서를 내어 그레트

나그린 학교의 임시 교장 자리를 얻었다. 내가 그곳에 도착했을 때, 듬직하고 남자다웠던 원래의 교장은 스코틀랜드국경보병연대에 입대한 상태였다. 하지만 나는 이런 상황을 별로 유감스럽게 여기지는 않았다. 내 다리는 아픈 정도를 넘어서 퉁퉁 부어올랐고 마비되었다. 지금 생각해보면, 그 상황은 오늘날의 말투로 한다면 심리학적인 것이었음이 틀림없다. 군 입대를 막으려는 나의 심리 말이다.

그레트나그린에서 지낸 이야기는 나의 첫 책 『교사 일지 A Dominie's Log』에 다소 사실 그대로 담겨 있다. 하지만 그 후속편으로 나중에 군대에 복무하고 있을 때 쓴 『해고된 교사 A Dominie Dismissed』는 완전한 허구다.

플리트 가에서 지내다가 모든 것이 느리게 움직이는 시골 마을에서 사는 데는 약간의 적응 기간이 필요했다. 나는 자그마한 주택에서 하숙을 했다. 저녁이 되면 하숙집 아주머니는 파라핀 램프를 가져왔고 작은 창문의 블라인드를 내렸다. 세상과 완전히 단절된 듯한 느낌이 들었다. 일요일 같은 날 타이프를 치면 하숙집 아주머니가 눈살을 찌푸리는 게 바로 런던과 그레트나를 가르고 있는 심연의 특징이었다. 그때 나는 미치지 않으려고 책을 쓰기 시작했다.

오늘날 교육계의 이단아로 알려진 사람이, 단지 잡지사 편집자 일자리를 잃고 군대에 갈 용기가 없었다는 이유만으로 교직을 택해야 했다는 것은 웃기는 이야기지 싶다. 그러나 나는 그레트나에서 처음으로 교육에 관해 생각해보기 시작했다. 전임 교장은 규율을 강요하는 사람이었다. 학교는 쥐 죽은 듯이 조용했고 학생들은 고분고분했다. 하지만 덩치 큰 아이들은 자기들이 규율을 어기고 어디까지 갈 수 있는지 알아보기 위해 나를 예의 주시하고 있었다. 나는 최대한 엄한 표정을 지으며 아이들을 노려보았다. 둘째 날, 제일 덩치 큰 아이가 약간 거만한 대답으로 나를 시험했을 때 나는 그 아이를 가죽 끈으로 때렸다. 당시 나는 '당신이 우두머리임을 당장 보여주라' 는 교직의 오랜 격언에 아직 지배받고 있었다.

만약 내가 하려고만 했다면 계속 규율을 강요하는 사람이 될 수 있었을 거라고 말하는 건 어리석은 일이리라. 왜냐하면 나 스스로 그럴 마음이 없었으니까. 아이들은 나의 규율이 허세에 불과하며, 자기들이 공부를 하는지 어떤지에 대해서는 내가 전혀 신경 쓰지 않는다는 것을 알아차렸다. 조용하던 학교는 떠드는 소리와 웃음소리로 시끌벅적한 술집처럼 변해버렸다. 하지만 보통 때와 다름없이 수업은 진행되었고, 아이들은 나를 두려워할 경우 해냈을 만큼의 공부를 해냈다. 어차피 농사짓는 집에서 온 아이들에게 인도의 지리를 가르쳐봐야 쓸데없는 시간 낭비 같았다.

교육위원회는 내가 하는 일에 대해 크게 신경 쓰지 않았다. 그 위원들 중 몇몇은 개인적으로 내 친구가 되었다. 위원장인 스태퍼드, 서기인 딕 맥두걸, 그리고 그 부인들은 친절했다. 마을 주민들 사이에서 나는, 물론 반쯤은 미쳤지만, 괜찮은 인간으로 통했다. 순식간에 시골사람으로 변해 가는 스스로를 보고 나 자신도 놀랐다. 나의 관심 폭은 좁아졌고 지역의 뜬소문에 흥미를 느꼈다. 또 마을 의사가 어디로 가는지 목을 길게 빼고 내다보았다. 더 큰 세상사에 뒤떨어지지 않기 위해 나는 『네이션Nation』과 『뉴에이지New Age』를 매주 우편으로 받아 보았다.

5월의 어느 화창한 날 아침, 하숙집 근처 들판에서 군용 열차가 전복되는 끔찍한 사고가 일어났다. 하숙집 아주머니가 나를 깨우며 크게 충돌하는 소리가 들렸다고 말했다. 나는 바로 자전거를 타고 밖으로 나갔다. 사고 현장은 무성영화의 한 장면 같았다. 들리는 소리라고는 증기기관이 쉭쉭 김을 내뿜는 소리와 화염에 휩싸인 차량에서 화약이 펑펑 폭발하는 소리뿐이었다. 이미 죽었거나 죽어가는 사람들이 곳곳에 널브러져 있었다.

두 다리가 찢겨나간 군인이 내게 담배를 달라고 했다. 담배에 불을 붙여 건네주자 그는 고통 속에서도 이를 드러내며 웃었다. "프랑스에서 죽으나 여기서 죽으나 어차피 죽는 건 마찬가지죠." 그는 무덤덤하게 말했다. 담배가 반도 타들어가기 전에 그는 숨을 거두었다.

나에게는 이 모두가 현실이 아니라 꿈 같았다. 사람들과 함께 엔진 밑에 깔린 이를 구하려고 한참 애를 쓰고 있는데, 누가 이렇게 말했다. "언제 엔진이 폭발할지 몰라요." 허연 김을 내뿜는 엔진을 불안한 눈초리로 바라본 후, 나는 그에 대해 더 이상 신경 쓰지 않았다. 그날 사건 현장은 믿을 수 없을 정도로 고요했다. 신음소리를 내는 사람은 한 사람도 없었고, 죽어가는 사람들이 큰소리를 지를 때면 그것은 늘 어머니를 부르는 소리였다. 부상당한 사람들 중에는 아이들과 여자들도 있었는데, 그들도 비명소리나 울음소리를 내지 않는 것 같았다. 화염에 휩싸인 차량의 잔해에 갇혀 어떻게 해볼 도리가 없는 사람들을 향해 장교들이 총을 쏘았다는 이야기가 있었는데, 그 이야기가 사실인지는 알 수 없었지만 사실이기를 바랐다.

그 사건을 통해서 내가 큰 충격을 받은 것은 그날 아침 내게 어떤 감정도, 심지어 측은한 마음도 생기지 않았다는 점이었다. 물론 당시에 부상자를 돕느라 분주하게 움직인 건 사실이지만, 마음이 개운치는 않았다. 나는 밤늦게 교육위원회 위원장의 집에서 그에게 말했다. "난 지금껏 신이 창조한 사람들 중에서 가장 이기적인 사람이 틀림없습니다. 남에게 아무것도 주지 않는, 철두철미하게 이기적인 사람이오. 오늘 아침 사건 현장에서 한 올의 감정도 생기지 않았습니다. 난 정말 돌처럼 냉담했어요."

스태퍼드는 눈이 휘둥그레지며 나를 빤히 쳐다보았다. "나도 당신한테 똑같은 말을 하려던 참이었습니다. 내가 아무 감정도 없는 괴물이라는 생각이 들었거든요." 우리 두 사람은 의사나 간호사가 취하는 태도를 드러낸 듯했다. 심한 파도를 헤치고 배를 저어가야 할 때 공포심이 적극적인 에너지로 변하듯, 고통에 빠진 사람을 돕는 동안에는 두려움과 동정심을 흡수해 없애버릴 수 있다. 그리고 사람은 완전한 타인에 대해서는 깊은 감정을 느끼기가 힘들다.

그런데 이와 반대되는 경우가 생각난다. 그날 아침 우리 학교 학생이 열차 사건 현장으로 가던 중 오토바이에 치여 죽었다. 그날 밤 아이 어머니가 내게 아이의 시신을 수습해달라고 부탁했다. 나는 정말 슬펐다. 또 나는 교통신호원의 애처로운 처지를 절감했다. 그의 잘못으로 아이가 죽었던 것이다. 그의 아이들은 우리 학교에 다녔다. 나는 그 아버지뿐만 아니라 아이들도 좋아했다. 내게 그를 감옥에 가두는 일은 법률의 이름으로 자행되는 수많은 잔악한 행위들 중 하나일 뿐이었다.

환상 속에서라도 그레트나 시절로 돌아가기는 어렵다. 적어도 1년에 한 번 정도는 자동차를 타고 그 마을을 지나쳤지만 멈추어 선 것은 딱 한 번 뿐이었다. 그리고 그곳에 들른 것을 후회했다. 내 조수들이었던 메이와 크리스틴 그리고 벨과 함께 즐거운 티파티를 가진 일이 어렴풋하게 기억나고, 사람들이 분주하게 오가던 커다란 군수공장의 혼잡스러운 풍경도 떠오르고, 단조롭던 시골 마을이 영화관과 상점이 있는 읍내로 변한 것이 기억난다.

어느 토요일, 나는 군대에 들어가기 위해 덤프리스로 갔다. 정말 군인이 되고 싶었던 건 아니었지만, 뭔가가 내게 영향을 준 것은 분명했다. 친구가 전사한 뒤의 떳떳치 못한 마음이었든, 아니면 자원 입대 정책인 더비 정책Derby Scheme이 시행되는 상황에서 모든 남자들은 신체검사에 임해야 한다는 분위기였든 말이다. 나는 다리 때문에 불합격 판정을 받았다. 그리고 병역에 영원히 부적합하다는 증명서를 받았다. 건물을 막 나서려는데,

한 하사관이 더비 정책에 지원했는지 물었다. 나는 신체검사에서 불합격했기 때문에 그럴 필요가 없어졌다고 대답했다. "그런데," 그가 말했다. "만일 지원하면 자넨 반 크라운을 받을 수 있어." 어떻게 하면 되냐고 묻자, 그는 나를 한 장교에게 데려갔다. 나는 그 장교 앞에서 소집이 되면 '국왕과 국가'에 충성할 것을 맹세했다. 하사관은 수고의 대가로 나한테서 반 크라운을 받아 갔다. 나중에 불합격 판정을 받은 모든 사람들에게 재검사를 받으라는 명령이 떨어졌을 때 나는 합격 판정을 받았다. 만약 그 하사관이 술을 한잔하고 싶은 생각에 그 절호의 기회에 눈을 돌리지 않았더라면, 나는 징집되는 수모를 겪었을 것이다.

군대

1917년 초봄에 의학적으로 불합격 판정을 받은 모든 사람들은 신체검사를 다시 받으라는 명령을 받았다. 대학 때 알았던 의사가 나를 합격시켰다. 입대자들은 같은 날 밤 덤프리스에서 버릭어폰트위드로 보내졌다. 거기서 우리는 어떤 부대로 가고 싶으냐는 질문을 받았다. 나는 포병대라고 대답했다. 하사관이 나를 흘끗 쳐다보았다.

"포병대!" 그가 비웃었다. "이봐, 여기 포병대에 가고 싶다는 녀석이 있어!" 그런 다음 그는 성난 목소리로 빠르게 말했다. "둘 중에 하나를 선택해. 스코틀랜드국경보병연대 King's Own Scottish Borderers와 스코틀랜드소총보병연대 Royal Scots Fusiliers가 있어."

나는 훈련소가 어디 있는지 물었다.

"국경보병연대는 캐터리크에 있고 소총보병연대는 그리녹에 있어."

나는 별 고민 않고 소총보병연대를 선택했다. 글래스고는 내가 아는 사람들이 있는 곳과 좀 더 가까웠기 때문이다. 다른 한 입대자도 그 연대를 선택했다. 그는 내가 묻지도 않았는데, 부대에 신고하러 가기 전에 이틀간의 휴가를 가지라고 충고해주었다. 나는 겁이 났다. 하지만 에어에 있는 신병보충대에 도착했을 때, 내가 오기를 기다리고 있는 사람이 아무도 없다는 것을 알았다. 사실 하사관은 내가 토요일 밤에 나타난 것을 보고 버럭 화를 냈다. 나는 그 사람의 충고대로 하지 않은 것을 몹시 후회했다. 이때 나는 안절부절못하고 있었다. 걷기가 너무나 고통스러웠다. 하사관의 무례와 오만 그리고 감옥 같은 병영의 모습은 내게 군대에 대한 혐오감을 심어주었다. 이러한 인상은 이후에도 계속 떨쳐버릴 수가 없었다. 나는 매트리스를 밀짚으로 채우라는 명령과 함께 매트리스를 받았다. 그런 다음 다른 입대자들과 함께 침대 옮기는 사역을 해야 했다.

소총보병연대 하면 떠오르는 것이 두 가지가 있다. 그것은 발과 두려움이다. 내 발은 늘 아팠다. 신발을 특별히 주문 제작해서 신는 지금도 더운 날 먼 거리를 걸으면 발가락에 물집이 잡힌다. 오랫동안 단화만 신어왔기 때문에, 군화를 신고 한 시간만 훈련을 받아도 복사뼈 부근에 살이 벗겨졌다. 아프다고 계속 보고를 했지만 붕대만 지급받았다. 군의관은 내게 휴식이 필요하다는 생각은 하지 않는 듯했다. 나는 예외 없이 매번 행진에 참가해야 했다.

프랑스에 가는 것을 두려워한 기억은 나지 않는다. 한 달간의 훈련을 마치면 전선의 병력 손실을 보충하기 위해 자동으로 뽑혀 가리란 사실을 알았다. 이상하게도 그것이 걱정스럽지는 않았다. 내가 두려워한 것은 몇 주 동안 내 인생을 지옥으로 만들어버린 그 하사관이었다. 어떤 이유에선지 그는 나를 보자마자 싫어했다. 행진을 마친 후 사역이 있으면, 그는 '야 너 개자식'이라고 부르며 늘 나를 차출했다. 그는 민간인일 때는 택시 운전수였다고 했다.

어느 날, 편지를 나눠주던 그가 멈춰 서서 봉투 하나를 자세히 들여다보았다. "제기랄, 이게 누구야?" 그가 물었다. "『교사 일지』의 저자인 석사

A. S. 닐 귀하. 도대체 누구야?" 나는 가만히 손을 들었다. "네가 석사라고?" 그는 놀라 숨이 막히는 듯했다. "제기랄." 이 사건의 결과는 놀라웠다. 그는 다시는 내게 귀찮은 일거리를 주지 않았고, 나를 괴롭히지도 않았다. 이전과는 전혀 다르게 마치 내가 대령인 것처럼 대했다. 나중에 내가 자기네 분대에 들어갔을 때 심한 열등감을 느꼈다고 고백한 다른 하사관들을 만나게 되었다. 그들은 자신들의 문법 실력이 형편없다는 사실을 부끄러워했다.

20명의 병사와 한 명의 하사관이 임시 막사에서 함께 잠을 잤다. 병사들 대부분은 글래스고 출신이었고, 그 중 상당수가 빈민가 출신의 다이아몬드 원석 같은 '글래스고 사내들'이었다. 그들은 멋지고 다정한 친구들이었으며, 늘 서로에게 친절했고, 쾌활했다. 내게는 거의 입에 대기가 힘들었던 군대 음식이 그들에게는 지금껏 먹어본 최고의 음식이었다. 그들에게 군대의 규율은 자신들이 다니던 공장의 규율보다 그다지 나쁜 게 아니었다. 그들의 말은 거의 성적인 표현들이었다. 음식, 행진, 하사관 등 모든 말에 '씹할fucking'이라는 수식어가 붙었다. 그들은 자기 아내나 애인의 가장 은밀한 신체 부위에 대해서까지 드러내놓고 이야기를 나누었다.

군대 생활은 끊임없이 분주하게 움직이는 생활이었다. 적당하게 다른 일을 할 여유가 없었다. 심지어는 면도할 시간도 없었다. 식사 당번에 걸린 날은 최악이었다. 막사로 식사를 나르기 위해 길게 줄을 서서 기다렸고, 식사 후에는 식기를 깨끗이 닦아야 했다. 그리고는 다음 행진을 위해 티 한 점 없도록 준비해야 했다. 총을 깨끗이 닦고 단추와 군화를 반짝반짝 빛나게 만들어야 했다. 이렇게 분주한 이면에는 행진에 늦을지도 모른다는 두려움이 도사리고 있었다. 늦으면 군기 위반이었다. 면도 하지 않은 얼굴, 더러운 단추, 광택이 나지 않는 버클, 깨끗하지 않은 장식 끈도 모두 마찬가지였다. 군기를 위반하면 녹초가 될 때까지 완전 군장으로 연병장을 돌아야 했다.

나는 딱 한 번 군기 위반을 했다. 내 총은 신형이었는데, 아이처럼 애지중지하며 다루던 그 총을 압수당하고 구형 리엔필드 총을 지급받았다. 총기 검사 때, 장교가 내 총기가 더럽다고 위반 사항을 지적했다. 나는 하사관에게 가서 한 시간이나 총을 닦았지만 깨끗해지지 않았다고 말했다. 그는 나를 총기 담당 하사관에게 데려갔다. 그 하사관이 총을 살펴보더니 잘라 말했다. "이 총을 깨끗이 닦을 수 있는 사람은 아무도 없어." 뒤로 어떤 일이 있었는지는 잘 모르지만, 내 이름은 군기 위반자 명단에서 빠졌다.

이 경우는 예외에 속했다. 일반적으로 구제받는 경우는 없었다. 나는 완전한 무력감에 빠져버렸다. 군기 위반으로 처벌받아도 가타부타 한마디도 할 수 없는 게 보통이었다. 이론상으로야 항의를 할 수 있겠지만, 상관에게 항의하면 요주의 인물로 찍혀 이후로는 내내 호된 벌을 받게 된다는 것을 우리는 잘 알았다. 그 처벌이 정당하든 그렇지 않든 간에, 노련한 병사들은 늘 아무런 항변도 하지 않고 자기 잘못을 시인했다.

하기 싫은 일이라고 해서 회피할 수는 없었다. 규율이란 잘못이나 실수를 막는 체계였다. 군대 안에서는 누구나 반드시 어딘가에 있어야만 했다. 몸이 아프면 병자 명단에 이름이 올랐다. 사역을 하고 있으면 분대 하사관이 그 사실을 기록했다. 그런 체계를 6주 동안 교묘히 빠져나간 한 젊은이가 있었다. 그는 한 분대에서 다른 분대로 옮겨갔는데, 새 분대로 갔을 때 분대원 명단에 자기 이름이 없다는 것을 알았다. 부대에서 그의 이름을 옮기는 것을 깜빡했던 것이다. 그는 행진에 참가하지 않았다. 대신에 매일 아침 탄띠를 두르고 가느다란 막대기를 든 채 손에 '공용公用'이라는 마크가 찍힌 커다란 봉투를 들고 캠프 밖으로 걸어 나갔다. 이러한 행각이 발각되었을 때 그는 아무 처벌도 받지 않았다. 분대원 명단에서 그의 이름을 누락시켰던 하사관들은 그 일을 보고하면 자신들이 문책을 받으리란 사실을 잘 알았기 때문이다.

나는 발 때문에 계속 고통스러웠다. 매일 밤 찬물에 발을 담그고 매일 아침 양말에 비누칠을 했다. 그래도 물집은 여전했다. 하루는 연병장에서 훈련을 받던 중 다리를 절고 있는데, 소령이 다가왔다. 그는 나를 대열에서 빠지라고 하더니 어디가 아프냐고 물었다. 나는 사실대로 말했다. 그는 왜 아프다는 보고를 하지 않았느냐고 했다. 보고를 해봤자 하사관들이 다시 훈련에 참가시킬 것이기 때문에 소용없다고 대답했다. 그는 군화를 벗어 발을 내보이라고 명령했다. "자네는 막사로 가서 쉬게." 그가 말했다. "그런데 민간인일 때는 무슨 일을 했나?"

이틀 후, 여느 때와 마찬가지로 발을 손질하고 있는데 당직 하사관이 나타났다.

"자네가 닐인가? 중대에서 호출이야."

나는 걱정이 되었다. 중대본부의 호출은 보통 견책을 의미했다. 나는 잘못한 일을 생각해보았다. 매주 일요일 교회 가는 행렬에서 빠진 일, 외출 시간을 넘겨 부대로 복귀한 일 등 잘못은 충분히 많았다. 중대본부에 들어선 나는 떨면서 신고를 했다. 내게 휴식을 취하라고 명령했던 소령이 탁자에 앉아서 글을 쓰고 있었다. 경례를 하고 차려 자세로 기다렸다. 이때쯤 나는 내 발 때문에 소령이 중대본부의 행정 사무를 나에게 맡길 거라는 확신이 들었다. 마침내 그가 나를 쳐다보았다.

"수학에 대해 좀 아나?" 그가 큰소리로 말했다.

"예, 수학에 관한 책도 썼습니다."

"오, 그래. 자네가 바로 우리가 찾는 적임자 같군." 그는 서류를 들어올렸다. "수학 지식을 갖춘 포병 장교로 일할 사람을 찾고 있다는 육군성 문서일세. 내 자네를 추천할 거야."

나는 마틸다 요새에 있는 학도군사훈련단으로 전속되었다. 나를 포함해 열여섯 명이 특별 훈련을 받았다. 우리는 가장 훌륭한 병사들은 어떻게 임무를 수행하는지를 보여줘야 할 참이었다. 우리 훈련은 근위대의 훈련법을 그대로 본받은 것이었다. 받들어 총 자세를 취하며 개머리판을 세차게 칠 때마다 우리 손에는 피가 흘렀다. 우리는 막사 안이나 막사 바깥 언덕에서 강의를 받았고, 나는 발을 회복할 기회를 얻었다. 제일 싫은 건 총검술이었다. 총검술 훈련 중에는 모래주머니를 우리 자매들을 겁탈한 독일 놈이라 생각하고 사정없이 찌르라는 교육을 받았다.

어느 날, 군번 32703 닐 일병을 윌트셔에 있는 트로브리지 사관후보생학교에 배속하라는 명령이 도착했다. 마틸다 요새에 비하면 트로브리지는 천국 같았다. 규율은 엄하지 않았고, 단추에 광이 나는지 안 나는지는 대수롭지 않은 듯했다. 내가 어깨까지 팔을 올리며 근위대 자세로 행진을 하자 담당 장교를 비롯해 모든 분대원들이 웃음을 터뜨렸다. 나는 그런 멋 부리는 자세는 그만두라는 명령을 받았다. 또 오후 행진 전에 군화를 깨끗이 닦는 나를 보더니 분대원들은 우스워했다. 나는 속으로 생각했다. '이런, 쯧쯧. 즐거운 곳이야. 그런데, 와, 정말 대단한 병사들이군!'

군대 생활 중 처음으로 재미를 느꼈다. 우리는 독도법과 수학을 배웠고, 탄도를 계산하고, 6인치 곡사포로 포격 훈련을 했다. 우리는 5번 조준기라 불리는 계기를 많이 다루었고, 프리즘 나침반을 사용했다. 이곳 병사들은 소총보병연대 병사들보다 나와 수준이 더 비슷했다. 많은 이들이 사무원이나 교사 출신이었다. 우리는 함께 꽤 즐거운 시간을 보냈다.

한번은 트로브리지에서 자존심 상하는 일을 겪었다. 협차포격狹差砲擊*

을 강의하던 소령과 연관된 일이었다. 강의는 포격 시에 탄착 거리를 계산하는 정말 복잡한 내용이었다. 그는 훌륭한 강사가 아니었다. 목소리를 듣고 있자니 절로 졸음이 쏟아졌다. 문득 그가 쳐다보고 있는 것을 알고는 나는 놀라 움찔했다. 그는 화난 목소리로 앞으로 나와 협차포격에 대해 칠판에다 설명하라고 명령했다. 아는 게 하나도 없었지만, 그렇다고 모른다고 할 수도 없었다. 나는 손에 분필을 들고 꿀 먹은 벙어리처럼 아무 말 않고 가만히 서 있음으로써 내 무지를 고스란히 드러냈다. 소령은 화가 나서 얼굴이 벌개졌다.

"자네 같은 바보 멍청이가 사관후보생학교에 들어온 이유를 도통 알 수 없군. 난 자네를 비난하는 게 아니야. 자네도 자신의 우둔함을 어찌할 수 없을 테니까. 내가 비난하는 건 자네를 이곳에 보낸 그 시스템이야. 자넨 교육을 하나도 받지 않았나?"

나는 고개를 떨구었다.

"대답을 해봐. 어디서 교육받았나?"

"에든버러 대학입니다." 나는 비참한 심정으로 대답했다. 소령이 쏘아보자 강의실 안을 맴돌던 킥킥거리는 웃음소리가 사라졌다. 그는 다시는 내게 말을 걸지 않았다.

학기가 끝났고, 우리는 졸업 시험을 통과했다. 이제 우리 앞에는 도버 해협 근처의 리드가, 달콤한 꿈 앞에 놓인 진짜 악몽이 기다리고 있었다. 트로브리지는 대학처럼 편안하고 학구적인 곳이었다. 하지만 리드는 학구적인 것에는 어떤 교감도 없는 전선에서 막 돌아온 사람들이 지휘했다. 리

---

* 목표물을 향해 여러 차례 포격을 가해 계속 탄도를 수정해가면서 정확한 위치와 거리를 알아내어 명중시키는 포격 방법.

드에서 보낸 3주는 한없이 지루한 시간이었다. 트로브리지에서 배운 내용이 여기서는 전혀 소용없다는 것을 우리는 깨달았다. 탄도를 계산하는 일은 더 이상 한가로운 수학 문제가 아니었다. 그것은 계산자를 가지고 10초 안에 끝내야 하는 일이었다. 리드의 후보생들은 그들의 임무를 잘 알았고 우리를 깜짝 놀라게 만들었다. 과제 수행에 실패하면 한두 달 동안 트로브리지로 되돌아가는 수모를 겪을 뿐만 아니라 다시 신병 분대에 들어가야 했기 때문이다. 그렇게 되고 싶지는 않았기에 우리는 뼈 빠지게 노력했다.

리드에서 협차포격을 가르친 소령은 무시무시한 사람이었다. 우리는 리드에 오기 오래 전부터 그에 관한 이야기를 들었다. 처음으로 실제 포탄을 사용하게 되었을 때, 소령은 우리를 차례로 관측소로 데려갔다. 거기서 우리는 포탄이 폭발하는 것을 보고서 사수의 다음 사격 방향을 단박에 알아내야 했다. 소령은 계속 질문을 던졌고, 우리가 잘못을 저지르면, 주로 그에 대한 두려움 때문에 잘못을 저질렀는데, 온갖 비난을 퍼부어댔다.

그렇게 훈련 과정을 통과한 우리는 포병대 장교로 임관 명령을 받았다. 제복과 여러 장비들을 준비하러 10일간의 휴가를 보낸 뒤, 나는 잉글랜드 남부 올더샷에 있는 장교 대기소로 배속되었다. 그런데 동료들 대부분이 판버러에 배속된 사실을 알고는 마음이 울적했다. 대기소에는 프랑스로 배치될 60명의 장교들이 있었다. 그곳 생활은 아주 즐거웠다. 거기 도착하던 날 밤이 또렷이 기억나는데, 그때 나는 주임상사의 경례를 받았다. 이제 하사관을 두려워할 필요가 없다니! 정말 믿기지 않는 일이었다. 장교가 이용하는 좋은 음식과 쾌적한 설비를 하사관의 것들과 비교해보니 기분이 씁쓸했다. 장교와 사병은 모든 면에서 완전히 동떨어진 생활을 했다. 이런 오래된 차별은 거기서도 여전했다. 마치 한쪽 끝에는 이튼 스쿨이 있고 다른 쪽 끝에는 빈민가가 있듯이 말이다. 장교는 계획을 세우는 반면, 사병은 아무 생각 없이 거저 모든 것을 깨끗이 닦고 쓸어야 했다.

내 당번병은 랭커셔 출신의 다소 자존심이 강한 친구였는데, 자신이 사회주의 활동가라고 말했다. 어쨌거나 그건 아무 상관없는 일이었다. 잔인한 장교란 기껏해야 자본주의의 종 아니겠는가? 그래서 당번병은 내 침대에서 잤고 내 담배를 피웠다. 반면에 나는 아침이면 각반과 군화를 닦았다. 그는 내가 장교라서 그렇지 나한테 개인적으로 원한이 있는 건 아니라고 누차 말했다. 그는 좋은 친구 같았지만 천성이 비관주의자였다. 그는 모든 축구 경기의 승부는 제일 돈을 많이 건 사람에게 유리하도록 조작된다고 장담했다. 그리고 내가 원한다면 그 증거 자료를 보여주겠다고 했다.

올더샷의 생활은 느슨했다. 우리는 강의를 받고 가끔 훈련을 받았지만, 그것은 단지 우리가 너무 많은 불만을 품지 않도록 하기 위함이었다. 며칠마다 전선에 배치될 장교들의 명단이 발표되었지만 내 이름은 없었다. 대신에 나는 훈련 포대에 배속되어 탄도에 관한 강의를 하게 될 거라는 얘기를 들었다.

어느 날 내가 탄도를 계산하는 수학에 관해 열심히 설명하고 있는데, 한 사수가 전혀 주의를 기울이지 않았다. 보기에 멍청한 친구 같았다.

"이봐, 자네." 내가 말했다. "자네는 내가 가르치는 것에 전혀 관심이 없는 모양이군. 민간인일 때 무슨 일을 했나?"

"중등학교 수학 교사였습니다." 그가 말했다.

위기 상황을 맞은 나는 분필을 내밀었다. "이놈의 것이 어떻게 된 건지 설명해보게."

그는 설명해냈다.

나는 계속 프랑스로 배치되기를 바랐다. 그것은 내가 무슨 기적이 일어나 더 용감해졌기 때문이 아니었다. 다른 사람들이 모두 전선으로 나갔거나 가고 있는 중이어서, 『피리 부는 사람』에 나오는 절름발이 소년처럼 혼자 뒤에 남겨진 것 같은 느낌이 들었기 때문이다. 그런데 유행성 독감이 부대에 번졌다. 나는 그 독감에 걸려 쓰러졌는데, 내 병은 신경쇠약까지 불러일으키는 지독한 것이었다. 그레트나그린에서도 똑같은 병에 걸려 한 달 동안 일을 하지 못한 적이 있었지만 이번에는 그때보다 훨씬 심했다. 신경은 완전히 쇠약해졌고 불면증까지 겹쳤으며 잠이 들어도 악몽을 꾸곤 했다. 간단히 말해 나는 군인으로서, 아니 다른 어떤 일에도 쓸모없는 인간이 되어버렸다. 의무병은 정신병 증상이 의심된다고 내 상태를 걱정했다. 그는 내가 몸을 움직일 만하면 시내에 있는 신경정신과 전문의에게 보낼 거라고 말했다. 나중에 안 사실이지만, 그 전문의는 유명한 인류학자인 윌리엄 리버스 박사였다. 당시 나는 그에 대해 아무것도 몰랐다. 물론 심리학에 대해서도 아무것도 몰랐다. 그가 내게 꿈 이야기를 해보라고 했을 때 나는 좀 놀랐다. 그리고 내가 이야기를 하는 동안 그가 보인 관심에 더욱 놀랐다. 그 꿈은 내가 죽인 뱀이 자꾸 되살아나는 내용이었다. 당시 나는 프로이트에 대해 들어본 적이 없었다. 하지만 리버스는 분명 알고 있었다. 마침내 그가 말했다. "프랑스에 가면, 당신은 빅토리아 십자훈장을 받거나 아니면 도망치다 잡혀 총살당할 겁니다. 그런 일을 감수할 필요는 없어요. 건강 때문에 장교 직을 포기하는 게 좋을 것 같습니다."

결국 나는 불명예스럽게 퇴역하고 말았다. 국가는 내게 많은 돈을 낭비한 셈이었다. 나한테서 아무것도 돌려받지 못했으니까. 지금에야 알았지만, 위험을 회피하려고 내가 무의식적으로 사용한 방법이 바로 신경쇠약이었다. 의식의 수준에서는 나는 어떤 비정상적인 두려움도 없이 전선으로 갈 준비가 되어 있는 듯했다. 사실 장교라서 더 마음 편할 거라고 생각했다. 왜냐하면 나는 병사들을 이끌 것이고 그들에게 어떻게 위험과 맞서는지를 보여줘야 할 터였기 때문이다.

군대에서 나는 좋은 친구를 한 명 사귀었는데, 우리는 늘 붙어 다녔다. 전쟁이 터지고 1년 뒤, 스트랜드에서 우연히 그를 만났다. 다시 만나 몹시 기뻤던 우리는 저녁을 같이 먹으며 30분 동안 지난 시절 이야기를 나누었다. "그 땅딸막한 친구 기억나? 아침에 면도를 하지 않은 그 친구를 본 하사관이……" 우리는 웃음을 터뜨렸다. 대화가 그치자 우리는 서로 더 이상 할 말이 없다는 사실을 깨달았다. 군대 생활은 군무에 전념해야 했기에 우리를 하나로 묶어주었다. 그런데 일반 사회생활에서는 공통 관심사가 하나도 없었다. 서글픈 저녁 파티였다. 우리는 애써 쾌활한 척하며 다시 만날 것을 약속했지만, 마음속으로는 다시 만날 수 없으리란 것을 알았다.

전쟁이 끝나고 몇 년 뒤, 전쟁 기간 중의 또 다른 친구인 월터 마틴이 내게 믿기지 않는 얘기를 했다.

"닐, 내가 네 생명을 구했어."

"어떻게?"

"육군성에 연줄이 있었거든. 네가 전선에 나가지 않도록 힘 좀 썼지."

그 말을 도저히 믿을 수 없지만, 만약 그것이 사실이라면 장교 대기소에 있을 동안 전선으로 배치되는 장교 명단에서 내 이름이 빠진 이유가 설명된다. 월터는 이미 죽었기 때문에 더 이상 자세한 내용을 들을 수는 없다. 그렇지만 그런 영향력이 일개 군인을 병역에서 면제시켜줄 수 있었는지는 여전히 대단히 의문스럽다.

교장

긴 회복기를 거친 후, 나는 직업에 대해 생각해보기 시작했다. 그레트 나그린 시절의 일이었는데, 햄스테드에 있는 킹앨프레즈 스쿨과 관계를 맺고 있었던 한 여성이 나의 책 『교사 일지』를 읽고 내게 편지를 보낸 적이 있었다. 나를 만난 그 여성은, 리틀코먼웰스라는 교육 공동체를 세워 비행 청소년들을 돌보고 있던 호머 레인에 대한 이야기를 했다. 그녀는 호머 레인의 강연 내용을 기록한 것을 내게 건네주었다. 또 킹앨프레즈 스쿨의 교장인 존 러셀을 소개해주었다.

사관후보생학교 시절, 나는 레인의 리틀코먼웰스가 트로브리지에서 멀지 않은 도싯 주에 있다는 사실을 알았다. 나는 그에게 찾아가도 되겠느냐고 편지를 썼다. 허락을 받은 나는 주말에 휴가를 냈다. 호머 레인은 그때까지 내가 만난 그 누구보다도 인상적인 사람이었다. 레인의 생각을 듣고 있자니 넋을 잃을 지경이었다. 그가 데리고 있던 비행 청소년들도 내 마음을 빼앗았다. 나는 레인에게서 군복무를 끝낸 후 리틀코먼웰스에서 일하게 해주겠다는 약속을 얻어냈다.

몸 상태가 좋아졌다고 느꼈을 때, 나는 제일 먼저 레인에게 코먼웰스에

가도 괜찮겠냐고 편지를 썼다. 그런데 코먼웰스가 이미 문을 닫았고 레인 자신은 건강이 나빠 런던에 머물고 있다는 답장을 받았다. 실망스러웠지만 나는 차선책을 찾아나섰다. 존 러셀에게 일자리를 구한다는 편지를 보냈고, 결국 킹앨프레즈 스쿨의 교직원이 되었다.

러셀은 노인이었다. 처음 보는 순간부터 나는 그가 좋았다. 그리고 그도 나를 좋아했다. 러셀이 30년 전 선구적으로 일을 시작한 이후, 킹앨프레즈 스쿨은 그런 유형의 학교 가운데서 가장 앞선 학교로 인정받았다. 킹앨프레즈가 남녀공학을 처음 시행한 학교는 아니었지만, 그 문제를 영국 사회에서 여론화하는 데 다른 어떤 학교보다 큰 힘을 발휘했다. 내가 그 학교에서 일하기 훨씬 전에, 킹앨프레즈는 상과 평점 그리고 체벌을 없애버렸다.

나는 심한 스코틀랜드 억양을 좀 걱정하며 그 유명한 학교로 갔다. 학교에서는 이미 어떤 미친 스코틀랜드인이 선생으로 올 거라는 소문이 나돌고 있었다. 몇몇 학생들이 나중에 말하기를, 학교에 부임하던 첫날 나를 보고는 정말 미쳤을까 아니면 그냥 괴짜일까 하는 생각을 했다고 했다.

나는 단박에 학교의 분위기가 좋아졌다. 자유롭고 느슨한 규율이 마음에 들었다. 하지만 교무실은 싫었다. 가끔 왜 교무실은 좀 더 행복한 곳이 못 될까 하는 생각이 들었다. 교무실은 교실처럼 즐거운 분위기가 아니었다. 개개인으로 볼 때 교직원들은 모두 친절했지만, 집단으로 보면 아주 끔찍했다.

한번은 러셀이 내게, 교직원들을 대상으로 한 심리학 강연을 호머 레인에게 부탁해달라고 했다. 레인은 언짢은 얼굴로 자리에 앉아 있었다. 첫 강연이 끝난 후 그가 나에게 말했다. "세상에, 닐. 교직원들에게 무슨 문제가 있나요? 그들을 보니 정말 오싹한 느낌이 들더군요. 다들 증오로 가득 차 있어요." 어떻게 보면 나는 그들에게 옥에 티 같은 존재였을 수 있다고 생각한다. 그러니까 학교 운영 방법에 대해 그들에게 왈가왈부하는 시건방진 애송이에 불과했는지도 모른다. 아주 당연하게도, 그들은 내 분수를 알게 해주었다.

근본 문제는 존 러셀 자신에게 있었다. 그는 신이었다. 매력적이긴 해도 신은 신이었다. 그리고 대단한 도덕주의자이기도 했다. 여덟 살 난 패트릭이 일곱 살 난 클레어에게 키스를 한 일이 있었는데, 그때 나는 그 사실을 처음으로 깨달았다. 러셀은 그 문제를 놓고 일종의 '점호'를 했고, 거의 한 시간 가까이 연설을 늘어놓았다. 키스를 하는 것이 분명 성령께 큰 죄를 짓는 것이라는 느낌이 들었다.

학생들의 경우 어딘가 활력이 없었다. 세상에 대한 관심이 결여된 탓이었다. 킹앨프레즈 스쿨의 졸업생들 모임에서 이 사실은 가장 분명하게 드러나는 듯했다. 대부분 소녀들인 이 졸업생들은, 존 러셀이나 교감이자 영어 교사인 조지 얼의 발치에 모여 앉아서, 자기네 옛 선생님들이 마치 세상에서 가장 지혜로운 사람인 듯 그들의 말을 경청했다.

학교에서 나이 많은 남자 아이들 중 일부는 '젠장shit'이라는 말을 한 번도 들어본 적이 없었고 흔히 하는 욕설도 알지 못했다. 그런데 여자 아이들 가운데 한두 명은 그 말들을 다 알았다. 나는 착잡한 느낌이 들었다. 이 학교에서 가르치는 삶의 태도가 근본에서나 본질에서나 내 삶을 망쳐버린 스코틀랜드에서의 그것과 똑같은, 그런 학교에 와 있다는 사실을 어렴풋하게나마 깨닫기 시작했다. 외부로부터 강제된 도덕 기준이 바로 그것이었다. 킹앨프레즈 스쿨은 자유로움과는 거리가 멀었다. 얼마 안 있어 나는 '체제에 저항하고 있는' 스스로를 발견했다.

호머 레인에게 정신분석을 받기 시작하면서 나는 자주 그의 집을 방문했다. 자유에 대해 그가 한 말은 내가 찾고 있던 복음이었다. 그것은 『교사일지』에서 드러난 나의 어렴풋한 열망에 과학적인 근거를 마련해주었다. 그래서 나는 교직원 회의에서 킹앨프레즈 스쿨을 '개선'하려는 시도를 하기 시작했다. 학교가 시대의 흐름을 따라가지 못하고 있다는 불만을 제기했다. 학교에는 응당 자치가 이루어져야 했다. 친애하는 존 러셀은 두 손을 펼치고 평소와 같은 웃음을 지으며 말했다. "그래요, 닐. 해봐요, 그렇게 한번 해봐요."

나는 시도했다. 수업 종이 울리면 아이들은 교실을 옮겼다. 그러니까 첫 시간에 수학 수업을 받았으면 다음 시간에는 내 교실로 왔다. 자연히 아이들에게 자치는 내 교실로 와서 한 시간 동안 울분을 토해내는 기회를 의미할 따름이었다. 아이들은 야단법석을 떨어댔고, 옆 교실의 교사들은 화를 냈다. 당연히 다음 교직원 회의 때, 교사들은 자치가 잘 이루어지지 않는 게 분명하다고 한 목소리로 말했다. 자치가 잘 이루어지지는 않았지만 분명 '작동하기는' 했다. 어느 날 존 러셀이 난처하고 슬픈 표정으로 내게 와서 말했다. "닐, 당신이나 나 둘 중에서 어느 한 사람이 그만두어야 할 것 같소."

내가 말했다. "내가 그만두겠습니다, 러셀. 당신이 나보다 여기서 훨씬 더 오래 일해왔으니까요." 나는 다시 실업자 신세가 되었다.

그의 이름은 교육 관련 서적에서 사라졌지만, 당시로 보면 그는 선구자였다. 우리는 서로 달랐다. 그가 도덕주의자이기는 했지만, 나는 그를 몹시 좋아했다. 내가 반역을 일으켰음에도 불구하고, 그 또한 나를 좋아했다고 나는 생각한다.

킹앨프레즈 스쿨을 떠나야 했을 때, 나는 정말 걱정스러웠다. 앞날이 보이지 않았다. 스코틀랜드의 학교에서 영어 교사 자리를 구할 수도 있었겠지만, 이전부터 내 마음을 사로잡은 곳은 런던이었다. 나는 런던을 떠나고 싶지 않았다. 베아트리체 엔소르 여사가 자신과 함께 『새 시대*The New Era*』지를 공동 편집하자는 제의를 해왔다. 나는 엔소르 여사의 남편과 함께 방을 쓰며 타비스톡 광장에서 일을 했다. 담배를 피우지 않는 엔소르의 남편은, 내가 일하면서 온종일 담배를 피우는 것을 싫어했다. 그들 부부는 신지학神智學을 신봉하는 사람들이었다.

 신문을 편집하는 일은 재미있었다. 엔소르는 하고 싶은 말이라면 어떤 말이라도 할 수 있는 재량권을 내게 주었다. 학교들과 현학적인 사람들을 과격하게 비판하면 할수록 엔소르가 더욱 기뻐한다는 것을 나는 곧 알아차렸다. 어떤 사람들은 엔소르를 다소 가까이 하기 어려운 사람으로 여겼지만, 나는 엔소르를 좋아했다. 그리고 신지학을 신봉하던 엔소르의 더 고차원의 삶에 대한 콤플렉스를 두고 내내 타박을 했다. 엔소르는 타고난 조직가였다. 전쟁이 끝난 후 잉글랜드로 오는 오스트리아 아이들을 마중하러 내가 네덜란드로 간 것도 엔소르가 주선한 일이었다.

 『새 시대』는 영원히 머물 곳은 아니었다. 나는 다른 데로 옮겨야 한다는 것을 알았다. 운 좋게도 1921년 프랑스의 칼레에서 열린 국제신교육연맹 International New Education Fellowship의 설립 총회에 초청을 받았다. 그곳에 있다가 여성들의 국제회의에서 강연을 하기 위해 오스트리아의 잘츠부르크로 갔다. 거기서 다시 독일의 드레스덴 근교에 있는 헬레라우로 갔는데, 그것은 오토 노이슈타터 박사 그리고 나중에 나의 첫 아내가 된 노이슈타터 박사 부인과 함께 지내기 위해서였다. 이 두 사람과 건축가인 카를 베어, 그리고 그의 미국인 아내 크리스틴과 함께, 나는 헬레라우 국제학교 Internationalschule Hellerau를 설립했다.

 독일 생활을 통해 나는 고국에서 얻을 수 없었던 많은 것을 얻었다. 첫

째로는, 거의 3년 동안 리듬과 춤, 멋진 오페라와 오케스트라 음악에 젖어 살았다는 사실을 들 수 있다. 헬레라우 생활은 내 인생에서 가장 신명나는 시기였다. 난생처음 유럽 대륙 사람들과 사귀었다. 나는 독일어를 한마디도 못했다. 첫 번째 영국인 학생이었던 여덟 살 난 데릭이 학교에 왔을 때, 나는 독일어 개인교습을 받고 있었다. 그런데 데릭은 3주 만에 독일어를 말할 수 있었고, 또 그곳 작센 지방 방언까지 말할 수 있었다(오늘날 서머힐에 다니는 독일 학생들은 단 몇 주 만에 영어를 말하고, 내가 독일어로 말하면 영어로 답한다).

우리의 국제학교는 세 부문으로 구성되었는데, 율동체조부와 내가 맡은 외국인학생부, 그리고 독일인학교였다. 학생들 중 일부는 통학을 했고 일부는 기숙사 생활을 했다. 나는 초기 책들에서 당시 독일인 교사들과 벌였던 교육에 관한 언쟁을 언급한 적이 있다. 그 교사들은 좋은 의도로 학생들의 성격을 틀에 맞춰 찍어내려는 사람들이었지만, 나는 정반대였다. 헬레라우 생활은 나에게 하나의 세계관을 심어주었으며, 한편으로는 민족주의 성향을 없애버렸다. 또 나를 겸손하게 만들어주었다. 우등 과정을 마치고 영문학 석사 학위를 받은 몸이었지만, 예술이나 음악 그리고 철학에 관한 이야기가 시작되면 나는 침묵을 치켜야 했다. 나는 무식하다는 것을 느꼈다. 정말이지 오늘날에도 나는 똑같은 심정을 느낀다. 여러 주제들에 대해 너무나 무지하기 때문이다. 이것은 특정 분야로 전문화된 대학 교육이 진정한 교육이 아님을 뜻한다.

나는 교육 당국으로부터 독일인 학생을 가르치는 허가를 받지 못했다. 그래서 내가 맡고 있던 외국인학생부는 영국, 노르웨이, 벨기에, 유고슬라비아 출신 학생들로 구성되었다. 또 나는 독일의 대학에서 학위를 받지 않았기 때문에, 우리의 독일인학교 학생들에게조차 영어를 가르칠 자격이 없었다. 어쩔 수 없이 발음이 형편없는 독일인 여성을 영어 교사로 임명해야 했는데, 그 여성은 악센트 문제를 놓고 나와 계속 다투었다. 한번은 누구나 금방 알 정도로 아일랜드 사투리가 심한 사람이 학교를 방문했는데, 그 독일 여성이 소리쳤다. "멋져, 진짜 옥스퍼드 악센트야."

1923년 작센 지방에서 혁명이 발발했다. 독일 공산당의 주도로 노동자 봉기가 일어난 것이다. 드레스덴 거리에 총성이 울려 퍼지고 학교가 텅텅 비어가자, 우리는 오스트리아로 떠났다. 율동체조부는 비엔나 근처 락센부르크 성으로 갔고, 나의 외국인학생부는 티롤 지방의 끄트머리에 있는 어느 산 정상으로 갔다. 비엔나에서 열차로 네 시간 걸리는 그곳에는 오래된 수도원이 있었는데, 사람들이 순례 여행을 오는 교회였다.

교회 주변에는 성인들의 석상이 있었다. 유럽의 가톨릭 신자들이 그곳에 순례를 오면, 우리의 영국인 학생들은 깨진 유리 조각으로 빛을 비추어서 석상에 후광을 만들곤 했다. 그러면 방문객들은 열심히 성호를 그어댔다. 아이들의 장난이 들통 났을 때, 어떻게 우리가 무사할 수 있었는지 나는 의심스러웠다. 왜냐하면 그 지역 농부들은 내가 본 중에 가장 증오에 찬 사람들이었기 때문이다. 그들은 외국인을 본 적이 거의 없었고, 또 우리가 이교도라는 사실은 그들의 증오를 부채질하기에 충분했다. 어느 날 아홉 살 난 독일 여자 아이가 수영복을 입고 일광욕을 했는데, 그 다음날 경찰관이 와서 마을 사람들이 충격을 받았으며 분노했다는 말을 전했다.

농부들과 그 부인네들은 우리가 멱을 감는 연못에 깨진 병을 던졌다. 내가 비엔나의 교육 당국에 출두했을 때, 사건은 절정에 다다랐다.

"닐 씨, 종교를 가르치나요?"

"가르치지 않습니다."

관리는 두꺼운 책 한 권을 내려놓더니 법조문을 읽었다. "오스트리아의 모든 학교는 종교를 가르쳐야 한다." 난 우리 학교에는 오스트리아 학생이 한 명도 없다고 해명했다. 하지만 그것이 타당한 근거가 될 수는 없었다. 법이란 반드시 따라야만 하는 것이니까. 그리하여 1924년 말 나는 몇 명 되지 않는 외국인학생부 아이들을 데리고 잉글랜드로 갔다.

그해 말, 나는 잉글랜드 남부 도싯 주에 있는 라임레지스에서 집을 한 채 빌렸다. 서머힐이라 불리던 그 집은 이웃한 차머스 읍으로 가는 언덕에 있었다. 옛날이나 지금이나 주로 은퇴한 사람들이 사는 곳인 라임은, 계층 의식과 텃세가 있는 작은 읍이다. 그곳에서 우리는 이방인들이었고, 지저분한 우리 아이들은 그곳 상류 계층 사람들에게 업신여김을 당했다. 그런데 어느 날, 롤스로이스 한 대가 학교에 나타났다. 리틀코먼웰스의 창설자 중 한 사람인 샌드위치 백작이 며칠 동안 우리를 방문할 요량으로 타고 온 차였다. 그 이후로 사람들은 우리를 보면 인사를 했다.

학생은 다섯 명뿐이었는데, 세 명은 수업료의 절반을 냈고 나머지 두 명은 내지 않았다. 첫 아내(이 무렵 나는 노이슈타터 박사 부인과 결혼한 상태였다)와 나는, 우리 형편에 삽 한 자루 살 여유가 있을까 걱정하며 철물점 창문을 바라보며 서 있곤 했다. 라임이 휴양지라서 학교가 쉬는 동안에는 민박집으로 활용해 그럭저럭 생계를 유지해나갔다.

부인 도라와 함께 학교를 세울 생각을 하고 있었던 버트란트 러셀이 우리 학교에 와서 일주일간 머물렀다. 우리 모두 그의 위트와 유머를 좋아했다. 별이 총총한 어느 날 밤, 그와 산책을 하던 중 나는 이렇게 말했다. "러셀, 우리 사이의 차이점은 이런 겁니다. 만약 지금 어떤 아이가 우리와 함께 있다면 당신은 그 아이에게 별에 관해 이야기해주고 싶을 겁니다. 반면에 난 아이가 자기 생각에 빠지도록 그냥 내버려둘 겁니다." 내가 다음 말을 덧붙이자 러셀은 웃음을 터뜨렸다. "어쩌면 내가 별에 관해서는 깡통이라 이런 말을 하는 건지도 모르죠."

라임에서의 생활은 즐겁지 않았다. 공기가 나른하게 사람 맥을 빼놓아서, 언덕 많은 거리를 올라 다니기가 고역이었다. 나중에 서퍽 주로 옮겨 갔을 때, 아이들의 식욕이 두 배로 늘어났을 정도였다. 교직원 수는 적었다. 조지 코크힐은 과학을 가르쳤고, 오스트리아에서 우리와 함께 하기 시작한 존시는 수학을 가르쳤다. 그리고 아내는 학교 살림을 맡았다. 지금처럼 당시에도 우리 학교에는 다른 학교에서는 원치 않는 문제아나 부적응아들이 많이 들어왔다. 감격스런 시절이었다. 문제아들은 너무 재미있는 아이들이라, 우리에게 슬픔을 주기보다는 기쁨을 더 많이 주었다. 나중에 대여섯 나라의 골프 대회에서 우승을 차지했던 한 여자 아이는 늘 반항을 해서 부모나 교사를 화나게 만들곤 했다. 내게도 반항을 하기로 마음먹은 그 아이는 나를 한 시간 동안이나 발로 찼다. 아팠지만 참고 아무 반응도 보이지 않자, 결국 아이는 울음을 터뜨렸다. 어른들을 놀리려는 짓이 늘 성공하지는 않는다는 것을 어렵사리 그 아이가 배웠으리라 생각한다.

그 시기에 나는 지독한 바보였다. 심리학이 부러진 다리를 제외하고는 모든 것을 치유할 수 있다고 생각했다. 내가 맡은 아이들 중에는 태어날 때부터 이미 장애를 가진, 정신적으로 결함이 있는 소년 소녀들이 있었다. 당연히 나는 그들을 치유하기 위해 할 수 있는 일이 아무것도 없다는 것을 곧 알게 되었다.

집에 대한 3년간의 임대차 계약 기간이 만료되었을 때 우리 학생 수는 27명이었다. 그 집으로는 학생들을 다 수용하기 힘들었다. 낡은 모리스 차를 사서 집을 구하러 남쪽 해안을 따라 길을 나섰다. 나는 한 채에 5만 파운드나 하는 아름다운 집들을 구경했다. 다음에는 동쪽 해안으로 방향을 잡았다. 마지막으로 남은 집은 서퍽 주의 조그만 읍인 레이스턴에 있는 뉴

헤이븐이었다. 가격이 3,250파운드였는데, 나한테는 그만한 돈이 없었다. 나는 저당을 잡히고 집을 샀다. 학교를 옮기면서 서머힐이라는 이름은 그대로 가져왔다. 학교가 위치한 곳이 아주 평평한 지역인데도, 지금껏 학교를 방문한 사람들 중에서 이름에 왜 '언덕'이라는 말이 들어 있는지 물어본 사람은 아무도 없었다.

1939년 9월, 제2차 세계대전이 발발하고 난 뒤 한동안은 전쟁답지 않은 전쟁 기간이어서 우리는 계속 서머힐에 머물렀다. 하지만 그 후 독일군의 침공이 예상되어 다른 곳으로 학교를 옮겨야 했다. 우리는 웨일스 북부 페스티니오그에 큰 집을 구했다. 집은 많이 망가져 있었다. 마을 아이들이 세면기와 변기를 모두 산산조각 내놓았고 대부분의 창문을 깨뜨려놓았기 때문이었다. 우리는 5년 동안 거기서 지냈는데, 내 인생에서 가장 길게 느껴진 시기였다. 비가 하염없이 내렸다. 나는 자동차를 포기하고 줄을 서서 버스를 기다렸다. 온 사방에 웨일스어를 쓰는 사람들이었다. 나이 든 사람들 중 일부는 영어를 전혀 몰랐다. 마치 스코틀랜드의 고향 마을로 돌아온 기분이었다. 위선 어린 예배와 찬송가 소리가 어디서나 울려 퍼졌다. 그곳에 도착한 지 얼마 안 되어서 남자 아이 하나가 뜻하지 않게 물에 빠져 죽었고, 나중에는 아내가 뇌졸중으로 쓰러졌다. 아내는 말을 제대로 할 수 없었고 정신이 혼미했다. 1944년 아내는 병원에서 숨을 거두었다. 내게 페스티니오그는 비참 그 자체였다.

웨일스의 집은 레이스턴의 것보다 작았다. 입학 대기자 명단이 100명에 이르렀다. 더 큰 집을 구할 수 없었던 나는 매일같이 입학 신청을 거절해야 했다. 웨일스 기술자들은 절대 출장 수리를 오는 법이 없었다. 집에는 손봐야 할 것이 많았다. 중앙난방장치는 작동하지 않았고, 온수 보일러는 무용지물이 되었는데, 수리해주러 오려는 사람이 없었다. 우리는 전깃

불 없이 두 달을 지냈다. 과일은 거의 구할 수 없었고, 석탄과 코크스는 풍문으로만 접할 수 있었다. 나는 문을 수리하고, 불을 지피고, 수학을 가르치고, 음식을 마련해야 했다. 그 중에서 가장 고약한 일은, 여전히 평화로운 시절의 생각에서 벗어나지 않는 망할 놈의 관리들과 면담하는 일이었다. 보건위생 공무원은 노인이었는데, 학교에 인원이 너무 많다고 마땅찮게 생각했다. 그럼 대피호나 터널 속에서 나쁜 공기를 마시며 지내는 수천 명의 아이들은 어떻게 할 거냐고 내가 묻자 그는 답을 얼버무렸다.

웨일스에서 교직원 문제는 절망스러웠다. 반전평화주의자들이 줄줄이 들어왔는데, 그들은 전혀 유능하지 않았고, 매사에 부정적이었으며, 비현실적인 공상에 사로잡혀 있었다. 그들은 학교를 예수 그리스도의 방침에 따라 운영하는 방법에 대해 나에게 말하고 싶어했다. 나는 예전의 관계가 그리웠다.

학기 초와 말이 되면 아이들은 웨일스에서 런던으로 가는 길고 피곤한 기차 여행을 했다. 다행스럽게도 우리 학생들은 한 번도 공습을 당하지 않았다. 하지만 이때의 학교는 진정한 서머힐이 아니었다. 부모들은 아이들을 학교에 보냈지만, 그것은 아이의 자유를 위해서가 아니라 안전을 위해서였다. 전쟁이 끝나고 평화가 오자, 그 부모들은 아이들을 다시 데려갔다. 학교에는 인원이 너무 많았다. 식량은 배급제였고 담배는 사기도 힘들었다. 잉글랜드에서는 술집이 저녁 열시 반에 문을 닫았지만, 거기 술집은 저녁 아홉시면 문을 닫았다. 우리 아이들은 마을 아이들과 끊임없이 전쟁을 벌였다. 마을 아이들은 교회에 다니는데도 불구하고, 아니 그래서 그런지 굉장히 공격적이었다.

웨일스에서 비참한 시기를 보내고 1945년에 레이스턴으로 돌아왔을 때가 아마 내 인생에서 가장 기쁜 날이었을 것이다. 학교 건물은 상태가 좋지 않았다. 5년 동안 군인들이 학교를 사용했는데, 그 기간 동안 건물이 손상된 정도는 우리 아이들이 13년 동안 지냈을 때보다 훨씬 심했다. 하지만 그건 대수롭지 않은 문제였다. 우리는 그리운 서머힐로 돌아왔다. 웨일스에서 가구들이 올 때까지 열흘 동안 마루에 매트리스를 깔고 잤지만 마음은 즐거웠다.

나는 레이스턴으로 학교를 옮긴 것을 결코 후회하지 않았다. 공기는 상쾌했고, 13,500여 평의 땅은 아이들에게는 낙원이었다. 레이스턴 사람들이 우리를 어떻게 생각하느냐는 질문을 종종 받는데, 나는 그 답을 모른다. 교직원들과 나는 자주 그 지역의 선술집들에 간다. 나는 거기서 공립학교 교사를 만난 적이 한 번도 없었다. 마찬가지로 의사나 변호사를 만난 적도 없었다. 서머힐은 어떤 한 계급에 속한 것이 아니라 모든 계급에 속해 있다. 레이스턴 사람들이 학교를 온전히 이해한다고는 생각하지 않지만, 그들은 우리에게 친절하다. 열일곱 살 정도 되어 보이는 젊은이가 학교 앞에서 서성거리고 있기에, 왜 그러느냐고 물었더니 이렇게 대답했다. "프리섹스요." 하지만 그가 레이스턴 사람들의 전형은 아니다.

나는 교직원이나 고용인들이나 학생들에게 '닐'로 통하듯이, 일꾼들에게도 '씨' 라는 호칭 없이 그냥 '닐' 로 통한다. 모자를 벗고 내게 경의를 표하는 사람은 아무도 없다. 지역 사람들 중 일부는 세계 각국에서 찾아오는 방문객들이 무엇을 보러 오는지 의아하게 생각할지 모른다. 나는 25년 동안 그곳 골프 클럽의 회원이었지만, 회원들 중에서 내가 누군지 아는 사람은 딱 한 명, 학교 의사뿐이었다.

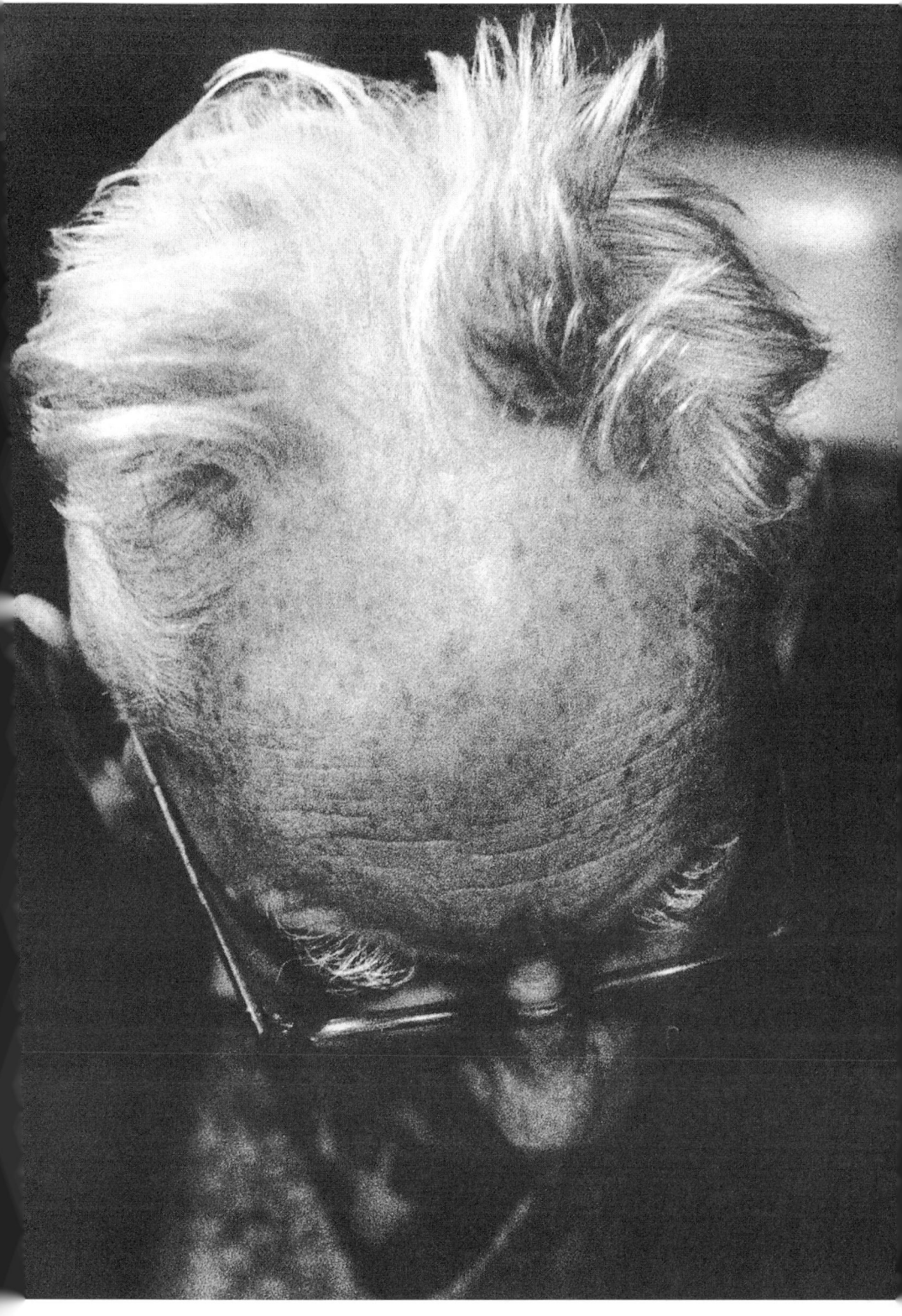

나의 영웅들과 책들

나는 사상의 어떤 독창성도 부정한다. 사실 나에게 장점이 있다면, 그것은 중요한 인물을 간파해내는 능력이다. 나는 굉장히 많은 것을 호머 레인에게서 배웠다. 덧붙여 지적할 것은, 그에게 빚지고 있다는 생각을 늘 해왔다는 점이다. 1923년경에는 정신분석학자인 빌헬름 슈테켈을 알게 되었고, 우리의 우정은 그가 죽을 때까지 이어졌다. 그의 작업은 치유력이 있었지만, 나는 서서히 심리학의 치유라는 측면으로부터 멀어져가고 있었다. 나의 관심은 빌헬름 라이히에게로 옮아갔다. 그는 새로운 방식으로 치료요법을 사용하면서 사회분석이라는 좀 더 큰 문제에 매달렸다. 내 일에 영향을 준 사람들 중에서 레인과 라이히가 가장 탁월한 사람이었다.

그러나 한 사람의 인생을 조건 짓는 데 영향력을 끼친 것이 무엇인가를 한마디로 말한다는 건 불가능한 일이다. 우리는 무수한 생각과 태도를 그러모으고 축적한다. 그리고 그 대부분은 무의식이 된다. 그런 생각들과 태도들은 무의식 차원에서 소화되고 배열된 뒤, 갑자기 새로운 사상이나 원리로 모습을 드러낸다. 젊은 시절 나는 에드먼드 홈스의 『인 것과 일지도 모르는 것 What is and What might be』, 콜드웰 쿡의 『놀이법 Playway』, 노먼 맥먼의 『학교에서 자유로 가는 길Path to Freedom in the School』 등을 읽었다. 그 책들은 내게 별 영향을 주지 못했는데, 내용이 학교나 교수법으로 너무 제한되어 있었다. 그와 똑같은 이유로, 몬테소리 또한 내 관심을 끌지 못했다.

그렇다, 나는 가르치는 분야 바깥에서 영감을 얻었다. 프로이트, 라이히, 레인, 웰스, 쇼 등이 그들이며, 거기에는 물론 예수도 포함된다. 어린 시절 나는 예수를 가장 인간다운 인간이 아니라 신으로 여기도록 '종교적으로' 훈련받았기 때문에, 그의 영향력을 인정하기는 쉬운 일이 아니다. 종교색을 지워버린 보통의 이미지에서 내가 얻어낸 것은 바로 아무 대가도 없이 사랑을 주는 사람, 즉 인간 예수였다. 예수는 환전상을 빼고는 어떤 사람도 비난하지 않았으며, 모든 이들에게 관대했다. 그의 태도는 그가 얼마나 인간적인 사람인가를 잘 드러내줄 뿐이었다. 그에게 죄란 질병과 같았다. 프로이트가 태어나기 2천 년 전에 예수는 인간의 무의식을 분명하게 알고 있었다. 예수는 마음속으로 죄의식을 느끼지 않았기에 유혹에 저항할 필요가 없었다.

교육 저술가들뿐만 아니라 교육 신문들도 대부분 한심하다는 것을 나는 알고 있다. 수업이나 월급이나 연금이나 장학관, 교과 등에 관한 내용은 일절 취급하지 않는 교육 잡지를 운영하는 백일몽을 나는 꾸어왔다. 대신에 그 잡지는 쾌활함과 유머로 가득할 것이다. 우리네 학교들과 교육 잡지들은 유머와는 너무나 거리가 멀다. 하지만 이런 말을 하는 나도 유머에 위험 요소가 있음을 안다. 어떤 사람들은 심각한 문제를 은폐하기 위해 유머를 사용한다. 문제와 맞닥뜨리기보다 웃어넘겨버리는 것이 더 손쉽기 때문이다.

예를 들어 나는 길버트와 설리번의 오페라에 나오는 길버트의 위트를 받아들일 수 없었다.* 그것은 천박하고 냉소적인 위트였다. 『독학자*Self Educator*』에 나는 이렇게 썼다. "길버트의 위트는 사회에 대한 피상적인 이해에 근거하고 있다…… 한편 조지 버나드 쇼는 사회가 속이 곪았다고 생각한다."

내가 이 구절을 인용한 이유는 길버트가 중요한 인물이라서가 아니라, 당시 스물아홉 살이던 내가 삶에서 중요한 것이 무엇인지에 대해 가치 판단을 하기 시작했다는 점을 보여주기 때문이다. 길버트는 조롱하긴 했지만 사회를 인정했다. 반면에 쇼는 사회를 용납하지 않았다. 나는 쇼의 편이었다. 어쩌면 그것이 삶에 도전하는 나의 출발점이었는지 모른다. 쇼와 H. G. 웰스가 가장 좋아하는 작가가 된 때도 바로 그 무렵이었다. 아마 두 사람은 나중에 알게 된 어떤 심리학자들보다 내 생애에 큰 영향을 미쳤을 것이다.

그런데 지나고 나서 보니, 웰스는 늘 실망스러웠다. 그는 아무 계획 없는 입안자처럼 어떤 주제에 대해 장황하게 이야기를 늘어놓았고, 나는 결코 나오지 않을 해답을 계속 찾아 헤맸다. 해답이 나와도, 해답은 아니었다. 『다가올 세계의 모습*The Shape of Things to Come*』에서처럼 말이다. 그 소설에서 세상은 끔찍한 전쟁을 겪은 후 일군의 과학자들에 의해 구원된다. 정신적으로 타락하고, 수소폭탄을 만들고, 자연과 생태계를 파괴하는 오늘날의 과학자들을 보면, 웰스는 과연 어떤 생각을 할까.

쇼 역시 해답을 가지고 있지 않았다. 그는 사회를 명쾌하게 분석했지만 어떤 새로운 사회를 약속하지는 않았다. 분석만 있고 종합이 없는 태도 때문에 나는 쇼와 웰스에게 흥미를 잃어버린 게 분명했다. 그들은 시대에 뒤떨어졌다. 두 사람 모두 프로이트의 역동심리학dynamic psychology을 받아들이지 않았다.

젊은 시절의 영웅인 웰스를 만났을 때 그는 이미 노인이었고, 내 꿈은 산산이 깨져버렸다. 그는 거슬리는 목소리에 거만을 떠는 작은 체구의 남자였다.

나를 실망시키지 않은 영웅은 헨리 밀러였다. 누군가가 그에게 내 책을 한두 권 보내주었는데, 헨리는 내게 편지를 보내왔다. 우리는 몇 해 동안 편지를 주고받았다. 그가 런던에 왔을 때 우리는 함께 점심 식사를 했다. 헨리는 정말 따뜻하고 유머가 풍부했으며 순수했다. 나는 그를 좋아했고, 가끔 우리 사이에 놓인 수천 킬로미터의 거리를 한탄하곤 했다.

제임스 배리는 만나보지 못했다. 웰스의 매력에 사로잡히기 전까지 그는 나의 젊은 시절 영웅이었다. 우리 두 사람의 출생지는 겨우 13킬로미터밖에 떨어져 있지 않았다. 그는 에든버러 대학을 다녔고 나도 그랬다. 그는 유명한 작가였고 나 역시 그런 작가가 되려고 했다. 그를 나와 동일시한 게 분명했다. 나는 그의 작품인 『센티멘털 토미』와 『피터 팬』을 읽고 또 읽었다.

그런데 스코틀랜드의 감상성에 강력히 반발하는 작품인 『녹색 덧문들의 집』을 읽고 나자, 배리를 향한 나의 추종은 불시에 끝나버렸다. 그러니까 지금으로부터 거의 70년 전, 조지 더글러스 브라운의 그 소설은, 당시 유행하던 스코틀랜드 소설들을 탐독하고 있던 우리 청춘 남녀들에게 벼락같은 충격을 안겨다주었다. 그 소설의 도드라진 사실성과 생생하고 아름다운 묘사는, 배리와 이언 맥라렌 그리고 크로킷의 작품들을 도저히 다시는 읽을 수 없게 만들어버렸다. 이제 배리는 한순간의 번득이는 유머와 식

---

* 윌리엄 길버트와 아서 설리번은 19세기 말에 활동한 영국 극작가 듀오로, 『펜잔스의 해적』, 『마법사』 등의 희가극을 공동 창작하여 큰 인기를 끌었다.

견을 지닌 이류 작가일 뿐이었다.* 『녹색 덧문들의 집』은 내 성경이 되었다. 나는 그 소설을 거의 외우다시피 했다.

다음과 같은 브라운의 묘사를 보면 나는 기가 죽는다. "내 친구 윌은 멋진 녀석이었다. 흙으로 빚어진 그의 몸에는 조물주의 엄지 자국이 아직 마르지 않은 채 남아 있었다." 거레이는 "굽이치는 언덕 같은" 가슴을 지니고 있었다. 그의 분노는 "까막 서리처럼 삶을 덮쳤다." 나는 지금도 더글러스 브라운만큼이나 생생한 묘사로 글을 쓸 수 있기를 열망하지만, 그것이 내 장기가 아니라는 사실을 웃으며 인정할 만큼 제정신을 차리고 있다.

브라운은 위대한 작가였으며, 진실하고 설득력 있는 관찰자였다. 그는 문체라는 측면에서만 위대한 것이 아니었다. 그의 등장인물들 대부분은 성마르고 증오에 차 있는 사람들이지만, 생생하게 살아 있다. 제빵사를 빼고는 모두 악의에 차 있고 비열하다. 여자들은 품행이 좋지 않거나 죽을병에 걸려 있다. 소설의 무대인 바비라는 마을은 증오와 원한 그리고 사악한 풍문으로 가득 찬 작은 지옥이다. 브라운의 빛나는 언어 구사 능력은 현실의 어두운 그늘을 결코 걷어내지 않는다. 브라운은 비범한 책을, 가장 뛰어난 스코틀랜드 문학 작품의 하나로 남을 소설을 썼다. 행여 그가 서른셋의 나이로 요절하지 않고 오래도록 살아 작품 활동을 계속했다 할지라도, 아마 그는 이 한 편의 소설의 저자로서 여전히 기억되고 있을 것이다.

나는 브라운의 전기를 쓰기로 마음먹었다. 편지에서부터 신문, 잡지에 이르기까지 많은 자료를 수집했지만, 안타깝게도 모두 시원찮고 하찮은 것들뿐이었다. 그의 삶의 중요한 부분들을 찾을 수 없어서 계획을 포기한 나는, 모았던 자료를 몽땅 스코틀랜드 소설가인 제임스 베이치에게 주었고, 그가 대신 브라운의 전기를 썼다. 그런데 자료를 수집하던 중에 달콤한 경험을 하게 되었다. 글래스고에 사는 브라운의 친구를 방문했는데, 그

때 이미 나이가 많고 귀가 잘 들리지 않던 그녀와 사랑에 빠지고 만 것이다. 그녀는 뚱한 브라운에게는 너무 과분하지 않았나 싶은 생각이 든다. 그녀는 브라운의 전기를 꼭 내가 쓰기를 바랐는데, 그렇게 되지 않은 것을 알고는 실망스러워했다.

몇 년 뒤 다시 그녀를 만나러 갔더니, 집이 판자가 쳐진 채 팔려고 내놓은 상태였다. 그녀는 일 년 전에 죽었다고 이웃 사람이 말했다. 그녀한테서 받은 편지들이 있는데, 나는 앞으로 20년 동안 공개하지 않는다는 조건으로 그 편지들을 스코틀랜드 국립도서관으로 보낼 작정이다. 그녀의 친척들이 편지의 출간을 바라지 않을지도 모르기 때문이다. 그 편지들은 싸구려 연습장에 씌어진 『녹색 덧문들의 집』 육필 원고와 함께 더글러스 브라운의 자료철에 들어갈 것이다. 나는 에든버러에 갈 때마다 그것들을 읽어보곤 했다.

내 인생의 또 다른 시기인 비엔나 시절에 나는 빌헬름 슈테켈 박사의 환자였던 적이 있었다. 그는 융이나 아들러처럼 프로이트 학파와의 관계를 청산한 사람이었다. 정신분석은 너무 돈이 많이 들고 시간이 너무 오래 걸린다는 주장을 담고 있는 그의 책을 나는 꼼꼼히 훑어봤다. 슈테켈은 정신분석은 3개월 이상 걸려서는 안 된다고 말했다. 내가 지닌 스코틀랜드인 특유의 검소한 기질에 꼭 들어맞는 말이었다. 그는 뛰어난 상징분석가 symbolist였다. 그는 어떤 꿈과 관련하여 연상되는 것을 물어본 적이 거의 없었다. "닐, 이 꿈으로 볼 때 당신은 여전히 여동생을 사랑하고 있군요."

---

*19세기 말 이른바 '남새밭 파kailyard school'로 불린 스코틀랜드 소설가들인 배리와 맥라렌과 크로킷은, 방언을 사용하여 스코틀랜드 시골 마을의 전원적인 삶을 그린 감상적인 작품들로 큰 인기를 끌었다. 그러나 그들의 소설에 등장하는 정감 어린 시골 공동체는 당시의 고달프고 비참한 농촌 현실과 너무나 동떨어져 사실성이 전혀 없었다.

슈테켈의 말에 내가 어떤 감정적 반응을 보였던 기억은 나지 않는다. 그의 말은 내 두뇌에 영향을 미쳤지 내 감정을 건드리지는 못했다. 내가 그에게 감정전이*를 했다고는 생각하지 않는다. 그건 아마 그가 여러 가지 면에서 소년 같은 데가 있었기 때문이었을 것이다.

"아, 닐, 당신 꿈으로 볼 때 당신은 내 아내를 사랑하고 있어요."

"그렇지만 슈테켈, 내가 당신 아내를 좋아하긴 하지만 성적으로는 아무 끌림이 없습니다."

그는 발끈 화를 냈다. "내 아내를 사모하지 않는단 말이오? 그건 내 아내에 대한 모독이오. 많은 남자들이 내 아내를 사모한단 말이오."

어느 날, 그에게 화장실을 써도 되겠느냐고 물었다. 내가 화장실에 갔다 오자, 그는 장난스런 얼굴로 나를 쳐다보며 손가락질을 했다.

"아, 이런! 닐이 빌헬름 슈테켈 왕이 되고 싶어하는군. 그의 왕좌에 앉고 싶어해! 버릇없는 닐." 설사 때문에 그랬다고 설명을 해도, 슈테켈은 웃음을 터뜨리며 내 말을 무시해버렸다.

슈테켈은 상징분석에서 저명한 권위자들 중 한 사람이었다. 그의 상징을 통한 꿈 분석은 매력적이었다. 하지만 그의 환자들에게는 그것이 얼마나 효과가 있었을까.

슈테켈은 어떤 화가의 아파트에서 열렸던 파티에 관해 우리에게 이야기해주곤 했다. 파티에서 대화가 상징 쪽으로 흘렀고, 슈테켈은 자신의 주장을 펼쳤다. 주인은 그 견해를 받아들이려 하지 않았다.

"터무니없는 소리요, 슈테켈. 나는 한마디도 인정할 수 없어요." 그는 벽에 걸려 있는 그림을 가리켰다. "내가 그린 저 정물화 속에도 상징이 있다는 겁니까?"

슈테켈은 안경을 썼다. "예, 있어요."

"어떤 상징인가요?"

"아," 슈테켈이 말했다. "여러 사람 앞에서 말하기가 그렇군요."

"말도 안 되는 소리," 그 화가가 소리쳤다. "여기 있는 우리는 모두 친구입니다. 어서 말해봐요."

"좋습니다. 당신은 저 그림을 그릴 때 어떤 하녀를 유혹했어요. 그 하녀는 임신을 했고 당신은 아이를 낙태시킬 의사를 찾고 있었어요."

그 화가는 얼굴이 창백해졌다.

"이런, 맙소사!" 그가 소리쳤다.

나는 그 사실을 어떻게 알아냈느냐고 슈테켈에게 물었다.

"그 그림은 식탁을 그린 것이었죠. 포도주가 엎질러져 있었는데, 그건 피(낙태)죠. 접시에 담긴 소시지는 바로 태아고." 어떻게 하녀를 유혹했는지에 대해서는 잘 기억 나지 않는다.

상징을 해석하는 것은 십자낱말풀이처럼 재미있는 놀이다. 하지만 그것은 환자들에게 도움이 되지 못한다고 나는 확신한다. 그래서 많은 정신분석가들이 그 방법을 쓰는 것을 중단했다고 생각한다.

슈테켈의 『어머니들을 위한 입문서 A Primer for Mothers』는 그렇게 전문적이지 않다. 그 책에서 슈테켈은 어떤 나이에서든 자위를 금할 때 나타나는 위험에 관해 분별 있는 충고를 하고 있다. 하지만 나는 다음과 같은 그의 말에는 찬성하지 않는다. "아기가 오줌을 눠서 기저귀를 갈아야 할 때가 아니라면, 밤중에는 아기가 비명을 지르더라도 신경 쓰지 마라." 아이라면 응당 담하게 마련인 권력을 가지려는 몸부림을 슈테켈은 너무 지나치게 강조했다고 생각한다. 어떤 책의 위험은 독자가 그것을 통째로 받아들이

---

* 환자가 과거에 어떤 사람에게 품었던 감정이나 생각을 치료자인 의사에게 전이하는 것.

는(혹은 완전히 거부하는) 데 있다. 주의 깊은 어머니라면 밤중의 비명소리가 권력을 가지려는 몸부림인지 아닌지를 잘 안다. 그 어머니는 그에 따라 적절히 반응한다.

내가 본 아기에 관한 책들 중에서 가장 훌륭한 책은 벤저민 스폭 박사의 『아기와 아이 돌보기*Baby and Child Care*』다. 이 책은 내가 본 어떤 책보다도 자율에 근접한 것이다.

세이지 버널은 대단한 상상력을 가진 과학자였다. 그는 우리 학생들에게 강연을 하곤 했다. 강연 중에 그는 언젠가 북해가 마르고 그러면 그 땅에서 경작이 가능할 거라고 말했다. 그는 30년 전에 인구 폭발을 예견했고, 인류는 위성에서 생존을 이어갈 거라고 상상했다. 전쟁 기간 동안 처칠은 그를 존중했다. 그의 첫 임무는 불발탄을 검사하는 것이었다. 그는 폭탄이 떨어진 현장에 도착했다. 커다란 구덩이가 가시철조망으로 둘러쳐져 있었다.

"죄송합니다." 입구에 있던 하사관이 말했다. "런던에서 높으신 분이 와서 폭탄을 살펴보기 전까지는 아무도 들어갈 수 없습니다." 세이지는 자신이 바로 그 높으신 분이라는 생각을 못하고 현장을 떠났다.

나는 세이지에게 그 이야기가 사실이냐고 물었다.

"좀 다르죠. 하사관이 다른 쪽을 보고 있을 때 철조망 밑으로 기어들어 갔죠."

그는 두려움이 뭔지 모르는 것 같았다. 그 위험한 임무가 두려웠던 적이 없었는지 그에게 물었다. 그는 이렇게 대답했다. "한번은 폭탄에서 째깍거리는 소리가 나기 시작했는데, 너무 놀라 뒤로 1미터나 뛰어올랐죠."

세이지는 늘 답을 알고 있는 사람이었기 때문에 '현자*Sage*'라고 불렸다. 그런데 숫돌에 기름이 쳐져 있을 때 면도칼이 더 잘 갈리는 이유를 물었을 때, 그는 고개를 흔들며 모르겠다고 말했다. 디데이에 세이지가 해군 제복을 입고 상륙함을 지휘하는 모습을 내가 볼 수 있었더라면 좋았을 텐데. 그는 배의 좌현과 우현이란 말을 몰랐다. 그래서 그가 '왼쪽,' '오른쪽' 하고 소리치면 선원들은 얼떨떨해했다.

뇌졸중으로 쓰러진 뒤, 그의 말년은 비참한 좌절의 시기였다. 왜냐하면 죽을 때까지 그의 두뇌는 생생했기 때문이다. 이처럼 훌륭한 과학자이자 참으로 인간적인 사람인 세이지의 전기를 누군가가 썼으면 한다.

영웅에 대해서는 이제 그만하자. 내 주변 사람들은 신분이 그리 높지 않은 계층이었다. 교사들, 학생들, 부모들은 서민들이었다. 그것은 좋은 환경이었다. 보통 사람들이 무슨 일을 하고 무슨 생각을 하는지 전혀 모르는 이들이 너무 많다.

호머 레인

내 인생에 가장 큰 영향을 미친 요인, 즉 나에게 가장 많은 영감을 준 사람은 아마 호머 레인일 것이다. 레인은 미국인이지만, 그의 활동은 미국보다 영국에서 더 널리 알려져 있다. 그는 미국의 포드리퍼블릭Ford Republic이라는 소년원에서 일한 후, 몇몇 유명한 사회개혁가들로부터 영국에서 비행 청소년들을 위한 시설을 열어보자는 요청을 받았다. 그가 태어난 나라에서는 그를 잘 모른다는 게 놀랍다. 미국에서 오는 많은 편지들을 살펴보면, 미국 학교들도 다른 나라의 학교들처럼 그리 좋은 편이 못 된다. 그들은 공부, 대학 학위, 그리고 세속적인 성공과 유치한 즐거움에 목매달고 있다. 호머 레인은 그와 다른 길을 보여주었다. 그것은 감정이 자유로워지면 지적 능력도 자연스레 함양된다는 것이었다. 레인은 위대한 선구자이기는 했지만 지도자는 아니었다. 다른 사람에게서도 그랬던 것처럼, 나는 레인에게서 중요하다고 생각되는 것은 받아들였고 그렇지 않은 것은 받아들이지 않았다.

나는 레인을 1917년 도싯 주에 있는 리틀코먼웰스로 찾아가 처음 만났다. 1913년에 레인은, 자신을 포함해 모든 구성원이 각각 한 표씩 투표권을 행사하는 민주적인 방식으로 자치를 하는, 그곳 비행 청소년 공동체의 관리자로 임명되었다. 당시 나는 아동심리학에 대해 아무것도 몰랐다. 그때 이미 나는 자유를 암중모색하는 세 권의 책을 써낸 상태였다. 기존의 교육이 모두 잘못되었다는 생각이 그 책들을 집필한 동기였지만, 그 잘못이 어디에서 연유하는지는 몰랐다. 내가 리틀코먼웰스를 처음 방문했을 때는 자치회의가 격렬하게 진행되는 중이었다. 레인과 나는 밤늦게까지 자지 않고 이야기를 나누었다. 아니, 레인이 말하고 나는 들었다. 나는 아동심리학에 관해서는 금시초문이었고, 역동심리학에 대해서도 마찬가지였다. 그날 나는 새벽 3시까지 자신의 방법에 관해 설명하는 레인의 말에 귀 기울였다.

그날 밤 레인은 내게 해결책을 보여주었다. 바로 '아이들의 편에' 서는 것이 유일한 길이라는 것이었다. 그것은 모든 처벌과 두려움 그리고 외적 규율을 없애는 것을 의미했다. 또한 그것은, 공동체의 자치를 제외한, 외부로부터의 어떠한 강제 없이도 아이들 스스로 나름대로 성장해간다고 믿는 것을 의미했다. 또 그것은 공부를 원래의 자리에, 즉 생활보다 덜 중요한 위치에 놓는 것을 의미했다. 교장이던 나는 그때까지 지식을 성공의 기준으로 삼고 있었다. 레인은 감정이 지적 능력보다 훨씬 더 강력하고 중요하다고 설명했다.

사실, 레인의 코먼웰스는 학교가 아니었다. 그곳 아이들 대부분은 이전에 형편없는 교육을 받았다. 또 자치회의에서 발언할 때는 그렇지 않았지만, 대체로 자기 생각이나 감정을 분명하게 표현하지 못했다. 그곳의 '학교 공부'는 수학이나 역사가 아니라 집을 짓거나 소젖을 짜는 것이었다. 그러므로 레인이 한 일이 교과를 가르치는 교사들에게는 별것 아닌 것으로 보일지 모르지만, 집이나 학교 혹은 소년원에서 아이들을 맡고 있는 사람들에게는 대단히 중요하다. 레인은 교육대학 학생들이 학교에서 배우지 못하는 중요한 교훈을 들려준다. 그것은 바로 두려움을 수반하게 마련인 위엄이나 존경을 내세우고 강요하는 일 없이, 아이들 내면으로 깊이 들어가서, 동기를 찾고, 아이들을 인정하고, 아이들과 더불어 살아가야만 한다는 것이다.

나는 군복무를 마친 후 코먼웰스의 레인과 합류할 작정이었다. 하지만 그때 코먼웰스는 내무부의 명령으로 문을 닫은 뒤였다. 몇 차례 잠깐씩 방문한 것으로는 코먼웰스를 충분히 알 수 없었다. 나는 2년 동안 레인의 집에서 매주 일요일 저녁 식사를 함께 했다. 그리고 거기서 코먼웰스 젊은이들을 직접 만나면서 코먼웰스의 전모를 알게 되었다. 그들 대부분이 한때 재판정에 선 경험이 있었지만, 내 눈에는 조용하고 사회적이고 순한 젊은이들로 보였다. 코먼웰스가 없었더라면 그들은 분명 감옥에 갔을 터였다. 증오와 처벌은 어느 누구도 치유할 수 없으며 오직 사랑만이 치유할 수 있다는 사실을 그들은 입증해 보여주었다. 레인에게 사랑이란 바로 그러한 인정과 받아들임을 의미했다.

레인의 생각은 완전히 무르익지 않았는데, 아마 그래서 레인의 메시지가 평이해 보이는지도 모른다. 교육을 받지 못한 노동자라도 레인의 철학을 적어도 일부는 이해할 수 있다. 한편으로 레인은 실제 경험을 예로 들어 말하기도 했다. 한번은 소년법원에서 문제아를 넘겨받은 레인이 그 아이에게 1파운드짜리 지폐를 건네며 리틀코먼웰스로 가는 길을 가르쳐주었다. 그러자 어떤 사람이 말했다. "레인, 그 아이는 돈을 다 써버리고 코먼웰스로 가지 않을 겁니다." 레인은 웃으며 말했다. "안 그럴 겁니다. 그런데 만일 내가 그 아이한테 '네가 기차를 탈 거라고 믿어'라고 말했다면 아마 그 아이는 돈을 다 써버릴 겁니다. 왜냐면 아이에게는 그 말이 자기를 전혀 믿지 않는다는 말로 들렸을 테니까요." 레인이 코먼웰스로 돌아왔을 때 그 아이는 레인을 기다리고 있었다.

또 한번은 레인이 코먼웰스에서 남자 아이들과 함께 벽을 쌓고 있었다. 레인이 쌓은 벽 모서리는 훌륭했다(레인은 손으로 하는 모든 일에 능숙했다). 그런데 벽 쌓는 일을 탐탁지 않게 여기던 아이들이 노닥거리기 시작하더니 마침내는 자기네가 쌓은 벽을 부수어버렸다. 그러자 레인도 곧바로 자기가 쌓은 벽 모서리를 부수어버렸다. 아마 교육을 받지 못한 사람은 레인이 한 행동의 동기를 의식으로는 이해할 수 없을지도 모른다. 하지만 그의 행동은 무의식에 충격을 주는 사건이다.

코먼웰스가 문을 닫은 후, 레인은 런던에서 정신분석가로 개업했다. 당시 나는 정신분석에 대해 전혀 몰랐으며 프로이트에 관해서도 들은 적이 없었다. 그러니 레인이 모든 교사는 정신분석을 받아야 한다는 자신의 생각을 밝히기 전까지, 나는 정신분석을 받는다는 생각은 꿈에도 하지 못했다. 그는 공짜로 내게 정신분석을 해주겠다고 제안했다. 나는 매일 레인을 만나러 갔다. 그의 방식은 프로이트 식이 아니어서, 나는 환자용 침대에 눕지 않았다. 우리는 앉아서 이야기를 나누었다.

과연 레인이 나를 신경증에서 벗어나게 해줄까? 꿈과 상징에 대한 레인의 뛰어난 분석은, 지금 돌이켜보면 나의 감정을 전혀 건드리지 못했다. 훗날 비엔나에서 치료를 받기 위해 만난 슈테켈 박사도 뛰어났지만, 그 역시 내 감정을 전혀 건드리지 못했다. 그런데 어떤 종류의 치료요법에 대해 어느 누가 그 가치를 평가할 수 있을까? 설령 레인이란 인물이 존재하지 않았더라도 서머힐을 운영할 수 있었을 거란 말을 내가 어떻게 할 수 있을까? 그에게서 대단히 많은 견해를 배웠지만, 그 중 얼마만큼이 개인적인 것(그의 정신분석)에서 유래했고 얼마만큼이 사회적인 것(그의 직무 능력)

에서 유래했는지는 말하기 힘들다. 어쨌거나 내게 긍정적인 영향을 끼친 것은 그의 정신분석이 아니라 아이들을 대하는 그의 태도였다는 사실만은 분명하다.

그렇게 나는 코먼웰스가 문을 닫은 뒤에, 그러니까 안 좋은 시기에 레인을 만났다. 그는 런던에서 치료사로 개업을 했고, 나는 그의 첫 정신분석 환자가 되었다. 하지만 그 일은 그에게 잘 맞지 않았다. 다행히 그는 많은 강연과 세미나를 가졌고, 거기서는 뛰어난 능력을 발휘했다. 레인은 말로 표현하기 어려운 재주를 가졌는데, 강한 자석처럼 사람들을 휘어잡아 끌어당기는 매력이 있었다. 이로 인해 그에 대한 거의 무비판적인 추종이라는 나쁜 결과가 초래되었다. 그가 여러 세미나에서 한 말은 복음, 곧 새로운 신의 목소리가 되어버렸다. 우리네 제자들은 그의 발치에 모여 앉아 그가 한 말이라면 무엇이든 아무런 의문 없이 무턱대고 받아들였다. 그가 다음과 같은 말을 했다고 치자. "모든 축구 선수는 거세 콤플렉스를 가지고 있다." 결코 증명될 수 없는 이런 말을 우리는 아무런 이의 없이 곧이곧대로 받아들였다.

우리는 세미나에서 성에 대한 그의 태도를 설명해달라고 요구하곤 했다. 왜 코먼웰스에서 성에 대해 그렇게 걱정을 했느냐. 당연히 그는 이렇게 대답했어야만 했다. 사회적 조건과 국가의 통제 때문에 사춘기의 아이들에게 성생활을 허락할 수 없었노라고. 하지만 그는 우리에게 이론적인 합리화로 들리는 대답들만 늘어놓곤 했다. 사춘기의 아이들에게 완전한 성생활을 허락하면 안 좋을 거라는 그의 복잡한 논의는 우리를 만족시키지 못했다. 레인이 어린 시절의 뉴잉글랜드 청교도주의Puritanism를 극복 못하지 않았나 하는 생각이 든다.

레인은 만사를 너무 단순화해버렸다. 레인이 야베스에게 컵과 접시를 깨버리라고 용기를 북돋우자, 야베스는 포크를 내던지고는 눈물을 흘리며 달려 나갔다. 레인은 이 사건을 통해 그 아이의 억압이 해소되었다고 주장했다. 억압된 감정들이 단숨에 풀려 쏟아져 나왔다는 것이다. 나는 그 말을 믿지 않는다. 지금 돌이켜보면 그의 주장은 너무 지나치다는 생각이 든다. 그와 같은 극적인 치유란 없다. 모든 치유에는 기나긴 시간이 필요하다. 사실 레인이 한 행동이 치유의 시작이기는 하지만, 하나의 사건으로 충분하다고 주장해서는 안 된다. 만일 그렇다면, 단 십 분 만에 야베스가 새로운 아이가 되었다는 사실을 당연하게 받아들여야 하기 때문이다. 하지만 레인이 우리에게 거짓말을 했던 것은 아니다. 그는 어떤 일화에 자기 나름의 중요성을 부여함으로써 자신의 논지를 입증하고자 했을 따름이다.

그리고 우리는 바보들이 아니었다. 우리 가운데는 리턴 경, J. H. 심슨, 존 레이야드, 데이비드 박사, 그리고 리버풀의 주교가 있었다. 대체로 우리 모두는 레인을 신 같은 존재나 예언자로 간주했다. 데이비드 윌스가 쓴 레인의 전기를 읽은 사람이라면 레인이 신도 아니고 예언자도 아님을 알게 될 것이다. 레인은 직관력을 가진 천재로, 책을 통해 많은 것을 배운 사람이 아니었다. 그는 내가 아는 어떤 사람보다도 아이들을 이해하고 아이들에게 사랑을 주는 일에서 뛰어난 능력을 가지고 있었다. 정서 장애가 있는 아이들을 대하는 그의 방법은 현장에서 일하는 모든 이들에게 전범이 되었다. 심리학에 관한 그의 이론은 코먼웰스의 비행 학생들에게 아무런 영향도 끼치지 못했다고 생각한다. 그 아이들을 도운 것은 레인의 따뜻한 인품과 푸근한 미소 그리고 유머였다고 나는 확신한다.

레인은 미국에서 프로이트 정신분석을 배웠다고 했지만, 우리는 그 말을 믿지 않았다. 나는 지금도 그 말을 믿지 않는다. 그가 프로이트를 깊이 연구한 적이 있었는지 의심스럽다. 레인은 학자가 아니었다. 데이비드 윌스가 언급했듯이, 레인은 흔히 천재에게서 보이는 특징을 가지고 있었다. 말하자면 피아노를 칠 때 다섯 손가락 연습을 하지 않고 바로 기본음들을 치는 능력 같은 것이다.

레인은 독특한 재주를 가지고 있었는데, 바로 겉으로 드러나는 관습적인 행동이나 피상적인 예절의 이면을 속속들이 꿰뚫어보는 능력이었다. 그는 흔히 범죄의 이면에는 선한 동기가 숨어 있다고 말했다. 나는 이 말을, 삶에서 기쁨을 찾으려고 범죄를 저지른다는 의미로 받아들인다. 아무런 삶의 기쁨도 없는 빈민가에서 자란 가난한 아이는 좀도둑질이라는 하찮은 길을 좇는다. 왜냐하면 그 아이에게는 자유와 행복으로 가는 문들이, 불평등한 사회에 의해 강요된 몸과 마음의 가난으로 인해, 모두 가로막혀 있기 때문이다. 아이들을 대하는 태도에서 레인에게 감명을 받은 나는, '정상적인' 아이들을 받기 전까지는 많은 문제아들을 맡았다. 그 중에서 안정되고 건강한 시민으로 성장하지 못한 아이는 딱 한 명이었다.

나를 대하는 레인의 태도는 복잡했다. 일요일 저녁 그의 집에서 식사를 할 때면 호머는 흔히 특별한 이유 없이 불쾌한 기색을 드러내며 한마디도 하지 않았다. 그렇지 않은 경우에는 혼자서 말을 다했다. 레인이 죽은 뒤, 나는 그의 딸 올리브 레인을 서머힐로 데려와서 비공식으로 채용했다. 레인은 나를 좋아했지만 종잡을 수 없는 태도를 보였다. 나중에 어떤 여자 환자가 레인이 나를 질시했다고 말했다. 하지만 나는 그 말을 믿을 수 없다. 왜냐하면 나는 보잘것없는 존재이자 그보다 열등한 우둔하기 짝이 없는 제자였기 때문이다. 레인이 죽을 때까지 나는 어떤 좋은 일도 하지 못했다. 그리고 그가 죽고 나자 이렇게 절감해야 했다. "이제 혼자 힘으로 서야 해. 다시는 충고와 지도를 받으러 레인에게 달려갈 수 없어. 내 발로 일어서야 해."

1919년 말 어떤 강연에서 리틀코먼웰스에 대한 이야기를 했는데, 레인은 그 문제를 두고 나를 비난했다. 누군가가 레인에게 내 강연 이야기를 했고, 그 이야기를 들은 레인은 몹시 흥분했다. 그는 내가 자신을 왜곡했다며 다시는 자신에 관해 언급하지 말라고 했다. 너무 화가 난 나는 앙갚음으로 몇 달 동안 융 학파인 모리스 니콜에게 정신분석을 받으러 갔다. 그러는 동안에도 계속 매주 일요일 저녁이면 레인의 집으로 식사하러 갔다. 레인은 몹시 친절했고, 니콜과는 잘되어가느냐고 물었다. 내가 이야기를 하자, 레인이 말했다. "나한테 돌아오는 게 더 낫겠어."

　레인은 어떤 사람이었는가? 그는 멋진 미소를 지녔고 깊은 연민과 유머를 가진 사람이었다. 때때로 그의 적들조차 그의 매력에 빠졌다. 아이들은 그를 사랑했다. 레인은 사방에 온기를 퍼뜨렸고, 여성들을 끌어당기는 매력을 가지고 있었다. 우리 모두는 그에 대해 사랑과 미움을 동시에 느꼈다. 하지만 내 경우에는 미움보다 사랑이 더 컸다.

　내무부의 명령으로 리틀코먼웰스가 문을 닫았을 때 받은 혐의들에 어떤 진실이 있다고는 한순간도 생각하지 않았다. 또한 나는 레인이나 어느 누구도 심판하고 싶지 않다. 레인이 코먼웰스의 비행 소녀들과 성관계를 가졌는가? 그 소녀들 중에는 롤리타Lolita*들이 몇 명 있었을지도 모른다. 긴 시간 동안 레인을 알고 지냈고 또 2년 동안 그에게 정신분석을 받은 나로서는, 레인이 그런 위험을 뻔히 알고서 열여덟 살 난 문제 소녀와 간통을 저질렀으리라고는 도저히 생각할 수 없다. 최소한의 연민과 최소한의 보살핌일지라도 신경증에 걸린 십대 소녀에게는 유혹이라는 환상을 심어 줄 수 있다.

　나는 레인이 리틀코먼웰스의 아이들을 치유하는 모습이 너무나 기쁘고 놀라웠기 때문에 레인에 대해 비판적인 입장을 취하기가 힘들었다. 레인은 어른들을 받아들이지 말았어야 했다. 이미 말했듯이, 그는 너무 어른답지 않았고 너무 단순했으며 또 너무 사람을 잘 믿었다. 언젠가 그는 어떤 병적인 여자로부터 돈을 선물로 받았다. 또 하마터면 그 여자에게 값비싼 차를 받을 뻔했다. 그런데 은행에서 수표에 대한 지불을 거절했다. 그 여자의 예금계좌가 바닥이 났던 것이다. 이런 일들과 더불어 자신의 여성 환자들과 잠자리를 같이 했다는 비난 때문에 레인은 법정의 피고석에 서야 했고 결국에는 파탄을 맞아야 했다.

나는 재판과 추방 결정에 대해 의문을 가졌다. 그런데 어느 날 밤, 존 레이야드가 레인과 함께 잤다고 말한 몇몇 여자 환자들의 증언을 들려주었다. 그의 이야기는 설득력이 있어 보였다. 레인의 유약함과 허영 그리고 옹졸함은 모두 하찮은 것으로 여기고 깨끗이 잊어버리도록 하라. 어떤 사람이 한 좋은 일은 그 사람이 죽은 뒤에도 오래도록 살아남는 법이다.

레인의 어긋난 삶은 데이비드 윌스가 잘 분석했다고 생각한다. 윌스에 따르면, 뉴잉글랜드 청교도주의자 어머니를 둔 레인은, 소년 시절 여동생을 잘 돌보지 못해 물에 빠져죽게 만든 끔찍한 죄를 저질렀고, 나중에는 막 아기를 가진 첫 아내와 함께 썰매를 타는 바람에 아내가 폐렴에 걸려 죽게 만든 죄를 저질렀다. 이후 레인이 보여준, 모든 어려움을 회피하려 들고 쉽게 굴복하고 마는 성향은 어린 시절의 삶에서 유래한다고 윌스는 말하는데, 옳은 이야기라고 생각한다.

나는 레인의 가족을 정말 좋아했다. 폴리와 앨런 레인은 킹앨프레즈 스쿨을 다녔는데, 내가 그 학교 교사였기 때문이었다. 레인이 자기가 사랑하

---

* 블라미디르 나보코프의 소설 『롤리타』의 여주인공. 이 소설에서 주인공 험버트는 12살 난 자신의 의붓딸 롤리타를 사랑하는데, 이와 같은 어린 소녀에 대한 정서적 동경이나 성적 집착을 롤리타신드롬이라고 부른다.

던 여자가 죽자 그녀의 여동생인 마벨과 결혼했다는 이야기가 있었다. 레인이 마벨을 사랑하지 않은 것은 확실했다. 나는 마벨을 많이 좋아했고 연민도 많이 느꼈다. 마벨이 레인의 주장이나 일을 이해했다고는 생각하지 않는다. 한참 뒤에 누군가가 내게 말하기를, 레인의 아들 레이먼드가 나를 자기 아버지의 생각을 가로챈 비열한 도둑놈이라고 불렀다고 했다. 맞는 말이다. 하지만 만일 레인이 살아 있었다면 서머힐을 인정하지 않았을 것이다. 레인은 서머힐에 영성靈性이 부족하다고 생각했으리라고 나는 믿는다.

종교에 대한 레인의 태도가 어떠한지 나는 전혀 알 수 없었다. 다만 그의 어린 시절 뉴잉글랜드 청교도주의가 완전히 없어지진 않았으리라 생각한다. 그는 '영성'에 관해 많은 말을 했다. 내 느낌으로는 소유욕과 뚜렷이 대조되는 창조성을 의미한 것이 아닌가 싶다. 레인의 제자들 중 한 사람인 리튼 경은, 레인이 사도 바울을 대단히 존경했다고 썼다. 하지만 내 경험으로 보면, 레인은 바울을 언급할 때 강한 반감을 드러내지 않은 적이 한 번도 없었다. 레인은 바울이 예수가 설파한 사랑을 가부장적이고 반생명적인 규범들로 바꿔놓은 큰 해악을 끼친 인물이라고 여기는 듯했다.

나는 레인에게 니체의 말을 들려주었다. "처음이자 마지막 기독교인이 십자가에서 죽었다." 레인은 동의의 표시로 고개를 끄덕였다. 레인이 교회에 나가 예배를 올리는 유의 어떤 의식적인 종교를 가지고 있었다고는 생각하지 않는다. 레인이 천국과 지옥을 믿지 않았다는 것은 확실하다. 레인은 흔히 신에 대해 말했는데, 내 생각에 그 신은 우리의 행위 하나하나를 지켜보는 하나님 아버지가 아니라 '생명력'을 의미했다. 레인에게는 종교가 필요 없었다. 만약 '종교'가 사랑을 베풀고 증오를 거두는 것을 의미한다면, 레인은 종교를 삶으로 몸소 실천해냈다.

레인은 수수께끼 같은 인물이었으며, 터무니없는 말을 잘 꾸며내는 공상가였다. 그는 우리에게 자신의 소년 시절 이야기를 했는데, 모두 지어낸 이야기였다. 그는 세상의 좋은 것들을 좋아하는 사람, 간단히 말해 우리와 같은 평범한 사람이었다. 하지만 그는 인간의 나약함을 넘어서는 뭔가를 지니고 있었는데, 그것은 바로 인간의 살갗 속을 꿰뚫어보는 능력이었다. 그것을 천재성, 직관력, 뭐라고 불러도 상관없다. 파악할 수도 없고 흉내낼 수도 없으니까. 그런데 레인이 가르친 모든 것을 무비판적으로 받아들여서는 안 된다. 다행히도 어떤 우상이든 숨겨진 약점이 있게 마련이다.

안타깝게도, 기성 권력은 레인의 가르침을 따르지 않았다. 그의 영향력은 제한되었다. 1925년 레인이 죽은 이래로, 문제아를 위한 국가 제도들은 자유와 이해를 지지하는 쪽으로 바뀌지 않았다. 내가 이 글을 쓰고 있는 오늘날에도 영국에서는 장애아들을 때리는 것을 공식적으로 금지하지 않는다. 그 문제는 학교장의 재량에 맡겨져 있지만, 많은 경우 판단은 경솔하게 내려진다. 레인이 죽은 지 40년이 넘게 지났지만, 그가 공식 정책에 미친 영향은 아주 미미하다는 것은 분명하다. 비록 정말 인간적으로 접근하고자 하는 그런 영국의 교사들을 무시할 의도는 전혀 없지만 말이다.

레인은 국가 제도의 바깥에서는 어느 정도 영향을 미쳤다. 그리고 공정하게 말한다면, 국가 체계 안의 몇몇 학교들도 증오가 아닌 사랑으로 운영되고 있다. 나부터 레인에게 많은 빚을 지고 있다. 레인은 내게 아동심리학을 소개했다. 내가 알기로 레인은 아이들을 다루는 문제에서 처음으로 심층심리학을 도입한 사람이었다. 그것은 공적인 체계 안에서는 결코 쓰지 않는 방법이었다. 내가 서머힐에 자치를 도입한 것 역시 레인에게서 나온 생각이었다. 레인은 내게 비행非行의 원인을 깊이 살펴보아야 할 필요성을 알려주었다. 하지만 영국의 수많은 교사들이 레인에 대해 얼마나 많이 알고 있는지는 의문이다. 내가 강연에서 레인을 언급하면 대다수 학생들과 교사들은 멍한 표정을 짓는다.

내게 레인은 신의 계시와 같았다. 레인은 길을 보여주었고 나는 늘 그것을 인정해왔다. 많은 사람들이 서머힐의 영향을 받았음에도 책이나 글에서는 그 사실을 인정하지 않는다고 내가 말할 때, 그건 절대 잘난 체하는 게 아니다. 사정은 언제나 그런 법이다. 그것이 결국에는 중요한 문제가 아니라는 사실을 나도 인정한다. 하지만 그 원천에 대해서는 정직하게 인정해야 한다고 생각한다.

레인은 구세주가 아니었다. 불운한 사람, 그는 자신조차 구할 수 없었다! 그런데 교육계에서 그를 무시해왔다는 사실은, 아이들에게 사랑을 주는 일 역시 무시당하고 있다는 것을 증명한다. 인간이 저지르는 해악 중 하나는, 아이들에게 어떻게 살아야 하는지에 대해 끊임없이 이야기를 해대는 것이다. 우리의 모든 교육 체계는 앞선 세대의 틀에 맞춰 아이들을 붕어빵처럼 찍어내려고 기를 쓴다. 다음에는 그 아이들이 커서 자기 자식들에게 그렇게 한다. 그 결과는 바로 죄와 증오와 전쟁으로 넘쳐나는 병든 세상이다. 이런 식으로 악순환이 계속되고, 수없이 많은 아이들은 몸과 마음을 억누르는 팽팽한 긴장과 불행 속에 처하게 된다. 이런 전통이 짓누르는 무게는 너무나 무거워서, 천 명 중에 오직 한 명만이 사회의 도덕과 금기에 도전할 수 있거나 도전하고자 할 뿐이다.

그런 도전자가 나타나면, 호머 레인이나 빌헬름 라이히의 경우처럼 사회는 그를 파멸시킬 것이다. 사회는 프로이트를 파멸시키지는 못했다. 왜냐하면 애초에 걸고 넘어질 만한 마땅한 구실을 찾을 수 없었기 때문이다. 레인과 라이히는 죄로 고발당해 법정에 섰다. 따라서 그들은 사악한 인간들이었다. 그것은 옴짝달싹할 수 없는 진창이다. 심지어 오늘날까지도 오스카 와일드는 뛰어나고 호감이 가는 재사로 대접받지 못한다. 그는 너무나 흔히 동성애자로 취급된다. "사람이 저지른 사악한 행위는 죽은 뒤에도 계속 살아남고, 선한 행위는 흔히 그 사람의 뼈와 함께 땅에 묻히고 만다." 하지만 레인과 라이히는 결코 사악한 짓을 저지르지 않았다. 레인은 자신의 개성 때문에 파멸했다. 피터 팬처럼 그는 돈이나 법적 의무나 인습과 같은 것들을 이해하거나 이해하고 싶어하도록 성장하지 못했다. 라이히의 인생은 갑작스레 끝을 맺었는데, 그것은 라이히가 병든 세상과 타협하지 않았기 때문이다. 우리 모두가 죽고 나면, 이 두 사람은 위대한 인물로 칭송받게 될 것이다.

왜 인류는 호머 레인이 아니라 히틀러 같은 인물을 택할까? 왜 평화가 아니라 전쟁을 택할까? 그리고 범죄자들에 대해서는 심리학적이고 사회적인 처우가 아니라 비인간적인 조치를 택할까? 아마 사랑을 두려워하고, 다정함을 두려워하기 때문이리라.

레인은 어떤 삶을 살았는가. 세월이 그에 대한 내 기억력을 둔하게 만들었다. 앞서도 말했듯이, 레인이 코먼웰스에서 비행 소녀를 유혹했다는 이야기를 나는 절대 믿지 않았다. 나중에 레인이 정신분석용 침대에서 성인 환자들을 유혹했다고 고발당했을 때도 의문스럽기는 했지만 충격은 전혀 받지 않았다. 어쩌면 꿈에 대한 분석으로 내가 얻은 것보다 몇몇 여성 환자들이 그 유혹으로 얻어낸 것이 훨씬 더 많았을지도 모른다. 물론 전문적인 입장에서 볼 때, 그것은 잘못이다. 왜냐하면 어떤 여성이 정신분석가의 연인이 되면 그때부터 정신분석은 끝이 나버리기 때문이다.

레인의 비극은, 그가 문제아들과 함께 위대한 일을 이루어낸 인물이 아니라, 사회적인 스캔들과 연관된 사람으로 인식되었다는 것이었다. 스캔들이 한 사람의 업적을 영원히 지워버릴 수는 없다. 하지만 그가 살아 있는 동안에는 그렇게 할 수 있다. 신문에서 레인의 부고를 접했을 때, 나는 내가 웃고 있음을 알았다. 나 자신이 참 무정하다는 생각이 들었다. 하지만 나중에 그런 행동을 한 진짜 이유를 알아낼 수 있었다. 마침내 나는 자유로워졌던 것이다. 그때까지 나는 레인에게 의존해왔다. 이에 대해 레인은 뭐라고 말할까? 이제 나는 혼자 힘으로 서야만 했다.

빌헬름 라이히

앞서 말했듯이, 슈테켈에 대한 사람들의 견해가 서로 다르다면, 빌헬름 라이히에 대한 견해 차이는 훨씬 더 심하다. '바이온 bion'과 '오르곤 orgone'이라는 개념을 이용한 그의 과학적 작업에 대해 나는 알고 싶은 마음이 전혀 없다.* 다만 인간의 병은 본래 성적 억압으로부터 생긴다는 그의 명제에 대해서는 잘 알고 있다. 나는 나의 후기 저작들이 많은 부분 라이히에 대한 믿음을 근거로 씌어졌다는 사실을 아무 거리낌 없이 인정한다. 라이히를 만나기 전 나는 26년 동안 학교를 운영해왔다. 그리고 그때도 지금과 똑같은 방식으로 학교를 운영했다. 그런데 라이히는 내가 그동안 직관으로 해왔던 일들을 뚜렷이 자각하게 만들어주었다.

1947년 여름 미국 메인 주에 갔을 때, 라이히의 다음과 같은 설명을 듣고서야 기능이 목적보다 앞선다는 그의 주장을 나는 이해할 수 있었다. "그런데, 닐, 당신의 평생 과업은 기능이 우선이라는 원칙에 근거하고 있군요. 당신은 아이들로 하여금 공부하게 하고 일을 배우게 하고 어떤 '주의자'가 되게 하기 위해 서머힐을 운영하지 않습니다. 당신은 아이들로 하여금 자신들의 방식대로 놀거나 일하게 하지, 그들에게 어떤 목적을 강요하지 않습니다."

오랫동안 성적 자유에 관한 나의 견해들은 이른바 머릿속 견해들일뿐이었다. 그러니까 나는 지적인 측면에서 성적 자유를 완전히 옹호하는 입장이었던 것이다. 하지만 내가 그 문제에 관해 감정적 자유라는 기준을 가지게 된 것은 빌헬름 라이히와 오랜 교분을 쌓고 난 뒤였다. 여기서 내가 기준이라고 말한 것은 나름대로 이유가 있다. 왜냐하면 비록 내가 성의 모든 측면에 대해 솔직하고 진지하게 이야기할 수 있다 할지라도, 만약 성 문제에 대해 충격을 받는 사람이 있다면 나는 당혹스러워하며 전문 의학 용어를 사용해 의식적으로 표현의 강도를 누그러뜨릴 것이기 때문이다. 또 어떤 아이가 잘 모르는 방문객이나 배관공 앞에서 욕설을 한다면, 그 말이 외부 사람들에게 학교에 대한 나쁜 인상을 심어줄 거라는 그럴듯한 해석을 내리며 난감해할 것이기 때문이다.

나의 첫 아내는 어린 시절 성적 억압을 받거나 칼뱅주의의 환경에서 보내지 않았기 때문에, 아이들의 욕설을 들어도 아무 생각 없이 웃곤 했다. 하지만 지금의 아내 에나는 성에 관한 반생명적인 훈육을 받은 까닭에 지금도 여전히 똑같은 태도를 보인다. 어쩌면 에나의 태도는 초창기 칼뱅주의보다 더할지도 모른다. 이는 일면 자신과 다른 사람을 동일시하는 태도이다. 최근에 한 방문객이 반유대주의의 입장에서 말을 하기 시작했을 때 나는 너무나 난처했다. 왜냐하면 거기에 유대인이 한 사람 있었기 때문이다.

라이히의 이야기로 돌아가자. 라이히는 심리학 분야에서 프로이트 이

---

* 오르곤 에너지는 라이히가 발견했다고 주장한 우주 만물의 근본 에너지로 흔히 생명에너지라고 불리는 것이다. 또한 라이히는 스스로 맥박, 번식, 성장하는 생물과 무생물의 중간 형태인 바이온이라는 물체도 발견했다고 주장했다.

후로 유일한 독창적 사상가라는 게 나의 견해다. 여러 해 동안 나는 심리학이 생리학, 생물학과 합쳐져야 한다는 말을, 설명도 부족하고 아무 기댈 데도 없는 상태에서 해왔다. 그러다가 그런 방법으로 일을 하는 사람을 만나게 되자 단숨에 반해버렸다. 신경증은 신체의 긴장과 연결되어 있다는 그의 새 이론에 나는 매료당하고 말았다.

라이히의 작업에 대해 세세하게 설명할 생각은 없다. 내가 그에게 어떻게 감명을 받고 영향을 받았는지만 간단히 말하겠다. 나는 1937년에 그를 처음 만났다. 오슬로 대학에서 강연을 했는데, 강연이 끝난 후 학과장이 말했다. "오늘 밤 청중 중에 유명한 분이 있었습니다. 바로 빌헬름 라이히입니다."

"이런," 내가 말했다. "배를 타고 오면서 그의 책 『파시즘의 대중심리학 *The Mass Psychology of Fascism*』을 읽었어요."

나는 라이히에게 전화를 했고 라이히는 나를 식사에 초대했다. 우리는 늦게까지 이야기를 나누었고 나는 그에게 매료당했다.

"라이히," 내가 말했다. "당신은 내가 오랫동안 찾았던 사람입니다. 신체와 정신을 결합시킨 바로 그 사람이오. 당신 밑에서 공부할 수 있겠습니까?"

나는 매년 세 번의 휴가 기간을 오슬로에서 보냈는데, 그런 생활은 2년 동안 계속되었다. 라이히는 내가 자신의 생장요법Vegetotherapy을 받아야만 배울 수 있을 거라고 말했다. 그 요법이란 내가 소파에 발가벗고 누우면 그가 뻣뻣한 내 근육을 공격하는 것이었다. 그는 꿈 해석을 거부했다. 그의 요법은 힘들었고 가끔은 고통스럽기도 했다. 하지만 몇 주 만에 나는, 레인이나 모리스 니콜 그리고 슈테켈에게서 얻었던 것보다 더 큰 감정의 해방을 맛보았다. 내 경험으로는 그의 요법이 가장 좋은 듯했다. 이 생각은 지금도 변함이 없는데, 라이히 요법을 받은 후 신경증 증세가 계속 남아 있는 환자들을 목격했음에도 그렇다는 말이다.

여기서 라이히의 정신분석에 대해 한 가지 하고 싶은 말이 있다. 어떤 사람들은 라이히의 책들을 읽고 쉽게 생각한다. 해야 할 거라고는 환자를 발가벗은 상태로 침대에 눕히고 근육의 긴장을 풀어주고…… 그리고 환자의 콤플렉스와 유년기의 기억들이 우르르 굴러 나오는 것을 기다리는 일뿐이다. 그렇다면 왜 나는 오르곤 치유사로 개업할 수 없는가?

그의 요법은 대단히 위험하다. 내 개인적인 체험으로 볼 때, 라이히의 치료법은 격렬한 감정을 유발한다. 만약 치유사가 라이히 요법을 훈련받지 않은 사람이라면, 환자는 자살에 이를 위험성도 있다. 오직 훈련받은 의사만이 그의 요법을 사용할 수 있다고 라이히는 주장했다. 그의 말이 옳았다. 그 요법에 전문적이지 않은 치유사는 자기가 생각하는 것이 목이나 복부 근육의 긴장이라고 알고 그 긴장을 풀려고 애쓸지도 모른다. 하지만 어쩌면 그 응어리는 결핵결절이나 종양일 수 있다.

라이히는 떠돌이의 삶을 살았다. 오랫동안 그는 프로이트의 측근 중 한 사람이었다. 히틀러가 등장했을 때, 그는 베를린에서 도망쳐 코펜하겐으로 갔다. 하지만 그는 『젊은이의 성적 투쟁 The Sexual Struggle of Youth』이라는 책 때문에 추방당했다. 그 책에서 라이히는 섹스는 생물학 이론을 따라야 하고 청소년들도 자유롭게 성관계를 가질 수 있어야 한다고 주장했다. 그 후 라이히는 몇 년간 오슬로에 머물렀다.

라이히는 종종 말했다. "어릴 때 나무를 구부리면 다 자라서도 구부러진 나무가 된다." 또 말했다. "정신분석의 잘못은 그것이 말을 다룬다는 것이다. 하지만 어떤 아이가 입은 모든 손상은 말을 할 수 있기 전에 이미 그 아이에게 가해진 것이다." 지금까지 신경증의 근원에까지 가닿은 어떤 요법이 있는지 의문스럽다. 1920년대 초반에 우리 모두는, 병의 원인이라는 저 유명한 정신적 외상trauma을 찾고 있었다. 하지만 우리는 그것을 찾을 수 없었다. 왜냐하면 태어나는 순간부터 겪게 되는 외상성 경험들은 무수히 많았지만 정신적 외상은 없었기 때문이다. 요법은 해답이 아니라 병에 대한 예방법에 불과하다는 것을 라이히는 깨달았다. 그래도 그가 요법 시술을 계속한 것은 주로 연구비를 벌기 위해서였다.

1939년 제2차 세계대전이 시작되었을 때, 나는 그의 운명이 몹시 걱정되었다. 왜냐하면 그는 유대인이었고 나치의 제거 명단에 들어 있었기 때문이다. 미국인 환자였던 시어도어 울프가 라이히를 용케 미국으로 데려갔다. 그는 나중에 라이히 책들을 번역했다. 라이히가 감옥에서 죽기까지의 역정은 잘 알려져 있다. 라이히는 자신의 진료소인 오르가논Organon이 있는 메인 주의 레인절리로 서머힐을 옮기라고 종종 나를 설득했다.

"아닙니다, 라이히. 언젠가 외국에 학교를 둔 적이 있었는데 다시는 그렇게 하지 않을 겁니다. 난 미국의 풍습이나 관습을 몰라요. 또 미국으로 가면 우리 학교가 라이히 학교로 여겨질 텐데, 그것도 싫습니다." 라이히는 함께 일하기 힘든 사람이었다. 그는 전부 아니면 전무라는 식으로 타협을 모르는 사람이었다. 누구든 라이히가 말하는 길로 가야 했고 반대자는 나가야 했다. 나는 그와 함께 일할 수 없다는 것을 알았다.

나는 오르곤 에너지에 관한 라이히의 이론을 이해할 수 없었다. 그것이 존재할지도 모르지만 과연 그것으로 무엇을 할 수 있다는 말인가? 라이히는 그 에너지가 눈에 보인다고 말했지만 나에게는 전혀 보이지 않았다. 라이히는 오르곤 축적기에 의해 충전되는 작은 모터를 가지고 있었다. 그 모터는 속도가 느렸다. 그런데 배터리에서 나오는 전압이 더해지면 굉장히 빠른 속도로 회전하는 듯이 보였다. 라이히는 미칠 듯이 기뻐했다. "미래의 동력원이야!" 그기 외쳤다. 하지만 그것이 개발되었다는 얘기는 지금껏 들어보지 못했다. 나는 라이히의 인공 강우에 대해 나름의 의견을 가질 만큼 잘 알지 못했다. 그런데 텔아비브에 있는 내 친구 월터 호프 박사는, 자신이 갑작스레 구름이 일게 만드는 데서 상당히 놀라운 결과를 얻어냈다고 말했다. 이른바 정신적인 오르곤 에너지는 어떤 식으로도 사용될 수 없다고 생각한다. 하지만 어떤 종류의 과학에 대해서는 내가 아무것도 모른다는 사실을 인정한다. 나는 라이히의 후기 작업에 관해서는 전혀 관심이 없었다. 내게 라이히는 그의 초기 저작들로 볼 때 위대한 사람이었다. 거기에는 『성 혁명Sexual Revolution』, 『성격 분석Character Analysis』, 『오르가슴의 기능The Function of Orgasm』, 『파시즘의 대중심리학』 등이 포함되는데, 그 중에서 『파시즘의 대중심리학』은 군중심리 분석에 관한 걸작이라고 생각한다.

라이히의 미망인 일제의 『빌헬름 라이히 : 사적인 전기』는 뛰어났지만 이해하기 힘든 인물에 대한 대담하고 진지한 묘사다.

일제가 지적하듯이, 라이히는 유머가 부족했다. 그와 나의 우정은 똑같은 것을 보고도 함께 웃지 못한다는 사실 때문에 삐걱거렸다. 라이히는 자동차나 책에 관한 평범한 대화를 좋아하지 않았다. 그리고 떠도는 소문을 몹시 혐오했다. 그의 이야기는 늘 자신의 일에 관한 것이었다.

라이히가 긴장을 풀고 편안하게 있는 모습을 본 것은 매주 그의 진료소 근처에 있는 극장에 갈 때뿐이었다. 그는 영화에 대해서는 완전히 무비판적이었다. 한번은 내가 어떤 영화를 보고 저속하다고 말하자 화를 냈다. "난 정말 재미있었는데."

인간의 병과 세상의 병을 치료하기 위해 오르곤 에너지를 어떻게 사용할 수 있는지 나는 여전히 알 수 없다. 만약 전 세계가 라이히 식 의미에서 완전한 오르가슴에 도달한다면 과연 이상향이 도래할까?* 라이히는 온전한 진리를 알지 못했다. 나는 라이히에게 이렇게 말했다. 살아오면서 한 번도 섹스를 하지 않은 늙수그레한 사람들을 알고 있는데, 그래도 그들은 행복하고 인정 많으며 선한 일을 하고 있다고.

성이 터부가 되어버린 비밀을 라이히가 풀었는지 알아내려고 애썼지만 허사였다. 왜 기독교도들은 성을 크나큰 죄로 만들었는가. 청소년들에게도 자유로운 섹스를 허용하자는 라이히의 생각은 효과적인 피임법이 없었던 그때는 실현 불가능한 것이었다. 라이히는 성 문제에서 일종의 청교도였다. 그는 '성교fuck'라는 말을 싫어했다. 라이히에게 그 말은 다정다감함과 사랑이 없는 공격적인 남성의 섹스를 의미했다. 한번은 그가 내게 이렇게 말했다. "여성들은 성교하지 않아요Women don't fuck."

라이히는 진단에는 뛰어났지만 실제적인 해답을 알지는 못했다. 요람 속의 아이를 죽인 성도착자를 이해하는 방법은 무엇인가. 그 해답을 알 수 있는가. 내가 인간의 증오와 전쟁 그리고 규율의 '이유'를 알 수 없는 것도 바로 이 때문이다. 사람을 그 지경으로 몰고 가는 것이 무엇인지에 대한 답을 나는 찾을 수 없다. 라이히는 내게 어떤 답을 제시했지만 나는 그것을 이해하지 못했다. 자유는 좋은 결과를 이끌어낸다는 사실과 아이들이 생명에 거스르는 일 없이 성장할 수 있다는 사실을 서머힐은 입증하고 있다. 그런데 왜? 왜 전 세계는 아이들을 그런 식으로 대할 수 없는가? 나는 그것을 알고 싶다.

성적 억압의 역할에 대해 나는 여전히 혼란스럽다. 자위, 알몸, 욕설을 허용하는 가정에서 온 학생들이 있었는데, 그 아이들도 약한 아이들을 괴롭혔고 파괴적이었다. 물론 어리석은 부모 밑의 아이들보다는 분명 정도가 심하진 않았지만 말이다. 모든 게 그렇게 혼란스럽다. 충분한 성생활을 한 라이히도 비정상적인 질투심으로 가득 차 있었다. 그의 아내 일제가 우리를 방문하고 집으로 돌아가면 라이히의 첫 마디는 이랬다. "닐과 잤어?"

나는 라이히와 특별한 관계였다. 그의 주변 사람들은 제자들과 수련의들이었는데, 모두 형식적인 관계였다. 그를 라이히라고 부르는 사람은 나밖에 없었다. 사실 나도 라이히의 환자였으며 그의 수련생이었지만, 나이를 핑계 삼아 오슬로에서 온 올라 라크네스 박사와 같은 부류에 속했다. 우리는 세미나를 가졌다. 라이히는 판독하기 어려운 문자와 방정식들로 칠판을 가득 채웠다. 나는 전혀 이해할 수가 없었다. 거기 있었던 다른 사람들은 이해했는지 의문이다.

라이히와 나는 서로를 좋아했다. 1948년 메인 주에서 그와 마지막으로 헤어질 때 그는 나를 껴안았다. "닐, 여기에 더 머물러주면 좋겠어요. 당신은 내가 얘기를 나눌 수 있는 유일한 사람이에요. 다른 사람들이라고 해봤자 모두 환자들이거나 제자들뿐이니까요." 그때 나는 라이히가 얼마나 외로운지 알았다.

한번은 그에게 이렇게 말했다. "당신은 왜 그렇게 딱딱하게 굽니까? 왜 울프를 울프 박사라고 불러요? 왜 그들에게 인간 라이히의 모습을 보이지 않습니까?"

"노르웨이에서 사람들과 친하게 지냈을 때처럼, 그들이 그 친밀감을 날 파멸시키는 데 이용할까봐 그래요."

"그런데 라이히, 나는 교직원들과 학생들 그리고 고용인들에게 닐로 통하지만, 어떤 사람도 그 친밀감을 이용하려 든 적이 없어요."

---

* 라이히는 우리는 누구나 오르가슴에 이를 능력이 있으며, 오르가슴에 도달해야만 건강하고, 그렇지 못하면 신경증이 생겨난다고 주장했다. 물론 이때의 오르가슴은 단순한 성적 쾌감의 절정이 아니라 아무런 장애 없이 생명에너지의 흐름에 스스로를 내맡길 줄 아는 능력이라고 했다.

"그렇겠죠, 그런데 당신은 나처럼 다이너마이트만큼 위험한 사람들을 다루진 않잖아요." 그의 수수께끼 같은 대답이었다.

그의 아내 일제의 책을 보면 라이히가 결국 이성을 잃어버렸다는 게 분명하다. 그 사실에 애달아하지는 않았다. 많은 위대한 사람들이 미쳤으니까. 스위프트, 니체, 슈만, 러스킨을 비롯해 많은 사람들이.(난 미치지 않았기 때문에 내가 천재가 아니라는 사실을 안다.) 라이히에게 편집증 기미가 있었는지 여부는 내겐 정말 중요하지 않았다⋯⋯ 누구에겐들 그런 기미가 없겠는가?

소년이 된 그의 아들 피터가 일제랑 올라 라크네스와 함께 서머힐로 찾아왔다. 우리는 내 텃밭에 앉아 있었다. 피터가 말했다. "저 위에 미국 비행기들이 날 보호하려고 떠 있어요." 난 비행기는 없다고 말했다. 분명히 피터는 집으로 돌아가서 라이히에게 내 말을 했을 것이다. 왜냐하면 라이히가 그레테 호프에게 다음과 같은 전보를 보냈기 때문이다. "닐을 믿지 마시오. 그는 신의가 없는 사람입니다." 나는 라이히에게 편지를 썼다. 라이히는 유감과 사과의 뜻을 담은 답장을 보내왔다.

미국에서 라이히는 중상모략가들에 의해 말 그대로 죽음에까지 내몰렸다. 역겨운 기자들은 그의 오르곤 축적기를 성적 오르가슴에 도달하는 수단으로 묘사했다. 미국에서 왜 그토록 지독한 적대감이 나타났을까? 단순한 괴짜는 욕설과 증오의 대상이 되지도 않는다. 지구가 평평하다고 믿는 사람은 라이히처럼 그렇게 내몰리지 않는다. 그럴 경우 사람들은 웃어넘기고 말지만, 라이히를 보고는 웃지 않았다. 미국에서 사람들은 라이히에게 중상모략을 퍼부었으며, 편집증 환자로 내몰았다. 만약 어떤 편집증 환자가 『파시즘의 대중심리학』, 『오르가슴의 기능』, 『들어라, 사람들아!Listen, Little Man!』 같은 뛰어난 책들을 썼다면, 이제 정신과 의사들은 편집중에 대한 정의를 다시 내려야 할 것이다.

개인적으로 나는, 라이히에 대한 배척감이 삶과 특히 섹스에 관한 그의 비타협적인 태도에서 연유한다고 생각한다. 오르곤 에너지가 존재하느냐 않느냐 하는 문제는 반라이히주의와는 아무 상관없다고 확신한다. 오르곤 에너지의 존재 유무에 대해 말할 정도로 나는 과학을 알지 못한다. 또 그 점에 대해서는 전혀 개의치 않는다. 하지만 내가 알고 지냈고 이해할 수 있었던 라이히라는 사람, 인간 성격에 대해 정말 깊이 있고 설득력 있는 분석을 해낸 바로 그 사람에 대해서는 몹시 마음이 쓰인다.

그가 미국으로 건너간 때부터 감옥에 갈 때까지 우리는 편지를 주고받았다. 감옥에서 그가 느낀 고독감은 분명 지옥과 같았을 것이다. 그의 천재성이 내 마음에 든 만큼 평범한 인간 라이히도 내 마음에 들었다. 라이히는 피터와 일제에게 호통을 치는 사람이었고, 또 나와는 호밀위스키와 스카치위스키를 여러 병 비운 따뜻한 사람이었다. 그리고 마치 열 살짜리 소년처럼 서부영화를 즐겼던 인간적인 사내였다.

라이히는 심장마비로 감옥에서 죽었다. 그의 죽음이 레인의 죽음보다 더 가슴 아팠다. 밝은 불빛 하나가 꺼져버렸다. 한 위대한 인물이 비참한 죄수의 신세로 생을 마감했다.* 라이히는 적어도 두 세대는 지나야 천재로서 재조명될 것이다. 그를 알고 그에게서 배우고 그를 좋아한 나는 정말 행운아였다.

---

* 미국식품의약국은 라이히의 오르곤 에너지 축적기의 유통과 치료 행위를 불법으로 규정하고 금지령을 내렸다. 그러나 라이히가 이 명령을 따르지 않자 법원은 실형을 선고했고, 이에 따라 축적기는 모두 파기당하고 관련 책자와 문서는 불태워졌다. 결국 금지 명령 모독죄로 수감된 라이히는 가석방을 며칠 앞둔 1957년 11월 3일 감옥에서 심장마비로 사망하고 말았다.

사랑과 연인들

스코틀랜드에서 교생으로 일하던 시절 나는 한 학생과 열렬한 사랑에 빠졌다. 마거릿은 열여섯 살쯤이었고 나는 스물네 살이었다. 그녀의 목소리는 너무나 감미로웠다. 그녀는 내게 아름다움 그 자체였다. 긴 속눈썹이 아름다운 눈을 거의 덮다시피 했다. 마거릿이 나를 바라볼 때면 감히 마주 쳐다볼 수가 없었다. 내게 마거릿은 학교 전체의 상징이었다. 마거릿이 결석한 날은 암담하고 길고 쓸쓸했다. 반면 마거릿이 출석한 날은 늘 너무 빨리 지나갔다. 몇 년 뒤, 나는 그녀가 내게 얼마나 소중한 존재였는지 마거릿에게 이야기했고, 그 말을 들은 마거릿은 많이 놀라는 눈치였다. 그러나 이제 나는 사람의 행동과 동기에 대해 이전보다 훨씬 더 잘 아는 편이다. 당시 마거릿은 틀림없이 나의 감정을 알았으며, 한번 쳐다만 봐도 벌벌 떠는 숫기 없고 풋내 나는 젊은이를 골려주려고 그 위험한 눈을 사용한 게 분명했다는 생각이 든다. 내게 마거릿의 아름다움은 실제가 아니라 환상 속에 세워진 어떤 것이었다. 그랬기에 당연히 나는 더 이상 그녀에게 접근하지 않았다. 그녀에게 구애하는 일은 그녀를 숭배하는 일만큼 소중하지 않아 보였다.

마거릿과 관련해서 놀랄 만한 점은 그녀가 내 마음속에서 떠나지 않는다는 것이었다. 다른 여자들은 모두 기억에서 사라졌지만, 그녀만은 몇 년 동안 계속 꿈에 나타났다. 이런 자신만의 꿈속의 여인 '마거릿'이 가끔 꿈에 나타나는 남성들이 있다는 사실을 나는 알았다. 또 꿈속의 남성을 가진 여성들이 있다는 것도 알았다. 이 문제는 아직도 나를 곤혹스럽게 한다. 나는 오랫동안 여러 전문가들한테서 정신분석을 받았는데, 그들 모두 마거릿의 이미지에 당혹스러워했다. 그들은 이렇게 추측했다. 내가 마거릿을 처음 알았을 때 그 멋진 여자는 젊은 시절의 내 어머니였을 거라고. 그런 다음에는 마거릿이 여동생 클루니를 대신하는 인물이 틀림없다고 말했다. 어떤 설명도 가슴에 와 닿지 않았다. 냉담함이 마거릿의 가장 큰 매력이었다는 느낌이 강하게 든다. 그녀는 분명 나를 사랑하지 않았다. 그런데 내가 학교를 떠나기 전날 저녁, 마거릿이 갑자기 두 팔로 내 목을 껴안고 말했다. "닐, 당신은 내 사랑이에요." 망할 여자. 그 일로 마법은 풀렸어야 했다. 하지만 이전보다 더 그녀를 연모하게 되었을 뿐이었다.

한참 동안 나는 마거릿의 소식을 듣지 못했다. 훗날 마거릿이 칠십을 넘겨 미망인이 되었을 때, 나는 그녀에게 편지를 썼다. 그런 다음 그녀를 만나러 갔다. 아름다웠던 눈은 칙칙해졌고, 긴 속눈썹은 보이지 않았다. 그 후로도 가끔 그녀에게 편지를 보내고 전화를 했다. 마거릿은 홀로 외롭게 살았고 다리를 절며 고통스러워했다. 이미 한 번 가벼운 중풍을 겪었던 그녀는 다시 중풍이 찾아올까봐 두려워했다. 일생 동안 마거릿은 중하층에 속해 있었고, 새로운 사상들의 본류에서 멀리 떨어져 있었다. 내가 외설스런 말을 쓰자 그녀는 깜짝 놀랐고 나는 그런 그녀를 보며 웃었다. 그런데 시간이 흐르고 나이를 먹어가면서 마거릿은 변하기 시작했다. 마거릿은 이렇게 말하곤 했다. "당신은 내게 새로운 세계를 열어주었어요." 비록 새로운 생각을 받아들이기에는 너무나 자기 방식에 매여 있었지만, 마거릿은 참한 노파였다. 어느 일요일 밤, 마거릿에게 전화를 했는데 받지 않았다. 이웃 사람들이 혼수 상태에 빠진 마거릿을 발견했다.

가엾은 마거릿. 둘이 결혼하는 것은 잘못이라는 데 우리는 동의했다. 마거릿이 스코틀랜드 교외의 인습적인 삶을 극복할 수 있었는지는 의문이다. 하지만 이런저런 추측이 무슨 소용 있겠는가? 마거릿은 한 젊은이의 꿈이었다. 젊은이의 환상 속에서는, 겉모습이 예쁘면 본성도 예뻐 보인다. 그런 점에서 마거릿은 두 배로 축복받았다. 마거릿은 이해심 깊고 남에게 상처 주는 일을 싫어하는, 정말 예절 바른 여성이었다.

젊은이란 얼마나 무지하고 우둔한지. 열여덟 살 때 나는 한 예쁜 소녀에게 홀딱 반했는데, 그 소녀는 나의 접근에 아무 반응도 보이지 않았다. 나중에야 그 소녀가 레즈비언이란 사실을 알았다. 그녀의 여동생은 예쁘지 않았다. 나는 그 여동생과 사귀었는데, 그러면서도 나는 동생이 아름다운 언니에게 내가 얼마나 멋진 사람인지 말해주리라는 터무니없는 생각을 했다. 그녀가 자기 여동생을 끔찍하게 싫어한다는 사실을 까맣게 몰랐던 것이다. 또 어떤 소녀의 마음을 얻는 방법은 찬사를 늘어놓는 것이라고 생각하곤 했다. 그녀가 얼마나 음탕한지 얘기해준 남자가 그녀의 마음을 얻었다는 사실을 알기까지는 상당한 시간이 걸렸다.

여자가 남자를 노려보고 발을 동동 구르면서 "꺼져버려! 난 당신이 싫어"라고 외치는 경우, 거의 대부분은 남자에게 사랑을 표현하는 것이라는 사실을 알아내기까지도 여러 해가 걸렸다. 하지만 나는 심리학에 대한 기본 감각을 지니고 있었던 게 분명했다. 댄스 차례표와 하얀 장갑이 있던 옛날 댄스파티가 기억난다. 그때 여자들은 주위에 둘러서 있고, 젊은 남자들은 여자들에게 춤을 신청해서 예약하고는 각자 비단실로 장식된 차례표에 그 춤을 적어넣었다. 한 미모의 여대생이 남자들에게 둘러싸여 있었다. 나는 그녀를 소개받았지만 춤을 신청하지는 않았다. 나중에 그녀가 내 팔을 건드리며 말했다. "우리 춤출까?" 그녀는 이미 다른 신청은 거절한 뒤였다. "그런데" 내가 말했다. "우리는……"

"나도 알아. 제기랄, 나한테 춤을 신청하지 않은 사람은 너뿐이란 말이야." 그 일을 계기로 나는 여자들에 대해 알게 되었다.

독립심 강하고 섹스 문제에 솔직하고 블루진과 블라우스를 입은 분방한 옷차림의 신여성을 보면 애석한 마음에 절로 한숨이 나온다. 그리고 한숨을 내쉬며 내 어린 시절의 여성들이 저와 같이 가식 없고 정직했기를 희망해본다. 당시에는 이성간의 진정한 교제가 거의 불가능했다. 섹스는 적신호였다. 붉은 등이 사창가의 신호라는 의미에서 말이다. 하지만 내 청년 시절에 젊은 여성들은 허락의 청신호를 쉽게 주지 않았다.

비록 내가 섹스를 야망보다 아래에 두어왔지만, 성적으로는 정상이라고 생각한다. 학생 시절 괜찮은 소녀들은 터부의 대상이었다. "나를 건드리는 사람은 나와 결혼한다." 그래서 우리 학생들은 점원 아가씨, 즉 노동계급 출신의 아가씨와 사귀었다. 나는 한 번도 매춘부를 찾아가지는 않았다. 아마 주변에 열정적인 아마추어들이 너무 많았기 때문이리라. 그것은 정말 잘못된 일이고, 부끄러운 일이었다. 한번은 블랙포드 언덕에서 한 점원 아가씨와 성 관계를 가졌는데, 그녀가 울기 시작했다. 나는 이유를 물었다.

"이건 공평하지 않아." 그녀가 흐느꼈다. "너희 학생들은 우리를 불러내지. 우리는 너희의 매너와 교양 있는 말을 좋아해. 하지만 너흰 우리랑 절대 결혼하지 않아. 난 축구와 맥주 이야기만 하는 어떤 노동자와 결혼해야 할 거야."

점원 아가씨들과 사귀는 일은 그 일을 계기로 끝이 났다.

거의 결혼할 뻔한 적이 두 번 있었다. 두 여성은 나처럼 중하층에 속했다. 나는 망설였다. 사랑했지만 마음속에서는 슬슬 핑계가 생겨났다. '너는 인생에서 중요한 뭔가를 하고 싶어해. 그녀가 그런 너와 함께할 수 있을까?' 어리석게도 나는 두 여성을 가르치려 들었다. 그들에게 책을 주고, 쇼와 웰스 그리고 하디에 대해 이야기했다. 또 경제적인 요인도 있었다. 나는 아내와 가족을 부양할 만큼 충분한 돈을 벌지 못했다. 감정적으로는 내가 틀렸지만, 비록 불분명하더라도 성공에 대한 나름의 계획도 없는 상태에서는, 다른 식으로 행동할 수가 없었다.

나는 은밀한 정사에서 거의 즐거움을 느끼지 못했다. 그것은 사랑과 애정이 없는 섹스였다. 나의 칼뱅주의적 도덕심은 어김없이 그것을 더욱 추잡스럽게 여기도록 만들었다. 나를 여러 차례 발기불능의 상태로 빠뜨린 것도 분명 그 도덕심이었다. 가톨릭교도나 칼뱅주의자로 양육된 사람은, 어린 시절에 반복해서 배운 성에 대한 죄의식으로부터 어떻게 벗어날 수 있을지 정말 모르겠다.

나는 여자들을 이해한 적이 한 번도 없었다. 과연 남자가 여자를 이해할 수 있을까? 어떤 점에서 보면 여자는 전혀 다른 종이다. 만약 내가 다른 환경에서 자랐다면 여자의 심리를 더 잘 이해했으리라.

내가 젊었을 때, 여자들은 떠받들어져 존경받았다. 여자도 결점을 가진 존재라는 사실을 우리는 깨닫지 못했다. 열두 살 때, 열차 사고로 죽은 여성에 대한 글을 읽은 적이 있었다. 나는 그것이 사실이 아닐 거라고 생각했다. 왜냐하면 여자는 남자와 같은 사람이 아니어서 불의의 사고로 죽지 않는다고 생각했기 때문이다. 네 명의 여자 형제들이 있어서 그들의 장단점을 다 보았으면서도 그랬다. 여자 형제가 있다는 사실이 내게는 다른 여자들을 이해하는 데 전혀 도움이 되지 않았다. 가족 내에서 성을 금기시하는 태도는 집 담벼락 너머에 있는 소녀들에게도 그대로 적용되었다. 그들은 모두 손을 대어서는 안 되는, 또 결코 도달할 수 없는 신비한 존재였다.

단순한 남자는 여자가 옷과 외모에 엄청난 중요성을 부여하는 것을 결코 이해할 수 없다. 만약 남자들이 모두 나와 같다면, 여자들은 시간과 돈을 낭비하는 셈이다. 왜냐하면 나는 여자가 어떤 옷을 입었는지 절대 보지 않기 때문이다. 책상 앞에 앉아 글을 쓰고 있는 이 순간에도 나는 아내와 딸이 어떤 색의 옷을 입었는지 말할 수 없다. 나는 오직 얼굴, 특히 눈을 본다. 발목은 보지 않는다. 우리 학교의 상당히 심술궂은 여자 아이가 다른 아이의 발목이 굵다는 말을 했을 때, 나는 처음으로 발목을 보았다. 그 아이는 10년 동안 일반 학교를 다니다 왔다.

헬레라우에서 나는 많은 예쁜 아가씨들과 춤을 주었지만 누구와도 연애에 빠지지 않고 자유분방하게 생활했다. 내게는 격렬한 감정이 없었다. 그것이 내가 연상의 여자와 결혼한 이유다. 런던의 킹앨프레즈 스쿨에서 내가 가르친 학생들 가운데는 나중에 유명한 정신과의사가 된 발터 린데자이 노이슈타터가 있었다. 그의 아버지가 오토 노이슈타터 박사였고, 어머니는 오스트리아인으로 학생 시절 라이프치히에서 음악 공부를 한 사람이었다. 나는 그의 어머니와 친하게 지냈다. 그녀는 교육에 대해 나와 똑같은 견해를 가지고 있었으며, 여행 경험이 풍부하고 교양 있는 사람이었다. 발터와 그의 어머니는 오토 박사와 함께 지내려고 헬레라우로 왔다. 나는 그녀에게 그곳 국제학교에서 내가 맡고 있던 외국인학생부의 가정부장家政婦長을 맡아달라고 요청했다. 학교가 오스트리아의 존탁스베르크로, 또 영국의 라임레지스로 옮겨갔을 때도 같은 부탁을 했다.

그녀가 오토 박사와 이혼한 후, 나는 학교 때문에 그녀와 결혼했다. 나는 훌륭한 모습을 보여야 했다. 하지만 또 다른 동기도 있었다. 그녀는 외국인이어서 경찰에 등록을 해야 했다. 영국인으로 살면서 그녀는 너무 불행해했고 분노에 차 있었다. 나는 그녀를 영국 국민으로 만들어야 했다. 내 생활은 일로 넘쳐났고, 우리는 멋지게 잘 지냈다. 그녀는 여행을 좋아했다. 우리는 독일, 이탈리아, 프랑스로 여행을 다녔고 또 배를 타고 여행했다. 나는 여행 경비에 늘 좀 화가 났다. 차라리 정밀 선반이나 성형 기계에 돈을 들여야 한다는 생각이 들었기 때문이다. 하지만 그 여행이 나의 견문을 넓힌 것은 분명했다.

그녀는 열심히 일했고, 나만큼 학교에서 중요한 사람이었다. 지금의 아내 에나처럼 말이다. 능력 있고 이해심 많은 아내를 두 사람이나 둔 나는 행운아였다. 나는 현재 살아 있는 사람에 대해서는 말할 생각이 없다. 에나와 나의 결혼이 연애결혼이었다는 사실과 우리 사이에서 태어난 사랑스러운 딸, 조이에 관한 이야기를 빼고는 두 번째 아내 에나에 대해서는 아무 말도 하지 않을 것이다.

살아 있는 사람에 대해서는 한마디도 하지 않겠다는 결심을 조이에 대해서만은 적용하지 않을 것이다. 이미 여러 책에서 딸의 이름을 언급했으니 분명 수많은 사람들이 그 이름을 알 것이다. 많은 사람들이 조이와 조이의 생활에 대해서 물었다. 구둣방 집 자식이 제일 형편없는 신을 신는다는 스코틀랜드 속담이 조이에게도 들어맞는지 묻는 사람들도 있었다.

조이가 태어났을 때 내 심정이 어땠는지는 기억할 수 없다. 아이의 엄마만 모든 고통을 떠안는다는 게 불공평하다는 그런 일반적이고 자연스러운 느낌만 기억날 뿐이다. 나는 딸에 대해 소유의 감정을 가진 적이 없다. 그리고 내 딸이 옆집 아이보다 더 온순한 성격을 타고났다는 생각도 하지 않았다. 자식이 자라는 것을 지켜보는 일은 길고 잔잔한 기쁨이 아닐까 싶다.

지금까지 그 누구도 완전히 자율적인 아이를 본 사람은 없다. 모든 아이들의 삶은 부모, 교사, 사회에 의해 틀지어져왔다. 조이가 두 살이었을 때, 『픽처 포스트 Picture Post』라는 잡지에 조이에 관한 기사가 사진과 함께 실렸다. 그 기사는 조이가 영국의 모든 아이들 중에서 자유롭게 자랄 수 있는 가장 좋은 기회를 가지고 있다고 썼다. 그런데 그 말은 온전한 사실이 아니었다. 왜냐하면 조이는 자율적이지 못한 많은 아이들과 함께 학교에서 살았기 때문이다. 그 아이들은 다소 길들여진 상태였고, 조이는 자신이 반생명적인 아이들과 함께 지내고 있다는 사실을 알았다.

조이는 동물에 대한 두려움 없이 자랐다. 그런데 어느 날, 한 농장 앞에 차를 세우고 조이에게 "이리 와, 소 구경하자"라고 하자, 조이가 갑자기 두려운 표정을 지으며 말했다. "아냐, 안 돼. 소가 잡아먹을 거야." 언젠가 일곱 살짜리 아이가 그렇게 말했다는 것이다. 사실 그 두려움은 일이 주밖에 가지 않았다.

자율적인 아이는 길들여진 아이들의 영향을 상대적으로 짧은 시간 안에 극복하는 듯하다. 조이가 가지게 된 두려움이나 억압된 호기심은 결코 오래 가지 않았다.

한 살 남짓 되었을 때 조이는 내 안경에 엄청난 관심을 보였다. 조이는 안경을 쓰면 어떻게 보이나 보려고 내 안경을 잡아챘다. 나는 아무런 제지도 하지 않았고 화난 표정을 짓거나 화난 목소리를 내지 않았다. 조이는 곧 흥미를 잃어버렸고 다시는 안경을 건드리지 않았다. 만약 내가 하지 말라고 엄하게 말했다면 혹은 그보다 더 나쁘게 그 조그마한 손을 때렸다면, 조이의 안경에 대한 관심은 나에 대한 두려움이나 반항심과 뒤섞여 분명 계속되었을 것이다.

에나와 나는 조이가 부서지기 쉬운 장신구를 가지고 놀아도 내버려두었다. 조이는 그것들을 조심스럽게 다루었고 좀처럼 부수지 않았다. 조이는 혼자 힘으로 물건의 정체를 알아냈다. 물론 자율에는 한계가 있다. 여섯 달 된 아기가 불붙은 담배를 만져 심하게 데도록 그냥 내버려둘 수는 없다.

자율 아래에서는 한 집안에 궁극적인 권위란 있을 수 없다. 예컨대 나는 딸에게 이렇게 말할 수 있다. "진흙이랑 물을 거실에 묻혀 들여오면 안 된다." 한편 딸도 내게 이렇게 말할 수 있다. "내 방에서 나가, 아빠. 아빠가 여기 있는 게 싫어." 물론 이것은 나더러 두말없이 그렇게 해달라는 말이다.

집안에 어떤 규율이 존재한다는 것은 틀림없는 사실이다. 일반적으로 보면, 가족 개개인의 권리 보호가 그런 규율의 전형이다. 예를 들어 딸이 내 타자기를 가지고 노는 것을 나는 허락하지 않는다. 그런데 행복한 가정에서는 보통 이런 유의 규율은 자연스럽게 지켜진다.

조이는 늘 자기가 먹고 싶은 것을 선택할 수 있었다. 감기에 걸리면 조이는, 에나와 내가 아무 참견을 하지 않아도 과일과 과일주스만 먹었다. 나는 조이처럼 그렇게 먹는 데 관심이 없는 아이를 그 전까지 본 적이 없었다.

우리 집에서 자율과 관련해 가장 큰 어려움은 옷을 입는 문제였다. 조이는 허락만 하면 하루 종일 발가벗은 채 뛰놀고 싶어했다. 조이는 코와 뺨이 파래진 채 추워서 벌벌 떨었다. 그러면서도 우리가 옷을 더 입히려면 안 입으려고 버텼다.

용감한 부모라면 이렇게 말하지 모른다. "아이 자신의 생명 조직이 알아서 할 거야. 떨게 내버려두자고. 몸에는 이상 없을 거야!" 하지만 우리는 아이의 폐렴을 감수할 정도로 용감하지 않았다. 그래서 조이를 윽박질러 우리가 입혀야 한다고 생각하는 옷을 입혔다.

아이들과 성의 문제에서 어정쩡한 태도, 중립적인 태도란 없다. 죄의식에 사로잡힌 비밀스러운 성과 솔직하고 건강한 성 사이의 선택이 있을 뿐이다. 여섯 살 때 조이가 이런 말을 했다. "작은 애들 중에서 윌리의 자지가 제일 커. 그런데 X 부인(학교의 방문객)이 자지라는 말은 천한 말이래." 나는 당장에 그건 천한 말이 아니라고 말해주었다. 그리고는 아이들에 대해 무지하고 이해심이 부족한 그녀에게 속으로 욕을 퍼부어주었다. 정치나 예절에 대해 선전하는 것은 묵인할 수 있다. 하지만 아이로 하여금 성에 관해 죄의식을 갖게 만들면서 아이를 비난할 때는 절대 가만 두지 못한다.

에나와 나는 조이의 성 교육에 대해 두 번 생각하지 않았다. 그것은 너무나 단순하고 명백하고 신나는 문제였다. 비록 곤란한 순간들과 마주치기는 했지만 말이다. 한번은 조이가 학교를 방문한 미혼 여성에게 아빠가 엄마에게 임신을 시켰기 때문에 자기가 태어난 거라고 알려주었다. 그러면서 호기심 어린 목소리로 이렇게 덧붙였다. "그런데 당신은 누가 임신시켜?"

조이는 세 살 반 때 그렇게 말할 수 있었다. 하지만 다섯 살 때 우리 딸은 어떤 사람들에게는 말해서는 안 되는 것들이 있다는 사실을 깨닫기 시작했다. 자기 아이를 우리 학교에 보내려는 한 아버지와 면담을 하고 있을 때였다. 조이는 옆에서 장난감을 맞추려고 애쓰고 있었는데, 실패할 때마다 이렇게 소리쳤다. "아이, 씹할!" 나중에 우리는 조이에게 어떤 사람들은 그 말을 싫어한다고 말해주었다. 그리고 방문객이 있을 때는 그 말을 쓰지 않는 게 좋겠다고 말했다. "알았어." 조이가 말했다.

일주일 후, 조이는 해내기 어려운 일을 하고 있었다. 조이는 한 교사를 쳐다보며 물었다. "당신 방문객이야?"

그 여선생은 대답했다. "물론 아니지."

조이는 안도의 한숨을 내쉬더니 소리쳤다. "아이, 씹할!"

만약 어떤 환자가 아기 때 자율적이었다면 굳이 시간을 들여 그 환자를 정신분석 할 필요가 없으리란 사실을 모든 정신분석가는 어렴풋하게라도 느껴야 한다. 나는 어렴풋하게라고 말한다. 왜냐하면 우리는 아무것도 정말로 확신할 수 없기 때문이다.

자유롭게 자란 내 딸이 어느 날 정신분석가를 찾아가서 이렇게 말해야 할지도 모른다. "선생님, 나는 치료가 필요합니다. 아버지 콤플렉스 때문에 고통스러워요. 난 A. S. 닐의 딸로 소개받는 데 질려버렸습니다. 사람들은 내게 너무 많은 걸 기대하죠. 내가 완벽할 거라고 생각하는가 봐요. 이제 그 노인네는 죽고 없지만, 자기 책에다 내 얘기를 주저리주저리 늘어놓은 일은 용서할 수가 없어요. 그럼 이제 이 소파에 누울까요? ……" 알 수 없는 일이다.

조이의 학창 시절은 힘들었다. 조이는 학교와 집 사이에서 이리저리 치였다. 조이가 우리의 작은 집에서 지낼 때, 조이는 학교 본관에서 기숙사 생활을 하는 아이들에게 따돌림을 당했다. 그리고 기숙사 생활을 하게 됐을 때는 자기에게 집이 없다고 느꼈다. 조이는 다른 아이들의 질투에 몹시 시달렸다. 교사는 자신이 일하는 기숙학교에 자기 아이를 다니게 해서는 안 된다고 에나와 나는 진작부터 확신하고 있었다. 그래서 조이가 열한 살이 되자, 우리는 조이를 외국의 기숙학교에 보냈다. 첫 학기가 끝난 뒤 조이가 말했다. "아빠는 사기꾼이야. 다른 애들한테는 자유를 주면서 정작 자기 딸한테는 안 주잖아. 난 학교가 싫어. 거기 자유는 가짜야. 진짜 자치도 없다구." 나는 그 학교로 찾아가 조이를 집으로 데려왔다.

조이는 학구적이지 않다. 대신에 어린 시절부터 말에 유독 관심이 많았다. 이십대 초반에 조이는 여자 기수 자격을 땄다. 그리고 학교 구내에 커다란 마구간을 만들었다. 조이의 말 다루는 법은 부드럽고 다정해서 수상 경력이 있는 종마 카르타고는 다리를 부러뜨릴 일이 없었다. 조이가 처음으로 카르타고 위에 올라탔을 때, 카르타고는 그것을 자연스런 다정함의 표현으로 받아들였다.

조이가 일과 관심사에서 내 길을 따르기로 결심하고 내 뒤를 이어 서머힐을 운영했으면 하는 바람을 마음속으로 가져보았다. 많은 부모들이, 특히 큰 사업을 하는 아버지들이 그런 바람을 가지고 있다. 다행히도 우리는 모두 틀렸다. 다행스럽게도 우리는 우리의 아이들을 지배하지 못한다. 다행히도, 만약 말이 조이의 인생이라면 중요한 것은 조이의 행복이라고 나는 생각하게 되었다. 어쨌든 말에 관한 전문가가 되는 것은 교육에 관한 전문가가 되는 것만큼이나 중요하다. 어쩌면 더 중요할지도 모른다. 왜냐하면 두려움과 권위를 앞세운 잘못된 교육이 아이들 세대를 망칠 수 있는 반면, 무자비한 조련사는 말을 망칠 수 있기 때문이다.*

1971년 9월, 조이는 젊은 농부와 결혼했다. 지금 그들 소유의 농장이 학교 가까이 있다. 결혼식에서 나는 토니와 조이 레드헤드의 건강을 위해 축배를 들자고 제안해야 했다. 비록 강연이라면 몇 시간이라도 느긋하게 할 수 있는 나였지만, 감정이 복잡한 상태에서 짧게나마 이야기를 하자니 조금 걱정이 되었다. 마침 다행히도 『자유로운 아이*The Free Child*』라는 내 책의 한 구절이 어렴풋이 기억났다. 나는 그 부분을 큰소리로 읽어나갔다.

어제는 내 생일이었다. 다음 달이면 여섯 살이 되는 조이가 말했다. "아빠, 아빠는 늙었지, 그렇지? 아빠는 나보다 먼저 죽을 거야, 그렇지? 아빠가 죽으면 나 울 거야." 내가 말했다. "이런, 잠깐, 난 네가 결혼하는 걸 볼 때까지 살아 있을 거야." 조이가 말했다. "그럼 울 필요 없겠네, 그렇지?"

나는 더 이상 읽어나갈 수가 없었다. "자신이 자라면 아버지가 필요 없어질 거란 사실을 어떤 아이가 당연하게 받아들일 수 있게 되면, 그 아이는 자동으로 저 케케묵은 오이디푸스 콤플렉스를 해결한 것이라는 생각이 문득 머릿속에 떠올랐다."

---

* 1973년 닐이 세상을 뜬 뒤로는 부인 에나가 학교를 맡아 운영했다. 1985년 에나가 퇴임하자 아버지가 소원했던 대로 딸 조이가 교장이 되어 지금까지 서머힐을 이끌고 있다.

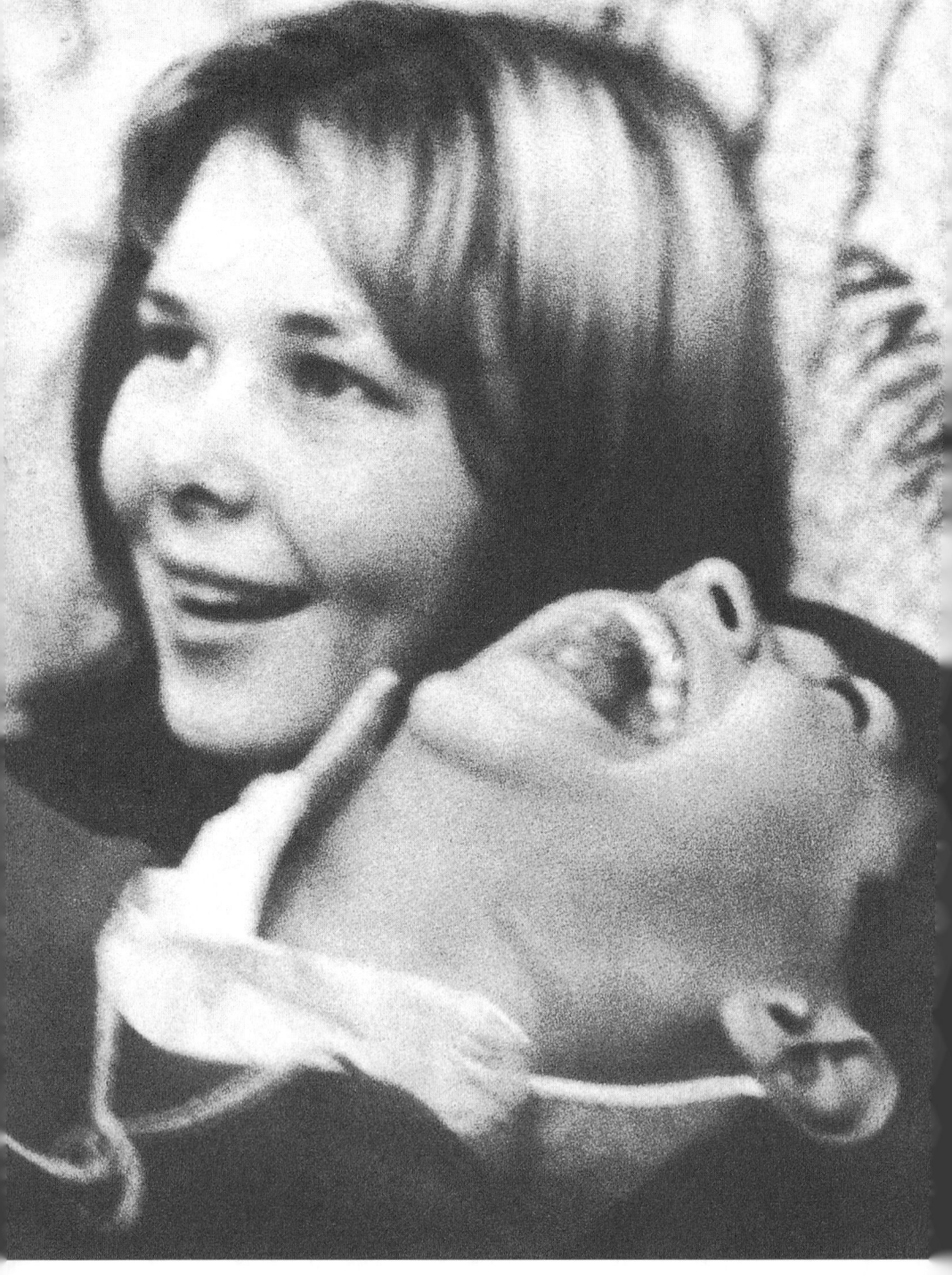

다른 학교들

나는 예언자가 아니다. 하지만 진보학교들의 앞날이 암담하다는 사실이 나는 두렵다. 이런 학교들은 공산주의 치하에서는 존재할 수 없었고, 영국의 온건한 사회주의 아래에서는 오래 가기 힘들 것이다. 국가가 진보학교를 직접 공공연하게 없애려 들어서가 아니다. 무거운 세금 때문에 머지않아 상당한 부자가 아닌 부모들은 아이들을 기숙학교에 보내지 못하게 될 것이기에 그런 것이다. 그리고 그런 부자들의 기숙학교는 선구적인 학교의 모습은 아닐 것이다.

서머힐은 한 가지 측면에서 과학적인 실험이었다. 우리는 아무것도 강요하지 않으려고 노력했다. 아이들에게 맡겨두었을 때 아이들이 어떤 모습을 보이고 어떤 행동을 하는지를 우리는 그저 옆에서 지켜보았다. 이런 점에서 우리는 많은 진보학교들, 즉 어른이나 어른들이 조직한 단체의 이상을 실현하기 위해서 설립된 학교들과 달랐다.

이런 점에서 나는 불편한 느낌, 동료인 진보적인 교사들에게 내가 조금 신의가 없는 게 아닌가 하는 생각이 든다. 어쨌건 도둑들에게 의리가 있다면 악당들에게도 의리가 있는 법이다. 우리는 회의를 열고 우호적으로 의견을 달리한다. 우리는 각자가 최고라고 생각한다. 나는 그들 중 일부를 잘 알고, 그들을 좋아하며, 그들의 진지함을 느끼며, 그들의 진가를 인정한다. 그들 대다수는 아주 훌륭하게 일을 해내고 있다. 가장 나쁜 진보학교일지라도 기존의 학교들보다는 훨씬 앞서 있다. 기존 학교들은 너무나 흔히 두려움과 처벌을 통해 아이들을 교육하고, 또 규율을 통해 아이들의 성격을 틀에 맞추어 찍어내려고 한다.

여전히 의견 차이가 날 수 있지만 그들과 계속 동료 관계를 유지하리란 사실을 나는 안다. 정말이지 나는 그들보다는 우리가 더 자유롭다고 생각한다. 아마 서머힐은 강제 수업이 없는 영국에서 유일한 진보학교일 것이다. 어느 교장이 자기네 학생들은 베토벤을 좋아하고 로큰롤은 듣지 않을 거라고 말하면, 나는 그 교장이 학생들에게 영향력을 행사했다고 확신한다. 왜냐하면 우리 학생들 대다수는 로큰롤을 좋아하기 때문이다. 나는 그가 잘못이라고 생각하지만, 한편으로는 그가 좋은 동료이며 성실한 사람이라고 생각한다. 미리 말해두지만, 우리 학생들 사이에서 로큰롤이 유행하는 것은 나와는 아무 관계가 없다. 왜냐하면 시끄럽게 먹따는 소리를 질러대는 음악은 내 취향이 아니기 때문이다. 그 교장과 그의 동료들은, 자기네가 아이들이 뭘 해야 하는지 안다고 생각하기 때문에, 또 그들 중 일부는 아이들이 어떤 존재가 되어야 하는지 안다고 생각하기 때문에, 아이들에게 영향력을 행사한다.

헬레라우 국제학교는 율동체조부와 내가 맡았던 외국인학생부 그리고 기숙학생들과 지역 아이들의 독일인학교, 이렇게 세 부문으로 구성되었다. 그 가운데 독일인학교의 규모가 가장 컸다. 우리의 생활은 하나의 적의 없는 긴 논쟁이었다. 나는 아동심리학을 따르자고 주장했다. 그렇지만 나는 아이가 어떤 존재이고 장차 어떻게 되어야 하는지는 몰랐다. 밭에서 일을 할까? 수학을 좋아할까? 바흐보다는 재즈를 더 좋아할까? 수업 출석을 강요하지 않고 온종일 놀게 내버려둔다면 뭘 할까? 자치에 대해서는 어떤 반응을 보일까? 모두 경험을 해봐야 알 수 있는 것들이었다. 독일인 교사들은 다른 입장을 취했다. 그들은 아이가 어떤 사람이어야 하는지 또 어떤 사람이 되어야 하는지 알았다. 그들은 아이를 균형 잡히고 행복한 성년에 도달하도록 인도해야 한다고 믿었다. 그래서 아이들을 틀에 맞춰 키워내려 했고 고무시키려고 했다. 그들은 재즈에서부터 베토벤에 이르기까지 앞장서서 아이들을 이끌었다. 그들은 학생들의 모범이었다. 그래서 술도 마시지 않고 담배도 피우지 않았다. 그들 중 많은 사람들이 반더포겔 운동Wandervogel movement에 속해 있었고, 옛날의 춤과 관습으로 돌아가려고 애썼다.*

불행하게도 우리는 숙소를 함께 썼다. 나는 2층을 썼고, 독일 기숙학생들은 아래층을 썼다. 저녁이 되면 내가 있는 2층에서는 축음기 소리에 맞춰 폭스트롯을 추었고, 아래층에서는 한 선생이 아이들에게 니체나 괴테의 작품을 읽어주고 있었다. 그러면 아래층의 아이들이 하나씩 뒷계단으로 살금살금 올라왔다. 그랬다. 우리 사이의 분위기는 좋지 않았다. 우리의 근본적인 차이를 해소할 방법은 없었다. 그 차이는 아이들을 틀에 맞추어 교육하느냐 그렇지 않느냐 하는 것이었다. 명심해야 할 점을 서둘러 지적하자면, 사람들은 자신들이 틀에 맞추어 교육한다는 사실을 자각하지 못하고 그렇게 한다는 사실이다. 예컨대 공구가 망가지면 나는 전체회의에서 불만을 터뜨린다. 그러면 아이들은 닐이 공구를 중요하게 생각한다

---

*반더포겔은 독일어로 '철새'란 뜻으로, 1901년 독일에서 일어난 자발적인 청년 운동이다. 낯선 지방을 도보로 여행하면서 심신을 단련하고 호연지기를 기르고자 했는데, 자연에 대한 사랑과 열렬한 조국애를 강조했다.

는 것을 분명히 안다. 하지만 공구는 계속 망가진다.

1919년경 나는 존 러셀이 교장으로 있던 킹앨프레즈 스쿨에서 학생들을 가르쳤는데, 그때 학교에서 물건이 파손된 경우는 내 기억에 없다. 욕설을 듣지 못했던 것은 확실하다. 도둑질이 일어난 경우도 전혀 기억나지 않는다. 참으로 매력적인 사람이었던 존 러셀은 말 그대로 그의 발치에 앉아 배웠던 일부 졸업생들에게는 이상적인 아버지상, 정말로 신과 같았다. '선한' 길로 인도하는 그의 영향력은 너무나 강력해서 학교 물건을 부순다거나 욕설을 하는 것과 같은 '사악한' 일들은 절대 일어나지 않았다.

헬레라우에서는 이랬다. 독일인학교의 자치회의는 주로 공부에 관한 문제를 다루었고, 우리 외국인학생부의 회의는 주로 사회적 행동에 관한 문제를 다루었다. 독일 아이들은 우리 아이들보다 더 바르게 행동했다. 왜냐하면 그 아이들은 어떤 조건 속에 철저하게 길들여졌기 때문이다. 독일인학교 학생이 우리 외국인학생부로 옮길 경우 행실이 나빠졌는데, 이는 자유가 모든 억압으로부터 벗어나는 삶의 수단이라는 것을 의미했다. 이것은 중요한 사실이었다.

다시 한번 절실히 느끼는 점이지만, 만약 영국 내의 다른 진보학교에서 우리 학교로 오는 학생이 있다면 그와 똑같은 상황이 발생한다는 사실이다. 다 그런 건 아니지만, 우리 학교에 새로 들어오는 아이들 대부분은 반사회적이 되거나 적어도 비사교적인 태도를 보임으로써 자유에 반응한다. 서머힐에서 물건 수선에 드는 비용은 서머힐보다 학생 수가 세 배나 많은 어떤 남녀공학 학교의 수선비보다 훨씬 더 많다. 심지어 별로 규율이 엄하지 않은 학교를 다니다가 온 아이조차도 서머힐에서는 울분을 토해내는 일이 흔하다.

서머힐은 학교가 아니다. 일종의 생활양식이다. 우리와 다른 남녀공학들 사이의 한 가지 차이점은, 우리가 아이들의 무의식과 감정적 갈등에 더 많은 관심을 기울인다는 점이다. 그렇다고 다른 학교들이 그런 요소를 무시한다는 말은 아니다. 어쩌면 나는 편견을 가졌을지 모른다. 왜냐하면 난 배움의 정통 사도들이 아니라 호머 레인과 역동심리학자들을 통해 교육에 이르게 되었기 때문이다. 나는 우리 학교가 놀이를 가장 중요시하는 정말 유일한 학교라고 생각한다. 내게 그것은 근본적인 것이다.

이런 학교 이야기를 해보면 어떨까? "너희는 완전히 자유다. 교직원들은 어떤 규칙도 만들지 않는다. 너희는 자치를 행한다. 너희는 스스로 자신의 인생철학을 계발하도록 맡겨진다…… 하지만 수업에는 꼭 참석해야 한다." 아, 우리 중 어떤 사람도 늘 한결같을 수는 없다는 사실을 나는 안다. 서머힐에서는 여섯 살짜리 아이들에게 밤 10시가 넘도록 자지 않는 것을 허용하지 않는다. 그리고 고열이 나는 아이에게 굳이 과일과 다진 고기를 넣어 만든 후식용 민스파이를 먹으라고 하지 않는다. 한편 수업에 참석하는 일이나 식사 전에 손을 씻는 일에 대해서는 손톱만큼도 관여하지 않는다. 나는 그렇게 했던 적이 한 번도 없었고 지금도 그렇게 하지 않는다.

서머힐에서 우리는 권위를 버려버렸다. 어떤 점에서 서머힐은 기존의 틀에 맞춰 찍어내는 방식을 없애려고 시종일관 애쓰고 있다. 하지만 많은 진보학교들이 예절 바름과 품행 방정함이라는 자신들의 기준에 따라 아이들을 틀에 맞춰 찍어내는 방식을 무의식적으로 기꺼이 영속시키고 있다는 점이 나는 염려스럽다. 어떤 다른 남녀공학 학교들보다 서머힐에서 더 많은 욕설이 오간다. 왜 그럴까? 욕설은 깊은 관심과 관계가 있기 때문이다. 다른 학교 학생들도 똑같은 관심을 가지고 있지만, 말로 그런 관심을 드러내는 것은 금지된다. 그건 또 왜 그런가? '훌륭한' 사람은 그런 말을 쓰지 않기 때문이다. 가끔 그런 말은 '무례한' 말이라고 이야기하는 어린아이가 서머힐에 온다. 만일 내가 틀렸다면, 왜 권위적인 학교에 다니다가 서머힐로 온 모든 아이들은 욕설을 하기 시작하는가? 왜 그렇게 많은 아이들이 목욕하는 것을 그만두고 싶어하는가? 왜 그 아이들은 자위에 대한 죄의식을 지니고 오는가? 간단히 말해, 왜 그 아이들은 교사의 평가를 두려워하고 다른 아이들에 대해 도덕적인 자세를 취하며 위선자처럼 행동하는가? "전에 다닌 학교에서는 도둑질하는 애들이 없었어. 도둑질을 하다니 생각만 해도 끔찍해."

많은 진보학교들과 서머힐의 또 다른 차이점은 학생 수에 있다. 서머힐의 70명 남짓한 학생들은 한 장소에 모여 전체회의를 진행한다. 그래서 직접 운영이 가능하고, 손을 들어 의사 표시가 가능하다. 300명의 학생을 둔 학교에서는 이런 방법을 쓸 수 없다. 그런 학교에서 자치는 대략 열두 명으로 구성된 평의회에 권한을 위임하는 것을 의미한다. 내가 듣기로 그런 평의회에는 교장이 늘 참석하고 거부권을 행사할 수 있다고 한다. 나는 거부권을 행사한 적이 없었고 거부권 자체를 가진 적도 없었다. 그리고 내게 그런 거부권이 있었으면 하는 경우와 마주친 적도 없었다. 우리 학교 학생 수가 적은 것에는 이점이 있는데, 나이 어린 학생들과 나이 든 학생들이 훨씬 많은 교제를 나누게 된다는 점이다. 그런 교제는 이해심과 인내심 그리고 너그러움을 기르는 데 도움이 된다.

아마 서머힐은 성 문제에서 대다수의 다른 학교들보다는 걱정이 덜한 편일 것이다. 물론 도덕적인 분위기는 성을 억제할 수 있다. 그런데도 교장들은 위험스러운 상황에 대해 많은 걱정을 한다. 대다수 학교에는 남학생과 여학생을 구분하는 명확한 방안이 있다. 특히 잠을 자는 숙소에서는 더욱 그렇다. 연애는 장려하지 않는다. 그것은 서머힐에서도 마찬가지다. 하지만 억지로 막지는 않고 그냥 내버려두는 편이다. 왜냐하면 청소년기의 연애는 자연스럽고 아름다우며 순진무구하기 때문이다.

덧붙여 말하자면, '진보적'이라는 말을 나는 참아내지 못한다. 나는 '선구자'라는 말을 더 좋아하는데, 그 말에서는 정글 속에서 도끼를 들고 길을 개척해나가는 건장한 사람들이 연상되기 때문이다. 나중에 그 길을 통해 폭리를 취하려는 자들과 착취자들을 실은 마차가 들어올 것이다. 이 말의 의미는, 여러분이 어떤 일을 하든지 간에 뒤를 이어 누군가가 들어와서는 여러분이 발견한 황야를 술집들이 들어서고 전기 간판이 번쩍거리는 도시로 바꿔놓는다는 것이다.

기숙학교에 관해서 말하자면, 만약 기숙학교가 모두 없어진다 해도 시민들 대다수는 아쉬워하지 않으리란 것을 안다. 기숙학교는 부자들과 상대적으로 부유한 부모들을 위한 것이었다. 교육에서 선구적인 노력이 대부분 기숙학교의 학비를 부담할 수 있는 중산층에 국한되어왔다는 사실은 언제나 슬픈 일이었다. 결국에는 통학학교만 살아남을지 모른다. 그것은 정말 유감스러운 일이다. 나는 기숙학교, 아니 자유로운 기숙학교들만 믿는다. 아이들은 나이 어린 어른들이 아니기 때문에, 요즘과 같은 소가족 시대에 아이들은 스스로를 또래들에 비추어 판단하면서 자신들의 공동체 안에서 생활해나가는 것이 바람직해 보인다.

기숙학교는 가족 간에 서로 많은 것을 주고받는 대가족이라는 형태로 가족 공동체를 이루고 살던 때보다는, 오늘날에 더 필요하다. 소가족 시대인 오늘날 함께 살아가는 형제들이 없는 아이들은 어른들한테나 적합한 환경 속에서 너무 많은 시간을 보낼 위험이 있다. 자신을 견주어볼 대상이라고는 오직 부모밖에 없는 조건 속에다 외동자식을 계속 두는 것은 부당하다. 그런 아이는 자기 나이에 비해 너무 나이 들어버리기 십상이다.

물론 나는 부모의 입장을 이해한다. 한 해에 여덟 달 동안 어린 자식을 빼앗기는 것은 부모 마음에는 큰 부담이다. 바로 어제, 서머힐의 여자 졸업생 중 한 명이 결혼했는데, 그 졸업생이 내게 이런 말을 했다. "난 너무 어렸을 때 서머힐에 갔어요. 그때 겨우 네 살이었죠. 몇 년 더 부모님과 함께 있었으면 어땠을까 하는 생각을 가끔 했어요."

부모가 맞벌이를 하는 경우처럼, 이러저러한 집안 사정 때문에 다섯 살짜리 영국 아이들을 우리는 가끔 받아들인다. 하지만 어린 미국 아이들을 받아들이지는 않는데, 적어도 일곱 살이 될 때까지는 수천 킬로미터나 부모와 떨어져 있어서는 안 된다는 이유에서다.

아니, 미래는 기숙학교에 달려 있다는 말을 나는 믿지 않는다. 만약에 모든 기숙학교가 서머힐처럼 행복한 곳이라면 많은 아이들이 혜택을 입을 것이다. 하지만 자기네 곁에서 자식이 성장하는 것을 보고자 하는 부모의 마음을 나는 이해한다. 우리 졸업생들이 가끔 맞닥뜨리는 장애물은, 아이들을 틀에 맞춰 찍어내지 않고 또 어떤 사상을 주입하려 들지 않는 통학학교를 자신들이 사는 지역에서는 찾기가 불가능하다는 것이다. 하지만 그런 어려움은 서서히 풀려나갈지 모른다. 아주 훌륭하고 아이들 편에 서 있는 유치원들이 이미 많다.

그래도 여전히 통학학교를 기숙학교와 비교할 수는 없다. 가령 통학학교에서 자치를 하기로 결정한다면 어떨까. 회의에서는 무엇을 토론할 수 있을까? 어떤 규칙들이 통과될 수 있을까? 통학학교에서는 자치로 운영해나갈 것이 없다. 시간표도 정해져 있고 교과목과 시험도 마찬가지다. 학생들의 생활의 중요한 부분이 학교 밖에서 이루어진다. 한편 기숙학교에서는 1년에 36주를 온전히 학교에서 지내야 한다.

서머힐의 전체회의에서 수업에 관한 논의가 이루어지는 경우는 거의 없다. 회의의 주제는 대부분 교실 밖의 문제들이다. 통학학교에서는 거의 찾아볼 수 없는 그런 주제들이다. 취침 시간 규칙을 어기는 것, 식사 시간에 떠드는 것, 나이 많은 아이들과 어린 아이들에게 주어진 시간을 어떻게 할당할지 그리고 토요일 밤 댄스파티를 10시에 마칠지 11시에 마칠지 같은 사회적 프로그램을 짜는 등의 주제들이 그런 것들이다. 이 모두가 사회적 행동, 학생들 사이의 관계, 학생과 교직원의 관계, 교직원 사이의 관계와 연관되어 있다.

통학학교에서는 이런 상황이 거의 발생하지 않는다. 집은 취침 시간 문제를 자동으로 해결해버린다. 그래서 그 문제를 생각해보고 어떤 행동을 취할 기회를 아이들에게서 빼앗아버린다. 한편 기숙학교는 아이들에게 대가족 속에서 생활해볼 기회를 제공할 수 있다. 그 가족에는 아버지와 어머니가 없으며, 그 속에서 아이는 보통 자신에게 유리한 결정을 스스로 내려 보는 기회를 가질 수 있다. 내게 이런 공동체 생활은 아이의 발달 과정에서 세상의 어떤 교과서보다도 중요하다.

다시 진보학교들 문제로 돌아가보자. 서머힐의 어떤 졸업생이 세인트 X, 세인트 Y 학교의 어떤 졸업생보다 개인으로 볼 때 더 낫다는 점을 두고 논쟁할 정도로 나는 어리석지 않다. 졸업생들 개개인의 측면에서 생각할 수는 없는 법이다. 또한 나는 숫자라는 측면에서 생각해보려는 것도 아니다. 그게 아니라 궁극적인 측면에서 생각해보려는 것이다. 보통의 진보학교는 이른바 질서 정연한 자유를 지니고 있다. 그것은 분명한 한계가 있는 자유다. 이런 유형의 학교가 지속되면 질서 정연한 삶과 반쪽짜리 자유의 시민 그리고 절충이라는 결과를 초래할 것이다. 반면에 완전히 자유로운 교육이 지속되면 마침내 틀림없이 자유로운 사람들이라는 결과를 낳을 것이다. 물론 한두 세대 안에는 아니겠지만, 결국 사람들은 자유로워질 것이다.

자유로워지면 무엇이 되는가? 그들 자신이 된다. 증오와 두려움 그리고 권위주의가 없는 그들 자신이 되는 것이다. 지금 나는 꿈같은 생각을 말하고 있는 게 아니다. 자유로 말미암아 불행하고 비뚤어진 아이들에게 일어난 놀라운 결과들을 직접 경험하고 나서 하는 말이다.

서머힐이 다른 학교들로 하여금 더 인간적인 모습을 갖게 만들고 또 덜 권위주의적으로 되게 하는 데 큰일을 했다고 많은 사람들이 내게 말했다. 변화는 일어나고 있지만 성공을 거둔 것은 아니라고 나는 대답했다. 아이들의 행복한 얼굴과 재잘거림 그리고 개인적인 흥미로 넘쳐나는 새로운 초등학교들이 있다. 그 학교들이 훌륭하기는 하지만 내게는 별로 만족스럽지 않다. 왜냐하면 아이들의 놀이 본능이 완전히 인정되지 않기 때문이다. 아이들이 뭔가를 하고 있고 그것을 통해 배운다는 것은 틀림없다. 하지만 여전히 학습이다. 반면에 놀이에는 어떠한 의식적인 학습의 요소도 없으며 또 있어서도 안 된다. 미국에서는 새로운 자유학교들이 모습을 드러내고 있다. 탈학교de-schooling 운동도 벌어지고 있다. 존 홀트, 폴 굿맨, 이반 일리치, 조지 데니슨을 비롯하여 여러 사람들이 용감하게 미국 학교에 영향을 미쳐왔다.

공립학교에서 실험이 진행된 사례가 있는데, 랭커셔의 E. F. 오닐과 런던 스텝니의 A. A. 블룸이 그들이다. 하지만 이 훌륭한 사람들은 국가 체계 안에서 제한된 실험만 할 수 있었다. 오닐은 형편없는 책상들을 톱으로 켜서 쓸모 있는 긴 의자와 탁자를 만들 수는 있었다. 그리고 새롭고 실질적인 방식으로 아이들을 가르칠 수는 있었다. 추측컨대 그가 할 수 없었던 일은 모든 수업을 자발성에 맡기는 것이었다. 20년 전 나는 블룸의 학교를 방문했다. 그 학교가 아이들을 인정하고 사랑하는 것을 보고 나는 기뻤다. 그 학교에서는 어떤 두려움도 찾아볼 수 없었다. 블룸이 국가의 통제 아래에서 나아갔던 것보다 어떻게 더 나아갈 수 있을지 나는 알 수 없었다. 사실, 국가는 살아가는 방법의 개척이 아니라, 역사를 가르치는 방법의 개척에서 교사의 역할을 인정할 것이다. 공립학교에서 이루어지는 시도들은 대개 어려움에 봉착했다.

얼마 전, 한 중등학교 교장이 학생들에게 각자의 시간표를 스스로 만들 수 있다고 말했다. 그 이야기는 신문 보도를 통해 널리 알려지게 되었다. 교육 당국은 그런 혁신을 인정할 수 없다고 결정했다. 자유에 대한 그런 가벼운 실험조차 공식으로 비난받는다면, 공립학교에서 새로운 길을 개척해나가는 데에는 과연 어떤 희망이 있을까? 새로운 길을 개척하는 일을 그렇게 구속하고 속박하면서 이러저러한 조건을 단다면, 그 일의 장래는 어둡다.

큰 학교의 어떤 젊은 교사든 그 학교의 전통과 관습을 벗어나기는 불가능하다는 사실을 알게 될 것이다. 그렇다고 해서 교사가 감히 어찌해볼 수 있는 자유가 없다는 말은 아니다. 그는 아이들 편에 설 수 있다. 그는 처벌 없이 아이들을 교육할 수 있다. 그는 인간답고 유쾌한 교사일 수 있다. 하지만 그는 온갖 종류의 어려움에 처해 있는 자신을 발견하게 될 것이다. 우리 졸업생 중 한 사람이 교사가 되었는데, 그 학교에는 거친 남자 아이들이 많았다. 그는 이렇게 말했다. "서머힐의 이념을 가지고 시작했지만 포기해야 했어요. 어떤 아이에게 친절하게 대하면, 그 아이는 날 만만하게 생각했죠. 그리고 교실은 북새통으로 변해버렸죠."

큰 공립학교에서 아이들에게 자유를 주려 할 때 마주치는 장애는, 부모들 대다수가 자유를 믿지 않는다는 점이다. 너무나 많은 부모들이 학교를 잘못을 범하는 자식들의 기강을 바로잡아주는 곳으로 생각한다. 50여 년 전 나는 스코틀랜드의 시골 학교에서 그 사실을 경험했다. 화가 난 부모들이 끊임없이 나를 찾아왔다. "난 내 자식을 하루 종일 노는 학교가 아니라 공부하는 학교에 보냈소." 서머힐에서는 자유가 쉽게 실천된다. 왜냐하면 모든 부모들이 우리와 함께하기 때문이다.

공립학교의 주된 일은 교과목 공부다. 수업 출석은 강제 사항이다. 수학에 뒤떨어지는 학생들도 수학 시간에 자리를 지키고 최선을 다해야 한다. 규율이 잡혀야 하고 떠드는 소리도 없어야 한다. 하지만 자유로운 아이들은 많이 떠든다. 모든 것이 교사에게 불리하다. 학교 건물, 놀이 공간의 부족, 아이들 정렬시키기, 정말로 온 교육 체계가 그러하다. 교육 당국이 자유가 있어서는 안 된다고 판결하는 한 공립학교에서 자유는 있을 수 없다.

만약 서머힐이 다른 학교들에 어떤 영향을 미쳤다면, 대부분의 경우 그 영향은 수정되고 변용되었다. 어떤 학교들은 자유를 받아들이지만 그것을 질서 정연한 자유라고 부른다. 하지만 내게 그것은 모순 논리다. 그러나저러나 가련한 교사는 한 교실에 학생들이 40명씩이나 되는 병영 같은 학교에 과연 어떤 자유를 도입할 수 있을까? 그렇지만 불리한 환경 속에서도 많은 것을 이루어낼 수 있다. 라이징힐Rising Hill 학교가 그 예다. 마이클 두에인은 런던의 우범 지역에 있는 종합중등학교를 맡았다. 그 학교에서는 대략 200명의 아이들이 낙제 상태였다. 런던 지역 장학관들이 채근했을 때도 두에인은 체벌을 사용하지 않았다. 그로부터 2년 만에 낙제 학생 수가 여섯 명으로 줄었다. 이것은 공립학교에서도 증오가 아닌 사랑을 펼 수 있다는 것을 의미한다. 그리고 이것은 중산층 아이들을 위한 기숙학교에서만 자유가 실현될 수 있다고 말하는 사람들에게 주는 하나의 답변이다.

영국의 종합중등학교에 대해 내가 반대하는 것 중 하나는 그 규모가 너무 크다는 점이다. 작은 읍에서는 모든 사람들이 자신의 개성을 가지고 있고 모든 사람들이 서로를 알고 지낸다. 하지만 큰 도시에서는 사람들은 비인격적인 거대한 군중 속에 매몰된다. 이는 큰 학교에서도 마찬가지다. 아이들은 단지 숫자가 되고 만다. 아이들과 교직원들 간에 많은 접촉이 이루어질 수가 없다. 어떻게 1,200명의 학생들이 다니는 학교에서 교장이 전체 학생들의 이름을 알 수 있겠는가? 하지만 모든 아이들은 자기만의 개성을 지닌 한 개인이 되고 싶어한다. 그리고 여러 사람에게 그렇게 알려지고 사랑받고 싶어한다. 하지만 큰 학교에서는 이것이 불가능하다.

런던의 모든 큰 학교들을 없애고, 교외에다 풀밭과 숲이 있는 1층짜리 학교들을 지어서 도시의 아이들을 매일 버스로 통학시킨다는 교육부의 계획이 실현되는 것을 보고 싶다.

열 살 난 조이 브라운이 부모나 교사에 의해 훈육되고 틀에 맞춰 키워져야 하는 어린아이가 아니라는 점을 사람들이 이해하기를 바란다. 조이는 하나의 인격을 가진 개인이다. 그는 인정받고 싶어하고 사랑과 재미 그리고 게임을 추구한다. 하지만 큰 학교에서 조이는 군대 안의 사병이 갖는 느낌, 그러니까 하나의 단위나 숫자가 된 느낌을 갖는다. 그래서 비행 청소년들을 치유하는, 혹은 아이들이 비행 청소년이 되는 것을 예방하는 하나의 방법으로 큰 학교를 작은 학교로 잘게 쪼개자고 제의한다. 앞에서 큰 종합중등학교에서 문제아들과 함께 성공적으로 학교를 이끌어나간 마이클 두에인의 예를 언급했다. 만일 그의 학교가 작았더라면 더 큰 성공을 거두었을 것이다. 그런데 라이징힐은 반생명적인 사람들에 의해 끝내 폐쇄되고 말았다.

자유를 위한 많은 훌륭한 업적들이 국가 체계 바깥에서 이루어진다는 사실은 서글픈 일이다. 문제아들과 함께하고 있는 사람들에 대해 생각해본다. 조지 라이워드, 오토 쇼, 데이비드 윌스, 그리고 내가 조금밖에 알지 못하는 여러 사람들에 대해. 이 사람들은 정부 관리들이나 법률가들 그리고 그 밖의 다른 사람들보다 훨씬 앞서 있다. 후자의 사람들은 군대식 규율을 가진 소년원에서 보내는 힘들고 엄격한 삶이 비행 청소년들을 치유한다고 믿는다. 내가 위에서 언급한 사람들은 오토 쇼를 제외하고 서머힐에서 영감을 받지 않았다. 오토 쇼는 우리 학교를 여러 차례 방문한 뒤 자신의 학교를 시작할 결심을 했다. 비들스Bedales, 다팅턴홀Dartington Hall, 세인트크리스토퍼스St Christopher's와 같은 유명한 남녀공학 학교들도 서머힐에서 영감을 받지 않았다.

서머힐은 존속하기 위해 늘 고군분투해왔다. 지금은 불안한 시기고 두려움의 시기다. 부모들은 공부하는 대신 놀 수 있는 학교에 자기네 아이들을 보내는 그런 인내심과 믿음을 더 이상 갖고 있지 않다. 자기 자식들이 생계를 꾸려갈 능력을 갖출 수 없을까봐 부모들은 마음을 졸인다. 교육에서 선구적인 일은 오직 안정된 시기에만 번창한다. 다른 학교들처럼 수업 출석을 강제한다면 아마 나는 학생 수를 유지할 수 있을 것이다. 그러나 만약 내가 그렇게 한다면 체계의 근본이 산산조각 나버리고 말 것이다. 교육사는 이렇게 서술할지 모른다. "50년 동안 서머힐에는 공부를 하거나 혹은 공부를 하지 않을 자유가 있었다. 하지만 그것은 실패했다. 닐이 강제성을 도입함으로써 권위 아래서가 아니라면 아이들은 공부를 하지 않는다는 사실을 입증했다."

물론 이것은 잘못된 추론이지만 그렇게 기록될지도 모른다. 세금과 불안 때문에 부모들이 자식의 장래를 위험에 내맡기려 하지 않았다고 대답하는 것은 변명이 되지 못할 것이다. "경제적 요인 때문에 훌륭한 일이 좌절될 수는 없다"라고 대답할 수도 있으니까. 또 다른 오류가 있다. 60년 전 아버지의 시골 학교에 다녔던 톰 스미스는 뛰어난 학생이었다. 그런데 그의 아버지는 농부였고 톰 역시 농부가 되었다. 여러 해가 지난 후 다시 만났을 때 그는 우둔하고 속 좁은 사람이 되어 있었다.

다른 진보학교들도 살아남기 위해 똑같이 힘겨운 싸움을 벌이고 있다. 선구적인 학교가 장차 없어지리라는 전망은 자유라는 주제를 참으로 중대한 것으로 만든다. 이미 선구적인 학교의 자유는 다른 사립학교들과 공립학교들에 어느 정도 영향을 미쳤다. 많은 교사들이 내게 말했다. "우리는 서머힐에서 하는 것처럼 할 수는 없습니다. 하지만 서머힐이 존재하고 있고 활동하고 있다는 그 사실만으로도 완고한 체계 아래 있는 우리는 자극을 받습니다."

선구적인 학교가 없어지고 나면 그런 자극과 격려는 어디에서 올까? 자식들의 자율을 믿는 부모들에게서 나오리라고 나는 생각한다. 언젠가는 많은 부모들이 자율을 실천하고, 그래서 집에서 아이들과 함께한 자신들의 노력을 수포로 돌리는 학교 체계를 묵인하지 않을 것이다. 나는 그런 때를 머릿속에 그려본다.

지금 이런 말을 하고 있는 나 자신이 우스꽝스럽다는 생각이 든다. 나는 인류의 구원을 약속하는 온갖 특효약들에 넌더리가 난다. 음식 개혁가들, 정치 선동가들, 제약회사 연합체들, 심리학 학파들, 종교적인 만병통치약들. 그런 내가 빈 궤짝 위에 올라서서 떠들어대며 그들이 팔고 있는 상품에다가 또 다른 만병통치약, 즉 자율을 하나 더 덧붙이고 있는 꼴이니 우습지 않을 수 없다. 하지만 모든 특효약들 중에서 시도되지 않은 유일한 것이 자율이다. 다른 모든 특효약들은 어른을 대상으로 한다. 먼저 아이들을 대상으로 시작한다면 많은 사람들이 웃긴다고 생각할지도 모른다. 그러나 기독교 주창자들이 고통받는 어린아이들을 빼버리고 어른들과 사도 바울의 증오에 찬 복음을 택했기 때문에 기독교가 쇠퇴하기 시작했다고 말하는 것은 그렇게 이상한 주장이 아니다. 공산주의 역시 가부장적 권위를 선호한 탓에 어린아이들을 놓쳐버렸다. 그러니 나는 공원에서 빈 궤짝 위에 올라서서 무심히 지나치는 행인들을 향해, 아이들에 대한 우리의 치유법 속에서 인류의 좌절과 불행의 해결책을 찾아보라고 간청한다.

최근의 변화들

내 나이 이제 여든여덟 살이고, 교육에 관해서는 더 이상 책을 쓰지 않을 생각이다. 왜냐하면 새롭게 말할 것이 거의 없기 때문이다. 그런데 내 입장에서 이 말만은 꼭 해두고 싶다. 나는 아이들에 관한 '이론들'을 쓰면서 지난 50년의 세월을 보내지는 않았다. 내가 쓴 글들 대부분은 아이들을 지켜본 결과와 아이들과 함께한 생활에 근거하고 있다. 사실 나는 프로이트, 호머 레인, 빌헬름 라이히, 그리고 또 다른 사람들에게서 영감을 얻었다. 하지만 현실에서 쓸모없는 것으로 증명된 이론들은 서서히 버려왔다.

저술가는 별난 직업이다. 방송에서처럼, 저자는 자신이 볼 수도 헤아릴 수도 없는 사람들을 향해 어떤 메시지를 보낸다. 내 독자들은 특별한 사람들이었다. 이른바 공공 대중은 나를 모른다. BBC 방송은 교육 문제에 관한 방송 대담에 나를 절대 초대하지 않을 것이다. 옥스퍼드나 케임브리지 대학의 학생들에게 강연을 하면 어떤 교수도 학장도 내 강연을 들으러 오지 않는다. 『타임스 The Times』지가 내가 보낸 편지를 싣지 않는다는 사실에 나는 한때 분노했다. 하지만 지금은 그들의 거부가 일종의 칭찬이라고 생각한다. 그러면서 이런 사실들에 오히려 자부심을 느낀다. 왜냐하면 대중에게 알려지는 것은 내가 시대에 뒤떨어졌음을 암시하는 셈이니까.

만약 내가 서머힐 경이라면, 상점 주인이 나를 보고 '각하'라고 부를 때 나는 내가 얼마나 잘난 사람이 되었는가를 깨달으며 얼굴을 붉힐 것이다. 최근에 세 개의 명예 학위를 받았으니, 내가 시대에 뒤처지고 있는 것은 아닐까. 교육이 무엇인지 모른다는 걸 알기에, 나는 그 명예 학위들을 받은 일이 마음에 걸렸다. 나는 뭐가 교육이 아닌지만은 알고 있다.

교사가 사회에서 실제로 어떤 위치에 있는지를 나는 오래 전에 알아챘다. 시골 학교의 교장으로 있던 시절에 어떤 행사가 열렸는데, 영주가 제일 먼저고 다음이 목사, 그 다음이 의사 순이었다. 나는 수석 정원사와 함께 연단 아래쪽에 있었다. 교사의 지위는 거의 신사gentleman 수준이다. 명예 학위들이 마침내 나를 예절과 학덕을 갖춘 그 신사의 반열에 들게 만들지 않았나 싶다.

인정받으려는 바람을 완전히 벗어버렸다고 주장하는 것은 아니다. 하지만 나이를 먹으면서 변화가 일어난다. 특히 가치에서 변화가 온다. 최근에 700명의 교사들 앞에서 강연을 했는데, 600명을 수용할 수 있는 강당이 꽉 찼다. 우쭐한 기분이나 자만심이 들지는 않았다. 스스로에게 이런 질문을 던질 때까지는 정말 무관심했다고 생각한다. "청중이 열 명이었다면 어떤 느낌이었을까?" 대답은 "지독하게 화가 났을 것이다"였다. 그러니 비록 적극적인 자부심은 없다 하더라도 소극적인 분노마저 없는 것은 아니다.

야망은 나이를 먹으면서 없어진다. 인정받는다는 것은 그와는 다른 문제다. 말하자면 '진보학교의 역사'라는 제목의 책이 내가 한 일을 무시한다면 나는 그 책은 절대 보고 싶지 않다. 인정받는 데 진정으로 무관심한 사람을 나는 지금껏 한 번도 보지 못했다.

물론 우리가 시대에 너무 앞서 있어서 인정받지 못할 뿐이지 백 년 안에 인정받게 될 것이라고 우리의 영혼에 아첨을 떨기는 쉬운 일이다. 그것은 즐거운 백일몽이지만, 이제는 나이가 들어서 거기에 만족할 수가 없다. 아니다, 다른 책에서 나를 언급하지 않더라도 나는 정말 괴롭지 않다. 나를 괴롭히는 것은 바로 표절이다. 우리 학교에 몇 주 동안 머물며 자치에 관해 연구했던 사람이 있었다. 나중에 그는 자신의 학교에서 시행했던 훌륭한 자치에 관해 한 면 가득 기사를 썼다. 하지만 그는 그 생각을 서머힐에서 얻었다는 사실을 한마디도 언급하지 않았다. 나는 호머 레인과 그의 리틀코먼웰스에서 자치라는 생각을 얻었다. 나는 책과 강연에서 그 빚을 인정하는 데 조금도 망설이지 않았다. 훌륭한 표절자는 훌륭한 거짓말쟁이라야 한다. 그는 들키지 않을 정도로 영리해야 한다.

어떤 일을 자기 혼자 힘만으로 하는 사람은 없다. 모든 사람은 외부 영향의 집합체다. 물론 거기에는 어느 정도 개인적인 요소도 포함된다. 많은 사람들이 내게 영향을 미쳤는데 H. G. 웰스, 버나드 쇼, 프로이트, 호머 레인, 빌헬름 라이히 등이 그런 사람들이다. 앞서 말했듯이 그들은 교육가가 아니었다. 흔히 나는 루소의 제자라고 불렸는데, 서머힐을 열고 나서 50년이 지나도록 『에밀』을 읽어보지 못했다. 200년 전에 어떤 사람이 이론을 세웠고, 나는 알지도 못하는 채로 그 이론을 실천해온 셈이었다. 그 사실을 알고는 사람은 정말 겸손해야 한다는 것을 느꼈다. 한편으로는 좀 실망하기도 했다. 에밀은 자유로웠다. 하지만 그 자유는 그의 가정교사가 정해준 환경 안에서만 가능한 것이었다. 서머힐도 정해진 환경이지만, 그것을 결정하는 것은 개인교사가 아니라 공동체다.

누구에게서 영향을 받았는지에 대해 비평가들이 너무 경박하게 이야기한다는 생각을 이따금 한다. 어떤 사람에게 영향을 준 인물이 누구인가는 오직 그 사람 자신만이 알 수 있다. 위대한 교육가들은 내게 아무런 영향도 주지 않았다. 나는 존 듀이를 읽어보려 애썼지만 별로 성공하진 못했다. 페스탈로치와 프뢰벨은 전혀 모른다. 교육에 관해 글을 쓰는 많은 사람들이 따분하거나 장황하거나 아니면 둘 다이다. 존 듀이도 그런 사람 중 한 사람이며,『타임스 에듀케이셔널 서플러먼트*The Times Educational Supplement*』지에 글을 쓰는 사람들 중 90퍼센트 이상이 그런 사람들이다.

나는 몬테소리를 읽었다. 그런데 몬테소리는 내게 부정적인 영향만 끼쳤다. 일과 놀이를 구별하고, 아이들의 삶 속의 공상을 비난하는 몬테소리를 나는 인정할 수 없었다. 나는 몬테소리 학교에서 아이들이 벽에다 그림을 그리면서 삼각형에다 삼각형을 맞춰 넣고 있는 것을 보았다. 오래 전, 몬테소리 학교의 수석부관인 마케로니 양이 긴 계단 모양의 교구를 가지고 기차놀이를 하고 있는 아이한테서 그 교구를 빼앗는 것을 보았다. 아이는 화가 나서 펄펄 뛰었다. 나 역시 그랬다. 그 순간 나는 몬테소리 체계의 완고함과 규율 그리고 도덕성이 싫어졌다.

나이에는 재미있는 면이 있다. 오랫동안 나는 나이를 진보의 방해물로 여기면서 젊은이들에게 다가가려고 노력했다. 젊은 학생들, 젊은 교사들, 젊은 부모들이 그런 사람들이었다. 이제 나이가 들어 내가 그토록 오랫동안 반대해왔던 노인이 되고 나니 생각이 달라진다. 최근 케임브리지 대학에서 300명의 학생들 앞에서 강연을 했을 때, 그 강당에서 가장 젊은 사람은 바로 나라는 생각이 들었다. 정말 '그랬다.' 나는 학생들에게 말했다. "이렇게 찾아와서 자유에 관해 말해줄 나 같은 늙은이가 '여러분' 한테 왜 필요하죠?" 오늘날 나는 나이와 젊음에 대해 생각하지 않는다. 사람의 생각은 세월과는 무관하다고 생각한다. 나이는 스무 살이지만 생각은 아흔 살이나 된 청년들을 안다. 나이는 예순 살이지만 생각은 스무 살밖에 안 된 사람들을 안다. 이제 나는 신선함, 열정, 진취성, 활기, 낙천성에 관해 생각하려 한다.

내가 원숙해졌는지 그렇지 않은지 잘 모르겠다. 어리석은 짓에 대해서는 이전보다 더 용서를 못한다. 지루한 대화에는 더 심하게 화를 낸다. 그리고 개인의 인생사에 대해서는 관심을 덜 기울인다. 하긴 지난 50년 동안 나는 이런 일과 관련하여 스스로에게 너무나 많은 짐을 지워왔다. 또한 나는 물건에 관심이 덜 가고 아무것도 사고 싶은 마음이 들지 않는다. 여러 해 동안 나는 옷가게의 진열창에 눈길을 주지 않았다. 심지어 유스턴 가에 있는 내가 좋아하는 공구 가게조차도 지금은 나의 관심을 끌지 못한다.

이제 아이들의 떠드는 소리가 이전보다 나를 더 피곤하게 만드는 단계에 내가 들어섰다 하더라도, 나이가 짜증을 불러왔다고 말할 수는 없다. 어떤 아이가 온갖 나쁜 짓을 하고, 온갖 오래된 콤플렉스 속에서 살아가는 모습을 나는 여전히 지켜볼 수 있다. 왜냐하면 그 아이가 때가 되면 훌륭한 시민이 되리란 사실을 알기 때문이다. 나이가 들수록 두려움이 줄어든다. 더불어 용기도 줄어든다. 몇 해 전, 자기가 원하는 것을 얻지 못하면 높은 창문에서 뛰어내리겠다고 협박하는 아이에게 나는 그렇게 하라고 쉽게 말할 수 있었다. 하지만 지금도 그렇게 말할 수 있을지 모르겠다.

긴 평생 동안 나는 많은 변화들을 보아왔다. 자동차, 영화, 라디오, 텔레비전 같은 물질적인 면뿐만 아니라 이른바 문화적인 면에서도 변화들이 있었으며, 사람들의 관점에도 변화가 있었다. 내가 젊었을 적에는 목욕할 때도 옷을 입어야 했고, 성과 욕설은 금기시되었다. 버나드 쇼의 희곡 『피그말리온』이 엘리자 돌리틀의 '어림도 없어 not bloody likely'라는 제목의 연극으로 공연되었을 때, 모든 신문이 bloody를 b-y로 표기했다. 오늘날에는 교양 있는 신문들조차 'shit,' 'fart,' 'fuck' 같은 말을 그대로 싣는다. 그런데 어째서 그런 오래되고 좋은 앵글로색슨어 단어들이 외설스런 말로 간주되는지 나는 도무지 알 수가 없었다.

살아오면서 나는 여성의 위대한 성 해방을 보았다. 내가 어렸을 때 여성은 섹스에서 어떤 즐거움도 얻지 못한다고 여겨졌다. 이런 믿음은 남성들의 무지와 이기심 때문에 오르가슴을 느껴보지 못한 많은 여성들에 의해 뒷받침되었다. 오늘날 여성들은 섹스에서 남성들이 누리는 것과 동일한 자유를 공개적으로 요구한다. 순결도 그 신성한 기운을 잃어버렸다.

살아오는 동안 세상은 더욱 악해졌고 더욱 위험해졌다. 여기서 나는 전쟁에 대해 생각하고 있는 게 아니다. 사람의 힘은 줄어드는 반면, 거대 기업과 기업 연합체 그리고 비인간화된 공장의 힘이 커지고 있다는 사실을 염두에 두고 있는 것이다. 20세기 초에는 작은 기업이 일반적이었다. 사장인 빌 스미스는 자기 직원들과 그들의 가족을 잘 알았다. 오늘날 노동자들에게는 자신들의 어려움을 들고 가 이야기를 나눌 빌 스미스가 없다. 그들에게는 관료적이고 냉혹한 거대한 회사가 있을 뿐이다.

또한 나는 살아오면서 프로테스탄트의 쇠퇴를 보았다. 신의 죽음을 이야기하지는 않겠다. 왜냐하면 주변에는 수많은 이슬람교도들과 가톨릭교도들이 있으니까. 영국 교회는 신자들로 꽉 차지 않는다. 젊은이들은 조직화된 종교에 대체로 무관심하다. 그들은 죄와 천국과 지옥을 믿지 않는다. 그들의 신들인 팝 스타들, 디스크자키들, 축구 영웅들은 거의 해를 끼치지 않는다. 하지만 이 '새로운 종교'도 옛 종교와 공통된 특성을 가지고 있다. 축구 팀 서포터들 간의 증오와 폭력은 로마 가톨릭교도와 프로테스탄트로 갈라져 서로 죽이려 드는 종교색 짙은 얼스터 지방*의 증오와 폭력과

---

* 아일랜드 섬에서, 종교 분쟁으로 인해 아일랜드공화국 영토와 영국령 북아일랜드 영토로 나뉜 지방.

비슷하다.

　나이가 들면 보수적이 된다는 것은 잘 알려진 사실이다. 자화자찬하는 것은 아니지만, 나는 보수화되지 않았다고 생각한다. 그렇다고 내가 젊은이들의 관습과 취향을 받아들였다는 뜻은 아니다. 우리 학생들은 팝이나 삼류 노래를 듣는데, 나는 그런 음악을 듣기가 괴롭다. 그들은 유치찬란한 책을 읽고, 사춘기 이전에나 봐야 할 그런 텔레비전 쇼를 본다. 느린 탱고와 폭스트롯의 시절을 보내서 그런지, 그들의 기괴한 춤도 참을 수가 없다. 심지어 그들이 듣는 재즈조차 내가 즐기던 빅스 바이더베크의 재즈가 아니다.

　젊은이들은 우리의 문화를 원치 않는다. 입센, 프루스트, 스트린드베리, 단테의 이름을 아는 십대들이 얼마나 되겠는가? 이것이 잘못된 일이라고 말하는 게 아니다. 우리의 문화는 사람의 마음을 빨아들이는 정적인 책들과 연극들 그리고 사상들이다. 하지만 오늘날 젊은이의 문화는 행동과 움직임 그리고 기분 전환을 추구한다. 그래서 이런 물음이 나오는 것이다. "앉아서 로렌스의 작품을 읽는 것과 나가서 밤새 춤추는 것 중에 어느 쪽이 더 나을까?"

　둘 사이의 커다란 차이는 불가피하다. 만약 보수주의가 과거의 것을 유지하는 것을 의미한다면, 무성영화에 관해서라면 나는 보수적이다. 하지만 내게 보수주의란 그런 의미가 아니다. 그것은 새로운 사실들과 요소들을 보기를 거부하고, 아버지의 발걸음을 뒤쫓고, 반동적인 관습과 기준들을 지지하는 것을 의미한다. 영국 사람들이 스스로에 대해 보수파인 토리당원이나 진보파인 자유당원 혹은 노동당원 중 어떤 이름을 붙이든 간에 영국은 보수주의자들로 가득 차 있다. 내게 보수주의자란 아버지의 명령과 그 모든 권위를 받아들인 사람이다. 심지어 젊은 급진주의자들조차 흔히 나중에는 저 케케묵은 오이디푸스 전통을 좇아간다. 사람들은 정직함과 신실함이 부족할 때, 그리고 자신이 하는 일과 생각에 대한 믿음이 부족할 때, 타협하게 되고 보수주의자가 된다.

나는 여전히 여러 방법으로 젊은이들과 접촉할 수 있다. 예를 들어 인생과 사랑 그리고 사회 문제에 관해 젊은이들과 진지한 토론을 벌일 수 있다. 만약에 나이 든 사람이 젊은이에게 자기 세대의 가치를 전하려고 고집한다면, 둘 사이를 잇는 다리는 연결될 수 없다. 부모는 무엇이 옳은지를 '안다.' 그러나 아이들은 자신들에게 무엇이 옳은지를 '느낀다.' 가족 안에는 세대를 연결하는 자연스러운 다리가 있다. 가족 안에는 나이 든 사람과 젊은이 사이에 서로 공감하는 바가 있다. 부모와 자식은 서로에게 거짓말을 할 필요가 없다. 가족은 서로 신뢰하고 이해한다. 나는 바그너를 좋아하지만 내 아내 에나는 바그너를 싫어한다. 그래서 에나가 다른 방에 있을 때 내가 좋아하는 「뉘른베르크의 명가수」를 튼다. 내 의붓아들 피터 우드는 바흐를 좋아하지만 나는 싫어한다. 나는 방 밖으로 나간다. 가족생활은 서로 주고받는 것이어야 한다.

만약 넘을 수 없는 차이가 존재한다면, 그것은 음악이나 다른 취향들 때문에 생긴 것이 아니다. 그것은 나이 든 세대가 젊은이들을 이해할 수 없기 때문에 생기는 것이다. 그 차이는 두려움에서 생긴다. 젊은이들이 어긋날 거라는 두려움, 그들이 충분히 공부하고 있지 않다는 두려움, 그들이 인생에서 성공하지 못할 거라는 두려움이 바로 그것이다. 우리는 젊은이들이 하고 있는 어떤 일을 인정하지 않을 수 있지만, 젊은이 그 자신들을 인정하지 않아서는 안 된다.

흔히 겪는 세대 간의 차이가 서머힐에는 없다고 생각한다. 만약 마약이 학교에 들어온다면 세대 간의 차이가 생길 것이다. 마약을 하는 것은 비참한 삶에서 벗어나기 위해서다. 그것은 손쉬운 길이다. 젊은이들이 자연스럽게 생활하면서 자유를 찾으려 하지 않고 환각이라는 성급한 방법을 택할까봐 나는 걱정스럽다. 하지만 우리는 그에 대해 도덕적인 태도를 취할 수는 없다.

지금까지 교육에서 변화는 너무 느렸다. 학교에서 자유는 성장하기는 했지만, 학습과 시험에 대한 믿음이 커가는 속도만큼 그렇게 빠르게 성장하지 못해왔다. 복종과 규율이라는 오랜 가부장적 요구가 모든 국가 체계들에서처럼 학교에서도 강력하게 존속하고 있다.

그렇다면 나는 나의 체계를 변화시켜왔는가? 내 쪽에서는 어떤 특별한 변화를 생각할 수 없다. 하지만 아이들 편에서는 변화가 있었다. 전쟁 전에 우리는 교직원들이 만든 도를 넘어선 규칙들을 가지고 있었다. 학생들은 앞쪽 계단과 교직원용 화장실을 사용할 수 없었다. 현관 앞 둥근 잔디밭은 금지 구역이었고, 교무실도 학생들이 함부로 들어올 수 없는 곳이었다. 이런 금지 조항들은 차차 없어졌다. 교무실의 가구들도 학생들 방의 가구처럼 점차 망가졌다.

딱히 뭐라고 설명하기는 어렵지만, 아이들은 변했다. 30년 전 나는 아이가 도둑질을 할 때마다 6펜스짜리 은화를 쥐어줌으로써 도둑질을 치유해갈 수 있었다. 하지만 그 방법이 오늘날에도 통할지는 의문이다. 내가 제대로 분석해낼 수 없을 정도로, 요즘 아이들은 세상 물정에 아주 밝은 것 같다. 어쩌면 세상의 병이 더욱 깊어진 데서 연유하는 것인지도 모르고, 또 어쩌면 굳이 애써 벌지 않아도 많은 돈을 만질 수 있다는 데서 연유하는 것인지도 모른다. 그들은 인종차별주의와 반유대주의의 증오심에 대해, 그리고 일자리가 없는 세상의 불확실한 미래에 대해 미묘하게 또 무의식적으로 반응하고 있는지 모른다. 좀 더 깊게는, 원자폭탄과 인구 증가로 말미암은 삶 자체의 불확실성에 대해 반응하고 있는지도 모른다. 나는 잘 모르겠다. 그렇지만 내가 그들 이전 세대를 이해했던 것처럼 새로운 세대를 이해할 수는 없다고 생각한다.

아마도 그들은 너무나 많은 그럴 듯한 심리학 용어들을 들어왔을 것이다. 미국 아이들이 그래온 것처럼 말이다. 어쩌면 새로운 물질적 가치들이 잘못된 지향을 심어주면서 그들을 변화시켰는지도 모른다. 과거에는 삶이 훨씬 단순했다. 45년 전에 차를 몰고 나가면 1.5킬로미터에 두 대 정도의 차를 만났다. 오늘날에는 10미터에 두 대를 만나지 않나 싶다.

오늘날 우리 학생들은 이전보다 덜 공동체적이고, 자치를 이해하고 실천하는 데서도 뒤처지는 것 같다. 어떤 학생들은 부모에게서 돈을 너무 많이 받아서, 만일의 경우에 대비한다는 말이 낯설다. 이제 아이들은 더 많은 것을 요구한다. 오래된 봉제인형은 말하는 인형으로 대체되어왔다. 하지만 여자 아이들 대부분이 여전히 급 낮은 모델을 더 좋아한다는 사실을 알게 되어 기쁘다. 이 새로운 세대의 얄팍한 세속성은 대단히 복잡한 문제다. 그것이 돈과 관련이 있지 않나 하는 생각이 어렴풋이 든다. 오늘날 젊은이들은 심지어 이십대에도 저축하는 것을 못 본다. 돈이 남아나지를 않는다. 그것은 부분적으로 전쟁과 범죄와 증오와 최후의 핵폭발로 인한 파멸의 가능성을 가지고 있는 현대 생활의 불안정성에서 기인하는지도 모른다. 젊은이들의 변화는 근본적으로 나이 든 세대와 권위 그리고 권력에 대한 불신에서 연유하는 것이 틀림없다. 그래서 나는 새로운 세대에 대해 만세를 외칠 수 있다.

젊은이들은 자기네 선배들의 가식과 도덕의 본질을 꿰뚫어보기에 이르렀다. 그들은 자신들이 속아왔음을 알아차리고 있다. 오늘날 젊은이들은 과거 세대가 했던 것보다 더 큰 소리로 도전한다. 수소폭탄을 만든 것은 젊은이들이 아니었다. 노인들이었다. 하지만 젊은이들은 자신들에게 힘이 없다는 걸 안다. 그들의 삶은 나이 든 사람들, 즉 정치가와 군인과 민족주의자와 부자와 권력자인 그 사람들의 손에 달려 있다. 온갖 사건들과 두려움으로 인해 젊은이들은 때 이르게 어른이 되어버렸다. 어쩌면 이것이 새로운 세대가 세상 물정에 밝은 이유에 대한 한 가지 설명일지도 모른다.

몇 세대 전의 젊은이들은 낮은 지위와 아버지들의 명령 그리고 아버지들의 상징을 받아들였다. 오늘날의 젊은이들은 반항을 하지만, 헛된 방식으로 한다. 괴상한 헤어스타일, 가죽 재킷, 블루진, 오토바이 등은 모두 반항의 상징들이다. 그러나 그 상징들은 상징으로만 남아 있을 뿐이다. 거의 모든 아이들이 학교 교과를 싫어하지만, 그 체계를 바꾸기 위해서 할 수 있는 일은 아무것도 없다는 것을 안다. 본질적으로 젊은이들은 여전히 고분고분하며 순종적이고 열등감에 빠져 있다. 그들은 옷이나 예절 그리고 헤어스타일과 같은 중요하지 않은 것들에 도전한다.

십대들이 악하다는 모든 이야기는 헛소리다. 십대들은 여러분이나 나와 마찬가지로 악하지 않다. 그들은 기쁨을 모르는 시대에 삶의 기쁨을 추구한다. 그런데 그들이 알고 있는 것은 텔레비전과 스포츠 그리고 선정적인 신문 잡지가 전부다. 그들의 이상은 부자와 큰 자동차 그리고 값비싼 레스토랑이다. 그들은 영화와 텔레비전 스타들과 덧없는 팝 음악에 매혹된다. 진부하고 저속하며 겉으로 화려한 것들이 난무하는 탐욕스런 세상을 그들은 본다. 그리고 학교는 방과 후 생활과 스스로를 분리함으로써 젊은이들을 위해 아무런 일도 하지 않는다.

나를 절망에 빠뜨리는 것은 아이들이 살아갈 기회를 전혀 얻지 못한다는 것이다. 아이들을 '훈육하는,' 다시 말해 거세시키는 어른들의 세상이 삶을 대한 아이들의 사랑을 죽여버린다. 사실, 자유는 성장하고 있지만 너무나 느리게 성장한다. 사람의 생각과 발명이 사람의 억압된 감정들보다 너무 앞서가고 있으며, 따라서 폭탄의 위협도 현실이라는 것은 냉엄한 진실이다. 왜냐하면 전쟁은 생각에 의해 유발되는 게 아니라 감정에 의해 유발되기 때문이다. 자기네 국기가 모욕당하면 군중들은 미쳐버린다.

나는 자유의 더딘 성장에 대해 비관적이다. 감정에서 자유로운 아이들을 길러낼 시간이 우리에게 있을까? 증오와 공격성으로부터 자유로워지고, 자유롭게 살면서 다른 사람들도 살게 만드는? 결국 이 질문은 다음과 같은 질문으로 귀착된다. 모든 사람들이 내면으로부터 자유로움을 느끼고, 다른 사람들을 틀에 맞춰 개조하려는 치명적인 욕구에서 자유로워지도록 인간은 진화할 수 있을까?

누가 이 질문에 답할 수 있을까?

최근 몇 년 사이 나는 많은 것들에 관한 생각을 바꾸어야 했다. 나는 전에는 아이들이 전통 방식을 고수한다고 생각했다. 즉 남자 아이들은 목공을 좋아하고 여자 아이들은 바느질과 뜨개질을 좋아한다고 생각했다. 오늘날 작업장에는 남자 아이들뿐만 아니라 여자 아이들도 많다. 하지만 여자 아이들이 남자 아이들처럼 자전거를 분해하는 것을 보지는 못했다.

수공에 대한 내 생각도 변했다. 우리 아이들은 배나 총, 칼처럼 자신들이 공상의 날개를 펼 수 있는 것들을 만들었다. 그러면서 취미 삼아 놋쇠나 구리를 망치로 두드리고 있는 나를 보고 웃었다. 그래서 나는 내가 하는 이런 작업은 아이들을 끌어들일 수 없다고 생각했다. 왜냐하면 놋쇠그릇을 가지고 공상을 하려면 상당한 상상력이 필요하기 때문이다. 그런데 피터 우드가 도자기 제작실을 만들었을 때, 꽃병과 찻주전자를 만들려는 아이들의 열망은 대단했다. 난 내가 틀렸다는 결론을 내려야 했다. 왜냐하면 도대체 찻주전자에 어떤 공상을 연결할 수 있을지 나로서는 상상할 수 없기 때문이다.

자기보다 나이 어린 아이들을 겁주고 괴롭히는 아이들을 학교에 계속 데리고 있는 잘못을 너무 자주 범했다. 그 아이들을 어디로 보내야 할지 몰랐기 때문이기도 했고, 두려움을 이용해 아이들을 가르치는 학교가 그 아이들의 인생을 망칠까봐 걱정스러웠기 때문이기도 했다. 하지만 오늘날 만약 어린 학생들이 불안해한다면, 나는 아이들을 괴롭힌다고 입증된 아이를 학교에서 내쫓을 것이다. 너무나 많은 문제들이 우리에게 전가되고 있고, 부모들은 우리에게 아무 말도 하지 않는다. 나는 그런 부모들을 위해 불 속의 밤을 꺼내는 일을 50년 동안 해왔는데, 그만하면 충분하다고 생각한다.

결론을 내릴 수 없는 문제가 하나 있다. 서머힐은 지능지수가 낮은 아이들보다는 똑똑한 아이들에게 더 좋은가?(그런데 서머힐에서는 지능지수를 이용하지 않는다. 그 이유는 아마 언젠가 한 교사가 전체 학생들을 대상으로 지능검사를 했을 때 두 남자 아이와 한 여자 아이가 나를 때렸기 때문일 것이다.) 한 가지 확실한 것은, 학문 분야에서 성공한 서머힐 학생들은 하나같이 지적인 부모를 둔 자유로운 가정 출신이라는 점이다.

몇몇 아이들, 정말 극소수의 아이들은 자유를 받아들일 수 없다. 그들에게는 차라리 자상한 규율을 가진 학교가 더 나을 것이며, 그런 아이들은 누군가가 떠밀어줄 필요가 있는 것 같다는 결론에 나는 마지못해 도달했다. 그런데 우리에게는 10년 동안 한 번도 수업에 들어오지 않았지만 지금은 성공한 학생들도 꽤 있다. 이를 보면 앞서 내린 나의 절망스러운 결론은 잘못일지 모른다. 서머힐 졸업생들 모두와 연락이 닿는 것은 아니지만, 그들 중에 직업을 갖지 못한 사람은 한 사람밖에 없는 것으로 안다. 따라서 나의 결론은 분명 잘못이다.

본질에서 보면 나는 아무것도 바꾸지 않았다. 만약 다시 서머힐에서 50년을 보낸다 하더라도, 나는 자치와 수업 출석의 자유를 그대로 유지할 것이고, 도덕이나 종교를 가르치지 않을 것이며, 학교 안에 두려움이 없도록 할 것이다.

그런데 우리 모두가 요람에서부터 틀에 맞춰 키워졌다면 어떻게 자유로워질 수 있을까? 자유는 상대적이다. 서머힐에서 우리가 생각하는 자유는 개인적 자유, 내적인 자유다. 우리 중 그런 내적인 자유를 가진 사람은 거의 없다. 우리 학교에서 자유는 다른 사람의 자유를 침해하지 않는 한도 내에서 자기가 원하는 것을 하는 것을 의미한다. 이것은 외적인 의미다. 하지만 우리는 한층 더 깊이 들어가서, 아이들이 내적으로 자유로워지고 두려움과 위선과 증오 그리고 불관용으로부터 자유로워지는 것을 보려고 애쓴다.

전체 사회 조직은 그런 자유에 반대한다. 사람들은 모두 자유를 추구하지만, 동시에 자유를 두려워한다. 에리히 프롬의 『자유로부터의 도피』는 이 점을 분명히 보여준다. 국가적 자유는 너무나 흔히 피로 귀결되고, 개인적 자유는 비극으로 끝맺을 수 있다. 예를 들어 우리 시대에는 빌헬름 라이히가 그랬고 과거에는 수많은 순교자들이 그랬다. 라이히는 그의 책 『그리스도의 살해 *The Murder of Christ*』에서, 예수는 생명을 지지하고 자유를 지지했기 때문에 십자가에 못 박혔다고 주장한다.

입센은 말한다. "가장 강한 사람은 오직 홀로 서는 사람이다"라고. 세상을 위해 자유를 추구하는 사람은 홀로 선다…… 만일 그가 참호를 구축한 사회에 위험한 존재라면. 지금까지 당국은 서머힐에 어떤 위해도 가하지 않았다. 그러나 만일 많은 자유학교들이 생겨나서 기존 질서가 위협받는다면, 서머힐이 문을 닫는 일이 벌어질 수도 있다. 군중의 최우선 동기는 스스로를 보호하는 것이다. 하지만 반역자들은 비록 미미하다 할지라도 그 방호막을 뚫으려고 애쓴다. 결국 군중은 변한다. 그러나 너무나 천천히 변한다. 입센은 말한다. 어딘가에서 어떤 진리가 20년 동안 진리로 남아 있으면 그제야 다수의 사람들은 그 진리를 발견하지만 그때는 이미 거짓이 되어버린다고.

언젠가 사람들이 서머힐의 교육 방법을 쓴다 할지라도, 오랫동안 쓸 거라고는 생각하지 않는다. 사람들은 더 좋은 방법을 찾을지도 모른다. 말뿐인 수다쟁이만이 자신의 작업이 그 분야의 완전한 결정판이라고 허풍을 떨어댈 것이다. 사람들은 더 좋은 방법을 '찾아야' 한다. 왜냐하면 정치는 인류를 구원하지 못할 테니까. 정치가 그렇게 했던 적은 한 번도 없었다.

오만 가지 방식으로 사회적 증오가 표출되고 있는 나라 한 구석에 우리 가정이 존재하고 있다면, 우리는 어떻게 사랑으로 가득한 행복한 가정을 가질 수 있을까? 왜 내가 교육을 시험과 수업과 학습으로 간주하지 않는지, 여러분은 그 이유를 알아야 한다. 학교는 근본적인 문제를 회피한다. 세상의 모든 과학과 수학과 역사는, 가정을 더욱 사랑으로 가득 차게 만들고, 아이들을 억압으로부터 자유롭게 하고, 부모들을 신경증으로부터 자유롭게 하는 데 아무 도움이 되지 않을 것이다.

서머힐 자체의 미래는 별로 중요하지 않을지 모른다. 하지만 서머힐 사상의 미래는 인류에게 가장 중요한 문제다. 새로운 세대는 자유 속에서 자랄 기회를 가져야 한다. 자유를 주는 것은 사랑을 주는 것이다. 그리고 오직 사랑만이 세상을 구할 수 있다.

세계 속에서

서머힐은 전 세계에 널리 알려져 있는가? 그렇지 않다. 소수의 교육가들에게만 알려져 있을 뿐이다. 오랜 세월 동안 서머힐은 스칸디나비아에서 가장 많이 알려졌다. 30년간 노르웨이, 스웨덴, 덴마크에서 학생들이 왔다. 어떤 때는 한 번에 스무 명이 오기도 했다. 이 나라들의 교육 기준은 학업에 맞추어져 있고 시험을 숭상한다. 나는 스톡홀름에서 청중들에게 말했다. "스웨덴인 여러분은 자유에 관한 내 강연을 들으러 무리를 지어 여기에 와 있습니다. 그런 동시에 여러분의 학교들은 시험에 통과할 수 있는 아이들을 만들어내는 공장입니다. 여러분이 어떻게든 좀 해보는 게 어떻겠습니까?"

한 교사가 일어섰다. "아시겠지만 닐, 교육을 관장하는 사람들은 당신 강연에 오지 않습니다."

사립학교들이 영국보다 훨씬 많은 국가의 통제를 받고 있다는 점이 그들에게는 한 가지 장애였다. 그리고 나는 훌륭한 선구자인 구스타프 욘손이 비행 청소년들과 함께 일을 해나가면서 많은 반대에 부딪혔다는 것을 안다. 라이히가 얼마 동안 스칸디나비아에서 살았기 때문에, 그곳에는 자율이라는 라이히의 신조에 영향받은 꽤 많은 교사들과 부모들이 있다.

초기에 서머힐에는 호주, 뉴질랜드, 남아프리카공화국, 캐나다 등에서 온 학생들도 있었다. 내 책들은 일본어, 헤브라이어, 힌두스탄어, 구자라트어 등을 포함한 여러 언어로 번역되었다. 수단의 한 학교 교장은 그곳 교사들 가운데 일부가 서머힐에 큰 관심을 가지고 있다고 말한다.

두 가지 인도어로 번역된 책들이 있는데, 결과가 어떤지는 잘 모른다. 아마 큰 영향을 미치지는 못했을 것이다. 왜냐하면 인도에서 가장 먼저 해결해야 할 문제는 문맹이라는 사실이 분명하기 때문이다. 1936년 반半문맹 상태인 남아프리카공화국 원주민들과 이야기를 나누었을 때, 그들의 한 가지 생각은 학교에서 백인의 교육을 받는 것이었다.

서머힐은 스코틀랜드에서는 잘 알려져 있는가? 언젠가 큰 서점 주인을 소개받은 적이 있었다. 그는 내 손을 굳게 쥐고 말했다. "이런, 『내무반 동료들의 돌진하는 소리 The Booming of Bunkie』(내가 1918년에 쓴 형편없는 소설)의 작가를 만나다니 영광입니다." 남쪽 잉글랜드로 이주하는 스코틀랜드 사람들은 자기네 고향 땅에서 결코 존경받지 못한다. 명예롭고 영광스런 방문을 기대하며 고향에 돌아오는 스코틀랜드 사람은 자기 민족의 특성을 모르는 것이다.

스코틀랜드로 다시 돌아가는 방법은 변변찮게 옷을 입고 스코틀랜드 사투리를 쓰면서 어떤 일이 있어도 잉글랜드가 존재한다는 사실을 언급하지 않는 것이다. 일부 잉글랜드 사람들에게 스코틀랜드가 하나의 이름에 불과하듯이, 많은 스코틀랜드 사람에게는 잉글랜드가 존재하지 않기 때문이다. 존 에켄헤드는 스코틀랜드에서 킬퀴니티 스쿨을 세울 때 서머힐을 따랐다. 하지만 나중에는 현명하게 자신의 길을 갔다. 물론 자치에 대한 근본 신념은 그대로 유지했다.

서머힐이 일본에 영향을 미쳤다는 것은 기분 좋은 일이다. 사십여 년 전 뛰어난 교육가인 세이시 시모다가 우리를 방문했다. 그는 『문제아』부터 시작해서 나의 모든 책을 번역했는데, 저작권료 수입으로 계산해볼 때 상당히 많은 책이 팔렸다. 교사들이 우리의 교육 방법을 논의하기 위해 도쿄에서 모임을 갖는다는 소식을 들었다. 추측컨대 일본의 교육 체계는 엄하고 완고한 규율을 가진 강력하고 권위적인 체계인 듯하다. 내 서가에 일본어 책들이 한 줄로 쭉 꽂혀 있다는 사실이 오히려 다소 곤혹스럽다. 그 책들 중 하나인 『A. S. 닐과 그의 업적』은 나의 흥미를 끈다. 그런데 나는 음악 선생님에게 곡을 연주해달라고 할 때도 싱거운 농담을 하면서 나의 충족될 수 없는 호기심을 숨긴다. 1958년 시모다 씨는 다시 한번 우리를 찾아와 한 달을 머물렀다.

최근 몇 년 사이에는 미국 학생들(1971년에는 그 수가 전체의 절반을 넘었다), 스웨덴 학생들, 노르웨이 학생들, 덴마크 학생들, 독일 학생들, 네덜란드 학생들 그리고 프랑스 학생들이 서머힐을 다녔다. 그 아이들은 모두 영어를 배우고 우리의 생활 방식에 적응해나간다. 우리 중 누구도 그 아이들의 언어를 배우려 하지 않으며, 또 예를 들어 음식 같은 그 아이들의 생활 방식에 적응하려고 하지 않는다. 헬레라우 국제학교 시절과 나중에 오스트리아에 있을 때, 우리는 모두 독일어를 배워야 했고 독일 음식과 관습에 적응해나가야 했다. 그래서 여름 학기에는 아침 7시면 아이들을 가르쳐야 했는데, 나는 일찍 일어나는 게 싫었다.

헬레라우에서 우리는 대체로 국제적인 감각을 지니고 있었다. 우리는 스페인을 제외한 유럽의 모든 국적을 가지고 있었다. 학교에 반유대주의는 없었다. 1921년 드레스덴의 큰 상점들은 "유대인 사절"이라는 문구를 붙여 놓았다. 하지만 그런 편견은 이미 수십 년 전부터 시작된 것이었다.

나는 그 시절을 슬픈 마음으로 회고한다. 왜냐하면 우리 학생들 중 많은 수가 유대인이었고, 그들 모두 분명 가스실에서 죽음을 맞이했을 것이기 때문이다.

헬레라우 국제학교가 학생들에게 어떤 영향을 미쳤는지 나는 판단할 수 없다. 그것이 내게 어떤 경험이었는지만 알 수 있을 뿐이다. 헬레라우는 나를 국제주의자로 만들었다. 하지만 스코틀랜드나 잉글랜드에 대한 내 애정을 지우지는 못했다. 내가 얻은 것을 정확하게 표현하기는 정말 어려운데, 그것은 아마도 영국에만 있었다면 얻을 수 없는 형제애 같은 감정일 것이다. 심지어 나중에 베를린의 템플호프 공항에서 히틀러의 증오에 찬 고함소리를 들었을 때도 나는 독일인들을 미워할 수 없었다. 그리고 독일군 사상자들에 대한 기사를 보았을 때 프리츠와 헤르만이 거기 포함된 것이 아닐까 하고 걱정했다.

네덜란드로 간 첫 해외여행이 생각난다. 나는 속으로 생각했다. "형형색색의 유람선들, 값싼 담배, 버터와 치즈가 넘쳐나는 풍경으로 볼 때, 여기 사람들은 분명 모두 행복할 거야." 이보다 좀 덜하기는 하지만 미국에서도 똑같은 느낌을 받았다. 내가 차를 얻어 탄, 아니 나를 호화로운 차에 태워준 중산계급의 교양 없는 속물들조차 미국이라는 미지의 세계를 물들이는 그 매력을 지니고 있었다. 한쪽에는 데이먼 러니언*이 사기꾼들과 뚜쟁이들과 함께 타고 있는 그의 낭만적인 기차가 있고, 다른 쪽에는 목에 생긴 암 때문에 고통스럽게 죽어가는 데이먼 러니언이 있다. 모든 약속의 나라는 고대 그리스인들의 이상향인 약속의 땅 아르카디아의 기미를 가지

---

* 뮤지컬 「아가씨와 건달들」의 원작인 「미스 새러 브라운의 이야기」의 저자. 1950년대의 뉴욕을 배경으로 유명한 도박꾼과 구세군 여성의 사랑을 코믹하게 그린 낙천적인 작품이다

고 있다.

나는 국제주의에 대해 환상을 가지고 있지 않다. 백여 개의 국제학교가 세계 평화를 이룩할 거라고 생각할 수는 없다. 전쟁을 일으키는 힘은 세계 평화를 위해 일하는 사람들과 무관하다. 석유와 금광 개발을 중지하고 민족주의를 없애야만 평화가 올 수 있다. 보어전쟁 때 죽은 사람들이 영국의 영광 혹은 다이아몬드 광산이나 금광 주주들의 이익을 위해서 죽었는가? 사람의 가장 이해하기 어려운 특징은 자신이 자각하지 못하는 어떤 목적을 위해 자기를 희생하는 능력이다.

6백만 명의 독일인들이 한 명의 미치광이를 뒤따랐다. 미국에서는 수많은 사람들이 이렇게 외쳤다. "빨갱이가 되느니 차라리 죽는 게 더 낫다." 정말 어리석은 전쟁의 함성이다. 왜냐하면 공산주의는 매일 변하기 때문이다. 러시아의 젊은이들은 칼 마르크스의 책을 읽지 않는다고 한다. 공산주의와 싸워야 한다면, 자본주의가 훨씬 더 좋은 말馬이고 더 많은 사람들에게 더 많은 행복을 가져다준다는 것을 증명해야 한다. 자본주의와 공산주의 두 체계 모두 집과 학교에서 아이들을 틀에 맞춰 키워낸다. 그리고 둘 다 민족주의를 강조하고 수소폭탄이 평화를 가져다주리라고 생각한다. 그리고 둘 다 개인을 억압한다. 러시아 사람들은 런던에서 발행되는 영국 공산당 기관지인 『모닝스타*Morning Star*』를 제외하고는 서구의 일간지를 사볼 수 없다. 미국 사람들은 자신을 공산주의자라고 부를 수 없다.

애초에 나의 정치적 태도는 감정과 뒤섞여 있었다. 윈스턴 처칠이 자유당원으로서 유세를 하러 던디에 왔을 때, 나는 아직 젊은 교생이었다. 나는 토리당의 전단을 보고 즐거워했다. "의석도 없는 처칠이 무슨 소용 있는가?What is the use of a WC without a seat?"* 그리고 야외 집회에서 젊은 윈스턴이 연설을 할 때, 그를 향해 물건을 던졌다. 엘라 로버트슨이라는 여자 아이가 해볼 테면 해보라고 도발을 했기 때문이었다. 훗날 1913년에 처음으로 런던으로 살러 갔을 때, 나는 노동당에 입당했고 하이드파크에서 무식하고 쓰레기 같은 연설을 했다.

러시아 혁명 후 매체들이 학교에서의 새로운 자유에 대해 보도했을 때 (아이들은 겉으로 보기에는 학교에서 놀지 공부할지 선택할 수 있었고 자치를 할 수 있었다), 나는 어리석게도 이제 영원한 유토피아가 도래했다고 상상했다. 하지만 조심성 많은 스코틀랜드인인 나는 그 당에 가담하지 않았다. 여러 해 동안 나는 맹목 상태에 놓여 있었다. 스탈린이 국영 집단농장 계획에 참여하지 않으려는 백만 명이 넘는 농민들을 굶겨죽였다는 이야기를 나는 절대 믿으려 하지 않았다. 하지만 왜 저 늙은 볼셰비키 대원들이 목덜미에 총을 맞고 처형되기 전에 자신들이 저지르지도 않은 죄를 고백하는지는 의아했다. 진실은 내가 새로운 질서를 믿고 '싶었다'는 점이다. 러시아의 새로운 교육은 훌륭하다고 생각하고 싶었고, 그래서 애써 눈을 감아버렸다. 그런 환상이 깨지는 데는 여러 해가 걸렸다.

1937년 러시아를 방문하기 위해 비자를 신청했는데, 특별한 이유도 없이 거부당했다. 그때쯤 나는 공산주의가 세계의 병을 치유할 거라는 희망을 버린 상태였다. 나는 어떤 종류의 정치에도 관심을 끊었다. 하지만 노동당이 보수당보다는 생명을 더 지지한다는 믿음에 노동당에 표를 던졌다. 노동당의 통치에 실망했음에도 나는 여전히 그런 믿음을 견지한다. 적어도 노동당은 계급 차별에 반대한다. 하지만 실제로는 토리당에 투표해야 한다. 왜냐하면 이 보수당은 기숙사립중등학교들을 절대 포기하지 않을 것이기 때문이다. 이튼이나 해로가 존재하는 한 우리 학교도 안전하다.

---

* '앉는 자리 없는 수세식 화장실을 어디다 쓸 것인가?'라는 뜻도 된다.

여러분의 목소리와 내 목소리는 전쟁을 일으키는 자들과 정치가들에게는 절대 들리지 않는다. 그들은 권력을 가지고 있고, 우리는 인류를 위한 자유의 꿈을 가지고 있을 뿐이다.

1950년 미국 대사관에 비자를 신청할 때까지, 나는 정말로 정치에 대해 무관심했다. 이미 1947년과 1949년에 미국에서 강연을 했고, 1950년의 여행은 라이히의 주선으로 이루어졌다. 한 시간을 기다린 끝에 뭔가 잘못되었다는 생각이 들었다. 그때 대사관 직원이 나를 불렀다.

"공산당원입니까?"

"아닙니다."

"공산주의를 지지한 글을 쓴 적이 있지요?"

그 순간 그가 내무부에 전화를 해서 내 신상 자료를 요청했다는 것을 알았다.

"나는 열여덟 권의 책을 썼습니다만, 읽어보지 못해서 그 안에 어떤 내용이 들어 있는지 모릅니다. 러시아 혁명 후 러시아 교육을 칭찬한 것은 어렴풋하게 생각나는군요. 그때 러시아 교육은 자유를 지향했습니다. 하지만 오늘날 그 나라의 교육은 당신 나라나 우리 나라의 교육처럼 자유에 반대하고 있습니다."

나의 비자 신청은 거부되었고 강연 여행도 취소되었다. 물론 당시는 매카시 시절이었다.*

그때 영사에게 한 말이 기억난다. "나는 예수가 그랬던 것처럼 코뮤니스트입니다. 소문자 'c'로 시작하는 코뮤니스트요." 그는 놀란 표정을 지었다. 가톨릭교도가 아닌가 싶었는데, 나중에 정말 그렇다는 사실을 알았다. 그 후속편은 1969년 오슨 빈이 자니 카슨 쇼에 출연하라고 나를 초청했을 때였다. 나는 다시 대사관으로 갔다.

"닐 씨, 20분 이상 걸리지 않을 겁니다. 이 서류를 작성해주십시오."

질문 : 당신은 미국 정부에 의해 비자가 거부된 적이 있습니까? 나는 한숨을 쉬며 1950년에 그랬다고 썼다. 이로써 20분이 두 시간이 될 판이었다. 나는 서류를 완전히 작성해달라는 요청을 받았고, 그런 다음 더 기다리다가 긴 인터뷰를 했다. 결국 나는 4년짜리 비자를 받았다. 화가 난 것은 영사가 한 말 때문이었다. "비자 신청이 거부된 기록이 우리에게는 없습니다." 쓸데없는 정직함 덕분에 내가 나 자신을 걷어찬 기분이었다.

하지만 이런 것은 잡담이지 정치가 아니다. 누군가는 정부, 재정, 외교정책을 다루어야 함을 나는 안다. 민주주의가 가짜라는 것도 안다. 지난 선거에서 토리당이 다수당이 되었다. 하지만 노동당과 자유당이 얻은 표를 합치면 토리당의 득표수보다 많았다. 민주주의가 아니면 그 자리에는 독재가 들어선다. 그러므로 민주주의를 포기할 수는 없다. 너무나 불길한 이야기다. 텔레비전을 통해 미국의 예비 선거를 보았는데, 유치한 퍼레이드가 벌어지고 밴드 음악이 울리고 깃발이 난무했다. 나는 낙담했고 절망했다. 그 풍경의 이면에서 나는 이기주의적인 로비스트들과 자본주의의 극심한 경쟁을 보았다. 예를 들어 닉슨이 중국을 방문하는 것처럼, 대통령이 어떤 제스처를 취할 때, 그 제스처의 동기가 무엇인지 누가 알겠는가? 어떤 미국인들은 대통령이 다음 선거를 생각하고 있다고 말한다.

바야흐로 미국이 파시즘의 길로 들어서고 있다는 생각을 자주 한다. 파시즘적 사고방식이 신문, 텔레비전, 라디오 같은 대중매체를 장악하고 저속한 문화로 대중을 길들이고 있다. 그래서 앞날이 걱정스럽다. 파시스트

---

*미국 공화당 상원의원이던 매카시는 공장이나 기업 내 적색분자를 추방하는 이른바 '레드 퍼지'에 나서 반공 선풍을 일으켰는데, 그 시점이 바로 1950년이다.

레이건이 나보다 훨씬 더 많은 대중들에게 영향을 미친다는 사실이 두렵다. 레이건이 사람들에게 잊힌 뒤에도 서머힐은 훨씬 더 오랫동안 존속하리라는 생각도 위안이 되지 않는다.

지금 토리당 정권이 이전에 노동당이 국유화시켰던 산업들을 사기업으로 분리, 독립시키고 있다. 장사는 국기를 따라간다는 옛말이 있었다. 무역은 국력을 바탕으로 한다는 뜻이다. 오늘날은 정반대다. 이제는 흔히 장사가 정치를 좌우한다.

『서머힐』의 독일어판 제목은 『반권위주의 교육의 이론과 실천』인데, 내가 아니라 출판사가 붙인 제목이었다. 많은 독일 젊은이들이 공산주의나 사회민주주의 또는 이러저러한 것들을 위한 싸움에 이 책을 활용하려고 애쓴다. 하지만 이 책은 정치와는 아무 관계가 없다. 정치는 민주주의를 의미한다. 민주주의, 그것은 유년 시절에 이미 거세되어버린 대중들의 참정권이다. 만일 거세되지 않았다면 우리는 진지하고 생명 친화적인 정치를 가질 수 있었을지 모른다. 일생 동안 나는 군중의 감정을 이해할 수 없었다. 나는 결코 깃발을 흔들 수 없었고, 슬로건을 외칠 수 없었으며, 정치나 다른 분야의 어떤 당파 소속으로 적극적인 활동을 벌일 수 없었다. 나는 수많은 아이들을 다루는 지독한 개인주의자일 따름이다.

아니다, 나는 대부분의 정치와 정치가들에게서 정직을 볼 수 없다. 다행히 나의 정치는 대개 우리 학교의 민주주의에 국한된다. 우리의 민주주의는 가능한 한 진정한 민주주의에 근접하려고 한다. 우리는 큰 방에서 회의를 하고 거수를 통해 우리의 법률을 만든다. 이런 체계를 전국의 수많은 유권자들에게 적용할 수는 없다. 그런데 한 사람이 3만 명의 의견을 대표한다는 민주주의는 내게는 가짜 민주주의다. 많은 정치가들이 좋은 일을 많이 하고 있다는 것을 나는 안다. 나로 하여금 정치를 꺼리도록 만드는 것은 바로 통치하는 자들의 냉담함이다. 그들이 어떤 당이냐 하는 문제는 아무 상관없다.

예를 들어, 영국의 감옥은 수치스럽다. 감옥 안의 사람들은 인간적인 대우를 받지 못한다. 그들은 섹스와 문화를 박탈당할 뿐만 아니라 삶을 살아 있게 만드는 모든 것을 박탈당한다. 정치가들, 성직자들, 의사들, 법률가들, 그리고 일반인들까지 그 야만적인 체계를 받아들인다. 살찐 재판관이 열차 강도에게 30년 형을 선고할 경우, 그에 대해 의회에서 항의하는 정치가는 아무도 없다. 한편 또 다른 재판관이 살인자에게 종신형을 선고할 경우, 그것은 관례상 9년이나 10년 형을 뜻한다.

미국과 소련 당국에 의해 비자가 거부당한 데 대해 내가 상당한 자부심을 느끼고 있음을 문득 깨닫는다. 어쩌면 이 자부심은 불멸성에 대한 나의 권리 주장인지도 모른다.

어떤 점에서는 영국이 미국보다 더 자유롭다고 생각한다. 나는 영국에서 46년 동안 서머힐을 운영했다. 그동안 교회나 국가가 내게 어려움을 준 일은 없었다. 만약 내가 미국에서 자유학교를 세우려고 했다면 가톨릭교도나 침례교도 혹은 미국애국부인회로부터 어려움을 겪었을지도 모른다. 그리고 학교는 인종차별주의를 피할 수 없었을 것이다. 왜냐하면 자유학교는 인종과 피부색에 관계없이 모든 아이들을 받아들여야 하기 때문이다. 우리의 미국인 학생들 중에서 인종차별에 반대하는 가정에서 온 학생은 한 명도 없지 싶다. 그러니 그 아이들만 겪어보고 미국 아이들의 평균치를 판단할 수는 없으리라.

내 책을 미국에서 출판한 해럴드 하트는 서머힐을 구했다는 이유만으로도 그 이름이 오래 기억되어야 한다. 1960년 그가 『서머힐』을 출판했을 때, 서머힐의 학생 수는 25명에 불과했고 우리는 학교를 계속 유지할 수 있을지 우려했다. 하지만 『서머힐』의 출간으로 미국인 학생들이 몰려들었다. 11년 후 독일어판이 출간되었을 때는 독일인 학생들이 몰려들었다. 「서머힐, 찬성과 반대」라는 서문에서 하트는 책을 팔려고 애쓴 자신의 노력에 대해 언급하고 있다. 그는 책을 광고하는 데 수천 달러를 썼다. 그는 책을 믿었고 기꺼이 위험을 감수했다.

나의 미국인 학생들은 자신들의 장래에 대해 걱정한다. 왜냐하면 아주 어린 아이들을 제외하고는 대부분이 압박감을 주는 미국 학교를 이미 경험했기 때문이다. 그들은 하나같이 대학 교육과 학위에 자신들의 장래가 달려 있다고 안다. 영국은 비정상으로 시험에 매진하는 미국의 교육 방식을 모방하지 않았다. 하지만 안타깝게도 그 방식이 급속히 도래하고 있다. 내 의붓아들 피터 우드는 세계에서 가장 뛰어난 도예가 중 한 사람인 버나드 리치에게서 배웠다. 피터는 저녁에 도시에서 강의를 하는 일자리에 지원했다. 그런데 그 자리는 도자기 공예는 거의 모르지만 수공 교사 자격증을 가지고 있는 교사에게 돌아갔다.

우리의 미국인 학생들 중 많은 수가 『서머힐』을 읽고 나서 서머힐에 입학하려고 했다. 대부분의 미국인 학생들은 잘 적응한다. 학기가 반쯤 지나면, "나 화장실에 갈 거야"라는 말이 "지랄 마라, 나 변소 갈 거야"로 변해 버린다. 우리는 특히 나이 많은 학생들에게서 어려움을 느끼기 시작했다. 그 아이들의 태도는 이랬다. "여긴 자유학교야. 난 내 마음대로 할 거야." 자유라는 게 자기가 원하는 대로 하는 것을 의미하지 않는다는 사실을 그 아이들이 이해하는 데는 어느 정도 시간이 걸렸다. 자치 학교에서는 전체 공동체에 의해 만들어진 법률을 따라야 한다는 것을 아이들은 알게 되었다. 일부 학생들은 그 사실을 인정하는 데 어려움을 겪었다.

지금은 입학 상한 연령을 열두 살로 제한한다. 열네 살이 넘은 학생들 대부분은 자유로워지기에는 너무 늦게 들어왔다. 너무 긴 억압의 기간을 거친 그 아이들은 아주 흔히, 속으로는 켕겨하면서, 새로 발견한 자유를 반사회적 행동과 권태와 게으름으로 표현한다.

미국 아이들은 자신들의 가정에 대해 우리 아이들보다 훨씬 더 강하게 반발하는 듯 보인다. 가족의 속박은, 아니 억압이라고 말해야 할 텐데, 미국에서 더 강하다. 방학이 되면 영국 학생들이 미국 학생들보다 더 집에 가고 싶어하는 것도 그 때문이다. 어떤 미국 학생들은 집에서는 행복하지 않으며 부모들이 자신을 이해하지 못한다고 말한다. 어떤 경우 이것은 대학 경력이 젊은이들에게 대단히 중요한 요소로 작용하는 미국의 무시무시한 체계에서 연유한다. 부모들은 아이들의 장래에 대해 불안해한다. 몇몇 경우 부모들의 이런 불안감 때문에 아이들이 서머힐에서 좋은 점을 충분히 취하지 못한다. 그런 아이들은 갈등과 대립에 빠진다.

학교는 말한다. "네가 수업에 들어오든 들어오지 않든 자유다. 배우고자 하는 바람은 네 속에서 우러나와야 한다." 그런데 부모들이 자기 아이가 수업에 들어가면 좋겠다는 편지를 보내오면, 결과는 절망적이다. 그로 인해 수업에 참석하려는 아이의 열망은 완전히 사라져버린다. 최근에 나는, 아들에게 수업에 들어가란 말을 하지 말든지 아니면 아이를 데려가든지 둘 중 하나를 택하라고 어느 아버지에게 요청했다. 그는 아이를 데려갔다.

미국 학생들은 자기네 속어를 모른다. 한번은 열세 살 난 남자 아이에게 권총을 가리키는 이름을 아는 대로 말해보라고 했다. 아이는 gun, automatic, pistol이라고 말했다. 아이는 gat, iron, rod, Betsy, John Roscoe, Old Equalizer 같은 속어들은 들어본 적이 없었다. 또 데이먼 러니언이나 오 헨리에 대해 들어본 적도 없었다. 영국 학생들은 제롬 K. 제롬이나 W. W. 제이콥스의 작품을 읽어본 적이 없었다. 새삼 내 나이가 느껴진다.

　미국인 학생들 중 한 명이 자기네 나라로 돌아가서 학교에 들어가야 할 때, 나는 동기 부여, 근면성, 자신감 등 수십 가지 질문들이 나열된 긴 서류 양식을 받는다. 그 질문들에 대한 답을 다 쓰고 나면, 서류 뒷면에다 그 아이에 관한 내 의견을 몇 줄 적는다.

　미국인 부모들은 영국인 부모들보다 자식의 경제적 장래에 대해 더 많이 걱정할 뿐 아니라 성 문제도 더 두려워하는 것 같다. 그리고 미국인 부모들이 영국인 부모들보다 더 안달복달하는데, 아마 부분적으로 그것은 자식과 5천 킬로미터나 떨어져 있는 부모의 걱정에서 연유할 것이다.

　미국의 어떤 새로운 학교가 스스로를 서머힐이라 부르면 나는 마음 상한다. 라이히는 흔히, "난 제자들이 필요 없어"라고 했다. 나도 그와 같은 생각이다. 나는 미국의 새로운 교육 잡지들에 여러 번 편지를 보냈는데, 그 편지에서 미국의 교사들에게 서머힐을 모방하지 말고 스스로의 힘으로 서라고 호소했다. 최근에는 그 잡지들에서 서머힐이라는 단어를 거의 볼 수 없는데, 참 잘된 일이다. 서머힐 식으로 학교를 운영한다고 주장하는 미국 학교에 대한 이야기를 들었다. 그 학교는 매일 아침 30분 동안 종교 수업을 했고 학생들은 그 수업에 꼭 참석해야 했다. 어떤 학교에서는 사춘기 아이들이 난교를 벌였고, 열 살짜리 아이들이 그 아이들을 따라하려 했다는 이야기도 있었다. 또 마약을 하는 어린 학생들 이야기도 들었다.

　나는 선구자로 불려왔다. 만일 선구자가 군중의 가치를 받아들이지 않는 사람이라면, 나는 내가 그런 사람이라고 생각한다. 새로운 생각은 개인들에게서 나온다. 마르크스는 페이비언협회*보다 더 위대했다. 최초로 클로로포름을 마취제로 사용하여 외과 수술에 신기원을 연 제임스 심슨은 클로로포름을 거부한 완고한 의사들보다 더 위대했다. 물론 이 두 사람은 나보다 훨씬 높은 범주에 속한다. 예언자의 목소리는 늘 황야에서 외쳐진다. 이 사실은 나로 하여금 인류에 대해 비관적이게 만든다. 왜냐하면 인간은 무리를 짓는 동물이며, 무리는 지도자들을 찾기 때문이다. 그 지도자들 또한 늑대처럼 패거리를 짓는 동물이다.

권력자들은 무리를 지으려는 우리의 본능을 영리하게 이용한다. 오늘날 다음과 같은 말은 진부하다. 즉 권력자들은 아이들로 하여금 권위를 두려워하게 만들고 종교와 성에 대해 죄의식을 가지게 만드는데, 그런 아이들이 어른이 되면 무엇에도 도전할 용기가 없는 회색의 양이 되어버린다는 이야기 말이다. 히틀러는 한 민족을 거세해버렸다. 하지만 우리의 지배자들은 훨씬 더 교묘하다. '히틀러 만세'의 등가물로 그들이 내세우는 것은 '법과 질서'인데, 그것은 부를 보호하고 생명을 질식시킨다는 뜻이다.

학교들의 주된 기능은 아이들의 생명력을 죽여 없애는 것이다. 그러지 않으면 기성 권력은 힘을 상실할 테니까. 수많은 자유민들이 자신들로서는 아무 관심도 없고 이해하지도 못하는 어떤 주장을 위해 스스로를 희생하려 들 것인가? 인류의 미래는 강력한 지배자들 아래 선택된 엘리트들에 의해 다스려지는 노예들의 미래, 바로 그것인가?

하지만 이제 나는 더 낙관적이 되고 싶다. 자유로운 아이들과 함께한 50년의 세월 속에서 나는, 그 아이들이 경쟁심이 없을 뿐만 아니라 지도자에 대해 털끝만큼도 관심이 없다는 것을 발견했다. 자유로운 아이들은 설득해나갈 수는 있지만 지도할 수는 없다. 정말이지 우리 아이들은 자신들

---

* 1884년 영국에서 창설된 점진적 사회주의 단체로, 회원 수는 많지 않았으나 영국 노동당의 중요한 구성 단체로서 큰 영향력을 행사했다.

의 무리 속에서, 그러나 지도자 없이 생활했다.

교장은 이상적인 아버지 상일 수 있고 정말 그러하기도 하지만, 자치 학교에서는 어떤 아이도 이상적인 아버지 상을 지어 가지지 않는다. 미래에 세상의 성공은 그런 아버지, 군중의 지도자를 거부하는 데서 도래할 것이다. 대부분의 사람들은 아버지와 어머니를 받아들이는데, 이는 대다수가 반진보적이고 반생명적인 기성 권력 쪽에 가담한다는 뜻이다. 자본주의 사회든 공산주의 사회든 간에 우리의 교육 체계는 대중을 일찍부터 틀에 맞춰 키워내려는 교육을 조장한다. 왜냐하면 늑대 지도자들은 거칠고 힘세고 무자비한 데다, 주목적이 죽이고 먹는 것이기 때문이다. 인간의 무리 속에서도 그와 똑같은 일이 벌어진다. 황금이나 그 밖의 것들을 차지하기 위한 전쟁들, 흔히 수많은 실업자를 양산하는 적대적 기업 인수 합병 방식인 공개매수, 젊은이들을 향한 경찰들의 무자비한 곤봉 세례 등이 바로 그것이다. 만약 사람들이 진정으로 자유로워진다면 그런 야만스런 행위들은 살아남을 수 없을 것이다.

삶에 대한 대중의 태도를 그대로 받아들이는 어른들에 의해 어린 시절이 오래도록 무력한 상태로 조건 지어지는 한, 사람은 자유로워지지 않을 것이란 사실을 나는 안다. 서구에서 그토록 많은 젊은이들이 권위에 도전하는 것을 보고 있으면 흡족하다. 하지만 중국에서 백만 명이나 되는 아이들이 조그만 붉은 책을 흔들고 있는 모습을 텔레비전으로 볼 때는 마음이 울적해진다. 그 아이들의 개성은 요람에서부터 산산조각 나버렸다. 공산주의는 군중 심리의 최고 조작자다. 대중들은 생각하지 못한다. 느낄 뿐이다.

무리를 지으려는 본능은 결코 없어질 수 없다는 것을 나는 안다. 내 관심사는, 그 본능이 고쳐져서 더 이상 위험 요소가 되지 않는 것을 보는 것이다. 사람은 자유를 추구하지만 동시에 두려워한다. 미국 남부의 많은 노예들이 자유를 얻자 두려워했다. 오랜 기간 감옥 생활을 한 죄수는 바깥 생활이 무섭다. 하지만 천년 안에 대중이 자신들의 무리 본능을 고쳐서 경쟁을 협력으로 극복하고, 증오를 사랑으로 극복하고, 포르노를 자연스런 사랑으로 극복하리라 믿고 싶다. 그때가 되면 더 이상 외톨이 늑대들은 없을 것이고, 지도자 없이 무리를 이루어 공동의 선을 찾아가는 늑대들만 있을 것이다.

끝맺는 말

　1939년에 나는 노르웨이에서 자서전을 썼다. 당시 출판인들은 그 책이 팔릴 거라고 생각하지 않았고, 그래서 나는 서랍 속에다 원고를 처박아 넣어버렸다. 그리고는 좋은 친구이자 번역가인 시모다가 일본어로 번역하겠다고 했을 때까지 까맣게 잊고 지냈다. 시모다가 번역한 서가에 꽂힌 그 책을 본다. 그런데 어찌 보면 그 책은 『채털리 부인의 연인』과 비슷할 수도 있다.*

　모든 자서전은 거짓은 아니라 할지라도 진실을 회피하는 것이다. 정말 자서전이 어떤 가치를 지니는지 의문이다. J. M. 배리와 존 러스킨과 칼라일이 성불능자였다는 사실을 아는 것, 프로이트는 기차를 탈 때 한 시간 전에 역에 나와 있어야 했다는 사실을 아는 것, 라이히는 질투심이 굉장히 강했다는 사실, 혹은 오스카 와일드가 동성애자였다는 사실을 아는 것. 이런 지식들이 그들의 작품을 판단하는 데 어떤 영향을 미치는지 나는 알 수가 없다. 다행히 우리는 셰익스피어에 대해서는 거의 아무것도 모른다.

---

*D. H. 로렌스의 이 소설은 1928년에 완성되어 사가판으로 출판되었으나, 오랫동안 외설 시비를 겪은 끝에 미국에서는 1959년, 영국에서는 1960년에 재판에서 승소하여 그때부터 완전본이 출간되었다.

내게는 내 인생이 아니라 내가 해온 일만이 설득력이 있는 듯이 보인다. 어쨌든 나는 무엇을 했는가? 프로이트와 아인슈타인 같은 위대한 사람들은 새로운 발견을 했다. 나는 아무것도 발견하지 못했다. 새로운 역동심리학은, 삶을 추동하는 힘은 지성이 아니라 감정이라는 사실을 보여주었다. 그래서 나는 감정을 우선시하는 학교를 설립했다. 수많은 교사들이 이 간단한 진리를 이해하지 못하고 아이들을 스스로의 방법과 속도로 성장하도록 내버려두지 않는 이유를, 나는 오랫동안 알지 못했다. 아마도 그들은 자기 일에 자신의 존재를 드러내야만 했기 때문에 그렇게 할 수 없었을 것이다.

만약 내게 특별한 재능이 있다면, 그것은 뒤에 가만히 머물러 있는 것이다. 나는 흔히 서머힐의 전체회의 내내 한마디도 하지 않고 앉아 있곤 한다. 자랑 삼아 하는 이야기는 아닌데, 그런 점에서는 내가 호머 레인보다 낫다고 생각한다. 레인의 강한 성격은 리틀코먼웰스를 물들였다. 나는 결코 강한 사람이 아니었다. 나는 군중이나 가족 또는 교실을 쥐고 흔드는 강한 사람을 싫어한다.

그러면 나는 어떤 사람인가? 사람들은 나를 온화한 사람이라고 부른다. 아마 그럴지도 모른다. 왜냐하면 나는 조용하고 차분하며, 라이히처럼 그렇게 흥분하지 않기 때문이다.

내가 남에게 어떻게 보이는지 나는 전혀 모른다. 여러 해 전 전기면도기를 쓰기 시작한 뒤로 거울을 본 기억이 없다. 누가 어떻게 생겼는지에 대해서는 어느 누구도 신경 쓰지 않는다는 사실을 깨닫는 데는 오랜 시간이 걸린다. 실제로 실연한 이십대 젊은이는 색깔이 잘 어울리는 양말과 넥타이를 착용하면 상대방이 감동받을 거라고 생각한다.

최근 몇 년 사이에 수천 명의 방문객이 서머힐을 찾아오고 수많은 팬레

터가 오는 것으로 볼 때, 나는 명성을 얻었다. 아니, 사람들에게 널리 알려졌다고 말하는 편이 더 나을지 모르겠다. 불행하게도 인생에서 대부분의 일들은 너무 늦게 이루어진다. 배리는 이렇게 표현했다. "사람들은 당신 이빨이 다 못쓰게 되었을 때 호두를 준다."

나이가 들면 칭찬은 확실히 달콤하지만 비난은 감정에 특별한 충격을 주지 않는다. 최근 어느 일요일자 신문에, 런던에서 열린 서머힐 50주년 기념 파티에 대한 고약한 기사가 났는데, 화도 나지 않았고 관심조차 가지 않았다. 아마 내가 적대감에 익숙하지 않아서 그런 모양이다. 비록 미국, 독일, 브라질 등에 내 용기를 증오하는 수천 명의 부모들이 분명 있다 하더라도, 나는 내 적을 아무도 모른다. 그들의 아이들한테서 나는 이런 말을 듣는다. "아빠 엄마한테『서머힐』을 인용해서 말하면, 흥분해서 난리를 쳐요. 아빠는 그 책을 읽지 못하게 해요."

나는 아이들을 사랑하는 사람이라는 말을 흔히 듣는다. 사랑이라는 말은 어떤 문제아가 우리 학교 창문을 부수고 있을 때는 쓰기 힘든 말이다. 사람은 수많은 대중을 사랑할 수 없다. 오직 개개인을 사랑할 수 있을 뿐이다. 그리고 모든 개개인이 전부 사랑스럽지는 않다. 나는 사랑이라는 말을 거부한다. 나는 호머 레인의 '아이들 편에 서기'라는 말이 더 좋다. 이 말은 인정, 공감, 친절을 의미하며, 더불어 어른의 권위가 완전히 없다는 것을 의미한다. 아이들을 사랑하는 것보다 아이들을 이해하는 것이 더욱 중요하다.

겁쟁이는 언제나 내성적인 사람이라는 글을 최근에 읽었다. 영웅은 군중 가운데 한 사람이기 때문에 두려움을 모른다. 흥미 있는 이론이다. 용기 있는 외향적인 사람이 겉으로 용감한 반면 내향적인 사람은 정신적으로 용감할지 모른다. 입센은 나처럼 겉으로는 겁쟁이였다. 하지만 그의 작품 『민중의 적An Enemy of the People』에서 정신적으로 용감한 의사가 시 당국의 불법 행위에 도전할 때, 사람들은 몸집이 크고 건장한 남자를 고대하지 않는다. 그런데 한편으로 보면, 완전히 내향적이거나 완전히 외향적인 사람이 있을까? 우리에게는 두 요소가 섞여 있다. 그리고 대부분의 사람들은 외향적인 쪽으로 기우는 경향이 있지 않나 싶다.

외향적인 사람은 아버지를 받아들이고 그의 길을 따라간다. 반면에 내향적인 사람은 아버지에게 반항한다. 나는 아버지를 거부했다. 왜냐하면 어린 시절에 아버지는 나를 거부했으며 두려움을 느끼게 했고 열등감에 빠지게 했으며 순종하도록 했기 때문이다. 그런데 다른 형제들이 나처럼 반응하지 않은 이유가 무엇인지는 짐작할 수 없다. 형제들 중 한 명은 아버지라는 존재를 나보다 더 두려워했는데, 나중에는 어떤 것에도 도전하지 않았다. 누이들은 아버지에게 절대 도전하지 않았다. 그들은 집안의 관습과 이야기를 받아들였다. 오직 클루니만이 반역자였다.

하지만 의문은 또 있다. 클루니와 나는 똑같이 반생명적인 칼뱅주의 환경 속에서 자랐다. 나는 클루니보다 훨씬 늦게 무신론자가 되었다. 나도 임종 때 클루니가 그랬던 것처럼 옛 기도문을 중얼거리지 않을까 몹시 의심스럽다. 어떤 신념의 이면에 지성과 감정이라는 두 요소가 모두 있는지 아닌지를 알기는 참으로 어려운 일이다. 과격한 급진주의자가 붉은 깃발을 들고 행진을 벌이는 것은, 그가 가난한 사람들을 사랑하기 때문일까, 아니면 부자들을 증오하기 때문일까? 안타깝게도 동기를 찾는 것은 인생의 설계도를 찾는 것처럼 부질없는 짓이다.

나는 정의에 대한 강한 신념을 가지고 있다. 아이들도 자유로워지면 이런 신념을 가진다. 나는 학교에서 편애를 보인 적이 없었다. 이 말은 내가 어떤 아이들을 다른 아이들보다 더 좋아하지 않았다는 말이 아니다. 하지만 나는 내가 지금까지 어떤 편애도 무심코 드러낸 일이 없었기를 바란다. 한번은 교직원들의 편애에 관해 몇몇 아이들이 이야기를 나누는 것을 들은 적이 있었다. 한 여자 아이가 말했다. "닐이 가장 좋아하는 아이가 누구야?" 두 아이의 이름이 나왔다. 사실 그 아이들은 내가 제일 싫어하는 아이들이었다. 나는 배우를 해도 괜찮았지 싶다.

명성은 신기루다. 주로 미국과 독일에서 수백만 명의 사람들이 내 책 한두 권을 읽었다. 미국의 많은 학교들이 서머힐에 고무되었다. 하지만 몇 군데 사망 기사가 나가고 나면 나는 곧 잊힐 것이다. 사실 긴 안목으로 볼 때 나는 스스로를 중요한 인물이라고 생각하지 않는다. 1970년에 사망한 버트런드 러셀은 이미 잊히고 있다. 나도 그럴 것이다. 하지만 그의 책들과 내 책들은 몇 년간은 살아남을 것이다.

그런데 키츠가 자신의 명성을 알지 못하고 스물다섯의 나이에 죽었다는 사실은 슬픈 일이다. 그는 명성을 물 위에 새겨진 것이라고 말했다. 키츠는 물 위에 자신의 이름을 새겼노라고 탄식했지만, 만약 그의 이름이 커다란 황금 활자로 새겨졌더라면, 그렇게 젊어서 죽는다는 고통이 좀 덜어졌을까? 조지 더글러스 브라운은 그의 위대한 소설 『녹색 덧문들의 집』을 발간한 직후에 죽었다. 그는 자신이 명작을 남겼다는 사실을 전혀 알지 못했다. 언젠가는 내가 유명한 교육가들의 책에 등장할지도 모른다는 생각은 내게 아무런 흥분도 주지 못한다. 샘 골드윈이 후세에 대해 어떻게 생각하느냐는 질문을 받았을 때 이렇게 외쳤던 것처럼. "도대체 후세가 날 위해 뭘 해줬소?"

사람의 꿈은 자신이 얼마나 변변찮은 존재인가를 보여준다. 통제된 백일몽 속에서 우리는 성공과 용기와 정복을 꿈꾼다. 하지만 밤에 꾸는 꿈은 통제를 벗어난다. 모든 꿈은 비록 복잡한 상징이지만 어떤 소망을 표현하는 것이라는 프로이트의 주장이 과연 옳은지 의심스럽다. 내 꿈 수백 가지를 분석받았고 또 아이들의 꿈 수백 가지를 분석했지만, 그 모두가 소망충족이라는 것을 나는 믿을 수 없다. 어쨌거나 내 꿈에 대한 분석이 내게 조금이라도 도움이 되었다는 생각은 들지 않는다.

꿈 이야기를 하는 이유는, 어떤 사람이 자신에게 씌워놓은 이미지의 이면을, 즉 라이히가 말했던 갑옷의 이면을 꿈이 꿰뚫어보기 때문이다. 특별한 사람들이 꿈속에서는 평범한 사람이 될 수 있다. 내가 아는 어떤 고매한 목사는 강단에서 알몸으로 서 있는 꿈을 자주 꾸었다. 나는 사람들로 붐비는 무도장에서 항아리에다 똥을 누는 꿈을 꾼 적이 있었다. 이상야릇한 소망충족이었다.

내가 분석할 수 없는 내 꿈들이 있다. 그 꿈들은 내가 아는 사람들과 아무 관련이 없다. 나는 이제 우리 가족, 우리 학교, 내 어린 시절에 대한 꿈을 꾸지 않는다. 젊었을 때는 그런 꿈들을 꿨다. 사랑하는 여동생 클루니와 호머 레인이 죽은 뒤 여러 해 동안 나는 그들에 대한 꿈을 꾸고 또 꿨다. 그 꿈들은 즐겁지 않았다. 꿈속에서 태양이 비치지 않았다. 꿈속에서 나는 그들이 죽었다는 것과 그들과의 만남이 행복하지 않다는 것을 어렴풋이 알았다. 라이히가 죽은 뒤에는 꿈속에서 그를 두 번 만났고 역시 행복하지 않았다. 이런 경우에는 소망충족이 상징으로 위장되지 않았다.

물론 꿈은 분비선들과 관련이 있다. 팔십대 노인들은 섹스나 무용담과 관련된 꿈을 꾸지 않는다. 그들은 달리기 시합도 하지 않고 빠른 차를 몰지도 않는다. 나이가 들수록 불안과 연관된 꿈들을 꾸지 않았다. 예전에는 늘 수많은 청중 앞에서 한마디도 못하고 서 있는 꿈을 꾸곤 했다. 오랫동안 스코틀랜드의 어릴 적 집으로 여행하는 꿈을 꾸기도 했다. 부모님은 어떤 날 어떤 기차를 타고 올 나를 기다렸다. 하지만 나는 절대 도착하지 못했다. 모든 것이 나를 가로막는 듯했다. 택시가 늦거나 기차가 늦었고, 혹은 잊고 있던 강연 일정 때문에 갈 수 없었다. 너무나 고통스런 좌절이었다.

부모님에 대해 상당히 꺼림칙한 마음을 품었던 게 분명했다. 비록 의식적으로는 부모님을 무시하지 않았지만 말이다. 나는 매주 꼬박꼬박 편지를 썼지만 분명 힘든 일이었다. 부모님의 관심사와 내 관심사가 너무나 달랐기 때문이다. 그 편지들은 모두 단순한 안부 편지였다. 그때는 부모와 자식 사이의 간극이 너무나 넓었다. 진지하고 깊은 문제에 대한 교감은 불가능했다.

여기서 나는 내 자신이 분열된 인격의 소유자임을 애써 말하고자 한다. 나는 선구적인 교육가이면서도 감정 면에서는 아직도 부모님과 환경에 속박된 어린아이다. 나는 이미지들을 만들었고 그것들을 부수어버릴 수 없었다. 꿈속에서 파이프 주의 뉴포트는 내가 계속해서 돌아가는 천국이 되었다. 뉴포트는 규율이 엄하지 않은 어느 학교에서 처음으로 아이들을 가르쳤던 곳이고 마거릿과 사랑에 빠졌던 곳이다. 아마 이런 내 상황은 수많은 사람들이 처한 상황이리라. 낮 동안에는 의식이 깨어 있는 바쁜 일상을 보내고 밤에는 공상 속에서 낭만적으로 채색된 옛 시절로 퇴행하는 것이다. 많은 남성과 여성들이 마음속에 무의식으로 남아 있는 오래 전 잃어버린 사랑을 간직하고 있다. 과거에 대한 이런 낭만적인 고착이 많은 결혼을 파경에 이르게 하는지도 모른다.

그렇다면 어떤 사람이 자신의 삶에 대한 글을 쓸 때면 자기 인격의 어떤 면을 묘사하게 될까? 의식적인 측면이 보통이다. 배우나 연예인들의 삶 속에서 자주 보이는, 유명한 사람들의 이름을 친구처럼 함부로 들먹이는 속물적 측면은 다반사다. "지난밤에 시버턴 공작부인이랑 식사를 같이 했지." 이런 속물근성을 두고 우리는 콧방귀를 뀌거나 우쭐댈 수 없다. 나는 '나의 오랜 친구 버트런드 러셀'에 대한 글을 썼다. 러셀이 거의 50년 전에 서머힐을 방문해서 일주일 동안 머물렀다는 점은 차치하고, 비록 서로 편지는 주고받았지만 다시 만난 것은 딱 한 번뿐이었다.

자기 분석은 불가능하다. 우리의 에고가 가진 우리 자신에 대한 견해에 위배되는 요인들과 맞대면할 수 없기 때문에, 우리는 스스로를 정신분석 할 수 없다.

라이히는 갑옷을 입는 것에 대해 말했다. 그것은 세상에 보여주는 바깥 껍질을 지니게 되는 것이고, 인격의 깊은 지점을 감추는 것이다. 우리 모두는 스스로에게 갑옷을 입힌다. 자기 성찰은 제한적이다. 바로 이것이 스스로에 대해 정신분석을 할 수 없는 진정한 이유다. 사람은 자신의 내적 갈등과 억압을 마주하지 못한다. 어떤 유명한 복음전도사가 자신의 발가벗은 영혼을 마주 대해서, 자신이 이기적이며 인색하고 가학적이며 무의식에서는 호색한이라는 사실을 발견하기란 쉬운 일이 아닐 것이다. 균형 잡힌 사람은 자기 속에서 변변찮고 왜소한 인간을 발견할 각오가 되어 있는 사람이다. 그런 측면에서 볼 때 우리 가운데 균형 잡힌 사람은 아무도 없다. 물론 이 원리는 어느 쪽에나 모두 적용된다. 유대인을 고문한 게슈타포도 자기 자식들과 개들을 귀여워했다.

만약에 스스로 의식하면서 자신에게 갑옷을 입힌다면, 그것은 별 문제가 아니다. 라이히는 흔히 이렇게 말했다. "어떤 경우에는 의식적으로 위선자가 되어야 한다." 의식하지 못하는 상태에서 그렇게 할 때 바로 해를 입는다.

자만심은 자신이 별 볼일 없는 사람임을 인정 못하도록 방해하는 갑옷이다. 세월이 지날수록 자만심은 시들해지지만 완전히 없어지지는 않는다. 자신의 연구소인 오르가논에 공들여 만든 무덤을 가지려 했던 라이히의 욕망은 일종의 사후 자만심이다. 생전에 라이히는 자랑 삼아 과시하는 것과 체면 그리고 온갖 종류의 겉치레를 경멸했다. 나는 사후의 묘비나 기념물에 대해 아무 생각이 없다. 내 바람은 꽃도 검은 상복도 묘비명도 없이 조용하게 화장을 해달라는 것이다. 장의사가 내 육신을 처리하면 좋겠고 장례식은 하지 않으면 좋겠다. 하지만 사람들이 우리 가족을 비난할까 봐 걱정된다. "제대로 매장을 해서 가신 분께 경의를 표하지도 않는 매정한 자들."

나는 심리학에 대해 잘 모른다. 진실은 어디에 있는가? 프로이트, 융, 라이히, 마르쿠제, 프롬, 로저스에게 있는가? 성적 억압이 세상의 사악함의 주된 원인인가? 만약 아들러의 우월욕구가 옳은 것이라면 왜 대중들은 권력을 가지고 있지 않으며 그것을 획득하려는 욕망이 없는가? 만약 원죄가 존재한다면 왜 우리 모두는 사기꾼이나 살인자가 아닌가?

환경이 인간 행동을 조건 짓는 주된 요인이라는 가정 아래 나는 50년 동안 학교를 운영했다. 그런데 내게는 두 형제가 있는데, 한 사람은 사회적이고 다른 사람은 반사회적이다. 사실, 두 사람의 환경은 반드시 똑같지만은 않다. 환경이 한 가족 안의 질투를 중화해주지는 못하니 말이다. 어쨌거나 나는 환경만으로는 불충분하다는 결론을 내려야 하고, 형질 유전에 대해서는 누구도 어찌할 수 없다는 사실을 슬프지만 받아들여야 한다.

책에 관해서는 나는 너무나 모르는데, 특히 외국 책에 대해 더 그렇다. 훌륭한 기술자는 아니지만 공구에 대해서는 꽤 안다. 대학 졸업 시험에서 역사에서 높은 점수를 받았지만 역사에 대해서도 거의 아는 것이 없다. 영문학 우등 학위 역시 별 의미 없다. 키츠나 밀턴에 관한 내 견해는 스크랩할 만한 가치도 없다. 통계학은 피하고 싶은 분야다. 미국에서 강연을 할 때면 늘 다음과 같은 진지한 질문이 나왔다. "닐 씨, 열 살 미만의 아이들 중에서 몇 퍼센트가 수학에 흥미를 보입니까?"

내가 후회하는 것들 중 하나는 프랑스어를 배우지 못한 것이다. 책에서 프랑스어 구절들은 대부분 번역되지 않는다. 독일어 구절들은 번역되는데, 독일어를 알기 때문에 그 번역은 필요 없다. 젊은 시절에는 라틴어를 조금 배웠고 그리스어는 그보다 더 조금 배웠다. 둘 다 잊어버린 지 오래다. 독일어는 독일에 머물 때 어쩔 수 없이 배웠다. der, die, das 같은 관사를 완벽하게 익히지 못했기 때문에 잘하지는 못한다. 여러 해 동안 수학을 가르쳤지만 현대 수학이 어떤 의미를 가지는지 알지 못한다. 그러니 진실은 내가 교양이 없다는 것이다.

이렇게 무식하기 때문에 사람들에게 그들의 직업에 관해 묻고 싶어하는 것인지도 모른다. 나는 양봉가, 농부, 탐험가의 이야기는 귀 기울여 들을 수 있지만 교사의 이야기는 그렇게 하지 못한다. 탐험가에게는 내가 아이들한테서 여러 차례 받았던 질문을 던지고 싶을 것이다. 북극에서는 어떻게 볼일을 보는가? 그렇게 추운 데서 속옷을 벗는가? 역사가에게는 아이들의 이런 질문을 던지고 싶을 것이다. 종이를 발명하기 전에는 화장실에서 휴지 대신에 무엇을 사용했는가? 아이들에게 역사란 가장 흥미진진한 문제에 대해 답하는 것을 뜻한다.

무지는 정말 문제가 되는가? 수학은 논리적으로 사고하는 법을 가르친다고들 한다. 하지만 나는 교무실에서 교사들이 수학 교사에게 조언을 구하러 달려가는 것을 보지 못했다. 우리는 대부분 동물학, 식물학, 천문학, 수학, 물리학, 철학에 대해 잘 모른다. 지식이 힘을 의미한다는 생각은 오류다. 내가 아는 사람들 중에는 모든 것을 아는 것 같지만 아무것도 이해하지 못하는 사람들이 있었다. 오스카 와일드는 이렇게 썼다. "세상을 비웃는 사람은 무엇이든 가격은 잘 알지만 가치에 대해서는 아무것도 모르는 사람이다." 매우 박식한 사람들이 반유대주의자인 경우가 종종 있는데, 그들은 지식을 자신들의 증오를 합리화하는 데 써먹는다. 대중들이 지식인들을 믿지 않는 것은 놀랄 일이 아니다.

지식이 하찮은 것이란 말을 하는 게 아니다. 서머힐 출신인 고던 레프 교수는 중세 역사에 관해 두꺼운 책들을 썼는데, 그는 바티칸 도서관 같은 곳에서 조사와 연구를 하며 많은 시간을 보낸다. 알고 이해하는 것이 그의 일이다.

결국 중요한 것은 아는 것이 아니라 느끼는 것이다. 세상의 모든 대학 학위는 사람들로 하여금 느끼게 하는 데 도움이 되지 않는다. 이상적인 것은 아는 동시에 느끼는 것이다. 내 경우 아이에게 도움이 되는 것은 심리학에 대한 지식이 아니다. 스스로 다시 아이가 되어 그 아이의 관점에서 바라볼 수 있는 능력이 도움이 된다. 배리는 이렇게 말했다. "천재성이란 자기 뜻대로 다시 아이가 되는 힘이다." 그것은 천재성이 아니라, 다른 말로 한다면 그저 능력, 또 이렇게 말해도 좋다면 재능이다.

너무 무식하다는 것을 나는 후회하지 않는다. 나는 내 일을 해나갈 만큼 충분히 안다. 조니가 식품저장고를 털었을 때 아인슈타인의 이론을 이해하는 것은 내게 조금도 도움이 되지 않는다. 무지를 복이라고 말하지는 않겠지만, 무지는 불행이 아니다. 그렇지 않다면 우리는 모두 바보이리라.

철학이란 인생에서 중요한 것이 무엇인가를 연구하는 것이다. 우리 모두는 서로 관심사가 다르기 때문에 우리의 철학은 그만큼 다양하다. 여기서 오해가 생긴다. 대체로 나의 철학은 사람들이 자기 식대로 살아가게 내버려두는 것이다. 서머힐의 정신을 개괄하면 바로 그것이다. 다른 사람에게 어떻게 살라고 말할 만큼 충분히 훌륭하고 현명한 사람은 아무도 없다는 이야기를 나는 여러 차례 썼다. 그렇지만 아이들을 위한 자유라는 철학으로 학교를 운영하고 또 그에 관한 글을 씀으로써, 내가 독자들에게 어떻게 살라고 주제넘게 말하려 들고 있다는 사실을 나는 의식하고 있다. 이는 달리 말해 내가 사기꾼이라는 것을 의식하고 있다는 뜻이다.

앞에서 나는 내 어린 시절을 지배했던 두려움들에 대해 이야기했다. 여든아홉 살이 된 지금, 나는 죽음이 그렇게 멀리 떨어져 있지 않다는 것을 자연스럽게 안다. 그리고 녹아 없어질 양초처럼 저 너머 무의 세계로 가버릴 것이라는 생각이 싫다. 이것이 죽음에 대한 두려움인지 어떤지는 확실히 모르겠다. 아마도 살아 있지 않음에 대한 두려움 그리고 내가 애정을 가졌던 사람들과 사물들을 떠난다는 두려움이지 않을까 싶다. 그리고 호기심도 있다. 증오와 범죄와 좌절된 사랑 때문에 아이들에게, 인류에게, 세상에 어떤 일이 일어나는지 살아서 보고 싶다. 냉정한 생각이지만, 내가 죽어도 우체부와 우유배달부는 여느 때처럼 올 것이고 나의 죽음은 그들에게 아무 의미도 없을 것이다. 내 주변 사람들이 아니라면 나의 죽음은 정말 아무런 의미가 없을 것이다.

외부로부터 자극과 두려움을 최소한으로 받으면서 긴 세월을 살아왔다는 점에서 나는 행운아였다. 교육부는 아마도 내 견해를 싫어했겠지만 나에 대해 관대했다. 어떤 성직자도 내가 아이들에게 종교 교육을 일절 하지 않는 것을 두고, 혹은 적어도 한 가지라도 가르치지 않는 것을 두고 비난하지 않았다. 서퍽 주에 있는 우리의 작은 읍은 평화롭고, 우리 아이들은 깡패나 강간범으로부터 안전하다. 우리 학생들은 그 나이 때의 나보다 두려움이 훨씬 덜하다.

너무 오래 살다보면 뭔가를 못 보고 지나치기 쉬워지는 것 같다. 나는 점점 사물들에 대한 관심을 잃어갔고, 그보다는 조금 덜하지만 사람들에 대한 관심도 잃어갔다. 예전에는 내가 깨끗하고 날카롭게 다듬어놓곤 했던 큰 낫을 정원사가 쓰고 있는 것을 본다. 이제 그 낫은 내게 아무런 의미도 없다. 아침에 일어나면 백 살이라는 느낌이 들면서, 어떤 사람에게도 어떤 것에도 관심이 없다. 하지만 잠자리에 들면 나는 쉰 살이 된다. 아침에 배달된 우편물을 봐도 전혀 흥분되지 않는다. 아침 신문에도 관심이 없다. 늙으면 기대할 것이 없다. 짜릿한 흥분을 안겨줄 만한 사건에 대해 생각할 수가 없다. 어느 미국인 부자가 보내온 백만 달러짜리 수표도, (받아들이지 않겠지만) 작위 제안도, 어느 대학의 새 명예 학위도 모두 아니다.

만일 노년의 노쇠가 찾아오지 않는다면, 사람은 얼마나 오랫동안 행복하게 살 수 있을까. 예컨대 꽃들이나 풍경의 아름다움에 대한 관심을 얼마나 오랫동안 유지할 수 있을까. 한때 우리 학교가 잠시 머물렀던 오스트리아의 티롤과 웨일스의 산지는 너무나 아름다운 곳이었다. 하지만 몇 주가 지나자 나는 그 아름다운 경치 보기를 그만두었다. 뮤지컬 감독이 소녀 단원들의 예쁜 모습을 더 이상 보지 않게 되는 것처럼 말이다. 그러니 내가 이런 혼잣말을 중얼거린다면, 정직하지 못한 셈이다. "넌 곧 서머힐의 나무들과 꽃들 그리고 아이들의 행복한 얼굴을 못 보게 될 거야. 곧 친구들 곁을 영원히 떠나게 될 거야. 정말 슬픈 일이야."

스코틀랜드에는 죽음에 관한 몹시 우스운 이야기가 있다. 어느 농부의 아내가 죽었다. 사람들이 관을 들고 비좁은 계단을 내려오는데, 관이 계단의 한 모퉁이에 부딪혔다. 그러자 관 뚜껑이 열리면서 농부의 아내가 혼수 상태에서 깨어났다. 그로부터 20년 후 그녀가 두 번째로 죽었다. 사람들이 예전의 그 계단으로 관을 내릴 때 옆에서 걱정스럽게 지켜보고 있던 농부가 말했다. "조심들 하게, 여기가 바로 그 모퉁이야."

지금 내 사무실은 작은 별채에 있다. 거기에는 계단이 없다. 일주일에

백 명도 넘게 찾아오는 방문객들의 동물원 노릇을 하는 데 진절머리가 난 서머힐 학생들이 법을 만들었다. '더 이상의 방문객 사절.' 너무 늙고 방문객들의 질문에 지친 내게도 그 법은 꼭 맞는다. 학교를 꾸려가는 에나를 도와주고 싶지만 너무 쉽게 지쳐버린다. 나는 서서히 죽음이라는 생각을 받아들여왔다. 서머힐이나 조이에게 혹은 세상에 어떤 일이 일어나는지 절대 모르게 되리란 생각이 난 여전히 싫다.

최근에 누군가가 나한테 인생에서 제일 즐거웠던 순간들이 언제였는지 물었다. 어린 시절에는 그런 때가 분명 많았을 것이다. 왜냐하면 그 시기는 환희의 시기니까. 그리고 끔찍한 우울도 있었을 것이다. 즐거운 한때가 지나간 다음날의 기분 같은 것 말이다. 어린 시절의 기쁨들은, 사랑하는 소녀가 내게 미소를 보내는 순간 시간이 멈춰버리는 그런 일들은 잘 생각나지 않는다. 내가 가장 기뻐했던 순간은 비교적 최근의 일이다. 그것은 바로 전쟁이 끝나고 서머힐로 돌아왔을 때였다. 군인들이 들어와 건물을 엉망으로 만들어버렸다는 사실은, 내가 사랑하는 장소로 돌아왔다는 잔잔한 행복감에 잊혀버렸다. 그 전까지는 어떤 장소에 대해 감정적인 집착을 가진 적이 없었다. 아마도 서머힐이 내 것이기 때문이었으리라. 내가 그 집을 샀고 고쳤다. 서머힐은 내 인격의 확장체였다. 그것은 '녹색 덧문들을 가진' 나의 집이었다. 이제 죽음을 생각하면, 그것은 인생을 떠나는 것이 아니라 서머힐을 떠나는 것이라는 생각이 든다. 서머힐은 결국 나의 인생이었다.

역자 후기

『자유로운 아이들 서머힐』을 번역하는 일은 곤혹스러운 일이었다. 한 장 두 장 번역을 해나갈수록 자꾸 내 모습이 들여다보였기 때문이다. 아버지라는 이유만으로 나는 나의 아이들에게 얼마나 많은 간섭을 했으며, 얼마나 많은 지시와 명령을 내렸으며, 얼마나 많은 일을 강요했는가. 그 때문에 아이들은 스스로를 얼마나 많이 억압해왔을까. 과연 나에게 그럴 권리와 권한이 있는 것인가. 물론 없다. A. S. 닐은 단호하게 말한다. 어른의 권위를 송두리째 팽개치고 '아이들 편에 서라!'고. 하지만 그것은 말처럼 쉬운 일이 아니다.

어린 시절 집에서는 아버지의 권위에 눌려 숨죽여 지내야 했다. 먹고살기도 어려운 시절 일곱 남매를 키워야 했던 아버지는 자식들에게 신경을 쓰려야 쓸 수도 없었다. 아버지는 자식들에게 엄했고 함께 웃고 떠드는 법이 없었다. 아버지와 마주치면 늘 호통소리가 귀를 때렸다. 아버지 밥상은 따로 차려졌고 반찬도 우리 밥상과는 격이 달랐다. 아버지는 권위의 상징이었다. 저녁 늦게 일을 마치고 돌아오는 아버지의 대문 여는 소리가 들리면, 우리 형제들은 우르르 각자의 방으로 피신했다. 정도의 차이는 있겠지만, 지금 나 또한 본질에서 그때 내 아버지의 모습과 얼마나 다를까.

학교에서는 선생님의 권위에 눌려 숨죽여 공부해야 했다. 아마 '국민학교' 6학년 시절이었을 거다. 수업 시간을 알리는 시작 종이 울렸는데도 교실에 들어가지 않고 노는 데 정신이 팔렸다. 아차 싶어 창문을 뛰어넘어 교실에 들어서는 순간 선생님의 눈과 마주쳤다. 나는 귀싸대기가 벌게지도록 뺨을 맞았다. 점잖게 문으로 들어오지 않고 도둑처럼 창문을 넘은 게 그렇게 맞을 짓인가. 선생님의 말과 행위는 아이들이 결코 넘어설 수 없는 법 그 자체였다.

중학교 3학년 때다. 토요일 오후 교실 청소를 마치고 뒤늦게 집으로 가는데, 세 아이가 팬티만 입은 벌거벗은 몸으로 운동장을 기어가고 있고 학생 지도 선생님은 새카맣게 기름을 먹인 참나무 몽둥이로 그들을 두들겨 패고 있었다. 이른바 '문제아'들을 교육시키는 중이었다. 한번 문제아로 찍히면 그 아이는 죽도록 맞아도 싼 존재로 전락하고 말았다. 그날 나는 운동장을 가로질러 가지 못하고 뒷문으로 슬쩍 빠져나왔다.

학생 시절 내내 나는 문제아가 되지 않으려고 애쓰며 살아야 했다. 고등학교 1학년 때다. 중간고사와 비교해서 기말고사의 반 평균 점수가 떨어졌다고 단체 기합을 받았다. 자신의 점수가 그 평균 점수를 웃돌건 말건 간에, 60명 학생 모두가 책상 위에 무릎을 꿇고 앉아서 떨어진 평균 점수만큼 손바닥을 맞았다. 얼굴이 벌게진 담임의 가혹한 매질 앞에 빗자루가 여러 개 부러져나갔다. 공부도 폭력이었다.

아버지의 권위, 선생의 권위, 어른의 권위, 사회의 권위에 눌려 숨죽여 살아온 세월. 그 권위를 벗어나려고 얼마나 발버둥쳤는가. 그런데 이제는 나 자신도 바로 그 권위에 알게 모르게 절어버렸다. A. S. 닐의 말처럼 아이들을 '자유롭게' 자라도록 하려면, 나의 권위를 쓰레기처럼 버리고 아이들을 '있는 그대로 받아들여야' 한다. 그것은 지나온 나의 억눌린 세월을 버리는 일이고 곧 나를 버리는 일이다. 결국 내가 나를 반역하는 일이다. 참 곤혹스럽고 힘겨운 일이다.

『자유로운 아이들 서머힐』을 관통하는 정신을 감히 한마디로 말한다면 이런 것일 거다. "어른들이여 스스로를 반역하라! 어른들이여 스스로의 체제를 반역하라! 마침내 쓰러진 어른들의 주검 속에서 비로소 아이들의 자유가 꽃핀다." 하지만 어른들은 스스로를 쉬 혁명하지 않는다. 나 또한 그런 어른의 부류에 속한다. 왜 그럴까? A. S. 닐에 따르면, 어른들은 자유 자체를 두려워하기 때문이라고 한다. 정말 그럴지도 모른다.

아이들의 교육을 진지하게 고민하는 사람들에게 서머힐은 잘 알려진 학교다. 하지만 그 설립자인 닐은 그만큼 잘 알려져 있지 않다. 이 책에는 닐의 자서전이 실려 있다. 그를 알아야 서머힐을 진정으로 이해할 수 있다. 이 책의 2부에 실려 있는 그의 자서전을 읽고 또 읽기를 권한다. 그가 말하는 아이들의 자유가 진정 무엇인지, 그리고 그가 꿈꾸었던 교육이 진정 무엇인지를 가슴으로 이해하려면 그 정도의 수고는 필요하다. 그런 후에야 비로소 서머힐의 자치제도, 교육 방법, 운영 방법 등등을 통해서 닐이 추구하려 했던 것을 이해할 수 있다.

A. S. 닐이 꿈꾸었던 바는 자유로운 인간과 그들이 조화롭게 살아가는 평화로운 세상이었다. 그의 꿈은 낡고 공고한 권위의 체제에 대해서 아주 깊고 근본적인 문제를 제기하는 것이었다. 권위에 대한 두려움이 없는 인간, 그래서 타인에 대한 증오가 없는 인간, 그래서 내면으로부터 진정 자유로운 인간을 그는 꿈꾸었다. 그런 점에서 그는 교육가이기보다는 혁명가에 더 가깝다.

초등학생인 작은아이와 중학생인 큰아이가 다 자라서『자유로운 아이들 서머힐』을 읽게 된다면, 그래서 그 책을 번역한 사람이 자신들의 아버지임을 알게 된다면 어떤 표정을 지을까? 어떤 생각을 할까? "아버지는 서머힐 책을 번역까지 했으면서 어린 시절 우리에게는 왜 그렇게 했지?" 아, 곤혹스럽다. 서머힐은 끝까지 나를 곤혹스럽게 만든다.

서머힐. 자유로운아이들

1판 1쇄 | 2006년 4월 14일
1판 5쇄 | 2016년 1월 25일

지은이 | A.S.닐
옮긴이 | 한승오
펴낸이 | 조경숙
펴낸곳 | 아름드리미디어
출판등록 | 1998년 7월 6일 제10-1612호

주소 | 경기도 파주시 문발로 214-12
전화 | (031) 955-3251~4
팩스 | (031) 955-3271
E-mail | arumdrimedia@gmail.com

ISBN 978-89-88404-57-7 (03370)

* 잘못된 책은 구입처에서 바꿔드립니다.